글로컬 한국불교 총서 8

# 한국고전문학과 불교

이 저서는 2011년도 정부(교육과학기술부)의 재원으로 한국연구재단의 지원을 받아 연구되었음
(NRF-2011-361-A00008)

글로컬 한국불교 총서 8

한국
고전문학과
불교

김기종 지음

동국대학교출판부

머리말

이 책은 동국대학교 불교문화연구원 인문한국(HK)연구단에서 어젠다의 학문적 심화와 사회적 확산을 위해 기획한 '글로컬 한국불교 총서'의 제8권에 해당한다. 한국고전문학과 불교의 관련 양상을 '글로컬리티의 한국성'이라는 관점에서 살펴본 것이다. '글로컬리티glocality'는 글로벌리티globality와 로컬리티locality를 합성한 조어로, 세계적 보편성과 지역적 특수성을 아우르는 개념이다. 보편과 특수를 조화시켜 온 불교의 글로컬리즘이 한국의 지역성을 어떻게 변화시켰는지를 조망하는 데 필요한 관점이다.

3부로 구성된 이 책의 제1부는 불교경전을 노래한 시가작품들의 특징적인 국면을 살펴본 것이고, 제2부는 '부처'·'보살'·'지옥' 등의 불교적 관념이 한국 고전문학작품에서 형상화된 양상과 그 의미에 대해 고찰한 것이다. 제3부에서는 조선시대의 불교어문학과 불교사의 관계를 언해불전·『염불보권문』·〈서왕가〉·진묵 설화를 중심으로 살펴보았다.

이 책에 수록된 글들은 동국대학교 인문한국(HK)연구단의 연구 과제와 직접적인 관련이 있다. 기존에 발표한 논문들을 '총서'의 취지와 체제에 맞게 제목을 고치고, 내용의 많은 부분을 덜어 내고 새로 쓴 것이다. 동국대학교 인문한국(HK)연구단은 2011년 9월부터 현재까지 '글로

컬리티의 한국성: 불교학의 문화확장 담론'이란 어젠다를 수행하고 있다. 이 책의 제1부는 제1단계(2011.09.~2014.08.) 연구에서 필자가 담당했던 세부 주제인 '향찰', 제2부는 제2단계(2014.09.~2017.08.)의 '불교설화'·'지옥', 제3부는 제2단계의 '언해불서'와 제3단계(2017.09.~2021.08.)의 '불교가사'를 포함하고 있다.

 2015년에 이어 두 번이나 필자의 책을 '글로컬 한국불교 총서' 시리즈로 간행할 수 있게 해 주신 김종욱 동국대학교 불교문화연구원장님께 깊은 감사의 말씀을 올린다. 그리고 보기만 해도 어지럽고 답답했던 원고를 보기 좋고 깔끔하게 정리해 준 동국대학교출판부의 김민경 님과 심종섭 편집장님께 감사드린다.

2019년 2월
김기종

차례

머리말 · 5

# 제1부 불교경전과 시가문학

## 제1장 〈도솔가〉, 불국토의 선언 — 13
1. 연구의 쟁점 · 13
2. 해독과 한역시의 문제 · 17
3. 미륵삼부경과의 관계 · 21
   미륵삼부경과 미륵신앙/ '꽃'·'미륵좌주彌勒座主'의 정체/ '일괴즉멸日怪卽滅'의 이유
4. 시대적 맥락과 문학적 성격 · 33

## 제2장 향가와 한역시의 관계 — 39
1. 〈도솔가〉·〈보현십원가〉와 한역시 · 39
2. '모셔라[陪立羅良]'와 '멀리서 맞이하네[遠邀]'의 거리 · 43
3. '부처의 일[佛體叱事]'과 '보현보살의 자비심[普賢慈]'의 차이 · 51
4. 남은 문제들 · 61

## 제3장 함허당의 경기체가 — 63
1. 〈미타찬〉·〈안양찬〉·〈미타경찬〉 · 63
2. 정토삼부경의 수용 양상 · 66
3. 작품의 구조와 주제의식 · 73
   아미타불의 존재 이유/ 극락왕생의 목적과 방법/ 정토법문의 신해信解와 회향
4. 법연法筵의 공간과 성불의 노래 · 92

# 제2부 고전문학과 불교적 상상력

## 제1장 한국의 불교문헌설화 — 101
1. 불교설화의 개념과 분류 · 101
2. 신라·고려시대 불교설화의 유형 · 104
   승려의 신이한 행적/ 경전과 불·보살상의 영험/ 불연국토佛緣國土와 불·보살의 상주常住
   / 정토왕생과 현신성불現身成佛
3. 조선시대 불교설화의 전개 · 120
   사지寺誌와 사찰연기설화/ 『진묵조사유적고』의 진묵 설화
4. 부처의 나라와 '이곳'의 부처 · 128

## 제2장 『삼국유사』의 불·보살 현신現身 설화 — 133
1. '불·보살의 현신' 모티프 · 133
2. 불교설화와 불·보살 현신 설화 · 137
3. 불·보살의 현신 양상 · 141
   진신眞身의 현현顯現/ 승려와 속인으로의 화현化現
4. 신라, 부처와 보살이 숨 쉬는 곳 · 157

## 제3장 불교가사에 나타난 지옥 — 159
1. 지옥 관념과 불교가사 · 159
2. 불전佛典 속의 지옥 · 162
3. 불교가사의 지옥 화소 · 167
   시어로서의 '지옥'/ 징벌의 양상과 이유/ 시왕의 심판과 지옥의 징벌
4. 불교적 윤리 규범과 삼강오륜三綱五倫의 공존 · 187

## 제4장 조선 후기 문학작품의 지옥 형상화 — 191
1. 지옥 관련 문학작품의 성행 · 191
2. 조선 후기 유가儒家와 불가佛家의 지옥 인식 · 193
3. 조선 후기 문학작품의 지옥 · 200
   불교가사와 '회심곡'/ 야담과 한글소설
4. 조선사회의 위기의식과 윤리의식의 고양 · 218

# 제3부 불교어문학과 불교사의 관계

## 제1장 언해불전의 시대적 성격 — 225
1. 언해와 언해불전 · 225
2. 조선 전기의 언해불전 · 227
   『석보상절』과 『월인석보』/ 간경도감과 불전언해/ 지방 사찰의 언해불전
3. 조선 후기의 언해불전 · 240
   『은중경』의 언해와 유통/ 『권념요록』과 『염불보권문』/ 『지장경언해』와 『월인석보』 권21
4. 승려의 학습서와 대중 교화서 · 249

## 제2장 『염불보권문』의 불교사적 의미 — 253
1. 『염불보권문』이란 책 · 253
2. 서지와 이본 간의 관계 · 255
3. 구성과 내용적 경향성 · 265
   경전에서 뽑은 글/ 왕생담/ 염불의식문/ 보유편
4. 18세기 염불운동의 제창 · 281

## 제3장 〈서왕가〉와 18세기 불교사 — 287
1. 가사문학의 발생과 〈서왕가〉 · 287
2. 〈서왕가〉의 수록문헌 · 290
   『염불보권문』/ 『신편보권문』
3. 수록문헌에서의 위치 · 298
   〈서왕가〉의 이본/ '조사祖師'의 노래/ 〈강월존자서왕가〉와의 비교
4. 작가 문제와 불교사의 맥락 · 310

## 제4장 19세기 진묵 설화의 기록화 — 317
1. 진묵 설화와 『진묵조사유적고』 · 317
2. 『진묵조사유적고』의 진묵 형상화 · 321
   '유적遺蹟'의 구성과 배열/ 석가불의 화신
3. 구비설화에 나타난 진묵 · 331
   자료의 현황/ 유儒·불佛의 대립의식/ '진묵이 죽은 이유'
4. 반反유교적 정서의 교정과 호남의 불교 성지화聖地化 · 346

참고 문헌 · 353
찾아보기 · 365

# 제1부

# 불교경전과 시가문학

**제1장**
# 〈도솔가〉, 불국토의 선언

## 1. 연구의 쟁점

『삼국유사』 권5 감통感通 제7에 수록된 「월명사月明師 도솔가兜率歌」는 일찍부터 학계의 주목을 받았고, 그동안 국문학·국어학·국사학·불교학의 여러 분야에서 많은 논의가 있어 왔다. 「월명사 도솔가」에는 2편의 향가와 향가 번역시가 수록되어 있으며, 신라인의 향가 인식 및 '승려낭도僧侶郞徒'의 존재를 보여 주는 기사 등이 전하고 있기 때문이다. 이 글의 논의 대상인 〈도솔가〉는 이른바 4구체의 향가로, 「월명사 도솔가」에 실려 있는 향가 2편 중의 하나이다. 이 향가는 경덕왕(?~765)의 요청으로, 두 해가 나타난 변괴를 물리치기 위해 승려낭도인 월명사(?~?)가 창작·가창한 것이다.

〈도솔가〉에 관한 문학적 연구는 그 양과 질적인 면에서 모두 활발하게 진행되어 왔는데, 최근까지도 지속적인 논의가 이루어지고 있다.[1]

---

1 조현설, 「두 개의 태양, 한 송이의 꽃」, 『민족문학사연구』 54, 민족문학사연구소, 2014;

대체로 신라 유리왕대 〈도솔가〉와의 관련성, 산화공덕散花功德 및 〈산화가散花歌〉와의 관계, '이일병현二日竝現'의 의미, 노랫말인 '꽃'·'미륵좌주彌勒座主'의 정체, '일괴즉멸日怪卽滅'의 이유 등이 논의되었다. 그리고 이러한 논의들은 〈도솔가〉의 성격 해명으로 귀결되고 있다. 그 결과, 〈도솔가〉의 문학적 성격에 대한 기존 논의는 불교가요·주술가요·악장의 세 가지 이견異見이 공존하고 있다.

이들 논의 중, 〈도솔가〉의 악장적 성격은 2000년 이후 제기된 것이다. 이민홍·신영명·엄국현은 〈도솔가〉를 각각 "경덕왕의 업적을 칭송하는 악장적 성격의 가곡",[2] "경덕왕을 찬양하는 악장적 성격의 노래",[3] "경덕왕의 통치 방식을 보여 주는 궁정악의 악장"[4]으로 규정하고 있다. 또한 신재홍은 "〈도솔가〉는 경덕왕을 미륵불과 일치시켜 왕즉불王卽佛의 관념을 강화함으로써 천체의 변괴로 야기된 국가적 위기감을 극복하기 위한 노래"[5]라고 하였다. 이러한 주장들은 〈도솔가〉 제2행의 '꽃'과 제4행의 '미륵좌주'를 각각 화랑·경덕왕의 상징으로 파악한 것에 기반한다. 그리고 그 논거로는 경덕왕의 요청으로 〈도솔가〉가 지어졌고, 월명사가 승려낭도이며, '좌주'라는 시어를 사용하고 있는 점[6] 등을 제시하고 있다.

---

황병익, 「산화·직심·좌주의 개념과 〈도솔가〉 관련 설화의 의미 고찰」, 『한국고시가문화연구』 35, 한국고시가문화학회, 2015.
2 이민홍, 「신라 악무에서 향가의 위상과 〈도솔가〉의 악장적 성격」, 박노준 편, 『고전시가 엮어 읽기』, 태학사, 2003, 87쪽.
3 신영명, 「〈도솔가〉, 구원의 문학」, 『우리문학연구』 18, 우리문학회, 2005, 193쪽.
4 엄국현, 「도솔가 연구」, 『한국민족문화』 43, 부산대학교 한국민족문화연구소, 2012, 128쪽.
5 신재홍, 「향가에 나타난 정치의 이념과 현실」, 『고전문학연구』 26, 한국고전문학회, 2004, 199쪽.
6 이민홍, 앞의 논문, 87쪽에서는, "월명사가 '미륵보살'이나 '미륵불'이라 하지 않고 '미륵좌주'라고 표현한 것은, 암암리에 경덕왕을 미래의 안락한 삶을 제공할 미륵불로 환치하려는 의도로 짐작된다."라고 하였다. 그리고 신영명, 앞의 논문, 194쪽에서도 "월명사가 경덕왕을 '미륵좌주'로 표현한 것은 그를 미륵과 전륜성왕의 형상이 하나로 겹친 이상적인 군주로 칭송하고자 한 데 그 목적이 있다."라고 하였다. 그러나 이들 논자는

그런데 이러한 점들이 '미륵좌주'를 경덕왕으로 볼 수 있는 근거, 더 나아가 〈도솔가〉를 신라시대의 악장문학으로 규정할 수 있는 근거가 될지는 의문이다. 특히 경덕왕이 진표 율사에게 보살계를 받았다는 『삼국유사』의 기록[7]과, 한국의 역사에서 국왕을 부처에 비견한 사례는 궁예가 유일하다는 역사학계의 견해[8]를 고려한다면, '미륵좌주'가 경덕왕을 가리킨다는 논거 자체가 성립할 수 없기 때문이다.

다음으로, 〈도솔가〉를 주술가요로 파악하는 견해는 이 작품의 가창으로 인해 '이일병현'의 문제 상황이 해결되었다는 점과, 작품 자체의 구조 및 어법에 기인한다. 〈도솔가〉가 '꽃'을 환기하고 '꽃'에게 미륵좌주를 모시라고 명령하는 점은 일반적인 주술가요의 구조 및 어법과 일치한다는 것이다.[9] 그러나 이들 논의는 돈호법頓呼法을 통한 대상의 환기와 대상에 대한 명령법만을 강조하고 있을 뿐, 주술가요와의 차이점에 대해서는 주목하고 있지 않다. 〈도솔가〉는 일반적인 주술가요처럼 문제 상황이 작품 안에 나타나 있지 않고, 문제 해결의 직접적인 대상 또한 제시되어 있지 않기 때문이다. 그리고 〈도솔가〉의 '꽃'과 '미륵좌주'가 어떠한 이유로 '이일병현'의 문제를 해결할 수 있는지에 대해서도

---

'좌주'가 국왕을 가리키는 구체적 이유에 대해서는 언급을 피하고 있다.
[7] 『삼국유사』 권4, 의해義解 제5, 「진표전간眞表傳簡」, "景德王聞之, 迎入宮闈, 受菩薩戒, 嚫租七萬七千石, 椒庭列岳皆受戒品, 施絹五百端, 黃金五十兩." 한편, 박광연, 「동아시아의 '왕즉불' 전통과 미륵불 궁예」, 『사학연구』 110, 한국사학회, 2013, 96쪽에서는, 중국 수나라 양제煬帝가 보살계를 받은 사실에 대해, "황제가 부처의 말씀을 따르는 제자라고 선언한 것이므로, '왕즉불' 전통의 단절을 의미한다고 볼 수 있다."라고 하였다. 이 언급은 비록 중국의 예를 대상으로 한 것이지만, 경덕왕의 경우에도 해당된다고 하겠다.
[8] 남동신, 「나말여초 국왕과 불교의 관계」, 『역사와 현실』 56, 한국역사연구회, 2005, 85쪽; 박광연, 앞의 논문, 101쪽.
[9] 박노준, 「도솔가」, 『신라가요의 연구』, 열화당, 1982, 169~170쪽; 김열규, 「향가의 문학적 연구」, 김승찬 편, 『향가문학론』, 새문사, 1986, 24~25쪽; 최선경, 「〈도솔가〉의 제의적 성격」, 『연민학지』 9, 연민학회, 2001, 112쪽.

구체적인 설명이 없다는 문제점을 보인다.[10]

끝으로, '불교가요'의 경우는 〈도솔가〉의 사상적 배경을 바라보는 관점에 따라 미륵사상·주밀呪密사상·화엄사상적 측면의 논의로 나뉜다. "진언적眞言的 성격의 노래"[11]·"화엄의 이상인 조화와 통일을 추구하는 노래"[12] 등을 제외하면, 대부분의 연구자는 미륵하생 사상에 입각하여 창작된 것으로 보고 있다.[13] 그렇지만 이러한 사실만을 지적하고 있을 뿐, 〈도솔가〉와 미륵 경전의 관계에 대한 구체적인 고찰은 이루어지지 않고 있다.

한편, 이들 논의는 세부적인 내용에서는 차이를 보이지만, 도솔천으로부터 미륵보살을 '모셔 오는' 노래로 〈도솔가〉를 규정하고 있는 공통점을 보인다. 그런데 이와 같은 견해는 〈도솔가〉 자체가 아닌, 그 번역시의 내용에 근거한 것이라는 점에서 문제가 있다고 여겨진다. 〈도솔가〉의 제4행은 "미륵좌주 모셔라.(彌勒座主陪立羅良)"로 되어 있고, '미륵'을

---

10 최근의 논의인 조현설, 앞의 논문, 135~136쪽에서는, '꽃'과 '미륵좌주'의 시어는 당시의 무속문화와 관련이 있다고 지적하였다. 곧 그는 "월명사가 〈도솔가〉에서 석가모니불을 호명하지 않았던 것은 무속문화의 맥락에서 보면 미륵만이 이일병현의 문제를 근본적으로 해결할 수 있는 유일한 신이었기 때문이다."라고 하였다. 또한 "미륵불은 꽃과 특히 긴밀한 관계가 있는 신불神佛로 무속에서 인식되고 있다. 창세신 미륵의 창조력을 상징하는 꽃이 인간의 생명을 상징하는 꽃으로 전이되었다."라고 하였다. 그런데 논자가 논거로 제시하고 있는 〈창세가創世歌〉 등의 무가巫歌는 모두 1920·30년대에 채록된 것이라는 점에서, 과연 이들 무가의 '미륵'과 '꽃'이 〈도솔가〉 창작 당시의 무속문화를 반영한 것인지는 의문이다.
11 김승찬, 「향가의 불교적 고찰」, 『인문논총』 23, 부산대학교, 1983, 8쪽; 이연숙, 「〈도솔가〉 연구」, 『국어국문학』 119, 국어국문학회, 1997, 147쪽; 황병익, 「『삼국유사』 '이일병현'과 〈도솔가〉의 의미 고찰」, 『어문연구』 30-3, 한국어문교육연구회, 2002, 163쪽.
12 이도흠, 「〈도솔가〉와 화엄사상」, 『한국학논집』 14, 한양대학교 한국학연구소, 1988, 127쪽.
13 김동욱, 「〈도솔가〉 연구」, 『한국가요의 연구』, 을유문화사, 1961; 윤영옥, 「도솔가」, 『신라시가의 연구』, 형설출판사, 1982; 황패강, 「도솔가 연구」, 『신라문화』 6, 동국대학교 신라문화연구소, 1989; 양희철, 「월명사의 〈도솔가〉와 그 관련 설화 연구」, 『인문과학논집』 8, 청주대학교 인문과학연구소, 1989; 최정선, 「〈도솔가〉에 나타난 미륵신앙」, 『불교학연구』 19, 불교학연구회, 2008.

제외하면 노래의 어디에도 '도솔천'과 관련된 시어 및 내용은 보이지 않는다. 반면, 〈도솔가〉의 번역시, 곧 해시解詩는 "멀리 도솔천의 부처님을 맞이하네.(遠邀兜率大僊家)"라는 시행詩行으로 끝나고 있는 것이다.

그러므로 이 글은 지금까지 살펴본 선행연구의 문제점들을 염두에 두면서, 기존 논의와는 다른 측면에서 〈도솔가〉의 문학적 성격에 대해 논의하고자 한다. 이를 위해, 〈도솔가〉의 어학적 해독과 한역시漢譯詩와의 관계를 검토한 뒤, 선행연구에서 논란이 되어 왔던 '꽃'·'미륵좌주'의 시어와 '일괴즉멸日怪卽滅의 이유' 등이 미륵삼부경에 근거한 것임을 밝힐 것이다. 그리고 이상의 논의 결과와, 창작 당시의 시대적 상황에 대한 고찰을 통해, 〈도솔가〉의 문학적 성격과 시대적 의미를 살펴보도록 하겠다.

## 2. 해독과 한역시의 문제

「월명사 도솔가」는 ① '이일병현'의 변괴와 그 해결, ② 미륵보살의 시현示現, ③ 월명사의 〈제망매가祭亡妹歌〉 창작, ④ 월명사에 대한 소개, ⑤ 일연一然(1206~1289)의 찬시讚詩 등의 내용으로 구성되어 있다. 이들 가운데, 〈도솔가〉와 관련이 있는 부분은 ①·②의 단락으로, 〈도솔가〉와 그 한역시는 ①에 포함되어 있다. 구체적인 논의에 앞서, 「월명사 도솔가」의 ①·② 단락과, 〈도솔가〉 및 한역시를 차례대로 보이면 다음과 같다.

(1) ⓐ 경덕왕 19년(760) 4월 초에 해 둘이 나란히 떠서 10여 일간 없어지지 않음.
ⓑ 일관日官이 왕에게 "인연 있는 스님(緣僧)을 청하여 산화공덕散花功德을 드리면 재앙을 물리칠 수 있을 것입니다."라고 진언함.

ⓒ 왕이 조원전朝元殿에 단壇을 만들고 청양루靑陽樓에 행차하여 인연 있는 스님을 기다림.

ⓓ 마침 지나가는 월명사에게 왕이 계청啓請을 지으라고 명령함.

ⓔ 월명사는 "저는 다만 국선國仙의 무리에 속해 있으므로 오직 향가만 알고 범패 소리에는 익숙하지 못합니다."라고 함.

ⓕ 경덕왕의 허락으로 월명사가 〈도솔가〉를 지어 부름.

ⓖ 〈도솔가〉 소개.

ⓗ 〈도솔가〉의 한역시 소개.

ⓘ "지금 세속에선 이것을 '산화가'라 하나 잘못된 것이므로, '도솔가'라고 해야 마땅하다."라는 일연의 언급.

ⓙ 월명사가 〈도솔가〉를 지어 부르니, 곧 두 해의 괴변이 사라짐.

ⓚ 경덕왕이 월명사에게 좋은 차(品茶) 한 봉과 수정으로 된 108염주를 줌.

ⓛ 모습이 정결한 한 동자가 차와 염주를 받음.

ⓜ 동자는 내원內院의 탑 속에 숨어 버리고, 차와 염주는 내원의 남쪽 벽에 그려 놓은 미륵보살상 앞에 놓여 있음.

ⓝ "이와 같이 월명 대사의 지극한 덕과 정성이 미륵보살을 감동시키게 했던 것이다."라는 일연의 언급.

ⓞ 온 나라에서 이 일을 모르는 이가 없었고, 경덕왕은 더욱 월명사를 공경함.

(2) 今日此矣散花唱良        오늘 이곳에서 산화가 불러
    巴寶白乎隱花良汝隱      뿌리는 꽃아, 너는
    直等隱心音矣命叱使以惡只 곧은 마음의 명을 받들어
    彌勒座主陪立羅良        미륵좌주 모셔라.[14]

(3) 龍樓此日散花歌　　　용루에서 오늘 산화가를 불러
　　挑送靑雲一片花　　　푸른 구름에 한 송이 꽃 올려 보내네.
　　殷重直心之所使　　　은근하고 정중한 곧은 마음이 시킴이니
　　遠邀兜率大僊家　　　멀리 도솔천의 부처님을 맞이하네.

위의 (1)은 〈도솔가〉 관련 기술물을 화소話素별로 정리한 것이고, (2)·(3)은 인용문 (1)의 ⑧·ⓗ를 각각 그 번역문과 함께 제시한 것이다. 먼저, (1)의 ⓐ~ⓙ는 〈도솔가〉 창작의 계기 및 과정과 가창의 결과를, ⓚ~ⓞ는 〈도솔가〉의 가창으로 인해 미륵보살이 그 모습을 나타낸 사실을 서술하고 있다. 경덕왕 19년 4월 초에 '이일병현'의 문제가 발생하자, 월명사는 경덕왕의 요청으로 산화공덕의 의식에서 〈도솔가〉를 지어 불렀고, 이로 인해 '일괴즉멸日怪卽滅'과 '미륵시현彌勒示現'의 결과가 나타났다는 것이다.

인용문 (2)의 〈도솔가〉는 '오늘 이곳에서'라는 현장성을 강조한 노랫말로 시작하고 있다. 제1~2행은 산화가를 부르는 산화공덕의 불교의식을 묘사한 것이다. 그리고 제3~4행에서 화자는 꽃에게 '곧은 마음'으로 미륵좌주를 모실 것을 명령하고 있다.

〈도솔가〉의 어학적 해독은 번역시의 존재로 인해, 여타의 향가 작품에 비해 그 이견異見이 많지 않은 편이다. 물론, 제2행의 '巴寶白乎隱'은 논자마다 다양한 해독이 제시되었고, 제3행의 '使以惡只'과 제4행의 '陪立羅良' 또한 이견이 존재하고 있다.[15] '使以惡只'·'陪立羅良'는 현재 '부

---

14 〈도솔가〉의 현대어역은, 양주동, 『(增訂) 고가연구』, 일조각, 1983, 523쪽의 해독을 바탕으로 의역한 것이다.
15 전자는 '심부름 하옵기에·받들어·받아서·부리워져', 후자는 '모셔라·모시리라·뫼셔 나란히 서라·모실 것이로다' 등의 해독이 있어 왔다.

리워져'와 '모셔라'로 견해가 모아지고 있는 추세이나, '巴寶白乎隱'의 해독은 아직 논란 중에 있다.

'巴寶白乎隱'은 그동안 '베푸숣온[베푸는],[16] 샌 슬본[뿌리는],[17] 쌔호슨 본[뽑히어 나온],[18] 돌보슬본[돌보는],[19] ㅂ(보)보슬본[솟구치는[20]·돋아 보내신[21]·솟아나게 한[22]]' 등으로 읽어 왔다. 근래에 들어 'ㅂ(보)보슬본'으로 읽는 연구자들이 늘고 있다.[23] 'ㅂ(보)보슬본'은 그 풀이에 있어 논자마다 조금씩 차이를 보이지만, 모두 한역시 제2행의 '도송挑送'에 근거한 것이다.[24]

그런데 과연 '巴寶白乎隱'을 한역시에 의거하여 꽃을 날려 보내거나 올려 보내는 행위로 볼 수 있을지는 의문이다. 이 노랫말은 제1행과 함께 산화공덕의 불교의식을 표현한 것인데, '산화'는 꽃을 뿌리는 것이지, 하늘 위로 올려 보내거나 날려 보내는 것이 아니기 때문이다. 김준영은 "꽃을 뿌릴 때 머리 위까지 올라가게 뿌리기 때문"[25]이라고 했지

---

16 小倉進平, 『鄕歌及び吏讀の硏究』, 경성제국대학, 1929, 372쪽.
17 양주동, 앞의 책, 533쪽.
18 홍기문, 『고가요집』, 국립문학예술서적출판사, 1959, 114쪽.
19 유창균, 『향가비해』, 형설출판사, 1994, 680쪽; 강길운, 『향가신해독연구』, 한국문화사, 2004, 193쪽.
20 서재극, 『신라 향가의 어휘 연구』, 계명대학교출판부, 1975, 36쪽.
21 김준영, 『향가문학』, 형설출판사, 1982, 145쪽.
22 김완진, 『향가해독법연구』, 서울대학교출판부, 1993, 123쪽.
23 신재홍, 『향가의 해석』, 집문당, 2000, 207쪽에서는 'ㅂ보슬본'으로 읽은 뒤 '날려 보내는'으로 풀이하고 있고, 박재민, 『신라 향가 변증』, 태학사, 2013, 336쪽에서는 '보보슨본'으로 읽고 '위로 올려 보내는'으로 풀이하였다.
24 김준영, 앞의 책, 147쪽에서는, "〈도솔가〉의 번역시에서 이 제2행의 '巴寶'에 해당한 곳은 '도송挑送'이므로 '도송挑送'은 자의字意 그대로 '뽑아 보낸다, 돋우어 보낸다, 솟구쳐 보낸다'는 뜻으로 '巴寶'와 같은 말이다."라고 하였다. 또한 박재민, 앞의 책, 336쪽에서도 "'巴寶'는 번역시에서 '도송挑送'에 정확히 대응되고 있는데, 이 '도挑'가 '돋다, 돋우다'의 의미를 나타내는 말인 것이다. 그러므로 본고는 '巴寶'를 '보보'로, 의미는 '위로 올려 보내다'로 추정한다."라고 하였다.
25 김준영, 앞의 책, 146쪽.

만, 그렇다고 산화공덕에서의 꽃이 인용문 (3)의 제2행처럼 푸른 구름 위로 올라가는 것은 아니다. 더구나 한역시의 제4행은 제2행에 이어 이 '꽃'이 도솔천의 미륵보살을 공중에서 맞이하고 있음을 묘사하고 있다. 곧 한역시의 표현 및 내용은 꽃에게 미륵보살을 모시라고 명령하는 향가와 차이가 있는 것이다. 주지하다시피 '모시다'의 사전적 정의는, "웃어른이나 존경하는 이를 '가까이'에서 받들다."이기 때문이다.[26]

향찰로 표기된 향가에 있어 한역시의 존재는 어학적 해독 및 문학적 해석의 유력한 길잡이가 될 수 있다. 그렇지만 향가의 해독 및 해석이 어렵다고 한역시를 그 준거로 삼을 수는 없을 것이다. 시가詩歌와 그 역시譯詩의 내용이 차이를 드러내는 예를 한국문학사에서 확인하는 것은 그리 어려운 일이 아니다. 그렇다면 한역시의 '멀리서 맞이하네(遠邀)'와 다른, 〈도솔가〉의 '모셔라[陪立羅良]'가 의미하는 바가 무엇인지 궁금하다고 하겠는데, 다음 장의 논의 과정에서 밝혀질 것이다.

## 3. 미륵삼부경과의 관계

### 미륵삼부경과 미륵신앙

미륵보살이 등장하는 불교경전은 수없이 많지만, 그중에서도 미륵이 중심이 되는 경전은 이른바 '미륵삼부경彌勒三部經'으로 분류되어 왔다.

---

26  참고로, 정렬모, 『향가연구』, 사회과학원출판사, 1965, 164쪽에서는, "'陪陪'는 '모셔'로, 윗사람 곁에 따라다니는 것을 이른다."라고 하였다. 그는 대부분의 어학자와는 달리, 〈도솔가〉의 해독에 있어 한역시의 내용을 전혀 고려하지 않고 있는데, '巴寶'를 '고보슬븐'으로 읽고 '꼬브러진·짓궂은'으로 풀이하고 있다.

'미륵삼부경'은 축법호竺法護가 303년에 한역漢譯한 『불설미륵하생경佛說彌勒下生經』(이하 『하생경』으로 표기함), 구마라집鳩摩羅什 한역의 『불설미륵대성불경佛說彌勒大成佛經』(이하 『성불경』), 5세기경 저거경성沮渠京聲이 한역한 『불설관미륵보살상생도솔천경佛說觀彌勒菩薩上生兜率天經』(이하 『상생경』)을 가리킨다.

『하생경』과 『성불경』은 분량과 번역 술어에 차이가 있지만, 모두 ① 서분序分, ② 미륵이 출현하는 세계, ③ 미륵의 전기傳記, ④ 미륵의 상승相承, ⑤ 유통분流通分 등의 구성 및 내용으로 되어 있다. 『상생경』은 ① 서분, ② 미륵의 상생, ③ 중생의 상생, ④ 유통분으로 구성되어 있고, ② 미륵의 상생은 미륵의 수기授記·도솔천궁의 모습·도솔천 상생 등의 내용을 포함하고 있다. 『하생경』·『성불경』은 미륵의 하생에 관한 내용만 있으나, 『상생경』은 미륵의 하생뿐만 아니라 상생에 대해서도 언급하고 있다.

동아시아의 미륵신앙 내지 사상은 이들 미륵삼부경에 의거하여 전개되었는데, 크게 상생신앙과 하생신앙으로 나뉜다. 전자는 중생이 사후死後에 미륵보살이 설법하고 있는 도솔천에 태어나 미륵보살을 친견親見하기를 기원하는 것이다. 후자는 미륵보살이 도솔천으로부터 인간세계에 하생하여 정각正覺을 성취하고 중생을 구제할 때, 인간으로 태어나 미륵불의 설법을 듣겠다고 서원誓願하는 것이다. 물론 미륵신앙은 상생이나 하생의 어느 한 가지만으로 성립될 수 없다. 도솔천은 미륵이 머무는 종착지가 아니라, 하생하여 용화수龍華樹 아래에서 성불成佛할 시기를 기다리며 머물고 있는 임시 체류의 대기 장소에 불과하기 때문이다.[27]

---

[27] 김영태, 「삼국시대의 미륵신앙」, 동국대학교 불교문화연구소 편, 『한국미륵사상연구』,

〈도솔가〉의 선행연구에서는 미륵하생 신앙과의 관련성이 지적된 바 있다. 〈도솔가〉의 가창 결과인 '일괴즉멸日怪卽滅'의 이유를 설명하기 위해, 미륵 하생 시의 세계를 묘사하고 있는 『하생경』·『성불경』의 관련 부분을 인용하고 있는 것이다.[28] 그렇지만 〈도솔가〉의 노랫말과 미륵삼부경의 관련성에 대해서는 어떠한 논의도 이루어지지 않았는데, 몇몇 논의는 미륵삼부경이 아닌 여타의 불교경전에 근거하여 관련 시어의 의미를 설명하고 있다. 그러므로 여기에서는 〈도솔가〉와 미륵삼부경의 관련성을, '꽃'·'미륵좌주'의 의미와 '일괴즉멸의 이유'를 중심으로 살펴보도록 하겠다.

### '꽃'·'미륵좌주彌勒座主'의 정체

〈도솔가〉의 '꽃'과 '미륵좌주'의 정체 내지 의미는 앞의 제1절에서 언급했던 '화랑'·'경덕왕' 외에도, 많은 논의가 있어 왔다. 먼저, '꽃'은 주술의 매개물,[29] 현세와 천상의 중간자적인 매개물,[30] 재생과 생명력의 상징[31] 등으로 해석되었다. 또한 이도흠은 『화엄경』에 근거하여 꽃을 화엄을 이루고자 하는 보살의 만행萬行으로 보았고,[32] 이연숙은 『석존영향인왕경비법釋尊影響仁王經秘法』의 관련 구절을 인용하여 제불諸佛을 맞이하는 구체적인 수단으로 파악하였다.[33]

---

  동국대학교출판부, 1987, 33~34쪽.
28 윤영옥, 앞의 논문, 62쪽; 황패강, 앞의 논문, 11쪽; 양희철, 앞의 논문, 72쪽.
29 김열규, 앞의 논문, 24쪽.
30 황패강, 앞의 논문, 13쪽.
31 서영교, 「경덕왕대 월명사의 〈도솔가〉 창작과 핼리혜성」, 『우리문학연구』 19, 우리문학회, 2006, 83쪽.
32 이도흠, 앞의 논문, 86쪽.
33 이연숙, 앞의 논문, 135쪽.

'미륵좌주'의 경우는, '좌주'의 해석에 많은 이견이 존재하고 있다. 양주동은 "미륵보살을 도솔천으로부터 단상고좌壇上高座에 요치邀致"[34]한다는 의미에서 '좌주'란 시어가 사용되었다고 보았다. 김종우는 화랑 중에서도 우위優位의 화랑인 '화주花主'를 가리킨 말[35]로 추정하였고, 황병익은 『불설다라니집경佛說陀羅尼集經』의 관련 내용을 참고하여, "단壇을 만들어 기원하고 공양할 때 중심에 안치하는 부처·보살을 지칭한 것"[36]이라고 하였다. 이들 외에도, 불교 회합의 주도적 인물,[37] 높이 모시는 어른,[38] 도솔천의 주인[39] 등의 견해가 제시되었다.

그런데 이상의 견해들은 대부분 구체적인 전거典據나 논거의 제시 없이 논자들의 막연한 추정에 머물고 있다. 불교경전을 전거로 제시하고 있는 경우는, 미륵삼부경에 대한 일차적인 검토가 선행되지 않았다는 문제점을 지적할 수 있다. 이들 논의는 작품명이 '도솔가'이고, 향가 및 기술물에 '미륵'이 등장하고 있음에도, 미륵삼부경에 관한 어떠한 언급도 없는 것이다.

『성불경』의 이칭異稱은 "그 마음이 연꽃처럼 깨끗하여 미륵불을 만나게 하는 경"[40]이다. 그리고 『상생경』에는, 이 경전의 관법觀法을 수행하면 반드시 한 명의 천인天人이나 연꽃 한 송이라도 볼 수 있다는 언급[41]

---

34 양주동, 앞의 책, 538쪽.
35 김종우, 「도솔가와 산화가」, 『향가문학연구』, 삼우사, 1975, 41쪽.
36 황병익, 앞의 논문, 2002, 160쪽.
37 홍기문, 앞의 책, 116쪽; 이도흠, 앞의 논문, 58쪽.
38 김선기, 「두시다 노래」, 『현대문학』 172, 현대문학사, 1969, 378쪽.
39 홍기삼, 「월명사 도솔가」, 『향가설화문학』, 민음사, 1997, 381쪽; 최정선, 앞의 논문, 167쪽.
40 구마라집 역譯, 『불설미륵대성불경』. "亦名破惡口業, 心如蓮花, 定見彌勒佛經."(『대정신수대장경大正新修大藏經』 14, 434쪽)
41 저거경성 역, 『불설관미륵보살상생도솔천경』. "作是觀者, 若見一天人, 見一蓮花."(『대정장大正藏』 14, 420쪽)

이 있다. 또한 이들 경전에는 '도솔천'·'미륵' 외에도 '꽃'·'자리[좌座]'의 어휘가 자주 등장하는데, 다음의 인용문을 그 대표적인 예로 들 수 있다.

> (4) 또 일곱 가지 보배로 된 사자좌獅子座가 있을 것이다. 그 높이는 4유순이고 염부단금 같은 무수한 보배로 장엄되었으며, 네 귀퉁이에서는 네 가지 묘한 연꽃이 피어나올 것인데, 연꽃마다 백 가지의 보배로 이루어져서 매우 미묘한 백억 가지 광명을 낼 것이다. 그 광명은 다시 5백억 가지 보배로 된 온갖 꽃으로 변할 것이며, 그러면 이 보배꽃들이 사자좌의 장막으로 장엄하게 된다. …(중략)… 모든 사람과 하늘들이 온갖 보배로 묘한 탑을 세워 사리에 공양을 할 것이다. 그때 미륵보살은 도솔천 칠보대에 있는 마니전의 사자좌에 홀연히 화생하여, 연꽃 위에 가부좌하고 앉는다. 몸이 염부단 사금같이 빛나고, 키가 16유순이며, 32상과 80종호를 다 갖출 것이다.[42]

(4)는 『상생경』 중, 도솔천궁의 모습과 미륵의 상생에 관한 내용의 일부이다. 인용문에서 석가불은, 도솔천궁의 마니전摩尼殿 안에 칠보七寶로 된 사자좌가 있고, 그 사자좌의 네 귀퉁이에 각각 연꽃이 피어나며, 사자좌의 장막 또한 온갖 꽃으로 장식되어 있음을 말하고 있다. 또한 이 사자좌 위에 미륵보살이 앉을 것이고, 이 자리에 앉을 때 미륵보살은 금빛의 몸에 32상相·80종호種好를 갖추게 된다고 하였다. 비록 인용하지 않았지만, 이 (4)의 뒤에는, "미륵보살이 천인天人들과 더불어 꽃

---

42 저거경성 역, 앞의 책. "亦有七寶大師子座. 高四由旬, 閻浮檀金無量衆寶以爲莊嚴, 座四角頭生四蓮華, 一一蓮華百寶所成, 一一寶出百億光明. 其光微妙化爲五百億衆寶雜花, 莊嚴寶帳. …(中略)… 時, 諸人天尋卽, 爲起衆寶妙塔, 供養舍利. 時, 兜率陀天七寶臺內, 摩尼殿上師子床座, 忽然化生, 於蓮華上結加趺坐. 身如閻浮檀金色, 長十六由旬, 三十二相八十種好, 皆悉具足."(『대정장』 14, 418~419쪽)

자리에 앉아 밤낮없이 불퇴전지법륜不退轉地法輪을 설한다."⁴³라는 서술이 이어지고 있다. 여기서는 꽃으로 장식된 사자좌를 '꽃자리'로 표현하고 있다.

이렇듯 『상생경』의 미륵보살은 금빛의 몸으로 '꽃자리' 위에 앉아 설법하는 모습으로 형상화되어 있는데, 『성불경』에서도 다음과 같이 나타나고 있다. 곧 "붉은 금빛으로 빛나는 몸에 32상을 갖추고 태어나, 보배연꽃 위에 앉은 모습을 중생들이 바라보지만 지나치거나 싫증 내는 법이 없다."⁴⁴와, "과거 여러 부처님들이 앉으셨던 금강보좌가 나타나는데 …(중략)… 미륵불이 이 자리에서 진리의 법을 설하실 것이다."⁴⁵의 언급이 그것이다. 전자는 미륵이 염부제에 태어난 직후의 모습을, 후자는 성불한 뒤 처음 진리를 설할 때의 모습을 묘사하고 있다. 이들 구절을 통해, 『성불경』의 미륵불 또한 금빛 몸에 32상을 갖추고, '보배연꽃' 또는 '금강보좌' 위에서 진리를 설하고 있음을 알 수 있다.

그런데 미륵삼부경의 이와 같은 미륵 형상화는 〈도솔가〉가 실려 있는 『삼국유사』에서도 볼 수 있어 주목을 요한다.

> (5) 노힐이 마지못해 그 말대로 좇았더니, 홀연히 정신이 상쾌해지는 것을 깨닫고 살갗이 금빛으로 변하였다. <u>그 옆을 보니 문득 하나의 연화대가 생겼다.</u> 낭자는 그에게 앉기를 권하면서 말하기를, "나는 관음보살인데 (이곳에) 와서 대사大師가 대보리大菩提를 성취하도

---

**43** 같은 책. "與諸天子各坐花座, 晝夜六時, 常說不退轉地法輪之行, 經一時中成就五百億天子, 令不退轉於阿耨多羅三藐三菩提."(『대정장』14, 419쪽)
**44** 구마라집 역, 『불설미륵대성불경』. "身紫金色, 具三十二大丈夫相, 坐寶蓮華, 衆生視之無有厭足."(『대정장』14, 430쪽)
**45** 구마라집 역, 앞의 책. "有過去諸佛所坐金剛寶座 …(中略)… 佛於此座, 轉正法輪."(『대정장』14, 431쪽)

록 도운 것입니다."라고 하고 말을 마치자 보이지 않았다. 박박은 노힐이 오늘밤에 틀림없이 계를 더럽혔을 것이니, 그를 비웃어 주어야겠다고 생각하였다. 이르러 보니 노힐은 <u>연화대에 앉아 미륵존상이 되어 광명을 발하고 몸은 금빛으로 빛나고 있었다.</u>[46]

인용문 (5)는 『삼국유사』 권3 탑상塔像 제4에 수록된 「남백월이성南白月二聖 노힐부득努肹夫得 달달박박怛怛朴朴」의 일부를 옮긴 것이다. 이 설화는 성덕왕대의 승려인 노힐부득과 달달박박이 관음보살의 화신인 임신한 여인의 도움으로 각각 미륵불과 아미타불로 성불했다는 내용으로 되어 있다. 노힐부득과 달달박박의 성불은 성덕왕 8년(709)에 있었던 일로, 757년(경덕왕 16)에 경덕왕은 이들의 성불을 기리기 위해 백월산 남사南寺를 짓게 하였다.

위의 (5)는 노힐부득이 미륵불로 성불하는 상황을 서술하고 있다. 함께 목욕하자는 여인의 권유로 노힐부득이 물속에 들어가자, 그 몸이 금빛으로 변하고 옆에는 갑자기 연화대가 나타났다는 것이다. 그리고 친구인 달달박박은 노힐부득이 미륵불이 되어 연화대에 앉아 있는 모습을 목격하고 있다. 이 설화에서 '연화대'와 '금빛 몸'은 성불의 징표 내지 증거로 기능하고 있다. 이러한 미륵불의 형상화는 앞에서 살펴본 『상생경』·『성불경』에 근거한 것이라 할 수 있다. 이를 통해, 〈도솔가〉 창작 당시에 이미 승려뿐만 아니라 일반인들 사이에도 미륵삼부경의 내용이 널리 알려져 있었음을 짐작할 수 있다.

---

**46** 『삼국유사』 권3, 탑상 제4, 「남백월이성 노힐부득 달달박박」. "肹勉强從之, 忽覺精神爽凉, 肌膚金色. 視其傍, 忽生一蓮臺. 娘勸之坐, 因謂曰, 我是觀音菩薩, 來助大師, 成大菩提矣, 言訖不現. 朴朴謂肹今夜必染戒, 將歸听之. 旣至, 見肹坐蓮臺, 作彌勒尊像, 放光明, 身彩檀金."

여기에서, 〈도솔가〉의 '꽃'과 '미륵좌주'의 정체에 대한 해명이 가능하다. 곧 이들 시어는 『상생경』의 '꽃자리 위에 앉아 있는 미륵'에서, '꽃'과 '자리'를 분리한 것에 다름 아닌 것이다. 그리고 〈도솔가〉의 화자가 꽃에게 미륵을 모시라고 명령한 것은, '꽃'과 '자리'의 결합을 의미하고, 이러한 '결합'은 미륵불의 출현 또는 존재를 환기 내지 강조한 것이 된다. 여기에, 제1행의 '오늘 이곳에서(今日此矣)'의 노랫말을 고려하면, 〈도솔가〉는 지금 여기에 미륵이 있음을 나타낸 것이라 하겠다. 곧 〈도솔가〉는 '꽃'과 '미륵좌주'의 분리와 결합을 통해, '지금' 미륵불이 바로 '이곳'에 존재하고 있음을 노래한 것이다.

한편, '좌주'란 용어 자체는 미륵삼부경에 보이지 않는다. 『상생경』에서는 '천주天主'란 말로 미륵을 가리키고 있다.[47] 한국에서 '좌주'가 등장하는 가장 이른 시기의 기록으로는 최치원(857~?)의 「신라 수창군 호국성 팔각등루기新羅壽昌郡護國城八角燈樓記」를 들 수 있는데, 이 글에서 '좌주'는 불교의식을 주관하는 인물의 뜻으로 사용되고 있다.[48] 물론 〈도솔가〉의 '좌주'가 이 뜻으로 쓰였을 가능성이 없지는 않다. 그렇지만 노래 전개의 맥락상, '좌주'는 부처의 자리를 의미하는 사자좌 또는 금강좌의 주인으로 보는 것이 타당하다. 또한 도솔천이 아닌, 지금 이 '자리'에 미륵이 있음을 강조하기 위해, 월명사는 『상생경』의 '천주'에 대응되는 시어로 '좌주'를 사용한 것이라 여겨진다.

---

**47** 저거경성 역, 『불설관미륵보살상생도솔천경』. "此處名兜率陀天, 今此天主名曰彌勒, 汝當歸依. 應聲即禮禮已."(『대정장』 14, 419쪽)
**48** 최치원, 「신라 수창군 호국성 팔각등루기」(『동문선』 권64). "其年孟冬, 建燈樓已. 至十一月四日, 邀請, 公山桐寺 弘順大德爲座主, 設齋慶讚."

## '일괴즉멸日怪卽滅'의 이유

앞에서 여러 차례 언급했듯이, 월명사는 '이일병현'의 문제 상황을 해결하기 위해 〈도솔가〉를 창작·가창한 것이고, 이로 인해 그 문제가 해결된 것이다. '이일병현'의 의미에 대해서는 그동안 많은 논의가 있어 왔다. 곧 왕권에 도전하는 세력의 출현,[49] 가뭄과 같은 자연재해,[50] 교종과 선종의 갈등,[51] 환일幻日 현상,[52] 혜성의 출현,[53] 무격巫覡 신앙과 불교의 사상적 대립[54] 등이 그것이다. 비록 논자마다 다양한 견해를 보이고 있지만, 대부분 두 세력 간의 정치적·사상적 갈등으로 인해 야기된 국가의 위기 상황으로 파악하고 있다. '이일병현'을 혜성·환일幻日 등 실제 있었던 천문 현상으로 보는 경우에도, 〈도솔가〉를 정치적 불안을 해소하기 위한 노래로 해석한다는 점에서는 다르지 않다.

그렇다면, 미륵불이 현재 이곳에 있음을 노래하고 있는 〈도솔가〉가 어떤 이유로 '이일병현', 즉 국가적 위기 상황을 해결한 것일까? 그 이유의 일단을 아래의 인용문에서 찾을 수 있다.

> (6) 그때, 염부제閻浮提의 땅 넓이는 동서남북이 천만 유순이나 될 것이다. 산과 개울, 절벽은 저절로 무너져서 다 없어지고, 4대해의 물은 각각 동서남북으로 나뉜다. 대지는 평탄하고 거울처럼 맑고 깨끗하

---

[49] 윤영옥, 앞의 논문, 60쪽; 이도흠, 앞의 논문, 101쪽; 양희철, 앞의 논문, 72쪽; 신영명, 앞의 논문, 188쪽; 조현설, 앞의 논문, 126쪽.
[50] 현용준, 「월명사 도솔가 배경설화고」, 『한국언어문학』 10, 한국언어문학회, 1973, 91쪽.
[51] 김문태, 「〈도솔가〉와 서사문맥」, 『반교어문연구』 4, 반교어문학회, 1992, 93쪽.
[52] 황병익, 앞의 논문, 154쪽.
[53] 서영교, 앞의 논문, 65쪽.
[54] 엄국현, 앞의 논문, 128쪽.

다. 곡식이 풍족할 뿐만 아니라, 인구가 번창하고 갖가지 보배가 수 없이 많으며, 마을과 마을이 잇따라 있어 닭 우는 소리가 서로 들린다. 아름답지 못한 꽃과 나쁜 과일, 시들한 나무는 다 씨가 마르고, 더러운 것은 다 없어진다. 그래서 감미로운 과일나무와 향기롭고 아름다운 풀·나무들만이 자랄 것이다. 저세상의 기후는 온화하고 화창하며, 사계절이 순조로워 백여덟 가지의 질병이 없다. 탐욕과 성냄·어리석음도 마음 깊이 있을 뿐, 눈에 띄게 드러나지 않고, 사람들의 마음도 어긋남이 없이 평화롭다. 그래서 만나면 즐거워하고, 착하고 고운 말만 주고받으니, 뜻이 틀리거나 어긋나는 말이 없을 것이다.[55]

위의 (6)은 『하생경』의 일부로, 미륵이 출현하는 세계의 모습에 관한 내용이다. 인용문에서 미륵의 세계는 기후가 항상 온화·화창하고, 곡식이 풍족하며, 온갖 보배가 수없이 많은 것으로 묘사되고 있다. 또한 이곳의 사람들은 육체적·정신적 괴로움이 없고, 만나면 서로 즐거워하여 고운 말만 주고받음을 서술하고 있다. 『하생경』·『성불경』에서 이러한 세상은 미륵의 출현으로 실현되는 것이 아니라, 미륵이 태어나기 전에 이미 이루어진 것으로 되어 있다.

그리고 이들 경전은 전륜성왕이 이 세계를 통치하고 있음을 다음과 같이 밝히고 있다. "그때 양거穰佉라는 전륜성왕이 있을 것이다. 그는

---

[55] 축법호 역, 『불설미륵하생경』. "爾時, 閻浮地, 東西南北千萬由旬. 諸山河石壁, 皆自消滅, 四大海水, 各減一萬, 時閻浮地極爲不整, 如鏡淸明. 擧閻浮地內穀食豐賤, 人民熾盛, 多諸珍寶, 諸村落相近, 鷄鳴相接. 是時, 弊華果樹枯竭, 穢惡亦自消滅, 其餘甘美果樹香氣殊好者, 皆生于地. 爾時, 時氣和適四時順節, 人身之中無有百八之患. 貪欲瞋恚愚癡不大慇懃, 人心均平皆同一意, 相見歡悅, 善言相向, 言辭一類無有差別."(『대정장』 14, 421쪽)

네 종류의 군사를 거느리고 있지만, 무력으로 세상을 다스리지는 않을 것이다. …(중략)… 모든 원수와 적은 그들 앞에 스스로 무릎을 꿇을 것이다."[56] 곧 미륵은 정신적으로나 물질적으로 완벽하고, 정치적으로 안정된 이상사회가 되어 있을 때, 비로소 출현한다는 것이다. 다시 말해, 미륵은 이상사회를 건설하는 존재가 아니라, 진리의 말씀을 통해 이 세상을 더욱 청정하고 이상적으로 만들어 주는 존재인 것이다.

이상의 내용을 통해, 〈도솔가〉가 '일괴즉멸'의 결과를 가져온 이유를 추정할 수 있다. 미륵불이 지금 바로 여기에 있음을 노래한 것은, 현재 이곳이 미륵이 머물고 있는 불국토佛國土이고, 〈도솔가〉를 짓게 한 경덕왕이 전륜성왕이라는 사실을 환기한 것이 된다. 그러므로 전륜성왕이 통치하고 미륵불이 상주常住하는 불국토에, '이일병현'과 같은 정치적·사상적 갈등으로 인한 국가적 위기는 있을 수가 없고, 설령 있더라도 사라지게 되는 것이다.

그런데, 〈도솔가〉의 문학적 해석에 있어 아직 다루지 못한 문제가 남아 있다. 제3행의 '곧은 마음(直等隱心音)'이 그것으로, 한역시에는 '직심直心'으로 되어 있다. 이 시어는 크게 주목을 받지 못하다가, 최근의 몇몇 논의에서 이일병현의 문제를 해결한 이유로 부각되고 있다.[57] 이들 논의는 『대승기신론』에 근거하여 '곧은 마음'을 특수한 불교 용어로 파악하고 있다.[58] 곧 〈도솔가〉의 '곧은 마음' 또는 '직심'은 "실재를 있는 그

---

**56** 구마라집 역, 『불설미륵대성불경』. "爾時, 有轉輪聖王, 名曰穰佉. 有四種兵, 不以威武治四天下. …(中略)… 怨敵自伏."(『대정장』 14, 429쪽)

**57** 김창원, 「『삼국유사』 「감통」의 향가 읽기」, 『국제어문』 31, 국제어문학회, 2004, 75~77쪽; 신영명, 앞의 논문, 199~200쪽; 조현설, 앞의 논문, 137~138쪽.

**58** 이들 논의에서 논거로 제시하고 있는 부분은 다음과 같다. 원효元曉, 『대승기신론소기회본大乘起信論疏記會本』 권5. "信成就發心者, 發何等心. 略說有三種. 云何爲三. 一者直心, 正念眞如法故. 二者深心, 樂集一切諸善行故. 三者大悲心, 欲拔一切衆生苦故."(『한국불교전서』 1, 776쪽)

대로 받아들이는 마음(正念眞如)"을 가리킨다는 것이다.

그러나 '곧은 마음'을 『대승기신론』의 '직심'으로 볼 수 있을지는 의문이다. 〈도솔가〉는 '직심'이 아닌 '直等隱心音(곧은 마음)'의 시어를 사용하고 있고, 한역시 제3행의 '직심' 앞에는 '은중殷重'이란 수식어가 있기 때문이다. 월명사가 『대승기신론』의 '직심'을 의도한 것이었다면 한자어 그대로 썼을 것이지, '直等隱心音'이라는 향찰로 표기하지는 않았을 것이다. 또한 불교적 관점에서는 '정념진여正念眞如'라는 '직심' 앞에 '은근하고 정중한'이라는 표현은 붙일 수가 없는 것이다.

〈도솔가〉에서 '꽃'은 이 '곧은 마음'으로 '미륵좌주'를 모시는 것으로 되어 있다. '좌주'와 마찬가지로 이 시어 역시 미륵삼부경에 직접적으로 나타나 있지 않지만, 『상생경』·『성불경』의 다음과 같은 경문經文에서 그 관련성을 엿볼 수 있다. 곧 "한 생각으로 오직 끊임없이 도솔천을 관觀하고, 모든 계율을 지켜라. 그리고 하루나 7일 동안이라도 십선十善을 생각하고, 십선도十善道를 행하라."[59]와, "그대들은 더욱 정진하여 부지런히 닦고, 깨끗한 마음을 일으켜 모든 착한 일을 쌓아라."[60]의 언급이 그것이다.

이들 경문은 해당 경전의 말미에 제시된 것으로, 전자는 도솔천 왕생, 후자는 미륵 친견의 방법에 해당한다. 각각 '지계持戒'·'십선十善'과, '청정심淸淨心'·'선업善業' 등이 거론되어 있다. 상생과 하생의 차이가 있을 뿐, 이들은 모두 미륵을 만나는 방법이라는 점에서 〈도솔가〉의 '곧은 마음'과 상통한다. 〈도솔가〉에서 '곧은 마음'은 '꽃'이 '미륵좌주'를 모

---

[59] 저거경성 역, 『불설관미륵보살상생도솔천경』. "繫念思惟, 念兜率陀天, 持佛禁戒, 一日至七日, 思念十善, 行十善道."(『대정장』 14, 420쪽)

[60] 구마라집 역, 『불설미륵대성불경』. "汝等, 宜應勤加精進, 發淸淨心, 起諸善業."(『대정장』 14, 434쪽)

시는 전제이자, 방법으로 제시된 것이기 때문이다. 그리고 '지계'·'십선'·'청정심' 등의 용어 또한 '곧은 마음'과 전혀 관련이 없는 것은 아니다. 그렇다면 노래라는 특성상 월명사가 이들 용어를 포괄하는 시어로 '곧은 마음'을 사용했을 가능성은 충분히 있다고 여겨진다.

결국, 〈도솔가〉는 작가作歌의 발상부터 '꽃'·'곧은 마음'·'미륵좌주'의 핵심 시어에 이르기까지 모두 미륵삼부경에 근거한 것으로, 당시의 신라가 전륜성왕의 나라이자, 미륵의 불국토임을 선언 내지 천명하고 있는 노래라 할 수 있다.

## 4. 시대적 맥락과 문학적 성격

지금까지, 〈도솔가〉의 선행연구에서 논란이 되었던 몇몇 시어의 의미와 '일괴즉멸'의 이유를, 미륵삼부경과의 관련성에 주목하여 살펴보았다. 그 결과, 〈도솔가〉는 미륵삼부경의 미륵 형상화와 미륵 친견의 방법 및 불국토 관념을 수용하여, 미륵의 현현顯現을 노래한 것임을 알 수 있다. 이러한 〈도솔가〉의 주지主旨는 당시의 신라가 미륵이 머물고 있는 불국토이자, 전륜성왕이 다스리는 나라라는 사실을 환기한 것에 다름 아니다. 곧 〈도솔가〉는 '꽃'과 '미륵좌주'의 분리·결합을 통해, 가창의 현장에 미륵이 존재하고 있음을 노래함으로써, 현재의 신라가 불국토임을 선언하고 있는 것이다. 이상의 논의 결과는 〈도솔가〉를 경덕왕을 찬양하는 악장이나, 도솔천으로부터 미륵을 모셔 오는 주술가요로 파악하고 있는 기존 논의와 차이가 있다고 하겠다.

〈도솔가〉의 이와 같은 '불국토 선언'의 이유 및 의미는 당시의 시대적 상황과 밀접한 관련이 있다. 주지하다시피, 경덕왕대(742~765)는 성덕왕대(702~737)·혜공왕대(765~780)와 함께 '재이災異의 시대'라고 불릴 만큼[61] 자연재해 및 기상이변이 빈번히 일어난 시기였다. 『삼국사기』에 따르면, 경덕왕 4년·13년·15년에 각각 크기가 달걀만 한 우박이 내렸고, 6년·13년·14년에는 큰 가뭄으로 인해 기근饑饉과 전염병이 돌았다. 그리고 3년 겨울에 요성妖星이 하늘에 나타나 10일 만에 사라졌고, 7년 정월에는 천구성天狗星이 땅에 떨어졌으며, 18년과 20년에 혜성이 나타났다. 또한 8년 2월과 17년 7월에는 각각 폭풍으로 나무가 뽑히고, 사찰 16곳에 벼락이 떨어졌다.[62]

이렇듯 그칠 줄 모르고 발생하는 '재이'는, 기층민의 생활을 더욱 어렵게 만들고, 지배층의 갈등 및 위기감을 증폭시켰을 것이다. 『삼국사기』에 보이는 경덕왕대의 잦은 관직 교체의 기사와, 상대등 김사인이 '재이'를 이유로 시정時政의 잘잘못을 극론했다는 경덕왕 15년 2월의 기사 등은 이 시기 재이를 바라보는 지배층들의 불안감을 보여 준다.[63] 여기에, 경덕왕 14년(755)에 일어난 '안사安史의 난'과, 일본의 신라 정벌 계획에 대한 소식은 신라 사회를 더욱 불안하게 만들었을 것이다.[64] 급기야, 경덕왕 17년 8월에는 신라의 백성들이 고국을 버리고 일본에 귀화하는 사태까지 벌어졌다.[65]

---

61 윤선태, 「신라 中代末~下代初의 지방사회와 불교신앙결사」, 『신라문화』 26, 동국대학교 신라문화연구소, 2005, 120쪽.
62 이병도 역주, 『삼국사기』, 을유문화사, 1996, 230~236쪽.
63 윤선태, 앞의 논문, 121쪽.
64 서영교, 앞의 논문, 67~70쪽.
65 『속일본기續日本紀』 권21, 순인기淳仁紀 천평보자天平寶字 2년(758) 8월. "癸亥, 歸化新羅僧卅二人, 尼二人, 男十九人, 女廿一人, 移武藏國閑地. 於是, 始置新羅郡焉."(이근우 옮김, 『속일본기』 3, 지만지, 2012, 509쪽) 한편, 그 이유에 대해, 『속일본기』 권22 천평보자 3년(759) 9월의 기사에는 "요즘 신라에서 귀화해 오는 배가 끊이지 않는다. 부역의 고통을 피하고자 멀리 분묘가 있는 고향을 버렸다.(頃年, 新羅歸化舳艫不絕, 規避賦役之苦, 遠弃墳墓之鄉)"라고 되어 있다.(이근우 옮김, 위의 책, 522쪽)

〈도솔가〉 창작의 이유인 '이일병현'은 바로 이러한 국내외의 불안정한 상황 속에서 발생한 것이다. 경덕왕 19년 7월에 예정된 태자 책봉[66]을 불과 3개월 앞두고 일어난 이 문제에 대해 경덕왕은 적극적인 해결방안을 강구해야만 했다. 이미 그해 1월에도 도성都城의 동쪽에서 북소리가 들리는 불길한 일이 있었고,[67] 같은 달에는 경덕왕 17년에 이어 또 백성들이 신라 땅을 떠나는 일이 일어났기 때문이다.[68] 이때, 경덕왕은 당시 진표 율사의 활동으로 성행하기 시작한 미륵신앙과, 성덕왕대부터 널리 유포되었던 '진신상주眞身常住'·'현신성불現身成佛'의 불국토 관념에 주목한 것으로 보인다.

경덕왕의 부왕인 성덕왕대에는, 신라의 오대산에 석가불·비로자나불·아미타불 등이 상주하고 있다는 믿음이 유포되었고,[69] 성덕왕은 전륜성왕에 비견되기도 하였다.[70] 그리고 앞에서 살펴보았듯이, 경덕왕은 그 16년에 백월산 남사를 짓게 하였는데, 경덕왕 23년(764)에 완공된 이 절의 대웅전과 강당은 각각 '현신성도미륵지전現身成道彌勒之殿'과 '현신성도무량수전現身成道無量壽殿'으로 명명되었다.[71] 또한 경덕왕에게 보살

---

66 『삼국사기』 권9, 신라본기新羅本紀 제9에 따르면, 경덕왕 19년 7월에 왕자 건운을 봉하여 왕태자로 삼았다. "秋七月, 封王子乾運爲王太子."
67 『삼국사기』 권9, 신라본기 제9, 「경덕왕景德王」. "十九年, 春正月, 都城寅方, 有聲如伐鼓, 衆人謂之鬼鼓."
68 『속일본기』 권22, 순인기 천평보자 4년 4월. "戊午, 置歸化, 新羅一百卅一人, 於武藏國."(이근우 옮김, 앞의 책, 530쪽)
69 『삼국유사』 권3, 탑상 제4, 「대산오만진신臺山五萬眞身」. 김영미, 「성덕왕대 전제왕권에 대한 일고찰」, 『이대사원』 22, 이대사학회, 1988, 392쪽에서는, 이 설화에 대해 "신라는 현재 부처가 상주하는 불국토라는 강한 믿음이며, 성덕왕대의 정치적 안정과 통일 이후의 경제적 발전에 따른 강한 자신감의 발로라고 생각된다. 그리고 이러한 믿음은 성덕왕의 왕권 안정에 큰 도움을 주었을 것이다."라고 하였다.
70 김영미, 「신라 중대의 아미타신앙」, 『신라불교사상사연구』, 민족사, 1994, 151쪽; 김상현, 「7세기 후반 신라불교의 정법치국론」, 『신라문화』 30, 동국대학교 신라문화연구소, 2007, 20쪽.

계를 준 진표는 경덕왕 11년(752)에 미륵불을 친견하고 『점찰경占察經』
과 간자簡子 189개를 받았다.[72]

이상과 같은 일련의 사건들을 경덕왕은 염두에 두었고, 월명사에게
자신의 구상을 알려 준 것으로 여겨진다. 이에, 월명사는 '이일병현'과
신라를 떠나는 백성들에 대한 대응 내지 해결책으로, '미륵과 '불국토'
에 기반한 〈도솔가〉를 창작한 것이라 할 수 있다. 그 결과, '이일병현'의
문제가 해결되어 무사히 태자 책봉식을 거행할 수 있었고, 인용문 (1)
의 ⓚ~ⓞ에서 본 것처럼, 미륵이 직접 모습을 나타내고 있는 것이다.

사실, 「월명사 도솔가」에는 경덕왕과 월명사의 만남 및 〈도솔가〉의
창작이 우연히 이루어진 것으로 되어 있다. 그렇지만 '일괴즉멸'을 위한
불교의식을 신라 궁궐의 정전正殿인 조원전朝元殿[73]에서 거행하고 있는
점과, 이 불교의식을 '연승緣僧'이라는 이유로 범패승이 아닌 월명사에
게 맡기고 있는 점은, 필자의 추정이 지나친 억측이 아님을 보여 준다.

『삼국유사』 탑상 제4의 「미륵선화彌勒仙花 미시랑未尸郎 진자사眞慈師」
에서 알 수 있듯이, 신라의 불교 수용 이래 미륵신앙과 화랑은 깊은 관
련이 있어 왔다.[74] 그리고 경덕왕의 의도를 실현시키기 위해서는 무엇
보다 전 신라인이 널리 향유했던 '향가'의 창작 및 가창이 효과적이었

---

71 『삼국유사』 권3, 탑상 제4, 「남백월이성 노힐부득 달달박박」. "聞斯事, 以丁酉歲(757), 遣使創大伽藍, 號白月山南寺. 廣德二年(764) 甲辰 七月十五日, 寺成. 更塑彌勒尊像, 安於金堂, 額日現身成道彌勒之殿. 又塑彌陁像安於講堂, 餘液不足, 塗浴未周, 故彌陁 像亦有斑駁之痕, 額日現身成道無量壽殿."
72 『삼국유사』 권4, 의해 제5, 「진표전간」. "志存慈氏, 故不敢中止, 乃移靈山寺, 又勤勇如 初. 果感彌勒現授占察經兩卷, 並證果簡子一百八十九介 …(中略)… 表旣受聖莂, 來住 金山, 每歲開壇板張法施 …(中略)… 卽天寶十一載(752) 壬辰二月望日也."
73 신재홍, 앞의 논문, 194쪽에서는, "이 조원전은 신라 궁궐의 정전으로서, 진덕여왕 5년 (651) 국왕이 신하들로부터 신년 하례를 처음으로 받기 시작했던 곳이다."라고 하였다.
74 김영태, 「彌勒仙花攷」, 『불교학보』 3, 동국대학교 불교문화연구소, 1966, 143~146쪽.

을 것이다. 그러므로 경덕왕은 승려낭도이자 향가 작가로 이름난 월명사를 선택할 수밖에 없었던 것이다. 곧 「월명사 도솔가」의 서술은 〈도솔가〉의 가창 효과를 극대화하기 위해 우연을 가장한 것으로 볼 여지가 있는 것이다.

결국, 〈도솔가〉는 '이일병현'의 국가적 위기 상황에 대한 문학적 대응으로, 불안과 두려움에 처해 있던 당시의 신라인들에게 현재의 이 땅이 미륵이 머물고 있는 불국토임을 선언한 희망의 노래라고 할 수 있다.

제2장
# 향가와 한역시의 관계

## 1. 〈도솔가〉·〈보현십원가〉와 한역시

　현재 전하는 향가 작품은 『삼국유사』 소재 14편과 균여(923~973)의 〈보현십원가普賢十願歌〉 11수, 그리고 고려 예종(1079~1122)의 〈도이장가悼二將歌〉 등 16편 26수가 있다. 이들 중, 〈도솔가〉·〈보현십원가〉는 각각 '해시解詩'·'역가譯歌'라는 이름으로 한역시漢譯詩가 함께 전하고 있다.

　〈도솔가〉의 '해시解詩'와 〈보현십원가〉의 한역시는 한국 한문학사와 번역문학사의 초창기 작품이라는 점에서 그 의의를 지적할 수 있다. 그리고 이들 작품은 14세기 이제현(1287~1367)·민사평(1295~1359)의 '소악부小樂府'와 17세기 이후 활발하게 전개되는 시조·가사·민요 한역漢譯의 전사前史로서, 노래와 한시의 관계 또는 노래의 한시화 양상을 해명할 수 있는 중요한 자료가 된다. 또한 〈도솔가〉·〈보현십원가〉와 그 한시의 관계에 대한 해명은 고려 광종대의 〈한송정寒松亭〉, 혜심慧諶(1178~1234)의 〈기사뇌가棊詞腦歌〉, 충지冲止(1226~1293)의 〈비단가臂短歌〉 등 한역시만이 전하고 있는 향가 작품[1]의 내용 및 성격을 추정하는

데에도 도움이 될 수 있다.

그런데, 이들 한시는 이와 같은 문학사적·시가사적 중요성에도 불구하고, 그동안 향가 해독을 위한 자료로만 활용되었고, 작품 자체의 문학적 성격과 향가와의 차이점 및 그 이유에 대한 논의는 부진한 상황이다.

〈도솔가〉에 관한 문학적 연구는 그 양과 질적인 면에서 모두 활발하게 진행되어 왔는데, 이들 논의는 〈도솔가〉의 성격 해명으로 귀결된다. 곧 〈도솔가〉의 문학적 성격은 불교가요·주술가요·악장의 세 가지 이견異見이 공존하고 있다. '악장'을 제외한 견해들은 세부적인 내용에서 차이가 있지만, 〈도솔가〉를 도솔천으로부터 미륵보살을 '모셔 오는' 노래로 규정하고 있는 공통점을 보인다.

그러나 〈도솔가〉의 제4행은 단지 "미륵좌주 모셔라.(彌勒座主陪立羅良)"로 되어 있고, '미륵'을 제외하면 노래의 어디에도 '도솔천'과 관련된 시어 및 내용은 보이지 않는다. 곧 이러한 성격 규정은 〈도솔가〉가 아닌 '해시'의 마지막 구인 "멀리 도솔천의 부처님을 맞이하네.(遠邀兜率大儒家)"에 근거한 것이라 할 수 있다. 해독을 위한 참고 자료에서, 더 나아가 향가의 성격 규정까지도 '해시'에 의존하는 문제점을 보이고 있는 것이다.

---

1 〈한송정〉에 관한 『고려사高麗史』「악지樂志」의 관련 기사는 다음과 같다. "세상에 전해지기를, 이 노래가 비파의 밑바닥에 쓰여서 강남으로 흘러갔는데, 강남 사람들이 그 노랫말을 알 수 없었다. 광종 때에 장진공張晉公이 강남에 사신으로 갔더니 그곳 사람들이 노랫말의 뜻을 물었다. 장진공은 한시를 지어 이를 풀이하여 주었다." 중국 사람들이 비파의 밑바닥에 적힌 노랫말을 읽을 수 없었던 이유는, 그것이 한문이 아닌 향찰로 표기되었기 때문이다. 곧 비파에 적힌 노래는 향가이고, 이 향가를 한역한 것이 〈한송정〉인 것이다. 〈기사뇌가〉의 경우는 『무의자시집無衣子詩集』 상권에 실려 있는데, 제목에 10구체 향가를 뜻하는 '사뇌가'가 포함되어 있고, 10행으로 되어 있다는 점에서, 향가를 한역한 것으로 보인다. 『원감국사가송圓鑑國師歌頌』에 수록된 〈비단가〉는 제목 옆에 "용이어인사작用俚語因事作"이란 부기가 있어, '이어俚語' 즉 향찰로 지어 불렀던 향가를 한역한 것임을 알 수 있다.

〈보현십원가〉의 한역시, 곧 최행귀가 한역한 〈보현십원송普賢十願頌〉의 경우는 한역의 양상 내지 〈보현십원가〉와의 차이점을 중심으로 적지 않은 논의가 있어 왔다. 이들 선행연구를 통해, 〈보현십원송〉은 단순한 번역시가 아닌, 「보현행원품普賢行願品」과 〈보현십원가〉의 내용을 최행귀가 독자적으로 시화詩化한 작품으로, 〈보현십원가〉에 비해 「보현행원품」의 내용을 보다 충실히 반영하고 있음이 밝혀졌다. 그렇지만 구체적인 한역 양상의 파악에 있어서는 논자마다 차이를 보이고 있으며, 〈보현십원송〉이 이러한 특징을 보이게 된 이유에 대해서도 견해를 달리하고 있다. 대표적인 예로, 서철원과 정소연의 논의를 들 수 있다.

서철원은 대중 독자를 대상으로 한 내용 및 표현이 한역의 과정에서 누락되고 있음을 지적한 뒤, "최행귀의 한역 작업은 평이한 사상을 높은 시적 경지를 통하여 전달하고자 했던 〈보현십원가〉의 체계를, 「보현행원품」 원문의 사상성 전달이라는 포교 시 본연의 역할에 치중하려는 의도하에 재구성한 산물"임을 주장하였다.[2] 그리고 그 이유에 대해서는 최행귀의 한역이 한·중 지식인층의 독서를 전제로 했기 때문이라고 하였다. 〈보현십원가〉와 〈보현십원송〉의 차이는 균여와 최행귀가 설정한 수신자층의 차이에 기인한다는 것이다.[3] 이에 대해, 김남이는 "그렇다면 왜, 종교적 입장을 철저하게 견지했을 화엄종사 균여보다 최행귀가 원전原典인 「보현행원품」의 내용에 충실한 사상적 직역을 한 것인가."라는 의문을 제기한 바 있다.[4]

정소연 또한 서철원과 마찬가지로 한역되지 않은 〈보현십원가〉의 노

---

2 서철원, 「균여의 작가의식과 〈보현시원가〉」, 『한국고전문학의 방법론적 탐색과 소묘』, 역락, 2009, 182쪽.
3 서철원, 『향가의 역사와 문화사』, 지식과 교양, 2011, 337~340쪽.
4 김남이, 「균여와 최행귀의 『보현행원품』 번역」, 『코기토』 76, 부산대학교 인문학연구소, 2014, 37쪽.

랫말에 주목하고 있는데, 한역시에서 삭제된 노랫말의 공통점으로 '나와 남의 관계'와 관련된 표현을 들고 있다. 그리하여 향가에 나오는 '나와 너'의 관계와 한역시에서 강조되고 있는 '나'에게로의 집중은, 부르는 노래와 읽는 시의 차이에 기인한 것으로 보았다. 노래인 향가는 공동체적 향유 방식을 가지고 있으므로 부르는 '나'와 더불어 듣는 '너와 우리'를 포함한 것이고, 한역시는 눈으로 읽거나 음영하는 사람이 그 자신에게 말을 걸고 돌아보며 수행하는 기능을 하기 때문이라는 것이다.[5]

그런데 정소연의 논의는 작품의 실상과 다소 거리가 있어 보인다. 예를 들면, 〈수희공덕송隨喜功德頌〉의 제4구인 "나와 남이 다르다고 어찌 말할 수 있으리.(我邊寧有別人論)"는 논자의 주장과 달리, 나와 남의 관계를 표현하고 있다. 또한 한역 과정에서 삭제된 노랫말인 〈보개회향가普皆廻向歌〉의 "아아, 예경하는 부처님도(病吟 禮爲白孫隱佛體刀)/ 나의 몸일 뿐 남 있으리(吾衣身伊波人有叱下呂)."는, '나와 남의 관계'가 아닌 '부처와 나의 관계', 즉 내가 부처라는 사실을 노래한 것이다.

이 글은 이상의 문제점들을 염두에 두면서, 향가와 한역시의 관계를 노랫말·시어의 '차이점'을 중심으로 살펴보고, '차이점'의 이유에 대해 고찰하고자 한다. 중점적으로 살펴볼 노랫말과 시어는, 〈도솔가〉·해시의 '모셔라[陪立羅良]'와 '원요遠邀', 〈보현십원가〉·〈보현십원송〉의 '부처의 일[佛體叱事]'과 '보현자普賢慈'이다. 그리고 각각 관련 설화와 화엄사상의 맥락에 주목하여 '차이점'의 이유 내지 의미를 밝힐 것이다.

---

[5] 정소연, 「〈보현십원가〉의 한역 양상 연구」, 『어문학』 108, 한국어문학회, 2010, 116~117쪽.

## 2. '모셔라[陪立羅良]'와 '멀리서 맞이하네(遠邀)'의 거리

『삼국유사』 권5 감통感通 제7에 수록된 「월명사 도솔가」는 ① '이일병현二日竝現'의 변괴와 그 해결, ② 미륵보살의 화현化現, ③ 월명사의 〈제망매가〉 창작, ④ 월명사에 대한 소개, ⑤ 일연의 찬시讚詩 등의 내용으로 구성되어 있다. 이들 중, 〈도솔가〉와 관련이 있는 부분은 ①·②의 단락이다. 경덕왕 19년(760) 4월에 두 해가 함께 나타나 10일이 지나도록 사라지지 않자, 월명사가 경덕왕의 요청으로 〈도솔가〉를 지어 부르니, 그 결과 '이일병현'의 문제가 해결되고, 미륵이 동자의 모습으로 나타났다는 내용이다. 본고의 논의 대상인 〈도솔가〉와 해시는 ①의 단락에 포함되어 있다.

(1) 今日此矣散花唱良   오늘 이곳에서 산화가 불러
  巴寶白乎隱花良汝隱   뿌리는 꽃아, 너는
  直等隱心音矣命叱使以惡只 곧은 마음의 명을 받들어
  彌勒座主陪立羅良   미륵좌주 모셔라.[6]

(2) 龍樓此日散花歌   용루에서 오늘 산화가를 불러
  挑送靑雲一片花   푸른 구름에 한 송이 꽃 올려 보내네.
  殷重直心之所使   은근하고 정중한 곧은 마음이 시킴이니
  遠邀兜率大僊家   멀리 도솔천의 부처님을 맞이하네.

인용문 (1)은 〈도솔가〉, (2)는 해시를 옮긴 것이다. 〈도솔가〉의 어학

---

[6] 〈도솔가〉의 현대어역은, 양주동, 『(增訂) 고가연구』, 일조각, 1983, 523쪽의 해독을 바탕으로 의역한 것이다.

적 해독은 여타의 향가 작품에 비해 그 이견이 많지 않은 편이다. 그러나 제2행의 '巴寶白乎隱'은 논자마다 다양한 해독이 제시되었고, 아직 논란 중에 있다. 이 노랫말은 그동안 '베푸숣온[베푸는],[7] 섈 술 본[뿌리는],[8] 쌔혀ᄉ 본[뽑히어 나온],[9] 돌보술 본[돌보는],[10] ᄇ(보)보술 본[솟구치는[11]·돋아 보내신[12]·솟아나게 한[13]]' 등으로 읽어 왔다. 근래에 들어 'ᄇ(보)보술 본'으로 읽고, '날려 보내는'·'위로 올려 보내는'의 뜻으로 풀이하는 연구자들이 늘고 있다.[14]

'ᄇ(보)보술 본'은 그 풀이에 있어 조금씩 차이를 보이지만, 모두 해시 제2구의 '도송挑送'에 근거한 것이다. 대표적인 예로, 김준영은 "〈도솔가〉의 번역시에서 이 제2행의 '巴寶'에 해당한 곳은 '도송'이므로 '도송'은 자의字意 그대로 '뽑아 보낸다, 돋우어 보낸다, 솟구쳐 보낸다'는 뜻으로 '巴寶'와 같은 말이다."[15]라고 추정하였다. 박재민 또한 "'巴寶'는 번역시에서 '도송'에 정확히 대응되고 있는데, 이 '도挑'가 '돋다, 돋우다'의 의미를 나타내는 말인 것이다."[16]라고 하였다.

그러나 이 노랫말을 꽃을 날려 보내거나 올려 보내는 행위로 볼 수 있을지는 의문이다. 〈도솔가〉는 인용문에서 보듯이, '오늘 이곳에서'라

---

7 小倉進平, 『郷歌及び吏讀の研究』, 경성제국대학, 1929, 372쪽.
8 양주동, 앞의 책, 533쪽.
9 홍기문, 『고가요집』, 국립문학예술서적출판사, 1959, 114쪽.
10 유창균, 『향가비해』, 형설출판사, 1994, 680쪽; 강길운, 『향가신해독연구』, 한국문화사, 2004, 193쪽.
11 서재극, 『신라 향가의 어휘 연구』, 계명대학교출판부, 1975, 36쪽.
12 김준영, 『향가문학』, 형설출판사, 1982, 145쪽.
13 김완진, 『향가해독법연구』, 서울대학교출판부, 1993, 123쪽.
14 신재홍, 『향가의 해석』, 집문당, 2000, 207쪽에서는 'ᄇ 보술 본'으로 읽은 뒤 '날려 보내는'으로 풀이하고 있고, 박재민, 『신라 향가 변증』, 태학사, 2013, 336쪽에서는 '보보ᄉ 본'으로 읽고 '위로 올려 보내는'으로 풀이하였다.
15 김준영, 앞의 책, 147쪽.
16 박재민, 앞의 책, 336쪽.

는 현장성을 강조한 노랫말로 시작하고 있다. 제1~2행은 산화가를 부르는 산화공덕의 불교의식을 묘사한 것이고, 제3~4행에서 화자는 꽃에게 '곧은 마음'으로 미륵좌주를 모실 것을 명령하고 있다.

'巴寶白乎隱'은 제1행과 함께 산화공덕의 불교의식을 표현한 것인데, '산화'는 꽃을 뿌리는 것이지, 하늘 위로 올려 보내거나 날려 보내는 것이 아니다. 김준영은 "꽃을 뿌릴 때 머리 위까지 올라가게 뿌리기 때문"[17]이라고 했지만, 그렇다고 산화공덕에서의 꽃이 해시의 제2구처럼 푸른 구름 위로 올라가지는 않는다. 더구나 해시의 제4구에서는 이 '꽃'이 도솔천의 미륵보살을 공중에서 맞이하고 있다. 〈도솔가〉의 화자가 꽃에게 '천주'[18]가 아닌 '좌주'를 모시라고 했다면, 해시는 '멀리' 도솔천에서 내려오는 미륵보살을 꽃이 맞이하여 '용루'로 모셔 오고 있음을 암시하고 있는 것이다.

주지하다시피 '모시다'의 사전적 정의는 "웃어른이나 존경하는 이를 '가까이'에서 받들다."로, '모셔 오다'와는 차이가 있다. 〈도솔가〉의 '모셔라'는 미륵불이 화자와 가까운 곳에 있음을 가리키는 것이다. 그리고 미륵신앙의 소의경전인 미륵삼부경에서 미륵이 '꽃자리'에 앉아 있는 것으로 묘사되어 있음을 고려하면,[19] 〈도솔가〉의 화자가 꽃에게 미륵

---

**17** 김준영, 앞의 책, 146쪽.
**18** 『미륵상생경』을 포함한 미륵삼부경에서는 다음과 같이 '天主'란 말로 미륵을 가리키고 있다. 저거경성沮渠京聲 역譯, 『불설관미륵보살상생도솔천경佛說觀彌勒菩薩上生兜率天經』. "此處名兜率陀天, 今此<u>天主</u>名曰彌勒, 汝當歸依, 應聲即禮禮已."(『대정신수대장경大正新修大藏經』14, 419쪽)
**19** 저거경성 역, 『불설관미륵보살상생도솔천경』. "時兜率陀天, 七寶臺內, 摩尼殿上, **師子床座**, 忽然化生, 於<u>蓮華上結加趺坐</u>. …(中略)… 與諸天子, 各<u>坐花座</u>, 晝夜六時, 常說不退轉地法輪之行."(『대정장大正藏』14, 419쪽); 구마라집鳩摩羅什 역, 『불설미륵대성불경佛說彌勒大成佛經』. "身紫金色, 具三十二大丈夫相, <u>坐寶蓮華</u>, 衆生視之, 無有厭足."(『대정장』14, 430쪽)

좌주를 모시라고 명령한 것은, '꽃'과 '자리'의 결합을 의미하고, 이러한 '결합'은 미륵불의 출현 또는 존재를 환기 내지 강조한 것이 된다.

여기에, 제1행의 '오늘 이곳에서(今日此矣)'의 노랫말까지 고려하면, 〈도솔가〉는 지금 여기에 미륵이 있음을 나타낸 것이라 하겠다. '꽃'과 '미륵좌주'의 분리와 결합을 통해, '지금' 미륵이 바로 '이곳'에 존재하고 있음을 노래한 것이다. 다시 말해, 〈도솔가〉는 가창의 현장에 미륵이 존재하고 있음을 노래함으로써, 현재의 신라가 불국토임을 선언하고 있는 것이다. 해시에서 풀이한 것처럼 〈도솔가〉는 미륵을 도솔천으로부터 '모셔 오는' 노래가 아닌 것이다.

물론, '이일병현의 문제 해결'이라는 측면에서 보면, 해시의 내용이 〈도솔가〉와 큰 차이가 있는 것은 아니다. 미륵삼부경 중의 하나인 『미륵하생경』에 의하면, 미륵이 출현하기 전에 이미 그 세계는 불국토이고, 이 불국토는 전륜성왕이 다스리고 있다. 곧 미륵은 정신적으로나 물질적으로 완벽하고, 정치적으로 안정된 이상사회가 되어 있을 때, 비로소 나타나는 것이다.[20] 그렇다면 지금 이곳에 미륵불이 있음을 노래한 〈도솔가〉나, 미륵불이 지금 이곳으로 내려오고 있음을 묘사한 해시 모두, 전륜성왕이 현재 신라를 다스리고 있음을 의미한다는 점에서는 차이가 없다. 그리하여 전륜성왕이 통치하는 불국토에 '이일병현'과 같은 정치적·사상적 갈등으로 인한 국가적 위기는 있을 수가 없고, 설령 있더라도 사라지게 되는 것이다.

이렇듯 향가의 효용성이라는 측면에서 해시는 〈도솔가〉에서 크게 벗어난 것은 아니지만, 미륵의 '상주常住'와 '하강下降'이라는 작품의 주지

---

20 김호성,「불교경전이 말하는 미륵사상」,『동국사상』29, 동국대학교 불교대학, 77쪽; 박광연,「『삼국유사』'월명사 도솔가'의 일고찰」,『신라문화제학술논문집』32, 신라문화선양회, 2011, 105쪽.

主旨는 결코 작은 차이가 아니다. 해시의 작자가 〈도솔가〉의 주지를 미륵의 '상주'가 아닌 '하강'으로 풀이한 이유는 무엇보다 아래에 인용한 설화의 내용에 기인한 것이라 할 수 있다.

> (3) 조금 후에 괴변이 즉시 사라졌다. 왕은 이것을 가상히 여겨 품차品茶 한 봉과 수정으로 된 108염주를 내주었다. 그런데 갑자기 동자가 나타났는데 외양이 곱고 깨끗했다. 그는 공손히 차와 염주를 받아 궁전 서쪽의 작은 문으로 나가 버렸다. 월명은 이를 내궁內宮의 사자라 했고, 왕은 스님의 종자라 했으나 서로 알아보니 모두 잘못이었다. 왕이 매우 이상히 여겨 사람을 시켜 그 뒤를 쫓게 했더니 동자는 내원의 탑 속으로 들어가 숨어 버렸다. 차와 염주는 남쪽 벽의 미륵상 앞에 있었다. <u>이와 같이 월명의 지극한 덕과 지극한 정성이 미륵보살을 감동시킬 수 있었다.</u> 조정과 민간에서 이 일을 모르는 이가 없었다. 왕은 더욱 그를 공경하여 다시 명주 1백 필을 주어 큰 정성을 나타내었다.[21]

인용문 (3)은 〈도솔가〉와 해시의 바로 뒤에 나오는 미륵의 현신現身 설화이다. 인용문에 따르면, 월명사가 〈도솔가〉를 지어 부르자 해의 괴변이 사라지므로 왕이 상을 주었는데, 문득 한 동자가 나타나 그것을 받아 대궐 서쪽 작은 문으로 나간 것으로 되어 있다. 월명사와 왕은 그 동자의 정체를 오해했다가 나중에 그 사실을 깨닫고 사람을 시켜 뒤쫓아

---

21 『삼국유사』 권5, 감통 제7, 「월명사 도솔가」. "旣而日怪卽滅. 王嘉之, 賜品茶一襲, 水精念珠百八箇. 忽有一童子, 儀形鮮潔. 跪奉茶珠, 從殿西小門出. 明謂是內宮之使, 王謂師之從者, 及玄徵而俱非. 王甚異之, 使人追之, 童入內院塔中而隱. 茶珠在南壁畫慈氏像前. 知明之至德至誠, 能昭假于至聖也如此. 朝野莫不聞知, 王益敬之, 更贐絹一百疋, 以表鴻誠."

보니, 동자는 내원內院의 탑 속에 숨고 왕이 준 차와 염주는 남쪽 벽에 그린 미륵상 앞에 놓여 있었다는 것이다. 여기에서 '동자'는 미륵의 현신을 가리킨다.

인용문을 통해, 해시의 작자는 〈도솔가〉를 부른 뒤 미륵이 모습을 보였다는 설화의 문맥에 맞추기 위해, 〈도솔가〉의 '모셔라'를 '멀리서 맞이하네'로 풀이한 것임을 알 수 있다. '모셔라'는 가창자와 꽃의 가까이에 미륵이 있음을 전제한 것이기 때문이다. 이 점 때문에 해시의 작자뿐만 아니라, 제1장에서 언급했듯이 기존의 논의들이 〈도솔가〉를 미륵을 모셔 오는 노래로 규정한 것이라 할 수 있다.

그렇지만 〈도솔가〉의 '모셔라'를 '맞이하네'로 이해한다고 하더라도 의문점은 여전히 남는다. 〈도솔가〉가 미륵을 '모셔 오는' 노래라면 왜 미륵은 '진신眞身'이 아니라 동자의 모습으로 나타난 것인가? 그리고 비록 동자의 모습으로 나타났지만 미륵을 모셔 오는 노래를 요청한 경덕왕과 노래의 창작자·가창자인 월명사는 왜 동자의 정체를 알아채지 못했는가? 또한 미륵이 내원의 탑 속으로 숨은 이유는 무엇인가? 등의 의문이 그것이다.

미륵의 현신은 인용문 (3)의 설화 외에, 『삼국유사』 권4 의해義解 제5의 「진표전간眞表傳簡」·「관동풍악발연수석기關東楓岳鉢淵藪石記」에서도 볼 수 있다. 이 설화들에서 미륵은 자신을 만나기 위해 기도와 수행에 정진하던 진표의 앞에, '화현化現'이 아닌 '진신眞身', 즉 본래의 모습 그대로 나타나 『점찰경』과 간자簡子를 주고 있다. 특히 후자에서는 미륵이 도솔천에서 구름을 타고 내려오는 모습을 묘사하고 있다.[22] 만약 〈도솔가〉가 미륵을 '모셔 오는' 노래라면, 「월명사 도솔가」의 미륵 역시 '진신'

---

22 『삼국유사』 권4, 의해 제5, 「관동풍악발연수석기」. "復感慈氏從兜率, 駕雲而下, 與師戒法."

그대로 나타났을 것이고, 모습을 보인 뒤에 탑 속으로 몸을 숨기지도 않았을 것이다.

「월명사 도솔가」·「진표전간」 등을 포함하여, 『삼국유사』에는 '불·보살의 현신' 모티프가 있는 23조목 25편의 설화가 실려 있다. 이들 설화에서 불·보살의 '화현'은 대체로 「백률사栢栗寺」·「민장사敏藏寺」의 관음보살처럼 주인공의 어려움을 해결하거나, 「자장정률慈藏定律」·「경흥우성憬興遇聖」의 문수보살처럼 주인공의 '아상我相'과 분별심을 경계하거나, 「대산월정사오류성중臺山月精寺五類聖衆」·「낭지승운朗智乘雲 보현수普賢樹」의 관음·보현처럼 불·보살이 신라 땅에 머물고 있음을 나타낸다.[23]

위의 인용문 (3)은 이 세 가지 유형 중, '불·보살의 상주'에 해당한다고 하겠다. 그렇기 때문에 「대산월정사오류성중」의 '노부인'과 「낭지승운 보현수」의 '이인異人'과 마찬가지로, 미륵은 진신이 아닌 '동자'의 모습으로 나타난 것이고, 모습을 보인 뒤에는 도솔천이 아닌 내원內院, 즉 궁궐 안에 있는 사찰의 탑 속에 숨은 것이라 할 수 있다.

이렇게 볼 수 있다면, 이 설화의 미륵은 신라가 전륜성왕의 나라이자, 미륵의 불국토임을 노래하고 있는 〈도솔가〉의 내용을 증명하기 위해 모습을 나타낸 것이 된다. 또한 경덕왕의 전륜성왕화에 일차적인 목적이 있고 '미륵의 상주'를 관념적·상징적으로 천명하였던 월명사와 경덕왕에게, 미륵이 실제로 '이곳'에 머물고 있음을 일깨워 주기 위한 것으로도 볼 여지가 있다. 인용문 (3)의 밑줄 친 부분인, 일연의 논평은 설화의 내용 및 의미보다는 〈도솔가〉의 해시에 근거한 것이라 여겨진다.

여기에서, 해시의 작자 문제에 대해 살펴볼 필요가 있다. 대부분의

---

[23] 김기종, 「『삼국유사』 소재 불교설화의 '불·보살 現身' 양상과 그 의미」, 『불교학보』 75, 동국대학교 불교문화연구원, 2016, 189~197쪽.

선행연구에서는 별다른 문제의식 없이 해시의 작자를 『삼국유사』의 찬자인 일연으로 보고 있다. 그런데 유창균과 양희철은 논자들 나름의 근거를 제시하여 일연의 해시 작자설을 부정하고 있어 주목된다. 유창균은 『삼국유사』 소재 14편의 향가 중, 〈도솔가〉에만 해시가 있는 점은 일연이 해시의 작자가 아니라, 일연이 전사에 이용한 원전原典에 해시가 이미 있었음을 의미한다고 주장하였다.[24]

양희철은 이 사실에, 일연이 향찰 내지 이두를 해독할 능력이 없었다는 점을 추가하고 있다. 그 근거로는 『삼국유사』 소재 향가들의 띄어쓰기가 정리되어 있지 않고 오자·결자들이 있는 점, 인명의 이표기異表記 해석에 있어 음반차자音半借字들을 이해하지 못하고 있는 점, 향가가 수록된 조목에 있는 일연의 찬시讚詩에서 향가의 내용이 전혀 반영되어 있지 않다는 점 등을 제시하고 있다.[25]

일연이 향찰 또는 이두를 이해하지 못했을 가능성은 양희철이 언급하지 않은 다음의 기사를 통해서도 엿볼 수 있다. 『삼국유사』 권3 탑상塔像 제4의 「남월산南月山」에서 일연은, 「감산사미륵보살입상조상기」(719)와 「감산사아미타불입상조상기」(720)의 내용을 소개하고 있다. 그런데 이두문인 "亡妣官肖里夫人 古人成之 東海欣支邊散之"에 대해, "'古人成之' 이하는 그 글의 뜻이 자세하지 않으므로 고문古文 그대로 적어 둔다."[26]라고 언급하고 있다.

일연은 〈도솔가〉의 창작연대(760)와 그리 멀지 않은 시기에 작성된 이두문을 해독하지 못하고 있는 것이다. 그러므로 「남월산」의 이 기사는,

---

24 유창균, 앞의 책, 687쪽.
25 양희철, 「향가의 기록연대와 작가명」, 『인문과학논집』 11, 청주대학교 인문과학연구소, 1992, 28~30쪽.
26 『삼국유사』 권3, 탑상 제4, 「남월산」. "古人成之以下, 文未詳其意, 但存古文."

해시의 작자가 일연이 아니라는 사실의 또 다른 논거로 볼 수 있을 듯하다. 곧 「월명사 도솔가」는 어떤 문헌에 있던 내용을 일연이 옮겨 적은 것으로, 〈도솔가〉와 해시는 그 문헌에 수록된 것이라 하겠다.

결국, 〈도솔가〉의 '뿌리는[巴寶白乎隱]'·'모셔라[陪立羅良]'의 노랫말은 해시에서 '도송挑送'·'원요遠邀'라는 의미가 다른 시어로 옮겨졌으며, 이로 인해 '미륵의 상주'를 환기 내지 강조한 〈도솔가〉의 주지가, 해시에서는 미륵의 하강에 대한 묘사로 달라진 것이다. 이러한 '거리'는 배경설화의 문맥을 잘못 파악한 해시 작자의 '오독誤讀'에 기인한 것이라 할 수 있다.

### 3. '부처의 일[佛體叱事]'과 '보현보살의 자비심(普賢慈)'의 차이

〈보현십원가〉는 화엄종의 고승인 균여가 창작한 11수의 향가로,[27] 『화엄경』「보현행원품」 소재 '보현십종원왕普賢十種願王'의 내용을 노래한 것이다. 이 향가는 『균여전』 '제7 가행화세분자歌行化世分者'에 균여의 서문과 함께 실려 있는데, '제8 역가현덕분자譯歌現德分者'에는 '한림학사翰林學士' 최행귀가 967년(광종 18)에 〈보현십원가〉를 번역한 7언 율시의 〈보현십원송〉 11수 및 그 서문이 수록되어 있다.

최행귀는 그의 서문에서 〈보현십원가〉를 한역한 이유를 다음과 같이 언급하고 있다. "중국 사람이 보려 할 때는 서문 외에는 알기가 어렵고,

---

**27** 〈보현십원가〉는 다음과 같은 11수의 노래로 구성되어 있다. 〈예경제불가禮敬諸佛歌〉·〈칭찬여래가稱讚如來歌〉·〈광수공양가廣修供養歌〉·〈참회업장가懺悔業障歌〉·〈수희공덕가隨喜功德歌〉·〈청전법륜가請轉法輪歌〉·〈청불주세가請佛住世歌〉·〈상수불학가常隨佛學歌〉·〈항순중생기恒順衆生歌〉·〈보개회향가普皆廻向歌〉·〈총결무진가總結無盡歌〉.

우리나라 선비들이 들을 때는 노래에 빠져서 쉽게 외우고는 그만이다. 그리하여 모두 반쪽의 이로움만 얻을 뿐 각각 온전한 공功을 놓치고 있다."[28] 그렇지만 〈보현십원송〉은 향찰과 한자, 노래와 시의 차이로만 보기 힘든, 〈보현십원가〉와 다른 내용적 특징을 보이고 있다.

첫째, 〈보현십원송〉은 '부처'만을 노래하고 있는 〈보현십원가〉와 달리, 부처와 '보살'을 함께 제시하고 있으며, 부처와 보살을 위계적인 관계로 표현하고 있다. 〈예경제불송〉의 함련頷聯은 "하나하나의 티끌마다 모두 부처님의 나라이고(一一塵塵諸佛國)/ 겹겹의 세계마다 모두 보살의 집이네(重重刹刹衆尊堂)."라고 되어 있는데, '제불국諸佛國'과 '중존당衆尊堂'의 시어는 향가에 없던 표현이다. 〈예경제불가〉는 "티끌 티끌마다 부처의 세계요(塵塵馬洛佛體叱刹亦)"라고 노래하고 있을 뿐이다. 그런데 이 함련은 향가에 없던 '중존衆尊', 즉 '보살들'을 추가했을 뿐만 아니라, 제불諸佛을 '나라'[국國], 중존衆尊은 '집'[당堂]과 연결시키고 있어, 부처와 보살의 관계를 위계적으로 파악하고 있음을 알 수 있다.

이러한 '보살'의 표현과 '부처와 보살의 위계적 파악'은 〈보현십원송〉의 다른 작품들에서도 쉽게 볼 수 있다. 〈칭찬여래송〉의 '각제覺帝'·'의왕醫王', 〈청전법륜송〉의 '능인能人'·'선우善友', 〈청불주세송〉·〈항순중생송〉의 '성聖'·'현賢' 등이 그것이다. 여기에서 '각제'·'능인'·'성'은 부처를, '의왕'·'선우'·'현'은 보살을 가리킨다. 이들 시어는 모두 〈보현십원가〉에 없던 것으로, 최행귀가 새로 지은 것이다. 「보현행원품」에서는 보살을 언급하고 있지만, 〈보현십원송〉처럼 부처와 차등을 두어 서술하고 있지는 않다.

---

[28] 최철·안대회 역주, 『역주 균여전』, 새문사, 1986, 63쪽. "唐人見處, 於序外以難詳, 鄕士聞時, 就歌中而易誦. 皆沾半利, 各漏全功."

둘째, 〈보현십원송〉은 화자 또는 청자의 정성을 강조하는 시어의 빈도가 높다는 점을 지적할 수 있다. 〈칭찬여래송〉의 수련首聯은 "부처의 세계에 두루 온 정성을 다하여(遍於佛界罄丹衷)/ 한결같이 '나무'를 불러 부처님을 찬탄하네(一唱南无讚梵雄)."로 되어 있고, 〈광수공양송〉은 "지성으로 부처 앞에 등불을 밝히니(至誠明照佛前灯)"라는 시구로 시작하고 있는 것이다.

'단충丹衷'·'지성至誠'과 유사한 의미의 시어는 다른 작품들에서도 보이는데, 〈참회업장송〉의 '단성丹誠'(제6구), 〈청불주세송〉의 '단간丹懇'(제8구), 〈보개회향송〉의 '지심至心'(제7구), 〈총결무진송〉의 '일심一心'(제7구) 등이 이에 해당한다. 이들 시어 역시 〈보현십원가〉와 「보현행원품」에 없는 표현으로, 각 행원의 실천에 대한 굳은 다짐과 의지를 나타내고 있다. 또한 이들 시어를 통해 〈보현십원송〉은 고해苦海에서 벗어날 것을 지향하는 동시에, 고해를 벗어나는 것이 그만큼 어려운 일임을 보여주고 있다.[29]

셋째, 〈보현십원송〉은 다음의 인용문에서 보듯이, 〈보현십원가〉의 '성불成佛'과 관련된 노랫말을 한역하지 않은 특징을 보인다.

(4) 皆吾衣修孫　　　　　　모든 나의 닦은
　　一切善陵頓部叱廻良只　 일체 선근善根을 모두 돌려
　　衆生叱海惡中　　　　　 중생의 바다에
　　迷反群无史悟內去齊　　 미혹한 무리 없이 깨닫게 하고자.
　　佛體叱海等成留焉日尸恨　부처의 바다 이룬 날은

---

[29] 김기종, 「최행귀의 〈보현십원가〉 한역과 그 성격」, 『한국 불교시가의 구도와 전개』, 보고사, 2014, 243쪽.

| 懺爲如乎仁惡寸業置 | 참회하던 악업惡業도 |
| 法性叱宅阿叱寶良 | 법성 집의 보배라. |
| 舊留然叱爲事置耶 | 예로부터 그러한 일이로다. |
| 病吟 禮爲白孫隱佛體刀 | 아아, 예경하는 부처님도 |
| 吾衣身伊波人有叱下呂 | 나의 몸일 뿐 남 있으리.[30] |

| (5) 從初至末所成功 | 처음부터 끝까지 이룬 모든 공덕을 |
| 廻與含靈一切中 | 일체의 중생에게 모두 돌려주리라. |
| 咸覿得安離苦海 | 저마다 안락 얻어 고해를 떠나려면 |
| 摠斯消罪仰眞風 | 죄를 씻고 참된 가르침을 우러르라. |
| 同時共出煩塵域 | 같은 때에 번뇌의 세계에서 벗어나서 |
| 異體成歸法性宮 | 만물이 모두 법성궁에 돌아가기를. |
| 我此至心廻向願 | 나의 이 지극한 회향의 서원은 |
| 盡於來際不應終 | 미래제가 다하도록 그치지 않으리.[31] |

위의 (4)는 〈보개회향가〉, (5)는 〈보개회향송〉을 옮긴 것이다. 〈보개회향가〉는 회향의 대상 및 목적, 회향의 이유, 회향의 결과라는 내용 전개를 보인다. 회향의 대상인 제1~2행의 '내가 닦은 일체 선근'은 구체적으로 〈보현십원가〉 제1수의 〈예경제불가〉부터 제9수인 〈항

---

[30] 이 노래를 포함하여, 본고에서 제시한 〈보현십원가〉의 현대어역은, 양주동, 앞의 책, 673~866쪽과 김완진, 앞의 책, 157~210쪽의 해독을 기본으로 하고, 근래의 성과인 박재민, 「구결로 본 보현십원가 해독」, 연세대학교 석사학위논문, 2002와 김지오, 「균여전 향가의 해독과 문법」, 동국대학교 박사학위논문, 2012의 해독을 참조한 것이다.

[31] 〈보현십원송〉의 번역은 최철·안대회 역주, 앞의 책, 65~73쪽과, 김상일, 「〈보현십원가〉의 한역시 〈보현십원송〉에 대하여」, 『동악한문학논집』 9, 동악한문학회, 1999, 49~59쪽을 참조하고, 필자가 부분적인 수정을 가한 것이다.

순중생가〉까지 노래한 행원들을 가리킨다. 이 제1~2행을 포함한 첫째 단락의 내용 및 표현은 「보현행원품」에 있는 것이지만, 회향의 이유와 그 결과에 해당하는 나머지 노랫말들은 모두 균여의 창작에 해당한다.

둘째 단락의 제5~7행은 내가 지은 '악업'조차도 참회하여 중생에게 회향한다면 부처를 이루는 바탕이 된다는 내용이다. 그 근거로 제시된 제8행의 "예로부터 그러한 일이로다."는 화자가 회향을 해야 하는 이유이자, 부처 또한 회향을 통해 지금의 부처가 되었음을 뜻하고 있다. 그러므로 결구에서는 "예경하는 부처님도/ 나의 몸일 뿐 남 있으리."라고 하여, 다른 사람이 아닌 바로 내가 예경의 대상이 되는 '부처'임을 노래하고 있다.[32]

〈보개회향송〉의 경우는 인용문 (5)에서 알 수 있듯이, '내가 바로 부처'라는 향가 제5~10행의 내용을 모두 한역하지 않고 있다. 대신, 최행귀가 새로 지은 함련에서는 죄를 소멸하고 참된 가르침을 따라야 고해를 떠날 수 있음을 말하고 있다. 그리고 미련에서는 회향의 결과가 아닌, "나의 이 지극한 회향의 서원은/ 미래제가 다하도록 그치지 않으리."라고 하여, 화자의 굳은 다짐을 표현하고 있다. 〈보개회향송〉은 고해에서 벗어나는 것을 목표로 하고 있으며, 개인의 노력을 강조하고 있는 것이다.

(6) 生界盡尸等隱　　　　　중생계가 다한다면
　　吾衣願盡尸日置仁伊而也　나의 원 다할 날 있으리라.

---

**32** 김기종, 「〈보현십원가〉의 구조와 주제의식」, 『고전문학연구』 44, 한국고전문학회, 2013, 21쪽.

| 衆生叱邊衣于音毛 | 중생의 깨움이 |
| 際毛冬留願海伊過 | 끝 모를 원해願海이고 |
| 此如趣可伊羅行根 | 이같이 나아가 이렇게 행하면 |
| 向乎仁所留善陵道也 | 향한 곳마다 선업의 길이로다. |
| 伊波普賢行願 | 이뿐 보현행원 |
| 又都佛體叱事伊置耶 | 또 모두 부처의 일이도다. |
| 阿耶 普賢叱心音阿于波 | 아아, 보현의 마음 따라 |
| 伊留叱餘音良他事捨齊 | 이것 밖의 다른 일 버리고자. |

| (7) 盡衆生界以爲期 | 중생계가 다할 것을 기약으로 삼았으니 |
| 生界無窮志豈移 | 중생계가 무궁해도 그 뜻 어찌 바꾸리. |
| 師意要驚迷子夢 | 스님의 뜻은 미혹한 중생의 꿈을 깨침에 있고 |
| 法歌能代願王詞 | 법의 노래는 원왕의 말씀을 대신하네. |
| 將除妄境須吟誦 | 미망미망의 경계를 없애려면 모름지기 이를 외워야 하고 |
| 欲返眞源莫厭疲 | 참된 근원 돌아가려면 싫증 내는 마음 없어야 하네. |
| **相續一心无間斷** | 한결같은 마음으로 쉼 없이 외운다면 |
| **大堪隨學普賢慈** | 보현보살의 자비심을 따라 배울 수 있으리. |

 인용문 (6)·(7)은 〈보현십원가〉와 〈보현십원송〉의 마지막 작품인 〈총결무진가〉·〈총결무진송〉이다. 인용문 (7)의 수련·함련은 각각 향가의 제1~2행과 제3~4행에 대응되고, 경련·미련은 최행귀가 새로 지은

것이다. 함련의 경우는 직접적인 대응은 아니고, 〈보현십원가〉를 언급하는 과정에서 향가의 제3~4행을 수용하고 있다. 이 함련은 〈보현십원가〉에 대한 비평 내지 찬사로, 최행귀는 균여의 창작 의도가 미몽迷夢에서 중생을 깨어나게 하는 것이고, 〈보현십원가〉는 「보현행원품」을 대신할 수 있음을 말하고 있다.

인용문 (6)을 통해 〈총결무진가〉의 제5~10행은 한역에서 제외되고 있음을 알 수 있다. 제7~8행은 '부처의 일', 즉 성불을 노래하고 있으며, 제9~10행에서 화자는 보현보살의 마음을 따라 오직 '부처의 일'만을 추구할 것을 다짐하고 있다. 이들 노랫말은 그 이전의 작품들에서 노래한 보현행원 모두가 '부처의 일'임을 확인하고 있는 것이다.

이에 반해, 〈총결무진송〉의 미련은 〈보현십원가〉와 〈보현십원송〉을 '일심一心'으로 끊임없이 외워 보현보살의 자비심을 배워야 함을 강조하고 있다. 〈총결무진가〉와 마찬가지로 보현보살을 따를 것을 언급하고 있지만, 향가에서 '보현심普賢心'을 따르는 것이 '부처의 일'을 위한 방편인 데 비해, 〈총결무진송〉의 '보현자普賢慈'는 그 자체가 목적인 것이다.[33]

결국, 〈보현십원가〉가 청자들이 모두 부처가 될 수 있고, 또 부처가 되어야 함을 노래하고 있다면, 〈보현십원송〉은 독자들이 보살의 길을 지향해야 하고 이를 위해 끊임없는 노력과 정성이 필요함을 강조하고 있는 것이다. 최행귀의 의도 내지 지향은 '보현자'로 표현하고 있는 '보살의 길'에 있었다고 하겠는데, 이러한 의도로 인해 새로운 시구를 추가하여 향가에 없던 '보살'을 부각시키고 부처와 보살을 위계적인 관계로 표현하였으며, '단충'·'지성'·'일심' 등의 시어를 통해 정성을 강조한

---

[33] 김기종, 앞의 논문, 2014, 241쪽.

것이라 할 수 있다.

〈보현십원가〉와 〈보현십원송〉의 이러한 차이는 사실, 선행연구에서 주목하지는 않았지만, 두 작품의 서문에서 이미 암시하고 있다. 〈보현십원가〉의 서문에서 균여는 "이제 쉽게 알 수 있는 비근한 일을 바탕으로 생각하기 어려운 심원한 종지宗旨를 깨우치게 하고자 열 가지 큰 서원의 글에 의지하여 열한 수의 거친 노래를 지으니, 뭇사람의 눈에 보이기는 몹시 부끄러운 일이나 모든 부처님의 마음에는 부합될 것을 바란다."[34]라고 하였다. 여기에서 '심원한 종지'는 바로 '성불'을 가리킨다. 그래서 균여는 자신의 향가가 '모든 부처님의 마음'에 부합되기를 바란 것이라 할 수 있다.

이에 반해, 최행귀는 자신이 번역한 시를 통해 독자들이 "마음에서 마음으로 쉼 없이 외워 먼저 보현보살의 흰 코끼리를 보고, 입에서 입으로 그침 없이 읊어 그 뒤에 용화회龍華會에서 미륵보살을 만나기"[35]를 바라고 있다. 균여의 '모든 부처님의 마음'이, 최행귀의 서문에서는 '보현보살·미륵보살과의 만남'으로 달라지고 있는 것이다. 〈보현십원가〉의 '부처의 일'과 〈보현십원송〉의 '보살의 길'은 각각 균여와 최행귀의 이러한 창작 의도 내지 목적이 반영된 것이라 할 수 있다.

그런데, 이와 같은 〈보현십원가〉의 '부처의 일'과 〈보현십원송〉의 '보살의 길'은 동아시아 화엄사상의 맥락에서, 각각 신라 의상義湘(625~702)의 화엄사상과, 중국 법장法藏(643~712)·징관澄觀(738~839)의 화엄사상과 관련성을 보이고 있어 주목된다. 의상은 '해동화엄'의 개조로,

---

34 최철·안대회 역주, 앞의 책, 45쪽. "今托易知之近事, 還會難思之遠宗, 依二五大願之文, 課十一荒歌之句, 慙極於衆人之眼, 冀符於諸佛之心."
35 최철·안대회 역주, 앞의 책, 65쪽. "所冀 …(中略)… 心心續念, 先瞻象駕於普賢, 口口連吟, 後値龍華於慈氏."

그의 화엄사상 중 해동화엄의 독창성 내지 특수성을 보여 주는 예로 '오척신五尺身사상'을 들 수 있다.[36] 여기서 '오척신'은 보통 사람의 몸을 가리킨다.

이 '오척신사상'은 '오척신' 혹은 '오신吾身'이 바로 부처라는 가르침이다. 의상은 현재의 내 '오척신', 즉 현재의 내 몸을 중시하고, 이러한 나의 오척신이 성불의 주체임을 강조하고 있다.[37] 그리하여 그는 강의록인 『화엄경문답華嚴經問答』에서 "부처님께서 말씀하시길 나와 너는 다르지 않다고 했는데, 네가 스스로 다르다고 생각할 뿐이라는 것이 이 뜻이다. 부처는 중생을 볼 때 전체가 나의 몸(부처)이라고 본다. 그러므로 스스로가 이미 부처임에도 이것을 네가 알지 못하는 것이다."[38]라고 말하고 있다.

중국 화엄종의 실질적인 개창자인 법장의 경우는, 의상과 마찬가지로 '일승一乘' 즉 성불을 강조하고 있다. 그러면서도 그는 절대적인 일승의 입장에서, 과果는 부처의 깨달음의 세계이고, 인因은 그것을 실현하는 보현의 세계로 규정하고, 과果는 말을 떠나 있는 것[불가설不可說], 인因은 언설로 나타낼 수 있는 것[가설可說]으로 보고 있다.[39] 법장에 의하면 '과'로서의 부처의 깨달음의 세계는 설명할 수 없지만, '인'으로서의 보살 실천의 세계만은 설명할 수 있는 것이다. 따라서 법장의 화엄교학은 기본적으로는 후자에 대한 명확한 이해를 시도하고 있으며, 보살도

---

36 김지견, 「의상의 法諱考」, 『효성 조명기박사추모 불교사학논문집』, 동국대학교출판부, 1988, 216쪽; 김천학, 「동아시아 화엄사상에서 의상과 법장의 위상」, 『불교학보』 61, 동국대학교 불교문화연구원, 2012, 79~80쪽; 박서연, 「의상」, 『테마 한국불교 2』, 동국대학교출판부, 2014, 270~271쪽.
37 김천학, 「의상 후기사상의 실천론—내 몸을 중심으로」, 『한국선학』 35, 한국선학회, 2013, 190쪽.
38 김천학, 앞의 논문, 178~179쪽 재인용.
39 기무라 기요타카, 정병삼 옮김, 『중국화엄사상사』, 민족사, 2005, 145쪽.

를 실천함으로써 스스로가 만들어 내고 있는 미혹을 깨뜨릴 것을 강조하고 있다.[40]

그리고 법장 화엄의 계승자라고 할 수 있는 징관은 '삼성원융관三聖圓融觀'의 관법을 제안했는데, 이 관법은 본사인 비로자나여래와 보현·문수 두 보살의 삼자 간 관계의 성찰을 통해, 항상 이 삼성三聖 및 시방十方의 보살들을 만나 보는 것을 목적으로 한다.[41] 징관 역시 법장과 마찬가지로 성불에 있어 보살도의 실천 또는 보살의 존재 및 역할을 강조하고 있는 것이다.

불교학계에서 균여는 의상의 화엄사상을 계승·발전시킨 것으로 평가되고 있는데,[42] 의상의 '오척신사상' 역시 균여의 여러 저술에서 보이고 있다.[43] 특히 균여는 징관의 '삼성원융관'이 아닌, '내 몸'을 통해 화엄교학의 10대법對法과 10현문玄門을 체득하도록 하는 관법을 제시하고 있다. 곧 그는 『석화엄교분기원통초釋華嚴敎分記圓通鈔』와 『지귀장원통초旨歸章圓通鈔』에서, 개인들이 '내 몸'과 그 작용을 잘 분석해 보면 화엄교학에서 얘기하는 10현문玄門이 무엇을 의미하는지 분명하게 이해할 수 있으며, 이 관법을 통해 성불할 수 있음을 주장하고 있는 것이다.[44]

이상의 서술에서, 〈보현십원가〉의 '부처의 일'은 의상의 '오척신사상', 〈보현십원송〉의 '보살의 길'은 법장·징관의 '보살도의 실천'에 대응되고 있음을 알 수 있다. 그렇다면, 남중국인 오월吳越에서 관직생활을 하고

---

40 기무라 기요타카, 앞의 책, 154~156쪽.
41 앞의 책, 245~246쪽.
42 이지관, 「화엄사상」, 『한국불교사상개관』, 동국대학교 불교문화연구원, 1997, 85쪽; 정병삼, 「화엄사상」, 최병헌 외, 『한국불교사 연구 입문(상)』, 지식산업사, 2013, 302쪽.
43 김천학, 앞의 논문, 2012, 80쪽; 박서연, 「신라 現身成佛 설화에 보이는 의상 화엄사상의 영향」, 『한국불교학』 78, 한국불교학회, 2016, 552쪽.
44 최연식, 「균여 화엄사상연구―敎判論을 중심으로」, 서울대학교 박사학위논문, 1999, 201~202쪽.

불교에 조예가 깊었던 최행귀는, 〈보현십원가〉를 한역함에 있어 향찰·한자의 표기 차이와 노래·시의 매체 차이 외에도, 해동 '고유'의 화엄사상과 중국의 '보편적인' 화엄사상의 차이까지 고려한 것이라 할 수 있다. 그리하여 한시인 〈보현십원송〉은 내용 및 사상적인 측면에서도 동아시아 불교문화권 보편의 화엄사상을 반영하였고, 그 결과 〈보현십원가〉의 주제의식과 차이를 보이게 된 것이라 하겠다.

## 4. 남은 문제들

이 글은 현재 전하는 향가와 한역시의 관계를 노랫말·시어의 차이점을 중심으로 살펴보고, 차이점을 보이는 이유에 대한 해명을 시도하였다. 지금까지의 논의 내용을 요약하면 다음과 같다.

〈도솔가〉는 미륵삼부경의 미륵 형상화에 기반하여 '꽃'과 '미륵좌주'의 분리·결합을 통해, 지금 미륵이 가창의 현장에 존재하고 있음을 노래한 것이다. 해시는 〈도솔가〉의 '뿌리는'·'모셔라'의 노랫말을 '올려 보내네'·'멀리서 맞이하네'의 시어로 풀이함으로써, 화자가 구름 위로 올려 보낸 꽃이 멀리 도솔천에서 내려오는 미륵보살을 맞이하고 있음을 묘사하고 있다.

이러한 미륵의 '상주'와 '하강'의 거리는, 〈도솔가〉를 부른 뒤에 미륵이 모습을 보였다는 배경설화의 맥락을 고려한 해시 작자의 의도에 기인한 것이라 할 수 있다. 하지만 〈도솔가〉의 배경설화 역시 미륵의 상주를 의미하는 것으로 이해할 수 있다는 점에서, 해시 작자의 '오독'으로 볼 여지가 있다.

〈보현십원가〉의 경우는, '내 몸'이 바로 부처라는 선언을 통해, 청자들이 모두 부처가 될 수 있고, 부처가 되어야 함을 노래하고 있다. 이에 반해, 〈보현십원송〉은 '부처의 일'과 관련된 노랫말을 배제하고, 향가에 없던 '보살' 관련 시어와 '지성'·'일심' 등의 시어를 새로 추가하여, 독자들이 보살의 길을 지향해야 하고 이를 위해 끊임없는 노력과 정성이 필요함을 강조하고 있다.

〈보현십원가〉의 '부처의 일'과 〈보현십원송〉의 '보살의 길'은 각각 의상·균여의 해동화엄과 법장·징관의 중국 화엄사상에 대응되고 있다. 최행귀는 〈보현십원가〉의 한역에 있어 향찰·한자와 노래·시의 차이 외에도, 사상의 차이까지 고려한 것임을 알 수 있다.

이상의 논의 결과는, 한역시만이 전하고 있는 향가 작품의 내용 및 성격 추정에 있어 도움이 될 것이라 기대한다. 또한 아직 논란 중에 있는 '도솔가'·'산화가'의 동이同異 여부 및 '도솔가' 명칭 문제의 해결과, 최행귀의 〈보현십원가〉 한역의 목적 및 성격을 이해하는 데 있어서도 시사하는 바가 있다고 여겨진다. 이상의 문제들은 추후 별도의 논고에서 다루고자 한다.

# 제3장
# 함허당의 경기체가

## 1. 〈미타찬〉·〈안양찬〉·〈미타경찬〉

조선 초기의 고승인 함허당涵虛堂 기화己和(1376~1433)의 경기체가 3편은 말계末繼 지은智訔의 〈기우목동가騎牛牧童歌〉·의상 화상義湘和尚의 〈서방가西方歌〉와 함께, 경기체가 장르가 유가儒家만의 전유물이 아니었음을 보여 준다는 점에서 일찍부터 주목의 대상이 되어 왔다.

『함허당득통화상어록涵虛堂得通和尚語錄』(이하 『함허어록』으로 표기함)에 수록된 〈미타찬彌陀讚〉·〈안양찬安養讚〉·〈미타경찬彌陀經讚〉에 관한 문학적 연구는 〈기우목동가〉·〈서방가〉에 비해, 비교적 활발하게 진행되어 왔다. 대체로 창작 배경, 함허당의 생애 및 사상, 『아미타경』과의 관련 양상, 문학사적 의의 등이 논의되었다. 특히 창작 배경, 곧 함허당이 '숭유억불崇儒抑佛'의 시대에 유가의 시가 장르인 경기체가의 형식으로 정토사상을 노래한 이유에 대한 해명이 주된 관심사였다. 그렇지만 창작 배경의 해명과 이를 통한 문학적 성격의 규명은 아직 논란 중에 있고 여러 이견異見이 존재하고 있다.

먼저, 김문기는 "포교활동을 극대화하기 위해서는 당시 궁중이나 민중들에게 유행하는 시가 형태가 그 수단으로 이용되기 마련인데, 조선 초기에는 경기체가가 단연 시가의 주류를 이루었던 만큼 이 시대의 불교계 경기체가가 창작·향유된 것은 당연한 이치"[1]라고 하였고, 조연숙 또한 이 견해를 따르고 있다.[2]

그러나 임기중은 "숭유억불이 강행되던 조선 초기에 함허당이 다른 시가 장르를 놔두고 사대부 계층이 향유한 경기체가를 굳이 택하였던 것은 분명한 저의가 있었고, 그것은 본래부터 조정이나 사대부들을 겨냥하여 지었을 가능성이 높다."[3]라고 하였다. 그리고 박경주와 이진오는 함허당의 '저의'를 각각 "문인층의 장르를 수용함으로써 억불의 상황을 유불회통儒佛會通의 논리로 견제해 보려는 의도"[4]와, "불교의 고유한 가치를 과시하는 대내적 필요성과 유가 지식인을 설득하려는 대외적 목표"[5]로 파악하였다.

한편, 유호선은 박경주·이진오의 논의에 대해, "함허당의 호불론과 정토사상과 경기체가라고 하는, 엄밀히 따져 보면 모순을 띠는 이들의 관계를 무리하게 논리화시키고 있다."라고 비판한 뒤, 함허당의 경기체가는 척불에 혈안이 된 유가 지식인을 의식한 것이 아닌, 순수한 신앙적 자신감을 바탕으로 불교의식에서의 연행을 목적으로 창작된 것이라고 주장하였다.[6]

---

1 김문기, 「불교계 경기체가 연구」, 『성곡논총』 22, 성곡학술문화재단, 1991, 1869쪽.
2 조연숙, 「함허당의 경기체가 고찰: 〈안양찬〉과 〈미타경찬〉을 중심으로」, 『고시가연구』 18, 한국고시가문학회, 2006, 296쪽.
3 임기중 외, 『경기체가연구』, 태학사, 1997, 40쪽.
4 박경주, 「전환기 불교가요의 문학적 대응 양상 고찰—조선 초기 기화의 작품을 대상으로」, 『고전문학연구』 11, 한국고전문학회, 1996, 121~122쪽.
5 이진오, 「여말선초 척불론과 함허당의 문학적 대응」, 『불교어문논집』 1, 한국불교문학사연구회, 1996, 33쪽.
6 유호선, 「함허당 문학에 나타난 정신세계—歌·頌·讚 작품을 중심으로」, 『어문논집』 44,

김종진 역시 함허당의 경기체가 창작을 변화된 시대의 유교적 분위기를 의식한 산물로만 여기는 것은 타당하지 않다고 지적하면서, 대중적으로 유행하는 가요 형식을 차용하여 의례음악으로 활용하는 측면에 더 주목해야 한다고 하였다. 그리하여 함허당 경기체가를 포함한 불교계 경기체가를, 불교의례를 구성하는 의식가요이자, 불교가요 자체의 시대적·현실적 적응력을 보여 주는 작품군으로 규정하였다.[7] 허남춘의 경우는 함허당의 경기체가가 가창되었을 불교의례를, 조종祖宗의 위패를 모시는 불교제의인 기신재忌晨齋와, 조종의 극락왕생을 기원하는 천도재薦度齋 등으로 추정하고 있다.[8]

이상, 함허당 경기체가의 창작 배경 및 문학적 성격에 관한 기존 논의들을 살펴보았는데, 이들 논의는 구체적인 작품 분석을 결여하고 있다는 공통된 문제점을 보인다. 억불의 상황을 타개하기 위한 문학적 수단으로 파악하고 있는 견해나, 대중적으로 유행하는 시가 형식을 차용한 의식가요로 규정하고 있는 견해들 모두, 함허당이 호불론인 『현정론顯正論』의 저자라는 작품 외적 사실과, 작품들의 주요 제재인 '정토'가 사후세계라는 피상적 접근에 기초하고 있는 것이다. 함허당 경기체가의 작품 구조와 주제의식을 다루고 있는 선행연구는 찾아볼 수 없고, 각 작품의 내용을 장별로 개관하거나 해제 수준의 언급에 그치고 있다.

그러므로 이 글은 함허당 경기체가의 문학적 성격을 구명究明하기 위한 작업의 일환으로, 함허당 경기체가의 내용 구조와 주제의식에 대해 살펴보고자 한다. 이를 위해 선행텍스트인 정토삼부경과의 관련 양상

---

민족어문학회, 2001, 181~182쪽.
[7] 김종진, 「경기체가 〈기우목동가〉의 구조와 문학사적 위상」, 『한국시가연구』 25, 한국시가학회, 2008, 58~59쪽.
[8] 허남춘, 「〈한림별곡〉과 조선조 경기체가의 향방」, 『한국시가연구』 17, 한국시가학회, 2005, 233쪽.

을 검토한 뒤, 세 편의 노래를 각각 시상 및 내용 전개의 맥락에 따라 서사·본사·결사의 세 단락으로 나누어 논의를 진행할 것이다. 그리고 이러한 논의 결과와, 『함허어록』 소재의 법어·한시 및 창작 당시의 시대적 상황에 대한 고찰을 통해, 함허당 경기체가의 문학적 성격의 일면을 살펴보도록 하겠다.

## 2. 정토삼부경의 수용 양상

아미타불이 등장하는 불교경전은 수없이 많지만, 그중에서도 아미타불과 아미타불의 주처住處인 극락정토가 중심이 되는 경전은 이른바 '정토삼부경淨土三部經'으로 분류되어 왔다. '정토삼부경'은 강승개康僧鎧가 252년에 한역漢譯한 『불설무량수경佛說無量壽經』, 5세기 초 강량야사畺良耶舍 한역의 『불설관무량수경佛說觀無量壽經』, 402년에 구마라집鳩摩羅什이 한역한 『불설아미타경佛說阿彌陀經』을 가리킨다.

『무량수경』은 ① 서분序分, ② 무량수불의 전신前身인 법장비구의 발원과 수행, ③ 무량수불과 그 국토의 장엄,[9] ④ 정토왕생의 인연과 결과, ⑤ 삼독三毒과 오악五惡에 대한 경계, ⑥ 유통분流通分 등의 내용으로 구성되어 있다. 그리고 『관무량수경』은 ① 서분, ② 청정한 업業의 세계, ③ 극락세계를 보는 16가지 관법觀法, ④ 유통분 등으로 되어 있다. 『아미타경』의 경우는 ① 서분, ② 극락세계의 공덕과 장엄, ③ 아미타불의 공덕과 극락세계의 중생, ④ 극락왕생의 방법, ⑤ 육방제불六方諸佛의 찬탄과 권유, ⑥ 석가불의 공덕, ⑦ 유통분 등의 구성 및 내용으

---

[9] 여기서의 '장엄莊嚴'은 일반적으로 쓰이는 "씩씩하고 웅장하며 위엄 있고 엄숙함"의 의미가 아니라, 아름답게 꾸며진 것 또는 그러한 모습을 뜻한다.

로 되어 있다.

  이 세 경전은 분량과 번역 술어에 차이가 있지만 모두 아미타불의 공덕, 서방 극락세계의 장엄, 극락왕생의 방법에 관한 내용을 포함하고 있다. 『무량수경』은 아미타불의 공덕과 극락의 장엄, 『관무량수경』은 극락왕생의 방법에 관한 서술에 보다 치중하고 있으며, 『아미타경』은 두 경전의 핵심 내용을 요약 내지 축약한 듯한 모습을 보인다.

  구체적인 논의에 앞서, 정토삼부경을 노래하고 있는 함허당 경기체가의 해당 부분을 제시하면 다음과 같다.

  (1) 〈미타찬〉    제3 도상생신觀相生信: 제3행[관무량수경 ③]

                  제5 잠칭개익暫稱皆益: 제2~3행[관무량수경 ③]

    〈안양찬〉    제2 의정구승依正俱勝: 제5행[아미타경 ②]

                  제3 순락무우純樂無憂: 제1~3행[무량수경 ③], 제6행[무량수경 ③]

                  제4 비체장엄備體莊嚴: 제1~2행[아미타경 ②], 제3행[무량수경 ③]

                  제5 화지수생花池受生: 제1~2행[아미타경 ②], 제3행[아미타경 ②+무량수경 ③]

                  제6 시방유행十方遊行: 제1~2행[아미타경 ②], 제3행[무량수경 ③+아미타경 ②], 제4행[아미타경 ②], 제5행[무량수경 ④]

                  제7 문음진수聞音進修: 제1~3행[아미타경 ②], 제5행[관무량수경 ③]

                  제8 장수등불長壽等佛: 제1행[아미타경 ③], 제2행[무량수경 ④]

|         | 제9 인우진도因友進道: 제2행[아미타경 ③]
|         | 제10 염불몽화念佛蒙化: 제1~3행[아미타경 ④], 제5~
|         | 6행[아미타경 ④]
〈미타경찬〉 제2 지도미륜指途迷倫: 제1~2행[무량수경 ⑤]
|         | 제5 육방동찬六方同讚: 제1~3행[아미타경 ⑤]
|         | 제6 피차상접彼此相接: 제1~3행[아미타경 ⑥]
|         | 제7 인천공준人天共遵: 제1~3행[아미타경 ⑦]
|         | 제8 현미구익現未俱益: 제3행[무량수경 ⑥]

함허당의 경기체가 3편은 모두 10장으로 되어 있고, 각 장에는 4자의 한자로 된 소제목이 달려 있으며, 한 장은 6행으로 이루어져 있다. 그리고 각 행의 자수는 세 작품 모두 '3,3,4/3,3,4/4,4,4/4,3/4,4(再唱)/4'의 동일한 모습으로 되어 있다. 일반적인 경기체가의 제4행과 제6행에 있는 '위 ~景 긔 엇더ㅎ니잇고(景幾何如)'라는 공식구 대신, 제1장의 4행에는 '최희유寂希有', 제2~10장의 4행에는 '역희유亦希有'라는 어구가 반복되어 나타나고 있다.

위의 인용문 (1)은 함허당 경기체가에서 노래하고 있는 정토삼부경의 구체적인 경전명을 작품별·장별·행별로 제시한 것이다. 인용문을 통해 세 작품 모두 정토삼부경을 노래하고 있음을 알 수 있다. 〈안양찬〉은 제1장을 제외한 모든 장이 정토삼부경을 수용하고 있으며, 〈미타찬〉은 제3·5장의 두 장, 〈미타경찬〉은 제2·5~8장의 다섯 장이 각각 『관무량수경』과, 『무량수경』·『아미타경』의 내용으로 되어 있다. 그리고 대체로 해당 장의 제1~3행에서 정토삼부경의 내용을 노래하고 있는 특징을 보인다.

이러한 특징은 사실, 경기체가 작품들의 제1~3행이 제4~6행의 포괄화 내지 초점화를 위한 전제로서, 개별적인 사물 또는 사실을 나열하고 있음을 떠올린다면, 당연한 현상이라 할 수 있다. 불교신자에게 있어 불전佛典의 내용은 '정확한 사실'이고, 효율적인 포교와 작품의 권위를 높이기 위해서도 경문經文을 노래하는 것만큼 효과적인 것은 없을 것이기 때문이다. 더구나 함허당의 경기체가에서 노래하고 있는 정토삼부경의 관련 경문이 대부분 아미타불과 극락세계의 모습이나 극락에 왕생하는 사람들에 관한 '사실'이라는 점에서, 제1~3행에서의 경전 수용은 반드시 필요했던 것이라 할 수 있다.

한편, 경전별로는 『아미타경』의 비중이 가장 큰데, 인용문에서 보듯이 서분을 제외하고는 경문의 거의 모든 내용을 빠짐없이 노래하고 있다. 이렇듯 함허당이 『아미타경』을 주된 선행텍스트로 선택한 이유는, 『무량수경』·『관무량수경』과 유사한 내용이면서도 이들 경전에 비해 그 내용 및 표현이 간결하여 경기체가의 형식으로 노래하기에 적합했기 때문이라 짐작된다. 『무량수경』과 『관무량수경』의 일부 경문을 수용하고 있는 노랫말은 『아미타경』에 전혀 없는 내용이거나, 『아미타경』의 내용 및 표현이 매우 간략한 경우에 해당한다.

(2) 第六 十方遊行  
黃金地 碧虛空 常作天樂

雨天花 香芬馥 晝夜六時

㉠ 其中衆生 身乘寶殿 賚衆妙花

供養他方 亦希有

제6 시방세계를 두루 다니다  
황금의 땅과 푸른 허공에서 항상 하늘 음악이 울리고,

하늘에서 내리는 꽃은 밤낮으로 온종일 향기로운데,

그곳의 중생들은 보배 궁전을 타고 온갖 아름다운 꽃들을 드리네.

타방에 공양하는 것, 또한 드문

｜　　　　　　　　　　　　　　　일이라.

　ⓛ 十方佛土 飯食頃行 再唱　　시방의 불국토를 밥 먹는 잠깐
　　　　　　　　　　　　　　　사이에 다니니 [재창]
　　　　往返無碍.　　　　　　　가고 오는 것에 걸림이 없네.[10]


(3) 또 사리불아, 저 불국토에서는 ⓐ 항상 하늘의 음악이 울려 퍼지고, 땅은 황금으로 이루어져 있다. ⓑ 밤낮으로 끊임없이 저 하늘에서 만다라꽃이 비오듯 흩날리고 있다. 그 나라의 중생들은 새벽마다 ⓒ 온갖 아름다운 꽃들을 바구니에 담아 ⓓ 다른 세계의 10만억 부처님들께 공양하고서 바로 밥 먹을 때에 극락세계로 돌아와 밥을 먹고 산책을 한다.[11]


위의 (2)는 〈안양찬〉의 제6장으로, 극락세계의 장엄과 극락에 태어난 사람들의 생활상을 묘사하고 있다. (3)은 『아미타경』의 관련 경문을 옮긴 것이다. 인용문을 통해, (2)의 제1·2행은 (3)의 ⓐ·ⓑ에, 제3행의 '중묘화衆妙花'와 제4행의 '공양타방供養他方'은 ⓒ와 ⓓ에 대응되고 있음을 알 수 있다.

곧 제1·2·4행의 '황금지黃金地'·'상작천악常作天樂'·'우천화雨天花'·'주

---

**10** 이 노래를 포함하여 본고에서 제시하는 함허당 경기체가의 번역은 다음의 논저들을 참고하고, 필자가 부분적인 수정을 가한 것이다. 김달진 역, 「함허화상어록」, 『한국의 사상대전집』 5, 동화출판공사, 1972, 338~343쪽; 김영태, 「조선초 己和의 염불 정토관」, 『한국불교학』 15, 한국불교학회, 1990, 31~47쪽; 임기중 외, 앞의 책, 162~200쪽; 한보광, 「함허 득통 선사의 〈미타찬〉에 나타난 正報莊嚴 연구」, 『불교학보』 48, 동국대학교 불교문화연구원, 2008, 8~23쪽.

**11** 구마라집 역, 『불설아미타경』. "又舍利弗, 彼佛國土, 常作天樂, 黃金爲地, 晝夜六時, 天雨曼陀羅華. 其國衆生, 常以淸旦, 各以衣裓, 盛衆妙華, 供養他方十萬億佛, 卽以食時, 還到本國, 飯食經行."(『대정신수대장경大正新修大藏經』 12, 347쪽)

야육시晝夜六時'·'공양타방供養他方'은, 각각 ⓐ·ⓑ·ⓓ의 "常作天樂, 黃金(爲)地"·"晝夜六時, 天雨(曼陀羅)華"·"供養他方(十萬億佛)"을 저본으로 하여, 단어의 배열 순서를 바꾸거나 일부 표현을 생략한 것이고, 제3행의 '뇌중묘화賚衆妙花'는 ⓒ의 '중묘화衆妙華'에 '뇌賚'를 첨가한 것이다. 그리고 인용문 (3)에 없는 내용인 제1·2행의 '벽허공碧虛空'·'향분복香芬馥'은 함허당이 새로 지은 노랫말에 해당한다.

이와 같은 경문의 수용 양상은 『아미타경』이 저본인 여타의 노랫말에서도 쉽게 볼 수 있다. 일례로, 〈안양찬〉 제5장의 1·2행인 "칠보 못에는 여덟 가지 공덕의 물이 가득 차 있고(七寶池 八德水 充滿其中)/ 못가의 네 계단 길은 온갖 보배로 되어 있으며(池邊有 四階道 衆寶合成)"는, 『아미타경』의 "七寶池, 八(功)德水, 充滿其中. 四邊階道, 金銀琉璃頗梨合成."¹²을 노래한 것이다.

제1행은 경문을 거의 그대로 옮기고 있고, 제2행은 경문의 '사변계도四邊階道'를 '지변유池邊有'와 '사계도四階道'로 나누어 표현하고 있으며, '금은유리파리金銀琉璃頗梨'는 '중보衆寶'로 축약하고 있다. 인용문 (2)의 제1·2·4행과 마찬가지로, 여기서도 적구摘句의 방식으로 노래하고 있는 것이다. 경문의 생략과 축약을 동반한 이러한 '적구'의 수용 양상은 경기체가의 한 행을 이루는 자수를 고려한 것으로, 함허당이 경기체가의 형식을 의식하고 있었음을 보여 준다고 하겠다.

인용문의 ㉠과 ㉡은 앞의 (1)에서 제시했듯이, 『무량수경』의 내용을 노래한 것이다. ㉠의 "기중중생其中衆生 신승보전身乘寶殿"은 『아미타경』에 전혀 없는 것으로, 『무량수경』의 "彼國人民, 乘百千由旬七寶宮殿."¹³에 대응된다. 경문과 같은 내용이면서도 그 구체적인 어휘와 표현을 달

---

**12** 『대정장大正藏』12, 347쪽.
**13** 『대정장』12, 278쪽.

리하고 있다. 기존의 논의¹⁴에서 ⓛ의 "시방불토十方佛土 반식경행飯食頃行"은, 인용문 (3)의 마지막 문장인 "卽以食時, 還到本國, 飯食經行."을 수용한 것으로 보았으나, 이 노랫말은 『무량수경』의 "彼國菩薩, 承佛威神, 一食之頃, 往詣十方無量世界, 恭敬供養諸佛世尊."¹⁵에 대응된다.

여기에서도 경문의 어휘 및 표현은 노랫말에 직접적으로 반영되지 않았는데, 『관무량수경』이 저본인 〈미타찬〉 제3장 3행의 "하나하나의 상호마다 무량광명 놓으시고 한량없는 부처로 나타나시네.(一一相好 放無量光 化無量佛)" 역시, 경문의 변용에 해당한다. 『아미타경』에 없는 내용인 "무량수불에게는 8만 4천 가지의 상相이 있고 하나하나의 상에는 각각 8만 4천의 수형호隨形好가 있으며, 각 수형호마다 또 8만 4천의 광명이 있다. …(중략)… 그 광명과 상호相好와 화신불은 이루 다 말로 할 수 없다."¹⁶의 경문을, 경문과는 다른 시어와 표현으로 요약하고 있는 것이다.

이상의 내용을 통해, 함허당의 경기체가는 『아미타경』의 관련 경문을 적구摘句의 방식으로 수용하고 있으며, 『아미타경』에 없는 내용에 국한하여 『무량수경』·『관무량수경』의 경문을 작자 나름의 시어와 표현으로 노래하고 있음을 알 수 있다.

그런데, 〈미타경찬〉 제8장 3행은 함허당이 『아미타경』 이외의 경전들을 수용한 또 다른 이유를 짐작하게 한다. 제3행의 "기특하여라! 이 경전은 모든 경전이 없어진 뒤에도 홀로 세상에 남아 있으리니(奇歟此經

---

14 김문기, 앞의 논문, 1894쪽; 조연숙, 앞의 논문, 302~303쪽; 최형우, 「경기체가의 불교 수용과 시적 형상화 연구」, 경북대학교 석사학위논문, 2012, 17쪽.
15 『대정장』 12, 237쪽.
16 강량야사 역, 『불설관무량수경』. "無量壽佛有八萬四千相, 一一相中, 各有八萬四千隨形好, 一一好中, 復有八萬四千光明. …(中略)… 其光相好及與化佛, 不可具說."(『대정장』 12, 343쪽)

群經滅後 獨留於世)"는, 『아미타경』의 가르침이 모든 경전 중에서 가장 뛰어남을 노래하고 있다. 그러나 이 노랫말은 『아미타경』이 아닌, 『무량수경』의 "미래에 이 세상에서 불법佛法이 없어진다 하더라도, 나는 자비로운 마음으로 중생을 가엾게 여겨, 특별히 이 경전만은 남겨 두어 백 년 동안 이 세상에 머물게 할 것이다."[17]라는 경문에 근거한 것이다.

『아미타경』을 찬양하고 있음을 그 제목에서 표방한 〈미타경찬〉에서, 『무량수경』의 유전流傳에 관한 이 부분을 수용하고 있다는 점은, 제목의 '미타경'이 『아미타경』만을 가리키는 것이 아님을 알 수 있다. 곧 〈미타경찬〉의 '미타경'은 경전명에 국한된 것이 아니라, '아미타불에 관한 석가불의 말씀', 즉 아미타불의 공덕·극락의 장엄·왕생의 방법에 관한 가르침을 포괄하는 '정토법문淨土法門'을 의미한다는 것이다. 이러한 사실은 다음 절의 작품 분석에서 확인할 수 있을 것이다.

### 3. 작품의 구조와 주제의식

함허당의 경기체가는 『함허어록』에 〈미타찬〉, 〈안양찬〉, 〈미타경찬〉의 순서로 실려 있다. 『함허어록』은 비록 함허당의 사후인 1440년(세종 22)에 간행된 것이지만, 경기체가 작품의 배열 순서는 작자인 함허당의 의도가 반영된 것으로 여겨지고, 연행의 현장에서도 이러한 순서로 가창되었을 것이라 짐작된다. 이 세 작품의 주제의식은 순차적인 연관성을 보이고 있기 때문이다. 주제의식의 측면에서, 함허당의 경기체가 3

---

**17** 강승개 역, 『불설무량수경』. "當來之世, 經道滅盡, 我以慈悲哀愍, 特留此經止住百歲."(『대정장』 12, 279쪽)

편은 각 작품이 하나의 독립된 작품이면서, 동시에 연작의 성격을 띠고 있는 것이다. 그러므로 이 장에서는 『함허어록』에 실린 순서대로 각 작품의 내용 구조 및 주제의식을 살펴볼 것이다.

### 아미타불의 존재 이유

(4)　第一 從眞起化　　　　　　제1 진여眞如로부터 교화가 일어나다
　　 普明空 眞淨界 本無身土　　두루 밝으면서도 비어 있는 진여의 깨끗한 법계는 본래 불신佛身과 국토가 없으나,

　　 爲衆生 興悲願 方有隱現　　중생 위해 비원을 일으켜 비로소 은밀히 나타나셨네.

　　 我等衆生 長在迷途 無所依歸　우리 중생들 오랫동안 어두운 길 헤매면서 귀의할 곳 없었는데,

　　 嚴土現形 寂希有　　　　　　국토를 장엄하여 모습을 나타내신 것, 가장 드문 일이도다.

　　 是則名爲 幻住莊嚴 再唱　　이 이름이 곧 환주장엄이니 [재창]
　　 方便接引.　　　　　　　　　방편으로 맞이하여 인도하시네.


　　 第二. 隨機現相　　　　　　제2 근기 따라 모습을 나타내다
　　 自受用 他受用 自他受用　　자수용신, 타수용신, 자타수용신,
　　 大化身 小化身 三種化身　　크게 교화하고 작게 교화하시는 세 가지 부처님의 몸.

　　 如是身雲 薰現自在 究竟圓滿　이처럼 구름 같은 몸이 자유자재로 원만하게 나타나시네.

| 普應無方 亦希有 | 어디든지 두루 응하시는 것, 또한 드문 일이라. |
| 是則名爲 大慈悲父 再唱 隨類攝化. | 이 이름이 곧 대자비의 어버이시니[재창] 근기 따라 거두어 교화하시네. |

〈미타찬〉은 그 제목에서 알 수 있듯이, 아미타불의 공덕을 찬양하고 있는 노래이다. 이 작품은 시상 및 내용 전개의 맥락에 따라 서사(제1·2장), 본사(제3~8장), 결사(제9·10장)의 세 단락으로 나눌 수 있다. 이러한 단락 구분은 뒤에서 살펴볼 〈안양찬〉·〈미타경찬〉에도 해당한다. 인용문 (4)는 〈미타찬〉의 서사로, 제1·2장의 5행은 '시즉명위是則名爲'의 같은 어구로 시작하고 있는데, 이 점은 이 두 장을 서사로 설정한 또 다른 근거가 된다.

서사의 제1장은 아미타불이 어두운 길을 헤매는 중생들을 위해 국토를 장엄하여 방편으로 '접인接引'하고 있음을, 제2장은 아미타불이 중생들의 근기에 따라 3종의 화신으로 나타나 '섭화攝化'하고 있음을 노래한 것이다. 곧 〈미타찬〉의 서사는 아미타불이 중생을 제도한다는 사실과, '방편접인方便接引'·'수류섭화隨類攝化'라는 중생제도의 방법을 제시하고 있다.

그런데 인용문의 밑줄 친 부분인 '진정계眞淨界'·'환주장엄幻住莊嚴'·'대자비부大慈悲父'는 아미타불과 정토에 대한 화자의 인식을 보여 주고 있다는 점에서 주목을 요한다. '진정계' 즉 진여의 깨끗한 법계[18]와 '대자비부' 즉 대자비의 어버이라는 시어는, 아미타불이 '진여'와 '자비'의 발

---

**18** '진정계'는 기존 논의에서는 '깨끗한 세계'(김달진), '참되고 맑은 세계'(김영태), '진정한 정토계'(임기중·한보광)로 번역하고 있다. 그러나 이 글에서는 『함허어록』 소재 「정랑이공전위모하씨선가청육도보설正郎李恭全爲母河氏仙駕請六道普說」에 나오는 "眞如淨法界, 一泯未甞存"(『한국불교전서』 7, 229쪽)의 구절에 주목하여, '진정계'를 '진여眞如의 깨끗한 법계'로 번역하였다.

현에 다름 아님을 가리키고 있으며, '환주장엄'은 정토가 그 자체로 실재하는 것이 아닌, 중생제도의 목적 아래에서만 임시로 존재하고 있음을 나타낸다.[19] 아미타불·정토의 본질에 관한 화자의 이러한 규정은 본사와 결사의 전제가 된다고 할 수 있다.

(5)  第六 功小益大                    제6 작은 노력으로 큰 이익을 얻다
　　 佛光明 佛壽命 佛功德海           부처님의 광명, 부처님의 수명, 바다와 같은 부처님의 공덕.

　　 歷三祇 修萬行 方始究竟           삼아승지겁 동안 만행을 닦아야 비로소 완성할 수 있으나,

　　 但念佛號 隨功淺深 悉令起昇       단지 부처님의 이름 칭념稱念만 해도 공덕의 얕고 깊음에 따라 모두 (극락세계로) 올라가게 하시네.

　　 <u>授記作佛</u> 亦希有             수기를 주어 부처 되게 하시는 것, 또한 드문 일이라.

　　 阿彌陀佛 大誓願王 再唱           아미타불은 큰 서원의 왕이시니 [재창]
　　 <u>十念超昇</u>.                   열 번을 칭념하면 (극락세계로) 올라가네.


　　 第七 隨機普接                    제7 근기 따라 널리 접인하다
　　 彼佛有 九蓮臺 化現無量           저 부처님은 9품 연화대에서 한량없는 몸을 나타내시어,

　　 念佛人 隨高下 接向其中           염불인의 높고 낮은 근기 따라 그

---

**19** 김영태, 앞의 논문, 31~32쪽.

| | 가운데로 인도하시니, |
| --- | --- |
| 如是方便 如是接引 悉令成佛 | 이 같은 방편으로 이같이 인도하여 모두 성불하게 하시네. |
| 度生無厭 亦希有 | 중생제도를 싫증 내시지 않는 것, 또한 드문 일이라. |
| 阿彌陀佛 大方便力 再唱 九品超生. | 아미타불의 크신 방편의 힘으로 [재창] 9품 연화대에 태어나네. |

〈미타찬〉의 본사는 '아미타불의 중생제도와 그 방법'에 관한 서사에 이어, 아미타불이 중생을 제도하는 구체적인 내용을 제시하고 있다. 제8 초방독존超方獨尊을 제외하고는 위의 (5)에서 보듯이, 대체로 제1~4행의 전대절은 아미타불의 공덕, 제5~6행의 후소절은 중생의 이익에 관한 내용으로 되어 있다.

인용문의 제6장은 자신의 이름을 칭념한 중생들을 극락세계에 태어나게 한 뒤, 그들에게 부처가 될 것이라는 수기를 주는 '아미타불의 공덕'과, 아미타불의 이름을 열 번만 칭념해도 극락에 왕생하는 '중생의 이익'을 노래하고 있다. 제7장에서는, 아미타불의 이름을 칭념한 염불인을 모두 성불시켜 주는 '공덕'과, 9품 연화대에 태어나는 '이익'이 서술되어 있다.

그리고 인용하지 않은 제3 도상생신覩相生信·제4 문명감화聞名感化·제5 잠칭개익暫稱皆益은 중생을 깨닫게 하고[개오중생開悟衆生], 서원대로 중생을 제도하며[여원도생如願度生], 중생을 삼계에서 벗어나게 하는[영출삼계永出三界] 아미타불의 공덕을 차례대로 노래하고 있다. 중생의 이익으로는 각각 '첨개앙모瞻皆仰慕'·'문개감화聞皆感化'·'개득해탈皆得解脫'의 항목이 제시되어 있다.

이렇듯, 〈미타찬〉의 본사는 아미타불의 공덕과 중생의 이익을 노래하고 있는데, 중생의 염불과 아미타불의 서원을 전제로 한 '극락왕생'과, 왕생을 전제로 한 '성불'이 반복되어 나타나고 있다. 제8장의 경우는, 6방方의 제불諸佛 가운데 아미타불의 공덕이 가장 뛰어나 견줄 데가 없음을 강조하고 있으면서도, 어떤 점이 뛰어난지에 대해서는 언급이 없다. 하지만, 제3~7장의 뒤에 이 장이 배치됨에 따라, 제7장까지 반복하여 노래하고 있는 '왕생'과 '성불'이 그 이유임을 짐작할 수 있다. 곧 〈미타찬〉의 본사는 다른 부처와 구별되는 아미타불의 공덕이 중생의 '왕생'과 '성불'에 있음을 제시하고 있는 것이다.

(6)　　第九 勸念功高　　　　　제9 염불을 권하는 공덕이 높다
　　　滿三千 施七寶 功已無量　　삼천세계 가득히 칠보를 보시하면
　　　　　　　　　　　　　　　　그 공덕이 한량없고,

　　　更化令 訂四果 德亦無邊　　교화하여 4과를 증득하게 하면 그
　　　　　　　　　　　　　　　　공덕 또한 끝이 없는데,

　　　勸人念佛 功德勝彼 佛說分明　염불을 권하는 공덕은 그보다 뛰어남
　　　　　　　　　　　　　　　　을 부처님께서 분명히 말씀하셨네.

　　　如是德化 亦希有　　　　　이 같은 덕화, 또한 드문 일이라.
　　　勸人自念 功行滿足 再唱　　남에게 권하고 스스로도 염불하여
　　　　　　　　　　　　　　　　공덕과 수행이 만족하면 [재창]

　　　直登上品.　　　　　　　　곧바로 상품 연화대에 오르네.


　　　第十 高超圓證　　　　　　제10 높고 원만한 깨달음을 이루다
　　　大雄猛 大勢王 阿彌陀佛　　크게 용맹스럽고 가장 힘센 왕이신
　　　　　　　　　　　　　　　　아미타불의

| 無量光 無量壽 無量功德 | 한량없는 광명, 한량없는 수명, 한량없는 공덕. |
| 細細看來 人人分上 各自具足 | 자세히 살펴보면 사람마다 누구나 갖추고 있네. |
| 佛先圓證 亦希有 | 이 부처님이 먼저 원만히 증득하신 것, 또한 드문 일이라. |
| 唯心淨土 自性彌陀 再唱 | 오직 마음이 정토이고 자성이 아미타불이므로 [재창] |
| 如佛共證. | 이 부처님처럼 다 같이 증득하리. |

〈미타찬〉의 결사는 본사와 달리, 아미타불의 공덕과 직접적으로는 관련이 없는 내용이다. 제9장의 전절은 염불을 권하는 공덕이 보시의 공덕과, 수다원須陀洹·사다함斯陀含·아나함阿那含·아라한阿羅漢의 4과果를 증득케 하는 공덕보다 뛰어나다는 석가불의 말씀을 소개하고 있다. 후절은 남에게 염불을 권하고 스스로도 염불하면 극락세계의 상품 연화대에 왕생할 수 있음을 강조하고 있다.

그리고 제10장은 본사에서 노래했던 아미타불의 공덕이 사실은 누구에게나 갖춰져 있는 것으로, 아미타불처럼 청자(독자)들도 모두 보리菩提를 증득할 것을 권하고 있다. 제3~8장의 본사가 아미타불의 공덕으로 '왕생'과 '성불'을 제시하고 있다면, 결사는 '염불' 및 '증득'에 대한 권유를 통해, 본사에서 강조했던 왕생과 성불을 다시금 환기하면서 작품을 끝맺고 있는 것이다. 염불은 왕생을 위한 방법이고, 증득은 성불을 위한 전제이기 때문이다.

한편, 인용문 (6)의 제10장은 인용문 (4)의 제1장과 서로 호응하고 있음을 알 수 있다. 제10장에서 청자들이 보리를 증득할 수 있는 근거로 제시한 제5행의 '유심정토唯心淨土 자성미타自性彌陀'는, 아미타불이 '진여'의 발현이자 그 자체라는 제1장의 주지에 다름 아닌 것이다. 아미타불을 인간이나 신적인 존재가 아닌 '진여'의 발현으로 규정해야, 중생들의 '자성'이 곧 '미타'가 될 수 있고, 또한 누구나 부처가 될 수 있는 가능성이 있게 된다. 그리고 이러한 서사와 결사로 인해, 본사에서 노래하고 있는 아미타불의 공덕은 신적인 존재의 행위가 아닌, 아미타불의 존재가 의미하는 덕목임을 알 수 있다.

지금까지, 〈미타찬〉의 내용 구조 및 주제의식에 대해 살펴보았다. 이를 통해, 〈미타찬〉은 '아미타불의 중생제도와 그 방법 → 아미타불의 공덕과 중생의 이익 → 염불과 증득의 권유'의 내용 구조로 되어 있고, 중생의 왕생과 성불을 강조하고 있음을 알 수 있다. 여기에, 서사와 결사가 아미타불의 본질에 관한 규정이라는 점까지 고려하면, 이 작품은 아미타불의 본질 또는 아미타불이 존재하는 이유에 관한 노래가 된다고 하겠다. 다시 말해, 〈미타찬〉의 주제의식은 '아미타불의 존재 이유'로, 아미타불이 존재하는 이유가 중생의 극락왕생과 성불에 있음을 노래하고 있는 것이다.

### 극락왕생의 목적과 방법

〈안양찬〉은 아미타불의 국토인 안양, 즉 극락의 장엄과 극락에 왕생한 사람들의 이익을 찬양하고 있다. 이 노래의 서사는 '극락의 장엄과 왕생인의 이익'에 대한 전제로, '극락 설시說示의 이유와 극락의 실재함'을 제시하고 있다. 제1 피차동화彼此同化는 아미타불과 석가불이 모두 극락을 통해 미혹한 중생을 제도하고 있음을 노래한 것이다. 아미타불은 극락에서 중생을 '접인接引'하고 석가불은 사바세계에서 극락에 왕생할 것을 권하고 있다는 것이다. 화자는 석가불이 극락을 설한 이유 또는 극락의 존재 이유를, 중생제도 및 중생의 왕생으로 파악하고 있음을 알 수 있다. 그리고 제2장은 극락이 실재하고 있음을 아래와 같이 노래하고 있다.

(7) 第二 依正俱勝　　　　　제2 의보依報와 정보正報가 모두 훌륭하다

　　日極樂 日安養 名彼佛土　　극락이요, 안양이라 함은 저 불국토의 이름이고,

　　無量光 無量壽 名彼如來　　무량광, 무량수는 저 여래의 이름이니,
　　但聞其名 其中活計 一念便知　그 이름만 들어도 그 가운데 살길이 있음을 한 생각에 알게 되네.

　　欣彼往生 亦希有　　　　　저곳에 왕생하기를 기뻐하는 것, 또한 드문 일이라.

　　佛於彼國 現住說法 再唱　　부처님이 저 나라에서 현재 설법하고 계시니 [재창]

　　海會昭然.　　　　　　　　(불·보살의) 바다와 같은 모임이 뚜렷이 밝구나.

제2장의 전절은 제1장과 마찬가지로 극락을 설시說示한 이유가 '왕생'에 있음을 보여 준다. 후절의 경우는 아미타불이 현재 극락에서 설법하고 있고, 설법의 모임이 '소연昭然'하다는 언급을 통해 극락의 실재를 강조하고 있다. 이러한 강조는 제2장이 극락세계의 장엄을 노래하는 본사의 전제 내지 도입부라는 점에서 당연한 것이라 할 수 있다. 극락이 실재해야만 극락의 장엄이 가능하고, 왕생인도 있을 수 있기 때문이다.

그런데 '극락의 실재'는 '환주장엄'·'유심정토'로 극락을 규정한 〈미타찬〉의 정토관과는 차이를 보이고 있어 주목된다. 같은 작가의 작품임에도, 작품에 따라 그것이 기반하고 있는 정토 인식이 달라진다는 점은, 함허당의 경기체가 3편이 연작의 성격을 띠고 있다는 본고의 관점에서는 문제가 될 수 있는 것이다. 그렇지만 '환주장엄'이 임시적이나마 극락이 존재하고 있음을 의미한다는 사실을 상기하고, '유심정토'를 정토의 본질적인 측면만을 표현한 것으로 이해한다면, 〈미타찬〉의 정토관이 〈안양찬〉과 큰 차이가 있는 것은 아니다.

『대승기신론』의 표현을 빌리자면, '유심정토'는 '체대體大'의 측면, '환주장엄'과 〈안양찬〉의 정토 인식은 '상대相大'의 측면에 주목한 것이라 할 수 있다. 근원적인 입장에서는 정토淨土와 예토穢土가 달리 없지만, 현상적인 측면에서는 정토와 예토가 구분된다는 것이다.[20] 또한 〈안양찬〉에는, "여기서 서쪽으로 10만억 불국토를 지나서 한 세계가 있다."[21] 라는 극락의 위치에 관한 언급이 전혀 없을 뿐만 아니라, '서방西方'이란 시어조차도 보이지 않는다.[22] 이러한 사실을 통해서도 〈안양찬〉에서 노래하고 있는 '실재하는 극락'이 중국 정토종의 이른바 '지방입상指方立相'적인 극락과는 거리가 있음을 알 수 있다.

다음으로, 〈안양찬〉의 본사는 여섯 장에 걸쳐 극락의 장엄과 왕생인이 얻는 이익을 구체적으로 묘사하고 있다. 제3 순락무우純樂無憂·제8

---

20 한보광, 앞의 논문, 7~9쪽 참고.
21 구마라집 역, 『불설아미타경』. "爾時, 佛告長老舍利弗. 從是西方, 過十萬億佛土, 有世界名曰極樂. <u>其土有佛號阿彌陀, 今現在說法.</u>"(『대정장』 12, 346쪽) 밑줄 친 부분은 〈안양찬〉 제2장 5행의 저본에 해당한다.
22 참고로, 『아미타경』을 저본으로 하고 있는 의상 화상의 〈서방가〉 제1장은, "여기서 서방으로 십만억 불국토를 지나(從是西過 十萬億 佛國土)/ 세계가 있어 극락이라 하니, 안양정토라.(有世界 名極樂 安養淨土)"의 노랫말로 시작하고 있다.

장수등불長壽等佛은 왕생인의 이익, 제4 비체장엄備體莊嚴은 극락의 장엄만을 노래하고 있으며, 나머지 장들은 한 장 안에서 '장엄'과 '이익'을 함께 서술하고 있다. 극락의 장엄으로는 보배 연화대·누각·나무·그물(제4장), 칠보 연못(제5장), 땅·음악·꽃비(제6장), 새·바람(제7장) 등의 아름다움이 묘사되어 있다.

그리고 왕생인의 이익은 주로 각 장의 제4·6행에서 제시하고 있다. 곧 왕생인은 항상 끝없는 즐거움을 누리고[상향무극常享無極], 의·식·주가 생각대로 그 앞에 나타나며[수념현전隨念現前](이상 제3장), 9품 연화대에 분수를 따라 태어난다[수분수생隨分受生](제5장)고 하였다. 또한 시방十方의 불국토를 가고 옴에 걸림이 없고[왕반무애往返無碍](제6장), 수행에 더욱 정진하며[증진수행增進修行](제7장), 생사를 끊어 버려[영단생사永斷生死] 수명이 장원長遠하다[수명장원壽命長遠](제8장)는 것이다.

이렇듯, 〈안양찬〉의 본사는 제4장을 제외한 모든 장에서 왕생인의 이익을 노래하고 있어, '장엄'의 묘사보다는 '이익'의 제시에 치중하고 있음을 알 수 있다. '이익'의 강조는 화자의 관심이 극락세계의 묘사가 아닌, 왕생의 이유 내지 목적의 제시에 있음을 보여 준다. 본사의 각 장에서 왕생인의 이익으로 제시하고 있는 '상향무극'·'증진수행'·'영단생사' 등은 청자(독자)들의 입장에서는 왕생의 목적 또는 이유가 되기 때문이다.

한편, 제8장은 '영단생사'·'수명장원'이라는 왕생인의 이익 외에도, 극락왕생의 방법을 노래하고 있다. 제3행의 "십념을 성취하고 부처님의 원력 받들어 저절로 왕생하니(十念成就 承佛願力 自然往生)"와, 제5행의 "부처님의 원력 받들어 십념으로 왕생하니(承佛願力 十念往生)"가 그것으로, 이 두 행은 같은 내용을 반복하면서 중생의 '십념十念'과 아미타불의 '원력願力'이 왕생의 방법임을 강조하고 있는 것이다. '극락왕생의 목적과 방법'이라는 본사의 주지는 결사에서도 아래와 같이 나타나고 있다.

(8) 第九 因友進道　　　　　　제9 선우善友로 인하여 불도에 정
　　　　　　　　　　　　　　진하다

　　　觀世音 大勢至 無量海衆　　관세음보살, 대세지보살, 헤아릴 수
　　　　　　　　　　　　　　없이 많은 대중,

　　　具善根 有福德 諸上善人　　선근을 갖추고 복덕이 있는 여러 상
　　　　　　　　　　　　　　선上善의 사람들,

　　　於中坐臥 見聞熏習 精進修行　그 속에서 앉고 눕고 보고 듣고 익
　　　　　　　　　　　　　　히며 수행에 정진하네.

　　　同趣菩提 亦希有　　　　　다 같이 보리로 나아가는 것, 또한
　　　　　　　　　　　　　　드문 일이라.

　　　諸上善人 以爲法侶 再唱　　여러 상선인을 불법의 동반자로 삼
　　　　　　　　　　　　　　아서 [재창]

　　　熏習增進.　　　　　　　(그들에게) 훈습되어 더욱 정진하네.

　　　第十 念佛蒙化　　　　　　제10 염불하여 부처의 교화를 받다
　　　若一日 若二日 乃至七日　　하루나 이틀이나 혹은 7일 동안
　　　一心念 阿彌陀 諸罪消滅　　한 마음으로 아미타불을 칭념하면
　　　　　　　　　　　　　　모든 죄업이 소멸하고,

　　　臨命終時 蒙佛菩薩 放光接引　목숨을 마칠 때 불·보살들이 빛을
　　　　　　　　　　　　　　내면서 맞이하시네.

　　　九蓮花往 亦希有　　　　　9품 연화대에 왕생하는 것, 또한 드
　　　　　　　　　　　　　　문 일이라.

　　　已發今發 當發願王 再唱　　이미 발원했거나 지금 발원하거나
　　　　　　　　　　　　　　장차 발원한다면 [재창]

　　　皆得往生.　　　　　　　모두 왕생을 얻으리라.

인용문 (8)의 제9장은 극락에 태어난 사람이 그곳에 있는 관세음·대세지보살 등의 여러 상선인上善人과 함께 보리를 성취하기 위한 수행에 정진한다는 내용이다. 이 장은 제7장에 없던 '증진수행'의 이유를 '동취보리同趣菩提'로 제시함으로써, 극락왕생의 목적이 보리의 성취, 곧 '성불'에 있음을 명확히 밝히고 있다. 제10장의 경우는 제8장에 이어 극락왕생의 방법을 노래한 것이다. 전절에서는 일심으로 아미타불의 이름을 칭념할 것을, 후절은 청자의 발원을 제시하고 있다.

앞에서 살펴본 〈미타찬〉의 결사가 '왕생 → 성불'의 순서로 되어 있음에 비해, 여기서는 '성불 → 왕생'의 순서로 노래하고 있는 것이다. 이상과 같은 결사의 내용은, 본사의 주지가 '극락왕생의 목적과 방법'임을 확인해 주는 동시에, 〈안양찬〉 전체의 주제의식 또한 '극락왕생의 목적과 방법'으로 파악할 수 있는 근거가 된다.

결국, 〈안양찬〉은 '극락 설시說示의 이유와 극락의 실재함 → 극락의 장엄과 왕생인의 이익 → 보리와 발원의 강조'의 내용 구조를 통해, '극락왕생의 목적과 방법'이라는 주제의식을 표출하고 있다. 〈미타찬〉이 아미타불을 제재로 하여 '아미타불의 존재 이유'가 중생의 극락왕생과 성불에 있음을 노래하고 있다면, 〈안양찬〉은 왕생의 목적과 방법이 '상향무극'·'영단생사'·'성불'과 '염불'·'발원'에 있음을 제시하고 있는 것이다. 이 두 작품은 찬양의 대상이 다르지만, 아미타불과 극락의 존재 이유를 모두 '성불'로 강조하고 있는 공통점을 보인다.

### 정토법문의 신해信解와 회향

〈미타경찬〉은 정토삼부경 중의 하나인 『아미타경』의 훌륭함을 찬양한 노래이다. 서사는 『아미타경』을 설시한 주체와 그 목적을 제시하고 있다. 제1 개시첩경開示捷徑과 제2 지도미륜指途迷倫은 석가불이 중생들로 하여금 정토업淨土業을 닦게 하여[영수정토슈修淨土], 다시는 윤회에 떨어지지 않게 하기 위해[영불퇴타슈不退墮], 이 경전을 설하였음을 노래하고 있는 것이다. 그리고 각 장의 제6행은 석가불이 『아미타경』을 설하여 중생들을 이끌어 준 것에 대해, "어둠 속에서 등불을 얻은 것 같아라.(如暗得燈)"와 "갓난아기를 돌보는 것 같아라.(如保赤子)"라는 비유의 형식으로 찬탄하고 있다.

본사의 경우는, 『아미타경』의 내용(제3·4장), 육방제불六方諸佛의 찬탄(제5·6장), 『아미타경』을 수지受持하는 이익(제7·8장)의 세 부분으로 나뉜다.

(9)　第三 讚土令忻　　　　　　　제3 정토를 찬탄하여 기쁘게 하다

　　　彼佛國 名極樂 安養淨土　　저 부처님 나라의 이름은 극락·안양정토로,

　　　我本師 示人天 所以爲樂　　우리 본사께서 그곳의 즐거움을 인간계와 천상계에 보이시고,

　　　其中莊嚴 種種殊勝 滿口稱揚　그 나라의 장엄이 갖가지로 훌륭함을 온갖 말로 칭찬하시네.

　　　勸令往生 亦希有　　　　　왕생하기를 권하시는 것, 또한 드문 일이라.

　　　我大導師 無上法王 再唱　　우리 대도사, 위없는 법왕께서 [재창]
　　　讚彼淨土.　　　　　　　　저 정토를 찬탄하시네.

　　　　　第四 讚佛勸念　　　　　제4 미타불을 찬탄하여 염불을 권하다

| | |
|---|---|
| 彼佛號 無量光 亦無量壽 | 저 부처님의 이름은 무량광·무량수로, |
| 我本師 示人天 所以無量 | 우리 본사께서 그 (공덕의) 무량함을 인간계와 천상계에 보이시고, |
| 不可思議 功德之利 滿口稱揚 | 불가사의한 공덕의 이익을 온갖 말로 칭찬하시네. |
| 勸令勤念 亦希有 | 부지런히 염불하기를 권하시는 것, 또한 드문 일이라. |
| 我大導師 衆聖中尊 再唱 | 우리 대도사, 많은 성인 중 가장 존귀하신 분께서 [재창] |
| 讚彼彌陀. | 저 아미타불을 찬탄하시네. |

(10) 第八 現未俱益    제8 현재와 미래에 모두 이익이 되다

| | |
|---|---|
| 正像法 各千年 已成過去 | 정법과 상법의 각 천 년이 이미 과거가 되었으나, |
| 往生人 不可計 皆承經力 | 왕생인이 셀 수 없이 많음은 모두 이 경전의 힘 때문이라. |
| 奇歟此經 群經滅後 獨留於世 | 기특하여라! 이 경전은 모든 경전이 없어진 뒤에도 홀로 세상에 남아 있으리니, |
| 度盡有緣 亦希有 | 인연 있는 모든 중생을 제도하는 것, 또한 드문 일이라. |
| <u>凡有見聞 皆得往生</u> 再唱 | 누구나 보고 들으면 모두가 왕생하여 [재창] |
| <u>同登彼岸</u>. | 다 같이 피안에 오르리라. |

위의 (9)·(10)은 본사의 첫째 단락과 마지막 노래를 옮긴 것이다. 인용문 (9)는 『아미타경』의 핵심 내용을 '권왕생勸往生'·'찬정토讚淨土'와 '권염불勸念佛'·'찬미타讚彌陀'로 제시하고 있다. 제3장은 석가불이 극락의 즐거움을 보여 주고 그 장엄을 칭찬하여, 중생들에게 그곳에 왕생할 것을 권하였다는 내용이다. 그리고 제4장에서 석가불은 아미타불의 공덕을 보여 주고 그 공덕의 이익을 칭찬하여, 중생들이 부지런히 염불할 것을 권하고 있다.

이상의 내용은 물론 『아미타경』에 모두 있는 것이지만, 함허당의 경기체가가 연작의 성격을 띠고 있음을 염두에 둔다면, 화자가 지금까지 노래한 〈미타찬〉·〈안양찬〉의 내용을 요약한 것으로도 볼 수 있다. 제3장은 〈안양찬〉에, 제4장은 〈미타찬〉에 대응된다. 또한 앞의 제2절에서 이미 지적했듯이 인용문 (10)의 제3행이 『무량수경』의 내용이라는 사실과, 〈미타찬〉·〈안양찬〉의 존재를 고려할 때, 〈미타경찬〉의 '미타경'이 『아미타경』만을 가리키는 것은 아니다. 함허당 경기체가의 전체 맥락에 있어 '미타경'은 정토삼부경으로 대표되는, 미타와 정토에 관한 석가불의 가르침인 '정토법문淨土法門'을 의미하는 것이다.

인용하지 않은 둘째 단락의 제5 육방동찬六方同讚과 제6 피차상접彼此相接은, 6방의 모든 부처가 『아미타경』을 칭찬하고 수지受持할 것을 권하는 내용과, 『아미타경』을 설한 석가불을 칭찬하는 내용으로 되어 있다. '칭찬'과 '수지'의 이유는 제불諸佛의 직접 발화로 된 각 장의 제3행에 서술되어 있는데, "너희 중생들은 모든 부처님이 호념하시는 이 경전을 믿어라.(汝等衆生 當信諸佛 所護念經)"와, "오탁의 악세惡世에서 능히 큰 보리를 이루시고 믿기 어려운 법 설하셨네.(能於五濁 成大菩提 說難信法)"가 이에 해당한다. 이들 노랫말은 제불이 『아미타경』을 칭찬하고 '권지勸持'한 이유로, '모든 부처님이 호념하는 가르침'과 '믿기 어려운 법'

을 제시하고 있는 것이다. 이렇듯 본사의 제5·6장은 육방제불의 증명과 칭찬을 통해, 제3·4장에서 제시했던 '권왕생'·'권염불'의 정토법문에 대한 믿음을 권하고 있다.

　인용문 (10)의 경우는, 정토법문을 듣고 왕생을 발원한 중생이 헤아릴 수 없이 많다는 제7 인천공준人天共遵에 이어, 정토법문을 수지하여 얻는 이익을 노래하고 있다. 인용문의 밑줄 친 부분에서 보듯이, 누구나 정토법문을 견문見聞하면 모두 왕생하여 피안에 오른다고 하여, '정토법문의 이익'으로 '왕생'과 '등피안登彼岸' 즉 '성불'을 제시하고 있다. 〈미타찬〉·〈안양찬〉이 결사의 각 장에서 '왕생'과 '성불'을 강조하였다면, 〈미타경찬〉은 한 장에서 왕생과 성불을 함께 노래하고 있는 것이다. 여기에서, 본사의 마지막 노래인 제8장이 결사의 기능을 겸하고 있음을 알 수 있다. 그렇다면 아래에서 인용한 〈미타경찬〉의 제9·10장은 자연스럽게 함허당 경기체가 전체의 결사 역할을 맡게 된다고 하겠다.

(11)　　第九 易發機感　　　　제9 부처님의 교화를 쉽게 받아 들이다

　　　過去與 現在世 無量諸佛　　과거와 현재의 한량없는 모든 부처님,

　　　莫不爲 度衆生 出現於世　　중생을 제도하기 위해 세상에 출현하지 않음이 없으나,

　　　我等佛子 於彼諸佛 早當廻機　　우리들 불자는 저 모든 부처님으로부터 일찍이 마음을 돌렸었네.

　　　到此知非 亦希有　　　　　이제 와서 잘못을 알게 된 것, 또한 드문 일이라.

　　　奇哉妙哉 我佛風化 再唱　　기이하고 묘하도다, 우리 부처님

|  |  |
|---|---|
|  | 의 교화여. [재창] |
| 忽然回頭. | (우리는) 문득 머리를 돌리네. |

|  |  |
|---|---|
| 第十 普念回向 | 제10 널리 회향하다 |
| 離生死 大方便 無敎不說 | 생사를 여의는 큰 방편으로 말씀하지 않은 가르침이 없었음에도, |
| 指徑路 度群迷 此尤深切 | 지름길을 가리켜 미혹한 중생을 제도함이 더욱 깊고 절실하시네. |
| 無始至今 長沉愛河 不知出要 | 아주 오랜 옛날부터 지금까지 애욕의 강물에 빠져서 나올 줄을 몰랐는데, |
| 因此知歸 亦希有 | 이로 인해 돌아갈 길 알게 된 것, 또한 드문 일이라. |
| 廣矣大矣 此經威德 再唱 | 넓고도 크구나, 이 경전의 위덕이여. [재창] |
| 靡然趨化. | 미연히 (경전의 가르침대로) 교화에 나아가리라. |

제9장은 불자들이 제불의 교화를 피하다가 지금에서야 그 '잘못'을 알고 부처의 가르침을 받아들이게 되었음을 노래하고 있다. 제3행의 '아등불자我等佛子'는 함허당의 경기체가에서 처음 등장하는 시어로, 〈미타경찬〉뿐만 아니라 함허당 경기체가의 일차적인 청자(독자)가 '불자'임을 보여 준다. 그리고 제4행은 정토법문을 통해 부처의 가르침을 잘못 알고 있었음을 비로소 깨달은 사실을, 제6행은 '아등불자'가 정토법문의 의미를 신해信解하였음을 뜻한다.

그런데 제4행의 '지비知非'는, '아등불자'의 시어와 지금까지 살펴본 함허당 경기체가의 내용 및 주제의식을 고려하면, 보다 구체적으로 그 의미를 다음과 같이 해석할 수 있다. 곧 화자와 청자를 포함한 불자들은 극락에 왕생하기만을 바랄 뿐, 극락에 왕생해야 하는 이유는 모르다가, 정토법문으로 인해 왕생의 목적이 성불에 있으며, 누구나 염불과 발원을 하면 왕생할 수 있음을 알게 되었다는 것이다. 이 제9장은 화자의 측면에서는, 지금까지 반복적으로 노래했던 '왕생'·'성불'에 대한 청자들의 '신해信解'를 강조한 것이라 할 수 있다.

제10장은 정토법문으로 인해 화자가 자신이 돌아갈 길을 알게 되었음을 노래한 뒤, 초목이 바람 따라 기울듯이 정토법문의 가르침대로 교화에 나아갈 것을 다짐하고 있다. 제4행의 '지귀知歸'는 화자가 추구해야 할 목표가 '성불'이라는 사실을 알게 되었음을 가리킨다. 또한 제6행의 '추화趨化'는 청자들이 화자 자신처럼 정토법문을 신해할 수 있도록 교화에 힘쓸 것을 다짐한 것이라 할 수 있다. '회향回向'에 대한 화자의 다짐을 피력한 것이다.

이상의 내용을 통해, 〈미타경찬〉은 '정토법문의 주체와 목적 → 정토법문의 내용과 이익 → 화자의 신해와 회향에 대한 다짐'의 내용 구조로 되어 있고, '정토법문의 신해와 회향'을 노래하고 있음을 알 수 있다. 여기에, 〈미타찬〉·〈안양찬〉에 대한 논의 결과를 반영하면, 함허당의 경기체가는 주제의식의 측면에서 '아미타불의 존재 이유' → '극락왕생의 목적과 방법' → '정토법문의 신해와 회향'의 순차적 전개 양상을 보인다. 또한 세 노래는 모두 염불·발원을 통한 왕생과, 왕생을 통한 성불을 강조하고 있는 공통점을 갖는다. 특히 이들 작품은 찬양의 대상이 각기 다르면서도, 전 작품에 걸쳐 일관되게 '성불'을 노래하고 있는 것이다.

결국, 함허당의 경기체가는 아미타불과 극락을 매개로 하여 청자들에게 성불에 대한 관심을 환기하고 있는 노래라 할 수 있다.

### 4. 법연法筵의 공간과 성불의 노래

함허당의 〈미타찬〉·〈안양찬〉·〈미타경찬〉은 각 작품이 하나의 독립된 작품이면서, 동시에 연작의 성격을 띠고 있다. 이들 작품은 시상 및 내용 전개의 맥락에 따라 서사(제1·2장), 본사(제3~8장), 결사(제9·10장)의 세 단락으로 나뉜다.

〈미타찬〉의 서사·본사·결사는 '아미타불의 중생제도와 그 방법 → 아미타불의 공덕과 중생의 이익 → 염불과 증득의 권유'의 내용 전개를 보이고 있으며, 〈안양찬〉과 〈미타경찬〉은 각각 '극락 설시의 이유와 극락의 실재함 → 극락의 장엄과 왕생인의 이익 → 보리와 발원의 강조'와, '정토법문의 주체와 목적 → 정토법문의 내용과 이익 → 화자의 신해와 회향에 대한 다짐'의 내용 구조로 되어 있다.

그리고 이러한 내용 구조를 통해, '아미타불의 존재 이유[왕생·성불]', '극락왕생의 목적[성불]과 방법[염불·발원]', '정토법문[왕생·성불]의 신해와 회향'이라는 주제의식을 표출하고 있다. 곧 함허당의 경기체가는 아미타불의 존재 이유와 왕생의 목적이 성불에 있음을 제시하고, 청자들이 이러한 사실을 믿고 이해해야 함을 강조하고 있는 것이다.

그런데, 미타와 정토를 매개로 한 '성불'의 강조 내지 환기는, 『함허어록』소재 법어들에서도 나타나 있어 주목된다.

(12) 다 같이 미타를 생각하여 즐거운 언덕에 함께 오르고, 다 같이 선

인善因을 심어 불도를 함께 이루시오. 부디 만만 사람 천천 사람이 다 같이 성불할 정인正因을 맺으시오. 왜 그러냐 하면 만만 사람 천천 사람 중에 어찌 먼저 도를 이루는 한 사람이 없겠는가. 만일 한 사람이 먼저 도를 이루면 만만 사람 천천 사람도 다 그 말을 듣고 도를 증득할 것이오. 만만 사람 천천 사람이 도를 증득하면 그들도 각각 만만 사람 천천 사람을 교화하여 모두 도를 이루게 할 것이오. 이렇게 계속하면 온 법계의 중생들이 다 같이 무상無上의 불과佛果의 보리를 이룰 것이오.[23]

(13) 상암 각령이여. 만일 정신이 대방에 놀아 가거나 있거나 걸림이 없거든, 다시 세상에 나와 원에 의해 중생을 제도하시고, 만일 9품 연화 속에 났거든 미타님을 직접 뵈옵고 친히 묘법을 들어, 무생無生을 크게 깨치고 부처님의 수기授記를 받고는 또다시 이 사바세계에 돌아와, 정각正覺을 이루고 큰 법 바퀴를 굴려 헤매는 중생들을 두루 제도하시기를 간절히 바랍니다.[24]

인용문 (12)·(13)은 승속僧俗을 포함한 대중들에게 염불을 권하고 있는 「권념勸念」의 전문全文과, 함허의 사형師兄인 상우 화상의 영가靈駕를 위한 「위상우상암화상하어爲尙愚上菴和尙下語」의 일부를 옮긴 것이다. 인

---

23 함허 기화, 「권념」, 『함허당득통화상어록』. "同念彌陁, 齊登樂岸, 同種善因, 共成佛道, 願與萬萬千千, 同結成佛正因. 何以故, 萬萬千千人中, 豈無一人寂先成道. 一人若先成道, 萬萬千千, 盡於言得證. 萬萬千千旣各得證, 亦各敎化萬萬千千, 悉令成道. 如是展轉, 普與盡法界衆生, 同成無上佛果菩提."(『한불전』7, 236쪽)

24 함허 기화, 「위상우상암화상하어」, 『함허당득통화상어록』. "上菴覺靈, 若得神遊大方, 去留無碍, 則再出頭來依願度生. 若得九蓮中受生, 則面奉彌陁, 親聞妙法, 大悟無生, 蒙佛授記. 復還娑婆, 示成正覺, 轉大法輪, 廣濟迷淪, 切望切望."(『한불전』7, 233~234쪽)

용문 (12)의 밑줄 친 부분에서 '미타를 생각하여'는 염불을, '즐거운 언덕'은 극락을 가리키고, 불도佛道를 함께 이룬다는 것은 '성불'을 의미한다. 곧 이 법어에서 함허당은 염불과 왕생을 '성불의 정인正因'으로 제시하고 있다.

(13)의 경우는, 상우 화상의 영가에게 극락에 왕생하여 아미타불의 설법을 듣고 '무생無生'을 깨쳐서 정각正覺을 이룰 것을 당부하고 있다. 여기에서는 성불의 원인뿐만 아니라 성불의 목적이 중생제도에 있음을 말하고 있다. 이들 법어 외에, 5언 절구인 〈시최경손등示崔敬孫等〉의 서문에도, "이 보신報身이 다하면 바로 정토로 가서 만덕萬德을 갖춘 자존慈尊을 친히 뵙고 보리의 묘한 수기를 친히 받고는, 오래지 않아 정각을 이루어 서원을 따라 중생을 제도하기를 바라오."[25]라고 되어 있다.

이렇듯, 함허당은 글의 대상 및 성격과 상관없이, 정토와 미타를 거론하면서 성불할 것을 주장하고 있다. 이 점은 무엇보다 당시의 불교계와 일반 대중들 사이에 정토신앙이 성행하고 있었음을 반영한다고 하겠다. 또한 〈미타경찬〉의 청자가 '아등불자我等佛子'로 설정되어 있다는 사실과 함께, 함허당의 경기체가가 기존의 몇몇 논의처럼 척불의 유자儒者들을 의식한 것이거나, 유불회통의 의도에서 창작된 것은 아니었음을 보여 준다.

물론, 한국 불교시가사의 전개에 있어 성불을 강조한 노래의 출현은, 불교계의 혼란이나 기복불교의 풍조 등과 밀접한 관련이 있다는 점에서,[26] 억불로 인한 당시 불교계의 침체된 상황 역시 함허당의 경기체가

---

25 함허 기화, 〈시최경손등〉, 『함허당득통화상어록』. "此報身, 直往淨方, 親見万德慈尊, 親受菩提妙記, 不久當成正覺, 依願度脫衆生."(『한불전』 7, 245쪽)
26 김기종, 「〈보현십원가〉의 구조와 주제의식」, 『고전문학연구』 44, 한국고전문학회, 2013, 24~26쪽; 김기종, 「14세기 불교계의 현실과 〈석가여래행적송〉」, 『한국 불교시가의 구도와 전개』, 보고사, 2014, 45~47쪽.

창작에 영향을 미쳤을 것이다. 그렇지만 보다 직접적으로는 창작 당시 성행하던 정토신앙에 대한 함허당의 문제의식에서 기인한 것이라 추정된다.

『함허어록』의 「행장」에 의하면, 함허당은 1421년(세종 3)에 세종의 명으로 성녕대군(1405~1418)의 명복을 빌기 위해 조성된 대자사大慈寺에 머물면서, 3년 동안 원경왕후의 천도재·기신재 등의 불교의식을 주관하였다.[27] 『함허어록』에 수록된 29편의 법어 가운데 27편이 천도재 등에서 설한 영가법어에 해당하는데, 그 대상들은 왕족·관료·승려·일반 백성 등 전 계층이 망라되어 있다.[28]

이와 같이 함허당은 수많은 불교의식을 주관하거나 목격하면서, 정토신앙의 본질을 망각한 채 추선追善이나 기복에만 관심을 갖는 상황에 위기의식을 느꼈던 것으로 여겨진다. 그리하여 그는 이에 대한 대응으로, 자신의 법어와 여러 글에서 미타와 정토의 본질 및 그 의미를 설파하고, 염불향사念佛香社를 결성하였으며,[29] 본고의 논의 대상인 경기체가 작품들을 창작한 것이라고 하겠다.

그렇다고 함허당의 경기체가가 불교의례를 구성하는 의식가요라는 것은 아니다. 유호선은 "함허당의 찬讚 작품은 범패에 남아 있는 찬 작

---

[27] 야부埜夫,「함허당득통화상행장涵虛堂得通和尙行狀」,『함허당득통화상어록』. "是以聞師道風, 美其令聞, 辛丑秋初, 命住大慈御刹, 爲薦先妣大妃殿下, 大設靈山勝席, 宗室諸王, 駙馬諸君, 承命奉香, 濟濟親臨請師說法."(『한불전』 7, 251쪽)

[28] 이진오, 앞의 논문, 31쪽에서는 "문집의 첫 부분에 영가하어류靈駕下語類를 잔뜩 실었다는 점이다. 그리고 그 대상들은 주로 왕족이나 고관대작을 지냈던 사람들이다."라고 하였다. 그러나 영가법어의 제목 및 내용을 보면, 법어의 대상이 된 망자들은 원경왕후·성녕대군·봉녕군 등의 왕족(5편), 정탁·홍섭·이공전 등의 관료(5편), 혜봉·옥봉·상우 등의 승려(10편), 하비돈·결대 등의 일반 백성(7편)으로, 왕족이나 고관대작에 국한되지 않는다.

[29] 함허 기화,「송혼하어送魂下語」,『함허당득통화상어록』. "亦因山僧 結念佛香社 專想彌陀 專念寶號."(『한불전』 7, 231쪽)

품들과 완전히 같은 형태는 아니라도 직·간접적으로 관련을 맺는다."³⁰ 라고 하였다. 그러나 불교의식의 음악인 범패의 노랫말은 대체로 7언이나 5언으로 되어 있어, 함허당의 노래와 그 형식이 전혀 다르다.

그리고 함허당의 작품들이 경기체가의 형식으로 되어 있다는 점은 〈한림별곡〉의 악곡을 차용했음을 의미하는데, 〈한림별곡〉과 범패는 그 음악적 성격에 큰 차이가 있는 것이다. 일례로, 〈한림별곡〉의 악곡이 장고·적笛·필률驚篥 등으로 연주된다면,³¹ 범패의 주악에는 나각·바라·법고·광쇠 등의 범음구梵音具를 사용한다.³² 또한 작품의 내용에 있어서 함허당의 경기체가는 망자나 불교의례의 절차에 대한 어떤 언급도 없는 것이다. 이상의 서술을 통해, 함허당의 경기체가를 천도재·기신재 등의 엄숙한 불교의식에서 가창된 의식가요로 보기에는 무리가 있다고 하겠다.

한편, 함허당이 경기체가의 형식으로 노래를 지은 것은, 『제불세존여래보살존자명칭가곡諸佛世尊如來菩薩尊者名稱歌曲』(이하 『명칭가곡』으로 표기함)의 수용 및 유포와 관련이 있어 보인다. 『명칭가곡』은 1417년에 명나라 태종이 친제한 찬불가로, 그 제목처럼 불전佛典에 전하는 제불·세존·보살·존자의 명칭을 뽑아 노래로 만든 것이다.³³ 명 태종은 간행 직후인 1417년(태종 17) 12월, 사신을 통해 『명칭가곡』 100본을 조선에 보

---

30 유호선, 앞의 논문, 179쪽.
31 『성종실록』 권58, 6년 8월 4일(경진). "翰林別曲, 歌於本館之會, 古風也. 故新檢閱曺偉, 設宴邀臣等, 饌中有禁肉. 且妓工人等, 齋杖鼓笛驚篥而來, 臣等但使吹驚篥唱歌."
32 송혜진, 「조선 전기 왕실 불사의 전승과 음악문화 연구」, 『한국음악연구』 56, 한국국악회, 2014, 253~254쪽.
33 총 50권으로 된 『명칭가곡』에는 총 5,330수가 실려 있는데, 권18까지는 남곡南曲·북곡北曲으로 구분하여 권1~13은 북곡, 권14~18은 남곡을 수록하고 있다. 참고로 권2에 수록된 〈앙홍자지곡仰鴻慈之曲〉(10수) 중, 제1수만 보이면 다음과 같다. "善思佛 大思佛 普信莊嚴妙光佛 東方滿月光明佛 佛世間尊華光佛 大吼佛 成就行得樂自在佛." 태종太宗 문황제文皇帝, 『제불세존여래보살존자명칭가곡』 권2.(『불교대장경』 83, 537쪽)

내왔고,[34] 그 이듬해에도 300본을 더 보내었다.[35] 이에 대해 태종은 사찰뿐만 아니라 각사各司와 경대부卿大夫의 집에 『명칭가곡』을 나누어 주었고,[36] 세종은 향악과 섞어 연주할 것을 명하였으며,[37] 『명칭가곡』을 외우는 자만 승과僧科에 응시하게 하였다.[38]

이와 같이 『명칭가곡』이 수용·유포되던 시기에 왕실의 원찰願刹인 대자사에 있었던 함허당은 이 『명칭가곡』의 존재를 알고 있었을 것이다. 곧 함허당은 불·보살의 이름을 부르고, 향악으로 연주되고 있던 『명칭가곡』의 유포에 자극 받아, 당시의 대표적인 향악의 하나였던 〈한림별곡〉의 악곡을 차용하여, '염불'과 '성불'에 관한 노래를 지은 것이라 할 수 있다.

그리고 함허당의 경기체가는 한문으로 된 노랫말과 '찬양'과 '과시'라는 경기체가 장르의 특성상, 염불향사의 모임이나 법연法筵의 공간에서, 사대부를 중심으로 한 재가자[39] 및 승려들을 대상으로 가창되었을 것이다.

결국, 함허당의 경기체가는 억불로 인한 불교계의 침체와 기복불교의 신앙적 경향에 대한 문학적 대응으로, 정토신앙의 본질 및 불교 본연의 목적이 '성불'에 있음을 천명한 노래라고 할 수 있다.

---

**34** 『태종실록』권34, 17년 12월 20일(신축).
**35** 『태종실록』권35, 18년 6월 9일(무자).
**36** 『태종실록』권34, 17년 12월 20일(신축).
**37** 『세종실록』권1, 즉위년 8월 20일(정유).
**38** 『세종실록』권6, 1년 12월 12일(임오).
**39** 『함허어록』에 수록된 함허당의 시는 사대부와의 교유시가 큰 비중을 차지하고 있는데, 이들 작품의 청자인 '사대부'는 불교신자와 불교에 호의적인 유자로 구분된다. 전자에 속하는 〈여서원허목천시與西原許木川詩〉·〈여안주부수희與安注簿壽希〉·〈증이상국귀령贈李相國貴岭〉 등은 불교의 가르침을 따르고 있는 청자에 대한 화자의 격려 또는 수행 방법에 대한 조언으로 이루어져 있다. 또한 앞에서 인용했던 〈시최경손등〉의 서문에는 "지금 앞에 있는 우바새 최경손·안수희 등은 전생의 좋은 인연으로 나를 스승으로 예배하였다.(現前優婆塞, 崔敬孫安壽希等, 承宿良緣, 禮我爲師)"라는 언급이 있다.

# 제2부

# 고전문학과 불교적 상상력

# 제1장
# 한국의 불교문헌설화

## 1. 불교설화의 개념과 분류

지금까지 불교설화에 관한 연구는 『삼국유사』를 중심으로 국문학·불교학·민속학·국사학 등의 여러 분야에서 비교적 활발하게 진행되어 왔다. 그러나 『삼국유사』의 불교설화와 승려 관련 구비설화에 그 논의가 집중되어 왔고, 여타의 텍스트에 대한 논의는 활발하지 못한 실정이다. 논의의 내용에 있어서도 대체로 설화 각 편의 성격과 의미 파악에 그치고 있다. 특히 불교설화에 관한 통시적 관점에서의 연구는 아직 이루어지지 않고 있다.

그러므로 이 글은 한국 불교설화의 문학적 성격을 규명하기 위한 작업의 일환으로, 고려시대와 조선시대의 문헌에 수록된 불교설화의 양상과 그 성격에 대해 살펴보는 것을 목적으로 한다.

그러나 본고의 논의를 위해서는 검토 내지 해결해야 할 문제가 있다. 먼저, 불교설화의 개념 규정에 관한 문제가 있다. 대부분의 선행연구에서는 불교설화를 '불교에 대한' 또는 '불교와 관련된' 설화로 규정하고 있는 듯하다. 그리하여 몇몇 연구자의 경우는 불교 또는 승려에 대한 비방적·부정적인 내용의 설화까지 불교설화로 다루고 있다.[1]

여기에서, 불교설화의 개념에 관한 황패강과 조동일의 견해를 떠올릴 필요가 있다. 곧 황패강은 "불교설화는 민중교화의 방편으로 흥미 있는 이야기를 통해 부처의 참모습을 마음속에 형성시켜 마침내 귀의심을 일으키게 하는 목적으로 생겨난 설화"[2]로 규정하였고, 조동일은 "불교설화는 삶의 시련과 결단을 불교와 관련시켜서 다루는 설화"[3]라고 보았다. 전자가 '민중의 교화'라는 불교설화의 '목적'에 강조점을 두었다면, 후자는 불교설화의 '내용'을 강조한 것이라 할 수 있다. 그렇지만 두 견해 모두 불교설화가 불교의 교리 내지 사상을 드러내야 한다는 점에서는 일치하고 있다.

그러므로 본고에서는 '불교설화'를 불교의 교리 내지 사상을 형상화하고 있는, 일정한 구조를 가진 꾸며 낸 이야기로 한정하고자 한다. 이에 따라, 불교 및 승려를 부정적으로 형상화하고 있는 설화뿐만 아니라, 사찰이 이야기의 단순한 배경으로 등장하거나 승려가 소재 차원에 그치고 있는 설화들은 논의 대상에서 제외한다.

다음으로, 불교설화의 유형 설정 및 분류의 문제를 지적할 수 있다. 그동안 여러 연구자들에 의해 불교설화의 유형 분류가 시도되어 왔다. 황패강은 신라시대의 불교설화를 다음과 같은 일곱 가지 유형으로 분류하고 있는데, ① 업보윤회業報輪廻, ② 보살행화菩薩行化, ③ 영이靈異, ④ 구법求法, ⑤ 공덕功德, ⑥ 명칭연기名稱緣起, ⑦ 왕생往生 등이 그것

---

[1] 김현룡, 『한국문헌설화』 5, 건국대학교출판부, 2000; 최래옥, 「한국 불교설화의 양상」, 『한국의 민속과 문화』 3, 경희대학교 민속문화연구소, 2000; 박상란, 「조선시대 문헌 소재 불교설화의 양상과 의미」, 『불교학보』 43, 동국대학교 불교문화연구원, 2005.
[2] 황패강, 『신라불교설화연구』, 일지사, 1975, 308쪽.
[3] 조동일, 『삼국시대 설화의 뜻풀이』, 집문당, 1989, 262쪽.

이다.⁴ 그리고 김현룡은 문헌설화만을 대상으로 ① 법승法僧, ② 이승異僧, ③ 영이靈異의 세 가지 유형을 설정하고 있다.⁵

김용덕은 구비설화와 문헌설화를 포함한 한국 불교설화 전체를 대상으로 다음과 같은 유형 분류를 시도하고 있다. ① 명칭연기, ② 구법전교求法傳敎, ③ 정토왕생淨土往生, ④ 기도발원祈禱發願, ⑤ 영험이적靈驗異蹟, ⑥ 인과응보因果應報, ⑦ 보시공덕布施功德, ⑧ 효선권화孝善勸化, ⑨ 지계인욕持戒忍辱, ⑩ 호국용신護國龍神 등이 이에 해당한다.⁶ 최래옥과 박상란의 경우는, 각각 구비설화와 조선시대의 문헌설화만을 분류 대상으로 삼고 있다. 전자는 ① 조형물과 자연물에 관한 설화, ② 승려에 관한 설화, ③ 교리 면에 관한 설화 등으로 나누고 있으며,⁷ 후자는 ① 승려, ② 사찰, ③ 영험, ④ 신앙 등의 항목을 설정하고 있다.⁸

이와 같은 논의들은 분류의 기준이 명확하지 않고, 한 편의 설화가 여러 유형으로 중복 분류되고 있는 문제점을 보인다. 또한 몇몇 연구자의 경우는 분류의 항목만을 설정하고 있을 뿐, 이에 해당하는 설화 작품을 제시하고 있지 않다. 여기에서는 이러한 문제점들을 염두에 두면서, 고려시대 문헌의 불교설화를 제재 및 중심 내용에 따라 (1) 승려의 신이한 행적, (2) 경전과 불·보살상의 영험, (3) 불연국토와 불·보살의 상주, (4) 정토왕생과 현신성불의 네 가지 항목으로 분류하고자 한다.

이 글은 지금까지 언급한 불교설화의 개념과 유형 분류를 전제로, 고려시대 문헌 소재 불교설화의 유형과 그 성격에 대해 살펴볼 것이다.

---

4 황패강, 앞의 책, 56~171쪽.
5 김현룡, 앞의 책, 26쪽.
6 김용덕·윤석산, 「한국 불교설화의 형성과 전승원리」, 『한국언어문화』 4, 한국언어문화학회, 1986, 17쪽.
7 최래옥, 앞의 논문, 336~373쪽.
8 박상란, 앞의 논문, 68~81쪽.

그리고 조선시대 문헌의 불교설화를 사찰연기설화와 고승설화로 나누어 그 구체적인 양상을 고찰하고자 한다. 이상의 논의를 바탕으로, 한국 불교문헌설화의 내용적 경향성과 그 의미에 대해 살펴보도록 하겠다.

## 2. 신라 · 고려시대 불교설화의 유형

불교설화를 수록하고 있는 삼국 및 통일신라시대의 문헌은 현재 전하지 않는다. 불교설화가 실려 있는 고려시대의 문헌으로는 각훈覺訓의 『해동고승전海東高僧傳』(1215), 최자崔滋(1188~1260)의 『보한집補閑集』(1254), 일연一然(1206~1289)의 『삼국유사』, 요원了圓의 『법화영험전法華靈驗傳』(14세기 후반) 등이 있다. 이들 문헌 외에, 민지閔漬(1248~1326)가 지은 기문인 「금강산유점사사적기金剛山榆岾寺事蹟記」(1297)와 「보개산석대기寶蓋山石臺記」(1307) 등을 포함시킬 수 있다.

이상의 문헌에 수록된 불교설화는 대부분 삼국 및 신라시대의 인물이 등장하고 있으며, 특히 『삼국유사』의 설화들은 거의 모두가 신라시대를 배경으로 하고 있다. 이런 이유 때문인지 기존의 논의에서는 『삼국유사』 소재 설화들을 '삼국시대 설화' 또는 '신라불교설화'로 다루고 있는 실정이다.[9]

그러나 『삼국유사』의 설화들을 그 시대적인 배경과 인물만을 기준으로, 삼국시대 및 신라의 설화 형태로 단정하기에는 무리가 있다. 하나의 예로, 편찬연대가 확실한 조선시대 설화집에 실린 동일 인물 관련 설화는, 2백 년이나 3백 년의 선후 관계에 있어서도 상당히 변질되어

---

[9] 대표적인 것으로 조동일, 앞의 책과 황패강, 앞의 책을 들 수 있다.

있는 모습을 보이기 때문이다.[10] 그러므로 고려시대의 문헌에 전하는 이들 설화는 삼국 및 신라시대의 '원형' 그대로 이해하기보다는 고려인의 인식이 일정 정도 반영된 산물로 보는 것이 좋을 듯하다.[11] 이 장에서 신라와 고려의 불교설화를 함께 살펴보는 이유가 바로 여기에 있다.

고려시대 문헌의 불교설화 작품들을, 앞의 제1절에서 제시한 '유형 분류'에 대응시켜 제시하면 아래와 같다.[12]

(1) 승려의 신이한 행적(32편): 「曇始」「圓光」「安含」(이상 『해동고승전』) 「默行者」「虎僧」(이상 『보한집』) 「景德王 忠談師 表訓大德」「寶藏奉老 普德移庵」「前後所將舍利」「圓光西學」「寶壤梨木」「良志使錫」「惠宿」「惠空」「慈藏定律」「元曉不羈」「義湘傳敎」「眞表傳簡」「關東楓岳鉢淵藪石記」「心地繼祖」「賢瑜珈 海華嚴」「密本摧邪」「惠通降龍」「明朗神印」「月明師 兜率歌」「融天師 彗星歌」「正秀師 救氷女」「永才遇賊」「迎如師」「念佛師」「眞定師 孝善雙美」(이상 『삼국유사』) 「海龍請聞」「龍天請講」(이상 『법화영험전』)

(2) 경전과 불·보살상의 영험(19편): 「三所觀音 衆生寺」「栢栗寺」「敏藏寺」「彌勒仙花 未尸郞 眞慈師」「芬皇寺千手大悲 盲兒得眼」「調信」(이상 『삼국유사』) 「黑風吹其船舫」(『법화영험전』, 이상은 '불·보살상의 영험') 「學士權適」

---

10 김현룡, 앞의 책, 11~12쪽.
11 남동신, 「『삼국유사』의 史書로서의 특성」, 『불교학연구』 16, 불교학연구회, 2007, 67쪽에서는, "고려시대에 작성된 자료는 더 이상 '고대 문화의 원형'일 수 없으며, 그것은 오히려 고대 문화에 대한 고려시대인들의 인식의 반영으로서 해석되어야 한다. 특히 금석문이나 고문서와 같은 1차 사료가 아니라, 구비전승을 채록한 경우에는 더욱 그러하다."라고 하였다.
12 참고로, 이 네 가지 유형에 포함되지 않는 8편의 불교설화는 다음과 같다. 「문호왕文虎王 법민法敏」·「원종흥법原宗興法 염촉멸신厭觸滅身」·「흥륜사벽화興輪寺壁畵 보현보살普賢」·「영취사靈鷲寺」·「오대산문수사석탑기五臺山文殊寺石塔記」·「선도성모수희불사仙桃聖母隨喜佛事」·「김현감호金現感虎」·「대성효이세부모大城孝二世父母」(이상 『삼국유사』).

(『보한집』) 「善律還生」「惠現求靜」(이상 『삼국유사』) 「通交二世之爺孃」「天帝邀經而入藏」「帝親試通」「深敬辭山人之精書」「堪歌崔牧伯之慶會」「光明出於口角」「菡萏生於舌根」「珍禽顯瑞」「亡妹告徵」(이상 『법화영험전』, 이상은 '경전의 영험')

(3) 불연국토와 불·보살의 상주(25편): 「阿道」(『해동고승전』) 「阿道基羅」「迦葉佛宴坐石」「遼東城育王塔」「金官城婆娑石塔」「高麗靈塔寺」「皇龍寺丈六」「皇龍寺九層塔」「魚山佛影」「蛇福不言」(이상 『삼국유사』) 「金剛山楡岾寺事蹟記」(이상 '불연국토') 「武王」「四佛山 掘佛山 萬佛山」「生義寺石彌勒」「洛山二大聖 觀音 正趣」「臺山五萬眞身」「溟州五臺山寶叱徒太子傳記」「臺山月精寺五類聖衆」「鍪藏寺 彌陀殿」「憬興遇聖」「眞身受供」「朗智乘雲 普賢樹」「緣會逃名 文殊岾」(이상 『삼국유사』) 「顯比丘尼身」(『법화영험전』) 「寶蓋山石臺記」(이상 '불·보살의 상주')

(4) 정토왕생과 현신성불(7편): 「南白月二聖 努肹夫得 怛怛朴朴」「郁面婢念佛西昇」「廣德 嚴莊」「包山二聖」「布川山 五比丘」(이상 『삼국유사』) 「寶岩徒之或講或疑」「蓮華院之若讀若說」(이상 『법화영험전』)

## 승려의 신이한 행적

고려시대 문헌에 전하는 총 91편의 불교설화 중, '승려의 신이한 행적' 유형에 속하는 설화는 32편으로, 가장 큰 비중을 차지하고 있다. 이 유형의 설화들은 대체로 승전僧傳의 형식을 띠고 있으며, '치병治病'·'용궁강설龍宮講說'·'신이한 죽음' 등의 모티프를 포함하고 있다.

먼저, 승려의 '신이한 행적'으로 '치병'을 제시하고 있는 설화에는 「원광」·「원광서학」·「혜공」·「밀본최사」·「혜통항룡」 등이 있다. 원광은 설법과 수계授戒로 왕의 병을 치료하였고, 혜공은 천진공天眞公의 침상 밑에 앉아 있는 것만으로도 그의 종기를 낫게 하였다. 「밀본최사」의 경우는 작품 전체가 치병에 관한 일화로 되어 있으며, 「혜통항룡」은 치병이 핵심 모티프로 기능하고 있다.

「밀본최사」와 「혜통항룡」은 늙은 여우·귀중鬼衆·독룡毒龍 등 질병의 원인까지 제시하고 있는데, 혜통은 주문을 외워 만든 신병神兵들로, 당나라 공주의 몸에 붙은 독룡을 물리치고 있는 것이다. 또한 밀본은 『약사경藥師經』의 독송과 신장神將들의 도움으로 선덕여왕과 승상丞相 김양도의 몸에 붙어 있던 늙은 여우 및 귀중을 쫓아내고 있다. 이렇듯 '치병' 관련 불교설화는 작품에 따라 치병의 방법 및 과정에 차이가 있지만, 치병의 대상이 국왕·공주·귀족 등 지배 계층에 한정되어 있는 공통점을 보인다.

(A) 불도 수행을 마친 연광緣光 스님은 고국으로 돌아오려고 수십 명과 함께 큰 배를 타고 떠났다. 바다 가운데 이르렀을 때 배가 갑자기 꼼짝을 않더니, 어떤 사람이 말을 타고 물결을 헤치며 뱃머리로 다가와서, "해신海神께서 스님을 청하십니다. 잠시 수궁水宮에 가셔서 경전을 강설해 주십시오." 하였다. 스님이 말했다. "빈도貧道의 이 몸은 희생되어도 좋지만 이 배와 배에 타고 있는 이 사람들은 어떻게 할 것입니까?" "이 사람들은 같이 가고 배도 염려하지 마십시오." 그래서 모두 배에서 내려 한참을 가니, <u>큰 거리가 나오고, 길가에는 향기가 좋은 꽃이 만발했다. 해신이 수천 시종을 거느리고 나와서 스님을 맞아 대궐 안으로 들어갔다. 구슬 벽이 휘황찬란하게 빛나 정신이 황홀했다.</u> 스님이 청하는 대로 자리에 올라 법화경을 설하고 나니, 해신은 진귀한 보배를 수없이 보시하고, 도로 배까지 데려다 주어 배에 올랐다.

(B) 본국으로 돌아온 연광 스님은 날마다 어릴 때부터 해 온 법화경 독송을 목숨이 다할 때까지 어기지 않았다. 나이 80세에 입적하였는데, 다비를 하였더니 두골과 혀만은 타지 않아, 온 나라 사람들이 와서 보고 듣고 모두 희유한 일이라 감탄하였다. 연광 스님에게는 누이동생 둘이 있어 일찍부터 불교를 독실하게 믿었다. 스님의 두골과 혀를 가져다 모셔 놓고 공양하였는데, 가끔 두골과 혀에서 법화경 외우는 소리가 들렸고, 누이동생이 모르는 글자가 있어서 물으면 번번이 자세히 가르쳐 주었다.[13]

『법화영험전』의 「해룡청문」은 연광의 가계 소개 및 중국 유학과, 수궁에서의 『법화경』 강설, 그리고 사후에 있었던 신이한 일의 세 부분으로 되어 있다. 인용문의 (A)는 '용궁강설', (B)는 사후의 일을 포함한 '신이한 죽음'에 해당한다. 위의 (A)는 연광이 중국에서의 유학을 마치고 신라로 돌아오는 길에, 해신의 청으로 수궁에서 경전을 강설했다는 내용이다. 연광뿐만 아니라 연광이 탔던 배 안의 사람들까지 용궁에 간 것으로 되어 있고, 인용문의 밑줄 친 부분에서 보듯, 용궁의 모습에 대해서도 묘사하고 있다. 곧 큰 거리의 길가에는 향기가 좋은 꽃이 활짝 피어 있고, 구슬로 되어 있는 대궐의 벽은 보는 것만으로도 황홀할 만큼 찬란하게 빛나고 있다는 것이다.

---

13 요원, 「해룡청문」, 『법화영험전』 상권. "旣而器業成就, 將歸故國, 與數十人, 同乘大舶. 至海中, 船忽不行, 見一人乘馬凌波, 來至船首云, 海神請師, 暫到宮中講說. 光曰, 貧道此身, 誓當利物, 船及餘伴, 未委如何. 彼云, 人並同行, 船亦勿慮. 於是擧衆同下, 行數步, 但見通衢平直, 香花徧道. 海神將百千侍從, 迎入宮中. 珠璧焜煌, 映奪心目. 因爲講法華經一徧, 大施珍寶, 還送上船光達. 至本鄕, 每弘玆典, 自少誦持, 日餘一徧, 迄於報盡, 此業無虧. 年垂八十, 終於所住, 闍維旣畢, 髏舌獨存, 一國見聞, 咸歎希有. 光有妹二人, 早懷淸信. 收之供養, 數聞髏舌, 自誦法華, 妹有不識字處, 問之皆諭."(『한국불교전서』 6, 554쪽)

용궁에 대한 묘사는 같은 책에 수록된 「용천청강」에서도 보인다. 곧 "청의靑衣 입은 사람이 나타나 길을 인도하였다. 용궁에 들어가니 인간세계와는 같지 않은데, 시위하고 있는 군사가 모두 물고기·조개와 귀신들이었다."[14]의 구절이 그것이다. 이 설화에서 현광玄光은 천제天帝의 명령으로 용왕에게 『법화경』을 강설하고 있는데, 용궁에 있는 동안 현광이 탔던 배가 멈춰 있던 것으로 되어 있다.

이들 설화 외에, 「보양이목」과 「명랑신인」 또한 '용궁강설'의 모티프를 포함하고 있다. 보양과 명랑은 각각 '서해용왕'과 '해룡'의 청으로 용궁에서 불법佛法을 전하고 있는 것이다. 용궁의 모습에 대한 묘사가 없는 대신, 보양이 서해용왕의 아들인 '이목璃目'과 함께 신라로 돌아오고, 명랑이 해룡에게 받은 많은 황금을 가지고 자기 집의 우물 밑에서 솟아나왔다는 일화가 첨가되어 있다.

그런데, 용궁에서의 설법은 각 설화의 주인공들이 모두 중국 유학을 마치고 고국으로 돌아오는 길에서 이루어지고 있다. 이러한 사실은 '용궁강설'의 모티프가 이계異界에서의 불법 전파라는 의미와 함께, 중국 유학으로 인해 이제 보다 높은 경지에 오른 주인공들의 '고승'으로서의 면모를 형상화한 것임을 짐작하게 한다.

한편, 인용문 (B)는 연광의 시신을 화장한 뒤에도 두골과 혀가 남아 있어 가끔 『법화경』을 독송하고, 심지어 두 여동생의 질문에 대답까지 했다는 내용이다. 이와 같은 '신이한 죽음'의 모티프는 '승려의 신이한 행적' 유형에 속하는 적지 않은 설화에 나타나 있는데, 「원광서학」·「혜숙」·「안함」·「혜공」·「관동풍악발연수석기」 등이 이에 해당한다.

---

14 요원, 「용천청강」, 『법화영험전』 상권. "唯見靑衣前導 尋入宮城, 不類人間官府, 羽衛之設, 無非鱗介鬼神."(『한불전』 6, 555쪽)

원광은 입적할 때 공중에서 음악소리가 들리고 이향異香이 가득하였다. 그 후 어떤 사람이 복을 받기 위해 원광의 무덤 옆에 사태死胎를 묻었더니, 벼락이 치고 사태가 무덤 밖으로 내던져졌다고 한다. 혜숙의 경우는 마을사람들이 이현耳峴 동쪽에 장사지냈는데, 이현 서쪽에서 오던 마을사람이 산길에서 혜숙을 만났다. 그 사람이 마을로 돌아와 사람들에게 알려 무덤을 파 보니 짚신 한 짝이 있었다는 것이다. 그리고 신라의 사신은 귀국하는 배 위에서 푸른 물결 위에 자리를 펴고 앉아 서쪽으로 가는 안함을 보았으며, 산길에서 혜공의 시신을 발견하였던 구참공瞿旵公은 성으로 들어와 술에 취해 노래하고 춤추고 있는 혜공을 목격한다. 또한 진표眞表는 큰 바위 위에서 입적하였고 그 바위에는 푸른 소나무가 솟아났다.

이상과 같은 '신이한 죽음'은 '치병'·'용궁강설'과 함께 해당 승려들이 '고승'임을 드러내는 징표로, 이들이 아상我相과 분별심에서 벗어나 생사에 자재하고 있음을 보여 주는 것이라 할 수 있다.

## 경전과 불·보살상의 영험

'경전의 영험'은 불교경전의 독송과 서사書寫로 인해 일어난 신이한 사건들을 다루고 있다. 12편의 설화 중 「선율환생」을 제외한 모든 설화가 『법화경』의 영험담에 해당하는데, 서사의 영험담보다는 독송과 관련된 설화의 비중이 크다. 그리고 대부분의 설화가 고려시대를 배경으로 하고 있다.

먼저, 이들 설화에서 『법화경』 '독송'의 영험으로 제시하고 있는 사건들은 다음과 같다. 곧 백제의 승려 혜현은 죽은 뒤에도 그의 혀만은 썩지 않고 붉었으며(「혜현구정」), 고려시대 상주尙州의 한 음양승陰陽僧은 입에서 밝은 빛이 나왔다(「광명출어구각」). 또한『법화경』을 독송하는 모임을 만들었던 호장戶長 김의균의 무덤에는 연꽃이 피었다(「함담생어설근」).

『법화경』'서사'의 영험담으로는,「심경변산인지정서」와「천제요경이입장」을 들 수 있다. 전자는 승려 홍변洪辯이 서사하여 일본 승려에게 준『법화경』에서 찬란한 빛이 났다는 내용이고, 후자는 정화택주靜和宅主의 시주로 조성된『법화경』사경寫經 한 질을, 신인神人이 도리천에 모셔 놓았다는 것이다.

『삼국유사』에 수록된「선율환생」의 경우는,『법화경』이 아닌『대품반야경大品般若經』과 관련된 영험담이다.『대품반야경』의 사경을 조성하는 중, 수명이 다해 명부冥府로 끌려간 선율이, 사경을 완성하고 오라는 명사冥司의 명령에 따라 죽은 지 10일 만에 다시 살아났다는 이야기다. 이야기의 끝에는, "그 책은 지금 동도東都의 승사서고僧司書庫 안에 있다. 매년 봄과 가을에는 그것을 전독轉讀하여 재앙을 물리쳤다."라는 일연의 언급이 있다.

그런데, 이 설화는 신라·고려시대의 불교설화 가운데 저승의 명부를 배경으로 하고 있는 유일한 예에 해당한다. 이른바 '명부설화'는 중국과 일본의 불교설화에서는 흔히 볼 수 있는 유형으로,「선율환생」외에 명부설화가 없다는 점은 고려시대 문헌 소재 불교설화의 특징적인 국면의 하나로 지적할 수 있을 듯하다.

지금까지 살펴본 경전 관련 영험담에서, 경전을 독송·서사한 결과로서의 '영험'은 해당 인물들의 목적 내지 의도와 관련이 없다. 혜현이『법화경』독송을 업으로 삼은 것은 자신의 혀가 썩지 않게 하기 위해서가 아니었고, 정화택주는 자신의 시주로 만들어진 사경을 신인이 도리천으로 가지고 갈 줄은 몰랐으며, 선율은 자신의 환생을 위해『반야경』사경을 조성한 것이 아니었다.

이에 반해, '불·보살상의 영험'에 속하는 7편의 설화들은 대체로 관세음보살이 영험의 '주체'로 설정되어 있고, 문제 상황이 제시되어 있으며, 그 문제가 관음상 앞에서의 기도로 인해 해결된다는 특징을 보인다.

『삼국유사』 소재 「민장사」와 『법화영험전』의 「흑풍취기선방」은 제목만 다를 뿐 같은 설화이다. 장사 떠났다가 오랫동안 소식이 없는 아들 장춘長春의 무사귀환을 위해, 어머니 보개寶開가 민장사의 관음상 앞에서 7일 동안 기도하였고, 그 결과 장춘이 집으로 돌아왔다는 내용이다. 장춘이 집으로 돌아오게 된 것은 그를 찾아온 '이승異僧'의 도움 때문으로, 이 '이승'은 바로 민장사의 관세음보살이 화현化現한 것이다.

「백률사」와 「삼소관음 중생사」에서도 관세음보살의 현신이 문제 상황을 해결하고 있다. 전자는 말갈족에게 붙잡혀 간 국선國仙 부례랑夫禮郎을 위해 그의 부모가 백률사의 관음상에게 기도하니, 용모가 단정한 승려가 나타나 부례랑과 그의 동료인 안상安常을 무사히 고국으로 데리고 왔다는 내용이다. 후자에서는, 중생사의 주지인 성태性泰가 더 이상 시주가 없어 절을 떠나려 하자, 중생사의 관음보살은 승려의 모습으로 나타나 두 사람의 시주를 데리고 온다. 이렇듯 이들 설화는 관음보살이 승려의 모습으로 화현하여 주인공들의 어려움을 해결해 주고 있다는 공통점을 갖는다.

### 불연국토佛緣國土와 불·보살의 상주常住

'불연국토'는 신라를 포함한 '해동海東'이 부처 및 불교와 인연이 있음을 형상화한 것으로, 11편의 설화가 이 유형에 속한다. 먼저, 「아도」·「아도기라」는 아도의 어머니인 고도녕高道寧의 발화를 통해, 신라 땅에 석가불 이전의 절터가 남아 있음을 주장하고 있으며, 「가섭불연좌석」은 월성의 동쪽·용궁 남쪽에 가섭불이 좌선하던 바위가 있음을 밝히고 있다. 이 세 설화는 석가불 이전의 부처인 가섭불 때부터 신라가 이미 불교국가였음을 암시하고 있는 것이다.

민지의 「금강산유점사사적기」는 신라와 불교의 '인연'을 보다 구체적으로 형상화하고 있다. 인도의 문수보살은 사위성에서 만든 53불을 인연이 있는 국토에 가서 머무르라고 범종에 실어 바다에 띄워 보낸다. 그 결과 53불을 실은 범종이 금강산 동쪽의 안창현安昌縣 포구에 도착했다는 것이다. 설화에는 이때가 신라 남해왕 원년(A.D. 4)으로 되어 있다. 중국에 불교가 전래된 시기가 후한 명제明帝 영평永平 10년(67)이므로, 이 사적기에 따르면 중국보다 앞서, 중국을 거치지 않고 인도에서 직접 불상이 전해진 것이 된다.

그리고 「황룡사장륙」에서는 이 사적기에서 더 나아가, 신라가 중국뿐만 아니라 석가불이 태어난 인도보다도 '불연'이 깊음을 보여 준다. 곧 인도의 아육왕阿育王이 조성하려다가 실패한 장륙존상丈六尊像이, 남염부제南閻浮提의 16대국과 5백의 중국 및 1만의 소국을 거쳐서도 그 완성을 이루지 못하다가, 진흥왕대의 신라에 이르러서야 완성되어 황룡사에 모셨다는 것이다. 이렇듯 고려시대 문헌의 불교설화는 신라와 불교의 인연을 강조하고 있는데, 몇몇 설화에서는 고구려와 가락국 또한 신라 못지않게 '불연'이 있음을 암시하고 있다.

「요동성육왕탑」에서 고구려의 성왕聖王은 요동성을 순행하다가 지팡이를 짚고 서 있는 승려와 세 겹으로 된 토탑土塔을 발견한다. 가까이 가서 보면 승려와 탑이 없어, 땅을 파 보니 탑의 흔적이 있었고, 그 탑은 아육왕이 남염부제의 곳곳에 세웠던 탑 가운데 하나였다는 것이다. 또한 「어산불영」과 「금관성파사석탑」은 각각 수로왕의 요청으로 석가불이 가야국에서 설법을 하였고, 수로왕의 왕비인 허황옥許黃玉이 후한

건무建武 24년(48)에 아유타국阿踰陀國에서 탑을 배에 싣고 왔다는 내용으로 되어 있다.

고구려 요동성의 땅 밑에 인도의 아육왕이 세운 탑의 흔적이 있고, 가락국의 수로왕대에 부처의 설법과 불탑이 있었다는 사실은, 「금강산유점사사적기」와 마찬가지로, 중국에 불교가 전래되기 이전에 이미 불교가 있었음을 보여 주는 것이다. 물론 지금까지 살펴본 내용들은 역사적 사실에서 벗어나는 것이다. 그렇지만 이들 설화를 통해 『삼국유사』·「금강산유점사사적기」가 찬술된 13세기 후반 이전의 신라인·고려인들은, 신라를 포함한 '해동'이 불교가 전래되기 이전에 이미 불교와 인연이 깊은 곳이었고, 또한 그 점에 있어서는 중국보다 우월하다는 인식내지 자부심을 갖고 있었음을 알 수 있다.

이러한 인식 내지 자부심은 과거의 사실에만 한정되는 것이 아니라, 불·보살이 지금도 신라 땅에 항상 머무르고 있다는 관념으로 발전한다. 14편의 설화에 해당하는 '불·보살의 상주' 유형은 바로 이와 같은 관념이 형상화된 것으로, 「대산오만진신」을 대표적인 작품으로 들 수 있다. 이 설화는 정신淨神대왕의 태자 보천寶川의 수행담이라 할 수 있는데, 「명주오대산보질도태자전기」는 '보천'의 이름이 '보질도'로 되어 있을 뿐, 「대산오만진신」의 축약본에 해당한다.

이 두 설화에는 보천(보질도)이 동생인 효명孝明과 함께 오대산에 들어가 암자를 짓고 부지런히 선업善業을 닦던 어느 날, 그들 앞에 펼쳐진 다음과 같은 광경이 묘사되어 있다. 곧 "하루는 (형제가) 함께 다섯 봉우리에 올라가 우러러 배례하려고 하니, 동대東臺인 만월산에 1만 관음보살의 진신眞身이 나타나 있고, 남대南臺인 기린산에 8대보살을 수위로 한 1만 지장보살, 서대西臺인 장령산에 무량수여래無量壽如來를 수위로 한 1만 대세지보살, 북대北臺인 상왕산에는 석가여래를 수위로 한 5

백 대아라한, 중대中臺인 풍로산에는 비로자나불을 수위로 한 1만 문수보살이 나타나 있었다. 이와 같은 5만 진신에게 일일이 예배하였다."[15] 가 그것이다.

이러한 묘사는 강원도의 오대산이 바로 불·보살의 상주처임을 표현하고 있는 것이다. 불·보살의 상주처에 대한 관념은 이 유형에 속하는 다른 설화들에서도 보인다. 「낙산이대성 관음 정취」는 낙산을 관음보살과 정취보살의 상주처로 형상화하고 있으며, 「연회도명 문수점」·「보개산석대기」에는 각각 울주의 영취산과 철원의 보개산이 문수보살과 지장보살이 항상 머무르고 있는 곳으로 되어 있다.

그런데 이 3편의 설화를 포함한 '불·보살의 상주' 관련 설화들에는 모두 '불·보살의 현신' 모티프가 들어 있다. 무왕과 선화공주 앞에 모습을 보이고 있는 「무왕」의 미륵삼존과, 위의 「대산오만진신」·「명주오대산보질도태자전기」를 제외하면, 이 유형의 설화들에서 불·보살은 진신 그대로의 모습으로 나타나지 않는다.

「낙산이대성 관음 정취」에서 관음보살과 정취보살은 각각 벼를 베고 있는 여인·월수백月水帛을 빨고 있는 여인과 왼쪽 귀가 없는 승려로, 「연회도명 문수점」·「보개산석대기」의 문수보살과 지장보살은 밭을 가는 노인과 금돼지로 화현하고 있는 것이다. 또한 「대산월정사오류성중」에서 신효 거사信孝居士는 늙은 부인의 모습으로 나타난 관음보살을, 「진신수공」에서 효소왕은 허름한 차림의 비구로 화현한 석가불을 만나고 있다.

---

15 『삼국유사』 권3, 탑상塔像 제4, 「臺山五萬眞身」. "一日, 同上五峯瞻禮次, 東臺滿月山, 有一萬觀音眞身現在, 南臺麒麟山, 八大菩薩爲首一萬地藏, 西臺長嶺山, 無量壽如來爲首一萬大勢至, 北臺象王山, 釋迦如來爲首五百大阿羅漢, 中臺風盧山亦名地盧山, 毗盧遮那爲首一萬文殊, 如是五萬眞身, 一一瞻禮."

'불·보살상의 영험' 유형에서 관음보살이 이승이나 용모가 단정한 승려로 현신한 것과 달리, 이들 설화에서는 대체로 승려 이외의 모습으로 화현하고 있다. 승려일 경우도 그 차림이 허름하거나 한쪽 귀가 없는 비구 등으로 나타나 있다. 이러한 점은 조동일의 견해처럼 비속함 속의 숭고함 또는 비속한 것이 바로 숭고한 것이라는 불교적 가르침을 드러낸 것[16]이라 할 수 있다.

그렇지만 이 유형에서 제시하고 있는 불·보살의 현신들은 '평범함' 내지 '흔히 볼 수 있는 군상'에 더 가깝다는 점에서, 불·보살이 평범한 군중의 모습으로 우리와 함께 같은 곳에서 숨 쉬고 있음을 상징하고 있는 것으로도 볼 수 있다. 또한 굳이 불교적 가르침으로 해석한다면, 누구나 불성을 갖고 있다는 '일체중생一切衆生 실유불성悉有佛性'의 설화적 형상화라 할 수 있을 것이다.

### 정토왕생과 현신성불現身成佛

정토왕생에 관한 설화로는 우선 『법화영험전』 소재의 「보암도지혹강혹의」와 「연화원지약독약설」을 들 수 있다. 이들 설화는 고려시대 개성의 보암사寶岩寺와 연화원蓮華院의 신도들이 법화사法華社를 조직하여 서로 돌아가며 『법화경』을 강설하고 염불 수행에 정진한 결과, 정토에 왕생했다는 내용이다. 왕생을 위한 수행에 대해서는 비교적 자세하게 서술하고 있지만, 왕생 자체에 대해서는 각각 "죽을 때에 이르러 뜻과 같이 자재하게 되는 사람이 끊이지 않았다.(故至臨終之際, 如意自在者不絕焉)"와, "정토에 회향하는 사람이 많았다.(廻向淨土者多)"라는 언급에 그

---

**16** 조동일, 앞의 책, 259~261쪽.

치고 있다.

이에 반해,「포천산 오비구」에서는 왕생의 구체적인 모습이 나타나 있다. 이 설화는 이름을 알 수 없는 다섯 비구가 포천산에서 염불 수행을 하며 서방정토를 구한 지 몇십 년 뒤에, 각기 연화대에 앉아 서방정토로 왕생했다는 내용이다. 그런데 이 다섯 비구는 천악天樂이 울리는 가운데 고공무상苦空無常의 이치를 설법하고 나서 유해를 벗어 버리는 것으로 되어 있다. 이렇듯 왕생인이 대중들에게 설법을 하고 유해를 벗어 버린다는 설정은 후대의 불교설화뿐만 아니라 중국과 일본의 왕생설화에서도 전혀 볼 수 없는 예에 해당한다.

현재의 살아 있는 몸 그대로 부처가 된다는 '현신성불' 역시 여타의 동아시아 불교설화에서는 찾아보기 힘든 유형에 속한다.「욱면비염불서승」은 아간阿干 귀진貴珍의 여종인 욱면이 주인의 방해에도 불구하고 염불하기를 밤낮으로 게을리하지 않은 결과 부처가 되었다는 이야기이다. 욱면이 부처가 되는 모습은 설화의 문면에 다음과 같이 나타나 있다. "천악天樂이 서쪽에서 들려오니, 욱면은 몸을 솟구쳐 절의 대들보를 뚫고 올라가 서쪽으로 교외에 가서 유해를 벗어 버리고 진신眞身으로 변하였다. 그리고 연화대에 앉아서 큰 광명을 내며 천천히 갔다."[17]

이러한 묘사는 '향전鄕傳'을 따른 것이고, '승전僧傳'이 출전인 부분에서는 욱면이 다만 몸을 버렸다고만 되어 있을 뿐, 진신으로 변하여 연화대에 앉아 있었다는 언급은 없다. 그렇지만 '승전'에는 욱면이 서쪽으로 가다가 신발 한 짝을 떨어뜨린 곳에 '보리사菩提寺'를, 육신을 버린 곳에는 '제2 보리사'를 지었으며, 아간 귀진은 자신의 집을 절로 만들고

---

[17] 『삼국유사』 권5, 감통感通 제7,「욱면비염불서승」. "天樂從西來, 婢湧透屋樑而出, 西行至郊外, 捐骸變現眞身, 坐蓮臺, 放大光明, 緩緩而逝."

그 이름을 '법왕사法王寺'라고 명명했다는 기사가 실려 있다. 욱면을 위해 지은 절 이름이 '보리'·'법왕'이라는 점에서, '승전'이 출전인 설화 또한 욱면이 부처가 되었음을 보여 준다고 하겠다.

> 노힐이 마지못해 그 말대로 좇았더니, 홀연히 정신이 상쾌해지는 것을 깨닫고 살갗이 금빛으로 변하였다. 그 옆을 보니 문득 하나의 연화대가 생겼다. 낭자는 그에게 앉기를 권하면서 말하기를, "나는 관음보살인데 (이곳에) 와서 대사大師가 대보리大菩提를 성취하도록 도운 것입니다."라고 하고, 말을 마치자 보이지 않았다. 박박은 노힐이 오늘밤에 틀림없이 계를 더럽혔을 것이니, 그를 비웃어 주어야겠다고 생각하였다. 이르러 보니 노힐은 연화대에 앉아 미륵존상이 되어 광명을 발하고 몸은 금빛으로 빛나고 있었다. …(중략)… 노힐이 말하기를 "통 속에 금액金液이 남았으니 목욕함이 좋겠습니다."라고 하자, 박박이 목욕을 하여 노힐과 같이 무량수불을 이루니 두 부처가 서로 엄연히 대해 있었다.[18]

「남백월이성 노힐부득 달달박박」은 성덕왕대의 승려인 노힐부득과 달달박박이, 관음보살의 현신인 임신한 여인의 도움으로 각각 미륵불과 아미타불로 성불했다는 내용이다. 노힐부득과 달달박박의 성불은 성덕왕 8년(709)에 있었던 일로, 757년(경덕왕 16)에 경덕왕은 이들의 성불을 기리기 위해 백월산 남사南寺를 짓게 하고, 이들을 모신 법당을 각각 '현신성도미륵지전現身成道彌勒之殿'과 '현신성도무량수전現身成道無量

---

18 『삼국유사』 권3, 탑상 제4, 「남백월이성 노힐부득 달달박박」. "肹勉强從之, 忽覺精神爽凉, 肌膚金色. 視其傍, 忽生一蓮臺. 娘勸之坐, 因謂曰, 我是觀音菩薩, 來助大師, 成大菩提矣, 言訖不現. 朴朴謂肹今夜必染戒, 將歸听之. 旣至, 見肹坐蓮臺, 作彌勒尊像, 放光明, 身彩檀金. …(中略)… 肹曰, 槽有餘液, 但可浴之. 朴朴又浴, 亦如前成無量壽, 二尊相對儼然."

壽殿'으로 명명하였다고 한다.

위의 인용문은 노힐부득과 달달박박이 부처가 되는 상황을 묘사하고 있다. 함께 목욕하자는 여인의 권유로 노힐부득이 물속에 들어가자, 그 몸이 금빛으로 변하고 옆에는 갑자기 연화대가 나타났으며, 달달박박 또한 노힐부득의 권유로 목욕하여 부처가 되었다는 것이다.

미륵은 석가불 당시부터 56억만 년이 지난 미래에 이 세상에 내려와 중생을 제도할 부처로, 현재는 도솔천에 머무르고 있다. 아미타불은 이미 10겁 이전에 성불하여 현재 서방정토의 주불이 되어 있는 현재불이다. 그러므로 새로 성불한 신라의 미륵불과 아미타불이 있을 곳은 도솔천과 서방정토가 될 수 없다. 본래 부처는 성불한 그 땅에 머무는 것이 당연하므로, 이들은 법신불法身佛이 되어 신라의 국토에 상주하고 있는 것이 된다.[19]

결국, 앞에서 살펴본 '불연국토와 불·보살의 상주' 유형이 신라의 국토를 부처와 인연이 깊고 불·보살이 상주하는 공간으로 형상화하고 있는 것에 이어, 이 유형에는 이러한 형상화의 귀결로서 '신라의 부처'가 등장하고 있는 것이다. 여기에, '승려의 신이한 행적'과 '불·보살상의 영험' 유형에도 보살이 그 모습을 드러내고 있음을 고려한다면, 신라·고려시대의 불교설화는 '불국佛國의 형상화'를 지향하고 있는 내용적 경향성을 띤다고 할 수 있다.

---

[19] 김영태, 「신라불교의 현신성불관」, 『신라문화』 1, 동국대학교 신라문화연구소, 1984, 109쪽.

## 3. 조선시대 불교설화의 전개

### 사지寺誌와 사찰연기설화

사지는 사찰의 연기緣起, 연혁 등에 관련된 고문서나 이적異蹟·유물 목록·재산문서 등 사찰 관계의 다양한 역사적 사실을 일정한 체계 속에 정리한 문헌이다. '사지' 외에, 사적事蹟·사승寺乘·고적古蹟·사중寺中· 산기山記 등의 용어로도 쓰였다.[20] 신라·고려시대의 사지는 현재 전하지 않지만, 『삼국유사』에서 그 흔적을 찾을 수 있다. 곧 일연은 몇몇 사찰 및 인물의 서술에 있어 『감은사중기感恩寺中記』·『동천사기東泉寺記』· 『금광사본기金光寺本記』·『영취사기靈鷲寺記』·『불국사사중기佛國寺寺中記』 등의 사지를 활용하고 있다.

현재 우리가 볼 수 있는 사지는 17세기 이후에 편찬·간행된 것으로, 17·18세기는 사지의 간행이 가장 활발했던 시기에 해당한다. 임진왜란과 병자호란을 겪으면서 적지 않은 사찰들이 훼손 내지 파괴되자, 이에 대한 위기감으로 전국 각처의 사찰에서 훼손된 사지를 복원하거나 새로 찬술했기 때문이다.[21]

임진왜란 때 의승병義僧兵으로 활동했던 중관 해안中觀海眼(1567~?)은 사지 편찬의 선구적인 인물로, 그가 편찬한 『금산사사적』(1635)·『대둔사사적』(1636)·『화엄사사적』(1636)은 현재 전하는 가장 오래된 사지라 할 수 있다.[22] 이들 사지에서 소개하고 있는 사찰의 창건 및 연혁에 관한 내용은 모두 『삼국유사』의 관련 부분을 옮긴 것이다. 그 후 간행된

---
20 허흥식, 「사지의 간행과 전망」, 『고려불교사연구』, 일조각, 1986, 789쪽.
21 김승호, 『한국 사찰연기설화의 연구』, 동국대학교출판부, 2005, 124~125쪽.
22 허흥식, 앞의 논문, 795쪽.

『운문사사적』(1718)·『불국사고금창기佛國寺古今創記』(1740)·『직지사사적』(1776) 등의 사지 또한 『삼국유사』의 내용을 전재하거나 차용하여 각 사찰의 연혁을 정리하고 있다.[23]

『범어사창건사적』(1700)의 경우는 『삼국유사』에 없는 창사創寺 관련 사적을 수록하고 있다. 곧 신라 흥덕왕이 의상의 도움으로 10만 병선을 이끌고 침략한 왜구를 물리쳤고, 이를 기념하기 위해 범어사를 창건했다는 것이다. 사지에 따르면 이때가 흥덕왕 10년(835)으로 되어 있는데, 의상의 생몰연대가 625~702년이라는 점에서 사지 편찬 당시까지 전래하던 문헌이나 구전을 어떤 고증도 없이 그대로 옮겨 적은 것이라 할 수 있다.

그런데 이 설화의 다음과 같은 내용은 주목을 요한다. "태백산에 의상이라는 스님이 계시는데, 금산보개여래金山寶蓋如來의 제7 후신後身입니다. 항상 성중聖衆 1천, 범중凡衆 1천, 귀중鬼衆 1천 등 3천 명의 대중을 거느리고 화엄의지법문華嚴義持法門을 연설합니다. 이에 화엄신중華嚴神衆과 40법체法體, 제신諸神 및 천왕이 항상 떠나지 않고 따라다닙니다."[24]가 그것이다.

이 언급은 왜구의 침략 소식에 걱정하던 흥덕왕의 꿈에 신인神人이 나타나 말한 것이다. 여기에서 의상은 성중과 범중·귀중을 거느리고, 화엄신중·제신·천왕 등이 항상 따라다니는 인물로 묘사되어 있다. 그리고 이러한 신중들은 의상의 기도에 감응하여 왜구의 침략을 물리치고 있다. 곧 설화에는 "땅이 크게 진동하면서 홀연히 제불諸佛·천왕·신중 그리고 문수동자 등이 각각 현신하여 모두 병기를 가지고 동해에

---

23 오경후, 「조선시대 사찰사적에 관한 검토」, 『경주사학』 24·25, 경주사학회, 2006, 357~360쪽.
24 동계東溪, 『범어사창건사적』(『범어사지』, 아세아문화사, 1989, 6쪽).

가서 적을 토벌하였다."라고 되어 있는 것이다.

이상의 내용을 통해 범어사 창건설화는 '승려의 신이한 행적'과 관련된 설화이자, 동시에 '불·보살의 상주' 유형에 속하고 있음을 알 수 있다. 성중들이 의상의 곁을 떠나지 않고, 제불이 현신하여 왜구를 물리치고 있는 것은, 당시 의상이 있던 금정산金井山이 불·보살의 상주처라는 사실을 보여 주기 때문이다. 신라·고려시대 불교설화의 '불국의 형상화'가 조선 후기까지 이어지고 있음을 이 설화에서 확인할 수 있다.

불국의 형상화는 『심청전』의 근원설화로 알려진 『옥과현성덕산관음사사적玉果縣聖德山觀音寺事蹟』(1729)에서도 엿볼 수 있다. 이 사적기는 편찬자가 젊은 시절에 관음사의 장로들에게 들은 이야기로, 홍장弘莊이 효를 행하고 중국 서진西晉의 황후로 등극하는 부분과, 홍장의 불사 및 성덕의 관음사 창건에 관한 부분으로 구성되어 있다.

후자에서 홍장은 53불佛·5백 성중聖衆·16나한羅漢을 만들어 고국으로 보낸다. 또한 장님인 아버지를 위해 불상과 탑을 대흥현의 홍법사에 모시게 하고, 자신을 위해서는 금으로 관음보살상을 만들어 돌배에 실어 보낸다. 이 배는 여러 곳을 떠돌다가 보살상을 만든 지 1년여 만에 옥과현의 한 바닷가에 이르고, 마침 그곳에 있던 성덕이라는 처녀가 그 배를 발견하게 된다. 성덕은 배에 있던 관음상을 등에 업고 길을 떠났는데, 어느 고개에 이르러 가벼웠던 관음상이 태산처럼 무거워져 한 발짝도 뗄 수가 없자, 그곳에 관음상을 안치하고 관음사를 창건했다는 것이다.

그리고 이상의 사적에 대해 사적기의 찬자는 "대개 홍장과 성덕은 모두 관음의 인연을 따라 감응한 화신化身이 아니겠는가. 어쩌면 석가모니가 속세에 백억의 분신을 나타내신 것이 아니겠는가."[25]라는 논평을

---

25 백매자白梅子, 『옥과현성덕산관음사사적』. "盖弘莊與聖德, 俱是觀音隨應之身歟. 豈特

덧붙이고 있다. 이 설화의 주인공인 홍장과 성덕이 관음보살의 화신이자, 석가불의 분신이라는 것은 바로 옥과현의 성덕산이 불연佛緣이 깃든 곳이라는 표현에 다름 아니다. 더 나아가 관음보살이자 석가불의 현신이 만들고 모셔 온, 관음상이 안치된 관음사는 관음신앙의 본산이자 성지가 되는 것이다. 이렇듯 관음사 연기설화는 설화 형성 당시의 옥과현 사람들이 가졌던 '불연국토' 내지 관음성지라는 인식과 자부심이 형상화된 것으로, 『심청전』의 주제의식과 큰 차이가 있는 것이다.

속전俗傳에 보덕普德은 민가民家의 여자라고 한다. 어렸을 때 아버지와 더불어 금강산에 들어가 구걸을 하였다. …(중략)… 이때 한 승려가 갑자기 사악한 마음이 일어나 은밀히 그녀를 쫓았는데 그녀가 소리를 질렀다. 그리고 탁상 위의 탱화를 가리키면서 "불화佛畵도 오히려 공경해야 할 것이거늘 생불生佛에게는 말해 무엇하겠는가."라고 한 뒤, 진상眞像을 드러내니, 그 금빛에 눈을 뜰 수가 없었다. 승려는 애걸하며 "죽여 주십시오."라고 했다. …(중략)… 그녀는 아버지에게 말하기를, "주머니에 물을 채우셨습니까." 아버지가 대답하기를, "주머니가 성근데 물이 어찌 채워지겠는가." 그녀가 말하였다. "하나에 마음을 쓰면 공功이 모아지고 공이 모아지면 즉 도道가 응축되는 것인데, 지금 아버지께서 마음속으로 주머니가 채워지지 않는다고 생각하고 억지로 물을 붓고 있으니 공이 어찌 능히 한 곳으로 모이며 도가 어찌 능히 뭉쳐지겠습니까?" 이때에 보덕의 아버지는 크게 깨쳤다. …(중략)… 보덕이 삼태기를 승려에게 주며 말하였다. "물이 주머니에 차고 삼태기는 창고에 넘치니 공이 이루어져 가득하길 바랍니다. 부처님을 보는 것이 무슨 의

---

牟尼分身百億於塵刹耶."

심이 있겠습니까." 스님 역시 크게 깨쳤다. 후인들은 마침내 세 사람의 상像을 새겼는데, 지금까지 굴 안에 있다. 왕왕 그곳에 서기瑞氣가 서린다고 한다.[26]

인용문은 조선 후기의 사찰사전인 『범우고梵宇攷』[27] 소재의 보덕굴普德窟 연기설화를 옮긴 것이다. 이 설화는 민가의 여인인 보덕이 아버지와, 한 승려를 도와 불도를 깨닫게 했다는 내용이다. 후인들이 이 세 사람의 상을 보덕이 살던 굴 안에 새겼고, 지금도 그곳에 서기가 서린다는 후일담이 첨가되어 있다. 인용문을 통해, 오도悟道의 방법 내지 이유로 아상我相과 이로 인한 분별심의 극복이 제시되어 있음을 알 수 있다.

그리고 인용문의 밑줄 친 부분에서는 보덕의 정체가 밝혀져 있어 주목된다. 곧 자신을 겁탈하려 한 승려에게 보덕은 자신이 '생불生佛'임을 밝힌 뒤 황금빛의 진신眞身을 드러내고 있다. 아버지와 함께 금강산의 동굴 안에 살면서 걸식하던 보덕이 사실은 부처의 현신이라는 것이다. 『삼국유사』의 「욱면비염불서승」을 연상하게 하는 이 설화는, 성불의 과정은 생략한 채 보덕이 살아 있는 부처라는 사실만을 강조하고 있어, 신라·고려시대 불교설화의 '현신성불' 유형과 차이를 보인다. 그렇지만 보덕굴 연기설화 역시 「금강산유점사사적기」와 마찬가지로, 금강산이 부처가 상주하고 있는 성스러운 공간임을 보여 준다고 할 수 있다.

---

26 『범우고』, 「보덕굴」. "俗傳, 普德者, 民家女也. 幼時與父, 行乞入金剛山. …(中略)… 有一僧, 忽朋邪念, 微挑之, 女乃厲聲. 指卓上畵佛之幀曰, 畵佛尙可敬, 況生佛乎. 遂露現眞像, 金光奪目. 僧哀呼請死. …(中略)… 女呼其父曰, 囊之水盈乎. 父曰, 囊疎水豈盈乎. 女曰, 心一則功專, 功專則道凝. 今父心知囊之必不盈, 而强而注水, 功何能專而道何能凝乎. 於是父大悟. …(中略)… 女亦大笑, 以畚擲僧曰, 水盈於囊, 畚盈於庫, 功成願滿, 見佛無怍乎. 僧亦大悟. 後人遂刻三人像, 至今窟中, 往往有瑞氣云."
27 현재 전하는 『범우고』는 간행된 적이 없는 필사본이다. 『홍재전서弘齋全書』 권182의 「군서표기群書標記」에, 정조가 1799년(정조 23)에 쓴 서문이 실려 있다.

## 『진묵조사유적고』의 진묵 설화

『진묵조사유적고震默祖師遺蹟攷』(1857)는 진묵 일옥震默一玉(1562~1633)의 사후死後 처음으로 편찬·간행된 진묵 관련 문헌으로, 목판본의 상·하 두 권으로 되어 있다. 이 책은 전주지역의 유자儒者인 김기종金箕鍾(1783~1850)의 요청으로, 초의 의순草衣意恂(1786~1866)이 그 편찬을 맡았고, 간행은 김기종의 두 아들인 김영곤·김영학의 시주만으로 이루어진 것이다. 『진묵조사유적고』(이하 『유적고』)에 수록된 진묵의 '유적' 또한 김기종이 같은 마을의 노인 및 승려들에게 어렸을 때부터 들어 왔던 이야기들을 초의에게 구술한 것으로 되어 있다. 이렇듯 『유적고』는 그 이전과 동시대의 승려 문집 및 고승전기와는 다른, 호남지역의 유자가 주도적으로 참여한 문헌설화집의 성격을 띠고 있다.

> 대사는 나이 7세에 출가하여 전주 봉서사鳳棲寺에서 내전內典을 읽었는데, 어려서부터 머리가 영특하고 총명하여 스승이 가르쳐 주지 않아도 깊은 속뜻을 환하게 알았다. 출가하여 머리 깎고 먹물 옷을 입고 사미가 되었을 때에 마침 절에 불사佛事가 있었다. 그 일을 관장하는 사람은 대사가 비록 나이는 어리지만 행실이 깨끗하다고 하여, 대사에게 불단佛壇을 호위하고 향을 받드는 소임을 맡겼다. 그러나 대사에게 그 일을 맡긴 지 오래지 않아 밀적신장密跡神將이 그 일을 관장하는 사람의 꿈에 나타나 말하였다. "우리 여러 천신들은 다 부처님을 호위하는 신기神祇들인데, 도리어 어찌 감히 부처님께 예배 받을 수 있겠는가. 어서 빨리 저 향 받드는 사람을 바꾸어 우리들로 하여금 아침저녁으로 편안하게 하라."[28]

인용문은 『유적고』에 수록된 17편의 설화 중, 첫 번째 일화를 옮긴 것이다. 이 일화는 출가한 지 얼마 되지 않은 진묵이 봉서사에서 향을 받드는 소임을 맡을 때의 이야기로, 신중단神衆壇의 밀적신장이 그 일을 관장하는 사람의 꿈에 나타나 향 받드는 사미沙彌를 바꾸게 해 달라는 내용이다. 그 이유로, 부처를 호위하는 신중들이 도리어 부처의 예배를 받을 수 없다는 밀적신장의 발화가 제시되어 있다. 이러한 발화는 진묵이 부처의 화신이라는 사실을 보여 준다고 할 수 있다.

제3·4·6·7의 일화는 각각 산령山靈·금강역사金剛力士·나한羅漢이 등장하여 진묵의 부림을 받거나 진묵의 일을 도와주고 있다. 곧 제3화에서 산신령은 진묵의 명령으로 어머니를 괴롭히는 모기떼를 마을에서 쫓아 버리고, 제4화에서는 진묵에게 술을 주지 않은 승려를 금강역사가 철퇴로 내려치고 있다. 그리고 제6화와 제7화는 각각 진묵을 가까이 모시고 싶어 하는 16나한의 모습과, 진묵의 명령으로 전주부의 아전을 도와주는 나한의 모습을 묘사하고 있다. 이들 설화 역시 제1화와 마찬가지로, 진묵이 석가불의 화신임을 나타내는 일화로 읽힐 여지가 있다. 산신령·금강역사·나한의 공경을 받거나 그들을 부릴 수 있는 존재는 오직 부처만이 해당하기 때문이다.

『유적고』의 제9~17화는 전반부의 일화들처럼 신적인 존재들이 보이지 않는 대신, 유학자·계집종·마을 소년들·사냥꾼·식욕 많은 승려들과 같은 비교적 다양한 계층의 인물들이 등장하고 있다. 이들 일화에서 진묵은 유학자가 빌려준 책을 읽는 대로 버리거나(제9화), 유학자의 계

---

28 초의 의순, 『진묵조사유적고』 상권. "先師年七歲出家, 讀內典於全州之鳳棲寺, 鳳慧英達, 不由師敎, 明核重玄. 旣剃染爲沙彌時, 寺有佛事. 主事者, 以師年少而有淨行, 差爲擁護壇奉香之任. 行之未久 有密跡神將, 顯告於主事之夢曰, 我等諸天, 皆衛佛之神祇也, 焉敢返受佛禮. 亟令改換奉香, 使我得以安於晨夕."(『한불전』 10, 878쪽)

집종에게 "아들을 낳고 싶지 않느냐."라는 흰소리를 하고(제10화), 생선 국을 먹을 수 있냐는 마을 소년들의 희롱에 끓는 솥째 마시기도 하며(제11화), 식욕 많은 대원사의 젊은 승려들에게 "이 절은 장차 7대 동안 재앙을 만나게 될 것이다."라는 저주를 퍼붓는다(제15화). 또한 진묵은 아래의 인용문처럼 소금이 필요한 사냥꾼들에게 시자를 시켜 소금을 갖다 주기도 한다.

> 어느 날 대사가 시자를 불러 말하였다. "이 소금을 봉서사 남쪽 부곡婦谷으로 가져가거라." "가져가서는 누구에게 줍니까?" 시자가 묻자, 대사가 말하였다. "그곳에 가면 저절로 알게 될 것인데, 무얼 구태여 묻느냐?" 시자는 소금을 가지고 고개를 넘어 부곡으로 내려갔다. 그곳에는 사냥꾼 몇 사람이 막 노루고기를 잡아 놓고는, 소금이 있었으면 생각하면서 먹지 못하고 앉아 있었다. 시자가 소금을 그들 앞에 놓자, 그들은 모두 기뻐하면서 말하였다. "이것은 틀림없이 저 옥 노장이 우리가 배를 곯고 있는 것을 가엾게 여겨서 보내 주신 것이리라. <u>사람을 살려 내는 부처님이 골짜기마다 계신다고 하더니, 바로 이것을 두고 한 말인 것 같구나.</u>"²⁹

인용문은 제12화를 옮긴 것으로, 소금이 없어 육회를 먹지 못하고 있는 사냥꾼들의 사정을 알고 진묵이 시자를 시켜 소금을 보내 줬다는 내용이다. 이 일화는 진묵이 천안통天眼通을 갖추고 있었음을 나타내는

---

29 초의 의순, 『진묵조사유적고』 상권. "師喚侍者, 送鹽于鳳寺南婦谷中, 侍者曰送與阿誰, 曰去當自知, 何必問. 爲侍者持鹽越嶺下谷. 有獵士數人, 方膾獐肉, 思鹽不飮而坐. 侍者致鹽于前皆喜, 是必玉老憐我之飢. 活人之佛, 谷谷有之者, 正謂此也."(『한불전』 10, 879쪽)

이야기로 볼 수 있을 듯하다. 그렇지만 이 일화에서 보다 중요한 것은 밑줄 친 부분을 통해 '부처님'에 대한 당시의 민중 또는 초의의 생각을 엿볼 수 있다는 것이다. 곧 '부처'란 중생의 사소한 불편거리도 같이 걱정해 주고 그것을 해결해 줄 수 있는 존재에 다름 아니라는 것이다.

진묵이 먼 곳에서 해인사의 불을 껐다는 제13화의 경우는, 여타의 고승설화에도 보이는 유형이지만, 여타의 구비설화에서 물에 적신 솔잎으로 불을 끄는 것과는 달리, 여기서는 '쌀뜨물'을 사용하고 있다. 이 일화에서도 진묵은 민중의 실생활에 밀착되어 있는 모습으로 나타나 있다. 비록 전반부의 일화이지만 진묵의 효심에 관한 제3화 역시 서민들의 생활과 밀착되어 있다. 산신령을 시켜 여름철 모기떼의 극성에서 벗어나게 했다는 사건과, 진묵 어머니의 묘소에 제사를 지내면 한 해의 농사가 잘되었다는 일화는 소박한 민중의 의식을 반영하는 것이기 때문이다.

결국, 『유적고』의 설화 제1~8화는 진묵의 부림을 받거나 진묵을 도와주는 산신령·금강역사·나한 등의 등장을 통해, 제9~17화는 유학자·계집종·사냥꾼·소년 등의 다양한 인물과 진묵의 관계 맺음을 통해, 진묵을 석가불의 화신으로 형상화하고 있다고 하겠다.


## 4. 부처의 나라와 '이곳'의 부처

고려시대 문헌의 불교설화는 제재 및 중심 내용에 따라 '승려의 신이한 행적', '경전과 불·보살상의 영험', '불연국토와 불·보살의 상주', '정토왕생과 현신성불'의 네 가지 유형으로 나뉜다.

먼저, '승려의 신이한 행적'을 서술하고 있는 설화들은 대체로 승전의 형식을 취하고 있으며, 치병·용궁강설·신이한 죽음의 모티프가 포함되어 있다. 이들 모티프는 이상적인 승려상이라 할 수 있는 '고승'을 드러내는 징표로 기능하고 있다. 특히 '신이한 죽음'은 아상과 분별심에서 벗어난 승려가 바로 '고승'임을 암시하고 있다.

다음으로, '경전과 불·보살상의 영험'에 관한 설화는 경전을 독송·서사하거나 불·보살에게 기도한 결과로 인해 일어난 신이한 사건들을 다루고 있다. 수혜자의 의도와 관계없이 영험이 구현되고 있는 전자와 달리, 후자의 설화들은 문제 상황이 제시되어 있고 그 문제가 불·보살상 앞에서의 기도로 해결된다는 공통점을 갖는다. 그리고 영험의 주체로 설정되어 있는 관음보살은 승려의 모습으로 화현하여 문제 상황을 해결하고 있다.

'불연국토와 불·보살의 상주'의 경우는, 신라의 국토를 부처와 인연이 깊고, 불·보살이 항상 머무르면서 그 모습을 나타내는 공간으로 형상화하고 있다. 신라의 낙산·오대산·보개산·영취산 등에 상주하고 있는 불·보살들은 대체로 진신 그대로가 아닌 모습으로 나타난다. 그리고 '현신성불'의 유형에서는 신라의 비구와 여자 종이 현재의 살아 있는 몸 그대로 부처가 되고 있다. '부처의 나라'를 형상화하고 있는 불연국토와 불·보살 상주의 유형에 이어, 이러한 형상화의 귀결로서 '신라의 부처'가 탄생하고 있는 것이다.

'부처의 나라'와 '이곳의 부처'는 조선시대 문헌의 사찰연기설화와 고승설화에서도 단절 없이 나타나고 있다. 곧 범어사·관음사·보덕굴의 연기설화에서 금정산·성덕산·금강산은 불·보살이 머무르고 있는 성지로 형상화되어 있다. 그리고 홍장·성덕과 진묵은 불·보살의 현신으로, 보덕은 살아 있는 부처로 묘사되어 있는 것이다.

그런데 신라·고려시대와 조선시대의 불교설화 모두, 불·보살의 현신과 이 땅의 부처를 주변에서 흔히 볼 수 있는 인물들로 설정하고 있다. 홍장·성덕은 평범한 시골 처녀였고, 보덕은 아버지와 걸식을 하던 민가의 여인이었으며, 진묵은 의승병에 참가하지도 않고 한 권의 저서도 남기지 않은 승려였던 것이다. 이와 같은 설정은 부처와 보살이 평범한 군중의 모습으로 우리가 있는 '이곳'에서 우리와 함께 숨 쉬고 있음을 상징하고 있는 것이라 할 수 있다. 또한 누구나 불성을 갖고 있다는 '일체중생 실유불성'의 설화적·문학적 형상화로도 볼 수 있을 것이다.

결국, 한국의 불교문헌설화는 '부처의 나라'와 '이곳의 부처'를 형상화하고 있는 내용적 경향성을 보인다고 하겠다. 이러한 특징은 설화의 본질이 꾸며 낸 이야기라는 점을 상기할 때, 설화 전승의 주체인 승려와 불교신자, 더 나아가 민중들의 '불국佛國'과 '성불成佛'에 대한 지향 내지 염원이 투영된 것에 다름 아닌 것이다.

한편, 고려시대 문헌의 불교설화는 그 내용에 있어, 중국·일본의 불교설화와 몇 가지 차이점을 보인다. 중국과 일본의 왕생설화는 대체로 왕생을 하게 된 이유에 강조점을 두고 있을 뿐, 왕생 또는 '서승西昇'의 과정에 대한 서술은 생략하고 있다. 다만, 아미타불 및 성중이 내려와 왕생인을 맞이하는 것으로 되어 있다.[30] 이에 반해, 『삼국유사』의 「포천산 오비구」는 다섯 비구가 천악이 울리는 가운데 고공무상의 이치를 설법하고 나서 유해를 벗어 버리는 것으로 묘사하고 있다.

그리고 「욱면비염불서승」과 「남백월이성 노힐부득 달달박박」처럼 주인공의 현신성불을 다루고 있는 설화 역시 중국·일본의 불교설화에서는 그 예를 찾기가 힘들다. 또한 세 나라의 불교설화가 업보윤회와 인

---

**30** 이시준, 「일본 헤이안시대의 여인왕생설화에 관한 연구」, 『외국문학연구』 36, 한국외대 외국문학연구소, 2009, 220~222쪽.

과응보의 불교 교리에 근거한 것이면서도, 중국·일본의 불교설화에서 흔히 볼 수 있는 '명부冥府'와 '악인악과惡因惡果'의 모티프[31]가 신라·고려의 불교설화에는 거의 나타나 있지 않다. 이상과 같은 특징 역시 한국 불교설화의 형성·전파·향유 주체들의 관심과 지향이 현실의 '이곳'과 '성불'에 있음을 보여 준다고 할 수 있다.

---

[31] 안정훈, 「불교설화의 중국화에 관한 고찰」, 『중국어문학논집』 58, 중국어문학연구회, 2009, 562쪽; 정환국, 「불교 영험서사와 志怪」, 『민족문학사연구』 53, 민족문학사학회, 2013, 132~135쪽; 김정미, 「『일본영이기』의 불상영험담 고찰」, 『일본학연구』 24, 일본학연구회, 2008, 238~240쪽.

## 제2장
# 『삼국유사』의 불·보살 현신現身 설화

## 1. '불·보살의 현신' 모티프

『삼국유사』 소재 불교설화에 관한 연구는 그 양과 질적인 면에서 모두 활발하게 진행되어 왔으며, 최근까지도 지속적인 논의가 이루어지고 있다. 그렇지만 대부분의 논의는 연구의 전제라고 할 수 있는 '불교설화'의 개념 규정과 『삼국유사』 소재 불교설화의 양적인 비중에 대해서는 관심을 보이고 있지 않다.[1] 그리고 논의의 내용에 있어서도 대체로 설화 각 편의 성격과 의미 파악에 그치고 있을 뿐, 『삼국유사』 소재

---

[1] 조동일, 「불교설화에서 본 숭고와 비속」, 『삼국시대 설화의 뜻풀이』, 집문당, 1989, 238쪽에서는 "흥법興法편에서 마지막인 효선孝善편에 이르기까지의 기사는 거의 다 불교설화의 연속으로 이루어져 있다."라고 하였으며, 한예원, 「『삼국유사』의 불교설화를 통해 본 편찬 의도」, 『동양한문학연구』 23, 동양한문학회, 2006, 60쪽에서는 "'왕력'의 도표를 제외하면 전체는 138조목으로 구성되고, 그중 「기이」의 일반기사 28조목을 뺀 나머지 110조목은 불교설화와 관련을 갖고 있다."라고 하였다. 이 두 논의는 여타의 논의들과 달리, 『삼국유사』에서 차지하고 있는 불교설화의 양적인 비중에 대해서 언급하고 있다. 그러나 이들 논의처럼 흥법 제3~효선 제9에 수록된 설화들이 모두 '불교설화'인지는 의문이다.

불교설화의 내용적 경향성과 전체적인 성격에 대해서는 거의 다루지 않고 있다.

한편, '불·보살의 현신現身'은 말 그대로 부처와 보살이 설화의 주인공 앞에 그 모습을 드러내는 것으로, 이 모티프를 포함하고 있는 설화들은 『삼국유사』 전체에 있어 적지 않은 비중을 차지하고 있다. 주지하다시피 그동안의 선행연구에서는 『삼국유사』의 가장 큰 특징으로 '신이사관神異史觀' 내지 '신이사神異事' 위주의 서술 방식을 지적하고 있는데, 이 '신이사'를 구성하고 있는 핵심적인 요소가 바로 '불·보살의 현신'인 것이다.[2]

그러므로 불·보살의 현신 양상과 그 의미에 대한 해명은 『삼국유사』의 불교설화, 더 나아가 『삼국유사』 전체의 내용적 특징과 성격을 규명하기 위해 반드시 필요한 문제라고 할 수 있다. 그러나 이러한 연구의 필요성과 중요성에도 불구하고, '불·보살의 현신'에 대한 구체적인 논의는 아직 이루어지지 않고 있다. 물론 이 문제에 대한 단편적인 언급 또는 부분적 논의는 있어 왔는데, 다음의 몇몇 논의가 이에 해당한다.

먼저, 황패강은 신라시대의 불교설화를 내용상의 모티프를 기준으로 ① 업보윤회業報輪廻, ② 보살행화菩薩行化, ③ 영이靈異, ④ 구법求法, ⑤ 공덕功德, ⑥ 명칭연기名稱緣起, ⑦ 왕생往生 등의 일곱 가지 유형으로 분류한 뒤, '보살행화'의 유형에서 보살의 현신 모티프를 포함하고 있는 설화들을 개관하고 있다.[3] 그는 이들 설화를 '자리이타自利利他의 대승

---

2 김상현, 「『삼국유사』에 나타난 일연의 불교사관」, 『한국사연구』 20, 한국사연구회, 1978, 51~54쪽. 한편, 김상현은 '불·보살의 현신'을 포함한 '신앙영이信仰靈異'에 대한 일연의 인식태도에 대해, "그것을 역사적 사실로 믿으려 했다기보다 그 상징적 의미를 파악하려는 노력이 있었다. 그럼에도 불구하고 많은 신앙영이를 그대로 수록한 것은 신앙심을 고무시키고자 했던 그의 불교사관佛敎史觀 때문이었다."(57쪽)라고 주장하였다.
3 황패강, 『신라불교설화연구』, 일지사, 1975, 65~74쪽.

보살大乘菩薩의 설화적 실현'으로 파악하고 있으며, 이러한 설화들을 통해 "독자는 더 가까이 보리성도菩提成道의 감격적인 세계로 끌려들어가는 것이다. 구체적인 영상 속에서 스스로의 진상眞相을 보고, 운명을 본다. 그리고 해탈의 경지를 허구로써 실감하고 종당에 기구冀求하게 되는 것이다."[4]라고 하였다.

임동주는 보살의 현신 모티프가 있는 설화를 '보살화현菩薩化現 설화'라고 명명한 뒤, '보살화현'의 원리와 양상에 대해 살펴보고 있다. 그 결과, 보살화현의 원리는 불신佛身의 '삼신론三身論'에 근거한 것으로, 보살이 본래의 모습으로 나타나는 것은 '삼신'의 '응신應身'에, 승려·여인·거사 등의 다양한 모습으로 나타나는 경우는 '삼신'의 '화신化身'에 대응된다고 하였다.[5]

조동일의 경우는 이 두 논의와 달리, 보살의 현신 양상뿐만 아니라 그 의미에 대해서도 해명을 시도하고 있어 주목된다. 곧 그는 "보살이 비속하게 나타나는 모습은 불법佛法을 지나치게 높이고 아득한 데서만 구하자는 태도를 비판했다 하겠기에 불교적 의미를 갖는다. 그러면서 숭고한 삶과 비속한 삶을 갈라놓는 사회적인 장벽을 허물어뜨리려 했다는 점에서는 세속의 문제에 대한 발언이기도 하다."[6]라고 주장하였다.

이러한 주장은 보살 현신의 모티프가 있는 설화뿐만 아니라 『삼국유사』 소재 불교설화의 성격을 시사하고 있다는 점에서 그 의의가 있다. 그렇지만 논의의 대상이 「낙산이대성洛山二大聖 관음觀音 정취正趣 조신調信」·「경흥우성憬興遇聖」·「진신수공眞身受供」·「연회도명緣會逃名 문수점

---

4 황패강, 앞의 책, 74쪽.
5 임동주, 「보살화현 설화에 나타난 보살화현의 원리와 양상—『삼국유사』 소재 설화를 중심으로」, 『국제어문』 2, 국제어문학회, 1981, 37~39쪽.
6 조동일, 앞의 논문, 245쪽.

文殊岾의 4조목뿐이라는 점에서 그 한계가 있다고 할 수 있다. 또한 이들 설화의 '불·보살 현신' 양상을 '숭고'와 대립되는 '비속함'으로 볼 수 있을지는 의문이다.

이들 논의 외에, 인권환과 김용덕은 '관음설화'를 논의하는 과정에서 관음보살의 현신 모티프에 대해 다루고 있다. 인권환은 관음보살의 현신에 있어 여자로 나타난 예가 가장 많음을 지적하고, 이러한 예를 통해 신라 관음설화의 관음은 자비와 온화의 여성적 경향이 두드러지며, 관음이 인간의 현실적 고통의 해소에 적극적·직접적으로 참여하고 있음을 알 수 있다고 하였다.[7] 그리고 김용덕은 관음이 모습을 보이는 경우는 사정이 긴박한 경우이며, 모습을 보이는 이유는 관음보살 본연의 성질인 대자비행大慈悲行에 기인한다고 하였다.[8]

그런데 이들 논의의 결과는 작품의 실상과 다소 거리가 있어 보인다. 관음보살의 현신 모티프가 들어 있는 설화들 중, 현실적 고통의 해소에 관한 설화는 그 일부에 해당하기 때문이다. 또한 「백률사」와 「민장사」 등에서는 관음보살이 여인이 아닌 비구의 모습으로 나타나고 있다.

그러므로 이 글은 이상의 문제점들을 염두에 두면서, 『삼국유사』 소재 불교설화의 문학적 성격을 규명하기 위한 작업의 일환으로, '불·보살 현신'의 양상과 그 의미에 대해 살펴보고자 한다. 이를 위해, 불·보살 현신 설화의 전체적인 현황을 검토한 뒤, '현신'의 양상을 '진신眞身의 현현顯現'과 '화현化現'의 두 가지 유형으로 나누어, 각 유형의 특징적인 국면을 고찰할 것이다. 그리고 이상의 논의를 바탕으로, '불·보살

---

[7] 인권환, 「신라 관음설화의 양상과 의미」, 『신라문화』 6, 동국대학교 신라문화연구소, 1989, 45~46쪽.
[8] 김용덕, 「관음보살신앙의 설화화 양상과 의미 연구」, 『한국언어문화』 30, 한국언어문화학회, 2006, 42~43쪽.

현신'의 의미, 더 나아가 『삼국유사』 소재 불교설화의 문학적·불교적 성격의 일면을 살펴보도록 하겠다.

## 2. 불교설화와 불·보살 현신 설화

이 글에서는 '불교설화'를 불교의 교리 내지 사상을 형상화하고 있는, 일정한 구조를 가진 꾸며 낸 이야기로 한정한다.

『삼국유사』는 왕력王曆 제1을 제외한 전체가 138조목으로 구성되어 있다. 59조목으로 이루어진 기이紀異 제2는 대부분 불교와 관련이 없는 내용이지만, 「문호왕文虎王 법민法敏」·「경덕왕景德王 충담사忠談師 표훈대덕表訓大德」·「무왕武王」의 일부는 불교설화에 해당한다. 그리고 '신라 중심의 불교문화사'라 할 수 있는 흥법興法 제3~효선孝善 제9의 79조목 중에서, 「신충괘관信忠掛冠」·「물계자勿稽子」(이상 피은避隱 제8), 「향득사지向得舍知 할고공친割股供親」·「손순매아孫順埋兒」·「빈녀양모貧女養母」(이상 효선孝善 제9) 등의 5조목은 이 글의 입장에서는 '불교설화'로 볼 수 없다. 또한 흥법 제3의 「순도조려順道肇麗」·「난타벽제難陁闢濟」·「법왕금살法王禁殺」[9] 등을 포함한 12조목의 기사는, 일정한 구조를 가진 꾸며 낸 이야기인 '설화'가 아니다.

한편, 여기에서는 되도록이면 한 조목을 한 편의 설화로 계산했으나, 한 조목을 구성하고 있는 일화들의 내용 및 성격이 확연히 구분되

---

9 이들 조목 외의 나머지 9조목은 다음과 같다. 「동경흥륜사금당십성東京興輪寺金堂十聖」(흥법 제3), 「황룡사종皇龍寺鍾 분황사약사芬皇寺藥師 봉덕사종奉德寺鍾」, 「영묘사장륙靈妙寺丈六」, 「남월산南月山」, 「천룡사天龍寺」, 「백엄사석탑사리伯嚴寺石塔舍利」, 「유덕사有德寺」(이상 탑상 제4), 「귀축제사歸竺諸師」, 「승전촉루勝詮髑髏」(이상 의해 제5).

는 경우에는 각각의 편수로 처리하였다. 곧 탑상塔像 제4의 「삼소관음 三所觀音 중생사衆生寺」는 「최은함崔殷諴」・「성태性泰」・「점숭占崇」의 3편으로, 「낙산이대성 관음 정취 조신」은 「의상義湘」・「원효元曉」・「범일梵日」・「조신調信」의 4편으로 분리하였고, 의해義解 제5의 「이혜동진二惠同塵」은 「혜숙惠宿」과 「혜공惠空」의 2편으로 계산하였다. 그 결과, 『삼국유사』 소재 불교설화는 전체 138조목 중, 65조목 71편에 해당한다고 할 수 있다. 이들 중, '불·보살 현신'의 모티프가 있는 설화는 23조목 25편이다.

이들 설화의 제목과 이들 설화에 등장하는 불·보살의 이름 및 현신의 모습 등을 도표로 정리하여 제시하면 아래와 같다.

〈표〉 『삼국유사』 소재 불교설화의 불·보살 현신 양상

| | 제목 | 출전 | 연대 | 불·보살명 | 현신의 모습 | 기타 |
|---|---|---|---|---|---|---|
| 1 | 武王 | 권2 紀異 제2 | 백제 무왕 | 미륵삼존 | 眞身 | |
| 2 | 皇龍寺丈六 | 권3 塔像 제4 | 善德王 | 문수보살 | 眞身 | |
| 3 | 皇龍寺九層塔 | 권3 塔像 제4 | 善德王 5년 (636) | 문수보살 | 眞身 | |
| 4 | 生義寺石彌勒 | 권3 塔像 제4 | 善德王 13년 (644) | 미륵보살 | 비구 | 생의의 꿈에 나타남. |
| 5 | 性泰 | 권3 塔像 제4 | 成宗 11년 (992) | 관음보살 | 비구 | 「三所觀音 衆生寺」의 중생사 주지 성태 관련 설화. 꿈에는 진신으로 나타남. |
| 6 | 栢栗寺 | 권3 塔像 제4 | 孝昭王 2년 (693) | 관음보살 | 용모가 단정한 비구 | |
| 7 | 敏藏寺 | 권3 塔像 제4 | 景德王 4년 (745) | 관음보살 | 비구 (異僧) | |
| 8 | 彌勒仙花 未 尸郎 眞慈師 | 권3 塔像 제4 | 眞智王 | 미륵보살 | 청년 | |
| 9 | 南白月二聖 努肹夫得 怛 怛朴朴 | 권3 塔像 제4 | 聖德王 8년 (709) | 관음보살 | 낭자 | |

| | | | | | | |
|---|---|---|---|---|---|---|
| 10 | 義湘 | 권3 塔像 제4 | 文武王 | 관음보살 | 眞身 | 「洛山二大聖 觀音 正趣 調信」의 의상 관련 설화. |
| 11 | 元曉 | 권3 塔像 제4 | 文武王 | 관음보살 | 벼를 베고 있는 여인, 月水帛을 빨고 있는 여인 | 「洛山二大聖 觀音 正趣 調信」의 원효 관련 설화. |
| 12 | 梵日 | 권3 塔像 제4 | 憲安王 2년 (858) | 정취보살 | 왼쪽 귀가 없는 沙彌 | 「洛山二大聖 觀音 正趣 調信」의 범일 관련 설화. |
| 13 | 臺山五萬眞身 | 권3 塔像 제4 | 聖德王 | 문수보살 | 老僧 | 자장이 중국 오대산에서 문수보살의 현신인 老僧을 만난 이야기가 포함되어 있음. |
| | | | | 비로자나불·석가불·아미타불, 지장·대세지·관음·문수보살 등 | 眞身 | |
| 14 | 溟州五臺山寶叱徒太子傳記 | 권3 塔像 제4 | 聖德王 | 上同 | 眞身 | 「대산오만진신」의 축약본. |
| 15 | 臺山月精寺五類聖衆 | 권3 塔像 제4 | | 관음보살 | 老婦 | |
| 16 | 慈藏定律 | 권4 義解 제5 | 善德王 太宗武烈王 | 문수보살 | 바구, 眞身, 늙은 거사 | |
| 17 | 眞表傳簡 | 권4 義解 제5 | 孝成王 4년 (740) | 지장보살, 미륵보살 | 眞身 | |
| 18 | 關東楓岳鉢淵藪石記 | 권4 義解 제5 | 景德王 21년 (762) | 지장보살, 미륵보살 | 眞身 | 「진표전간」과 유사한 내용. |
| 19 | 心地繼祖 | 권4 義解 제5 | 憲德王 | 지장보살 | 眞身 | |
| 20 | 廣德 嚴莊 | 권5 感通 제7 | 文武王 | 관음보살 | 여자 종 | |
| 21 | 憬興遇聖 | 권5 感通 제7 | 神文王 | 관음보살 | 비구니 | |
| | | | | 문수보살 | 초라한 모습의 거사 | |
| 22 | 眞身受供 | 권5 感通 제7 | 孝昭王 8년 (699) | 석가불 | 초라한 행색의 비구 | |
| 23 | 月明師 兜率歌 | 권5 感通 제7 | 景德王 19년 (760) | 미륵보살 | 동자 | |
| 24 | 朗智乘雲 普賢樹 | 권5 避隱 제8 | 文武王 | 보현보살 | 異人 | |
| 25 | 緣會逃名 文殊岾 | 권5 避隱 제8 | 元聖王 | 문수보살 | 밭을 갈고 있는 노인 | |

도표를 통해 알 수 있듯이, 『삼국유사』 소재 불교설화에 나타난 불·보살의 현신 양상은 크게 '진신의 현현'과 '승려 및 속인으로의 화현'으로 나눌 수 있다. 총 25편의 설화 가운데 전자는 8편, 후자는 15편이 해당한다. 「대산오만진신」과 「자장정률」은 전자와 후자가 함께 보인다. 후자는 다시 승려로 화현하는 경우(6편)와, 여인(4편)·노인(1편)·청년(1편)·동자(1편)·이인異人(1편) 등의 모습으로 나타나는 경우로 나뉘는데, 「경흥우성」에는 승려와 거사가 함께 등장하고 있다.

『삼국유사』의 불교설화에서 그 모습을 나타내고 있는 보살은 관음(11회)·문수(8회)·미륵(6회)·지장(5회)·대세지(2회)·보현(1회)·정취(1회)보살 등이고, 부처의 경우는 석가불(3회)·비로자나불(2회)·아미타불(2회) 등이다. 관음보살과 문수보살의 현신이 큰 비중을 차지하고 있음을 알 수 있다. 한 편의 설화에는 대체로 1명의 보살이나 부처가 등장하고 있지만, 「진표전간」·「관동풍악발연수석기」와 「경흥우성」에는 각각 지장·미륵보살과 관음·문수보살이 함께 나타나 있다. 또한 「대산오만진신」과 「명주오대산보질도태자전기」(이하 「보질도전기」)에서는 다수의 불·보살이 동시에 출현하고 있다.

이들 설화에 등장하는 불·보살은 현신의 모습에 따라 설화에서의 기능 내지 역할에 차이를 보이고 있는데, 다음 절의 논의 과정에서 확인할 수 있을 것이다.

## 3. 불·보살의 현신 양상

### 진신眞身의 현현顯現

'진신의 현현'은 불·보살이 본래의 모습 그대로 설화의 주인공 앞에 나타나는 예를 가리킨다. 먼저, 「황룡사장륙」과 「황룡사구층탑」에는 자장慈藏이 중국 유학시절 오대산에서 문수보살의 진신을 친견한 삽화挿話가, 각 설화의 끝과 처음 부분에 삽입되어 있다.

「황룡사장륙」은 인도의 아육왕阿育王이 조성하려다가 실패한 장륙존상丈六尊像이, 남염부제南閻浮提의 16대국과 5백의 중국 및 1만의 소국을 거쳐서도 그 완성을 이루지 못하다가, 진흥왕대의 신라에 이르러서야 완성되어 황룡사에 모셔졌다는 이야기가 중심을 이루고 있다. 이 이야기 뒤에는 문수보살의 다음과 같은 발화가 제시되어 있다.

"너희 나라의 황룡사는 바로 석가와 가섭불이 강연하던 곳으로, 연좌석宴坐石이 아직도 있다. 그렇기 때문에 인도의 아육왕이 황철黃鐵 몇 근을 모아서 바다에 띄웠던 것인데, 1300여 년이 지난 뒤에야 너희 나라에 이르러서 불상이 이루어지고 그 절에 모셔졌으니, 이는 대개 위덕威德의 인연이 그렇게 만들어 준 것이다."[10]라는 언급이 그것이다.

여기에서 문수보살은 신라의 황룡사가 현세불인 석가불과 과거불인 가섭불이 모두 강연하던 '부처'와 인연이 깊은 곳이라는 사실과, 아육왕이 실패한 장륙존상의 조성이 신라에서 성공한 것은 부처와의 인연 때문이었음을 말하고 있다. 그리고 문수보살은 「황룡사구층탑」에서는 "너

---

10 『삼국유사』 권3, 탑상 제4, 「황룡사장륙」. "汝國皇龍寺, 乃釋迦與迦葉佛講演之地, 宴坐石猶在. 故天竺無憂王, 聚黃鐵若干斤泛海, 歷一千三百餘年, 然後乃到而國, 成安其寺, 蓋威緣使然也."

희 국왕은 바로 천축天竺의 찰리종刹利種의 왕으로, 이미 불기佛記를 받았기 때문에 따로 인연이 있어 동이공공東夷共工의 종족과는 다른 것이다."[11]라고 하여, 신라의 국왕 또한 '부처'와 인연이 있음을 밝히고 있다.

사실, 이러한 '불연佛緣'의 강조는 탑상 제4의 첫머리부터 「황룡사장륙」이전까지 차례대로 실려 있는 「가섭불연좌석迦葉佛宴坐石」·「요동성육왕탑遼東城育王塔」·「금관성파사석탑金官城婆娑石塔」과, 흥법 제3의 「아도기라阿道基羅」에서도 찾을 수 있다. 곧 「가섭불연좌석」은 월성의 동쪽·용궁 남쪽에 가섭불이 좌선하던 바위가 일연 당시에도 있었음을 알려 주고 있으며, 「요동성육왕탑」·「금관성파사석탑」은 각각 고구려 요동성의 땅 밑에 인도의 아육왕이 세운 탑의 흔적이 있고, 가락국의 수로왕대에 불탑이 있었다는 사실을 보여 주고 있다. 그리고 「아도기라」에서는 아도의 어머니인 고도녕高道寧의 발화를 통해, 신라 땅에 석가불 이전의 절터가 남아 있음을 주장하고 있다.

이들 설화는 모두 신라를 포함한 '해동海東'이 부처 및 불교와 인연이 있음을 드러내고 있다. 이와 같은 '불연국토佛緣國土'의 인식 내지 관념은 「황룡사장륙」·「황룡사구층탑」에 이르러, 문수보살의 진신 출현과 그 발화를 통해 보다 객관화되고 더욱 강화되어 있다고 할 수 있다. 아도의 어머니보다는 '보살'이, 신라보다는 '중국' 오대산에 있는 문수보살의 발화가 '불연국토'를 강조하는 데 효과가 클 것이기 때문이다.

「무왕」과 「의상」의 경우는, 진신의 출현이 사찰 창건의 직접적인 계기가 되고 있다. 「무왕」에서 무왕과 선화공주는 사자사師子寺를 찾아가는 길에 익산 용화산 밑의 큰 못 가운데에서 미륵삼존이 나타나 있는 것을

---

11 『삼국유사』 권3, 탑상 제4, 「황룡사구층탑」. "汝國王是天竺刹利種王, 預受佛記, 故別有因緣, 不同東夷共工之族."

목격한다. 이로 인해 무왕은 지명 법사知命法師의 도움을 받아 미륵삼존이 출현했던 곳에 미륵사를 창건하고 있는 것이다.[12] 「의상」에서도 의상은 관음보살의 진신을 친견한 뒤에 낙산사를 짓고 있는데, 아무 말도 없던 「무왕」의 미륵삼존과는 달리, 관음보살은 직접 의상에게 절을 지을 것과 절을 지을 장소를 가르쳐 주고 있다. 곧 "좌상座上의 산마루에 한 쌍의 대나무가 솟아날 것이니, 그곳에 불전佛殿을 짓는 것이 마땅하다."[13]라는 언급이 이에 해당한다.

그런데 이 두 설화의 미륵과 관음은 단순히 창사의 계기로만 기능하고 있지 않다. 의상은 관음보살의 말대로 대나무가 솟아 있는 곳에 절을 짓고 관음상을 만들어 모셨다. 그러자 대나무가 사라졌고, 이를 통해 의상은 이곳이 관음의 진신이 살고 있는 곳임을 알게 된다.[14] 곧 이들 설화에서 진신의 현현은 익산과 낙산이 바로 그들이 상주하는 곳임을 보여 주는 것이다.

'보살의 상주처'는 이 두 곳에 국한되지 않는다. 비록 진신은 아니지만, 「대산오만진신」의 도입부에서 문수보살은 노승老僧으로 화현하여 자장에게 강원도의 오대산이 문수보살이 항상 머무는 곳임을 알려 준다.[15] 그리고 이 삽화에 이어, 정신淨神대왕의 태자인 보천寶川과 효명孝明 형제가 오대산에 들어가 암자를 짓고 부지런히 선업善業을 닦던 어느 날,

---

12 『삼국유사』 권2, 기이 제2, 「무왕」. "一日, 王與夫人欲幸師子寺, 至龍華山下大池邊, 彌勒三尊出現池中, 留駕致敬. …(中略)… 詣知命所, 問塡池事, 以神力, 一夜頹山塡池爲平地. 乃法像彌勒三尊, 殿塔廊廡各三所創之, 額曰彌勒寺."
13 『삼국유사』 권3, 탑상 제4, 「낙산이대성 관음 정취 조신」. "於座上山頂, 雙竹湧生, 當其地作殿宜矣."
14 『삼국유사』 권3, 탑상 제4, 「낙산이대성 관음 정취 조신」. "師聞之出窟, 果有竹從地湧出, 乃作金堂, 塑像而安之, 圓容麗質, 儼若天生, 其竹還沒, 方知正是眞身住也."
15 『삼국유사』 권3, 탑상 제4, 「대산오만진신」. "汝本國民方溟州界有五臺山, 一萬文殊常住在彼, 汝住見之."

그들 앞에 펼쳐진 다음과 같은 광경이 묘사되어 있다.

"하루는 (형제가) 함께 다섯 봉우리에 올라가 우러러 배례하려고 하니, 동대東臺인 만월산에 1만 관음보살의 진신眞身이 나타나 있었다. 또한 남대南臺인 기린산에는 8대보살을 수위로 한 1만 지장보살, 서대西臺인 장령산에 무량수여래無量壽如來를 수위로 한 1만 대세지보살, 북대北臺인 상왕산에는 석가여래를 수위로 한 5백 대아라한, 중대中臺인 풍로산에는 비로자나불을 수위로 한 1만 문수보살이 나타나 있었다. 이와 같은 5만 진신에게 일일이 예배하였다."[16]가 그것이다. 석가불·비로자나불·아미타불의 부처와 문수·관음·지장·대세지보살 등 다수의 불·보살이 모습을 나타내고 있는 것이다.

「대산오만진신」의 축약본이라 할 수 있는 「보질도전기」에서도 '5만 진신'의 출현에 대해 묘사하고 있는데, 앞의 인용문과 큰 차이가 없다.[17] 이들 설화의 이러한 묘사는 강원도의 오대산이 바로 불·보살의 상주처임을 표현하고 있는 것에 다름 아니다.

결국, 불·보살의 '진신'과 그 발화는 신라가 불교의 전래 이전부터 '불연'이 깊은 곳이자, 불·보살이 항상 머물고 있는 곳임을 보여 준다고 할 수 있다. 곧 진신의 현현은 신라가 '불국토'임을 형상화하고 있는 것이다.

---

16 『삼국유사』 권3, 탑상 제4, 「대산오만진신」. "一日, 同上五峯瞻禮次, 東臺滿月山, 有一萬觀音眞身現在. 南臺麒麟山, 八大菩薩爲首一萬地藏, 西臺長嶺山, 無量壽如來爲首一萬大勢至, 北臺象王山, 釋迦如來爲首五百大阿羅漢, 中臺風盧山亦名地盧山, 毗盧遮那爲首一萬文殊. 如是五萬眞身, 一一瞻禮."

17 『삼국유사』 권3, 탑상 제4, 「명주오대산보질도태자전기」. "兄弟二人, 禮念修行, 五臺進敬禮拜, 靑在東臺滿月形山, 觀音眞身一萬常住. 赤任南臺麒麟山, 八大菩薩爲首一萬地藏菩薩常住, 白方西臺長嶺山, 無量壽如來爲首一萬大勢至菩薩常住, 黑掌北臺相王山, 釋迦如來爲首五百大阿羅漢常住, 黃處中臺風爐山. 亦名地爐山, 毗盧遮那爲首一萬文殊常住."

## 승려와 속인으로의 화현化現

불·보살이 본래의 모습이 아닌 다른 모습으로 화현하는 경우는, 크게 승려와 속인으로 나눌 수 있다. 먼저, 불·보살이 승려의 모습으로 현신하는 예들을 살펴보면 다음과 같다.

우금리에 사는 가난한 여인 보개寶開에게 장춘長春이란 아들이 있었다. 바다의 장사꾼을 따라다녔는데, 오랫동안 소식이 없었다. 그의 어머니가 민장사 관음보살상 앞으로 가서 7일 동안 기도를 드렸더니 장춘이 갑자기 돌아왔다. 그 내력을 물으니 장춘이 대답했다. "바다 가운데에서 회오리바람을 만나 배가 부서져 동료들은 모두 죽음을 면하지 못했습니다만, 저는 널빤지를 타고 오나라 해변에 닿았습니다. 오나라 사람들은 저를 데려다가 들에서 농사를 짓게 했습니다. 그러다가 어느 날 한 이승異僧이 고향에서 온 것처럼 저를 은근히 위로하고는 저를 데리고 동행하는데, 앞에 깊은 개천이 나오자 스님은 저를 옆에 끼고 개천을 건너뛰었습니다. 정신이 희미한 가운데 우리말 소리와 우는 소리가 들리므로 그곳을 살펴보니, 벌써 여기에 와 있는 것입니다." 신시申時에 오나라를 떠났다는데 이곳에 이른 것은 겨우 술시戌時 초였다. 그때는 곧 천보天寶 4년 을유(745) 4월 8일이었다. 경덕왕은 이 소식을 듣고 민장사에 밭을 시주하고 또 재물도 바쳤다.[18]

---

[18] 『삼국유사』 권3, 탑상 제4, 「민장사」. "禺金里貧女寶開, 有子名長春, 從海賈而征, 久無音耗. 其母就敏藏寺, 觀音前, 克祈七日, 而長春忽至. 問其由緒, 曰海中風飄舶壞, 同侶皆不免, 子乘隻板, 歸泊吳涯. 吳人收之, 耕于野. 有異僧如鄉里來, 弔慰勤勤, 率我同行, 前有深渠, 僧掖我跳之. 昏昏間如聞鄉音與哭泣之聲, 見之乃已屆此矣. 申時離吳, 至此戌初. 卽天寶四年乙酉四月八日也. 景德王聞之, 施田於寺, 又納財幣焉."

인용문은 「민장사」의 전문全文이다. 이 설화는 요원了圓의 『법화영험
전法華靈驗傳』(14세기 후반)에는 「흑풍취기선방黑風吹其船舫」이란 제목으
로, 성임成任(1421~1484)의 『태평통재太平通載』 권20에는 「보개寶開」라는
제목으로 수록되어 있는데, 당시 널리 향유되던 불교설화였음을 알 수
있다.

세 문헌에 실린 설화 모두, 우금리에 사는 가난한 여인인 보개가 장
사 떠났다가 오랫동안 소식이 없는 아들 장춘의 무사귀환을 위해 민장
사의 관음보살상 앞에서 7일 동안 기도하였고, 그 결과 장춘이 집으로
돌아왔다는 내용으로 되어 있다. 인용문을 보면, 오나라에 표류한 장
춘이 집으로 돌아오게 된 것은 그를 찾아온 '이승異僧'의 도움 때문이었
음을 알 수 있다. 설화의 문면에는 직접적으로 나타나 있지 않지만, 이
'이승'은 바로 민장사의 관음보살이 화현化現한 것이다.

이 설화 외에, 같은 탑상 제4에 실려 있는 「백률사」와 「성태」에서도 관
음보살의 현신이 문제 상황을 해결하고 있다. 전자는 말갈족에게 붙잡
혀 간 국선國仙 부례랑夫禮郎을 위해 그의 부모가 백률사의 관음보살상
에게 기도하니, '용의容儀가 단정한 승려'가 나타나 부례랑과 그의 동료
인 안상安常을 무사히 고국으로 데리고 왔다는 내용이다.[19]

후자의 경우는, 중생사의 주지인 성태가 더 이상 시주가 없어 절을
떠나려 하자, 중생사의 관음보살이 승려의 모습으로 화현하여 두 사람
의 시주를 데리고 왔다는 것이다.[20] 이 일이 있기 전, 관음보살의 진신

---

19 『삼국유사』 권3, 탑상 제4, 「백률사」. "郎二親就栢栗寺大悲像前, 禋祈累夕, 忽香卓上得
琴笛二寶, 而郎常二人, 來到於像後. …(中略)… 忽有一僧, 容儀端正, 手携琴笛來慰曰,
憶桑梓乎. …(中略)… 乃批笛爲兩, 分與二人, 各乘一隻, 自乘其琴, 泛泛歸來, 俄然至
此矣."
20 『삼국유사』 권3, 탑상 제4, 「삼소관음 중생사」. "主寺釋性泰, 跪於菩薩前, 自言弟子久
住玆寺, 精勤香火, 晝夜匪懈. 然以寺無田出, 香祀無繼, 將移他所, 故來辭爾. 是日假寐

은 기도를 마친 성태의 꿈에 나타나 "스님은 아직 여기에 머물러 있고 멀리 떠나지 말라. 내가 시주를 해서 제사에 쓸 비용을 충분히 마련해 주겠다."라는 약속을 하고 있다. 이렇듯 이들 3편의 설화는 문제 상황이 제시되어 있고, 그 문제가 관음보살상 앞에서의 기도로 인해 해결되며, 해결의 주체는 관음보살의 화현인 승려라는 공통점을 갖는다.

그런데,「생의사석미륵」과「범일」에서의 '승려'는 문제 상황의 해결과 관련이 없고, 오히려 '진신의 현현'의 경우처럼 '불국의 형상화'와 관련이 있다.「생의사석미륵」은 선덕왕대의 승려인 생의의 꿈에 한 승려가 나타나 자신이 남산의 골짜기 속에 묻혀 있으니 그곳에서 파내어 편한 곳에 묻어 달라 부탁하고, 이에 생의가 그곳에 찾아가 땅을 파니 돌미륵이 나왔다는 내용이다.[21] 생의의 꿈에 나타난 승려는 바로 미륵보살이 화현한 것으로, 남산의 골짜기 속에 자신이 묻혀 있다는 것은 그곳이 미륵보살의 상주처임을 표현한 것이라 할 수 있다. 곧 신라의 남산은 미륵보살의 상주처가 되는 것이다.

「범일」 역시 보살이 승려로 현신하여 범일에게 부탁하는 내용으로 되어 있다. 중국으로 유학 간 범일은 명주明州 개국사開國寺의 법회에서 정취보살의 현신인 왼쪽 귀가 없는 사미沙彌를 만나는데, 그는 범일에게 자신이 사는 곳의 위치를 알려 준 뒤, 신라에 돌아가면 자신을 위해 새집을 지어 줄 것을 부탁하고 있다. 그 후 사미승은 약속을 잊은 범일

---

夢大聖謂曰, <u>師且住無遠離, 我以緣化充齋費</u>. …(中略)… 後十三日, 忽有二人, 馬載牛駄, 到於門前. …(中略)… 寺僧引入法堂前, 其人瞻禮大聖, 相謂曰, <u>此緣化比丘之像也</u>. 驚嘆不已."

21 『삼국유사』 권3, 탑상 제4,「생의사석미륵」. "善德王時, 釋生義常住道中寺. 夢有僧引上南山而行, 令結草爲標, 至山之南洞, 謂曰, 我埋此處, 請師出安嶺上. 旣覺, 與友人尋所標, 至其洞掘地, 有石彌勒出, 置於三花嶺上. 善德王十三年甲辰歲, 創寺而居, 後名生義寺."

의 꿈에 다시 나타나 집을 짓기로 한 약속을 상기시킨다. 이에 범일은 사미승이 알려 줬던 곳에 찾아가서 귀 한쪽이 떨어진 정취보살의 석상石像을 발견하고, 낙산 위에 절을 지어 정취보살상을 모시고 있다.[22]

이 설화에서 정취보살의 화현인 사미승은 범일에게 "나도 또한 한 고향 사람으로 내 집은 명주의 경계인 익령현 덕기방에 있습니다."라는 말을 하고 있다. 자신의 집이 강원도 명주에 있다는 것은 바로 그곳이 정취보살의 상주처라는 사실에 다름 아닌 것이다. 이상의 내용을 통해, 「생의사석미륵」과 「범일」의 두 설화는 앞 절에서 살펴보았던 '진신의 현현'과 마찬가지로, 신라가 불·보살이 항상 머물고 있는 '불국'임을 형상화하고 있음을 알 수 있다.

8년 정유丁酉에 낙성회를 열어 효소왕이 친히 가서 공양했다. 그때 한 비구승이 있었는데, 모습이 누추했다. 그는 몸을 움츠리고 뜰에 서서 청했다. "빈도貧道도 재에 참석시켜 주기를 바랍니다." 왕은 그에게 말석에 참예하라 허락했다. 재를 마치려 하자, 왕은 그를 희롱하고 비웃었다. "비구는 어디 사는가?" 중은 말했다. "비파암琵琶巖에 있습니다." 왕이 말했다. "지금 가거든 다른 사람들에게 국왕이 친히 불공하는 재에 참석했다고 말하지 말라." 중은 웃으면서 대답했다. "폐하도 또한 다른 사람들에게 진신 석가를 공양했다고 말하지 마시오." 말을 마치자 몸을 솟구쳐 하늘에 떠서 남쪽으로 향하여 가 버렸다. 왕은 놀랍고

---

22 『삼국유사』 권3, 탑상 제4, 「낙산이대성 관음 정취 조신」. "後有崛山祖師梵日, 太和年中入唐, 到明州開國寺. 有一沙彌截左耳, 在衆僧之末, 與師言曰, 吾亦鄕人也, 家在溟州界翼嶺縣德耆坊, 師他日若還本國, 須成吾舍. …(中略)… 夜夢昔所見, 沙彌到窓下曰, 昔在明州開國寺, 與師有約, 旣蒙見諾, 何其晚也. 祖師驚覺, 押數十人, 到翼嶺境, 尋訪其居. …(中略)… 水中有一石佛, 昇出之, 截左耳, 類前所見沙彌, 卽正趣菩薩之像也. 乃作簡子, 卜其營構之地, 洛山上方吉, 乃作殿三間安其像."

부끄러워 동쪽 산에 달려 올라가서 그가 간 방향을 향해 멀리서 절하고 사람들에게 가서 찾게 했다. 그는 남산 삼성곡參星谷에 이르러 바위 위에 지팡이와 바리때를 놓아두고 숨어 버렸다. 사자가 와서 복명復命하니, 왕은 드디어 석가사釋迦寺를 비파암 아래에 세우고, 불무사佛無寺를 그의 자취가 없어진 곳에 세워 지팡이와 바리때를 나누어 두었다.[23]

위의 인용문은 「진신수공」을 옮긴 것이다. 인용문에서 효소왕은 행색이 초라한 비구가 자신이 주관하는 망덕사의 낙성회에 참석할 것을 청하자, 이를 허락한 뒤에 국왕이 친히 주관한 법석에 참석한 사실을 다른 사람들에게 알리지 말라고 한다. 그러자 그 비구는 "폐하도 또한 다른 사람들에게 석가의 진신을 공양했다고 말하지 마시오."라고 한 뒤 몸을 솟구쳐 남쪽 하늘로 날아가고 있다. 인용문의 밑줄 친 부분과 비파암 아래에 석가사를 지었다는 기사를 통해, 「진신수공」 역시 '불·보살의 상주'를 형상화한 것으로 볼 여지가 있다.

그러나 이야기의 중심은 석가불의 화현인 비구와 효소왕의 대화에 있고, 이들의 대화를 통해 겉모습만으로 사람을 판단하는 '분별심'에 대한 경계가 이 설화의 주지임을 알 수 있다. 불·보살이 승려로 화현하는 설화들에서 분별심에 대한 경계는 「진신수공」이 유일한 예에 속한다. 그렇지만 보살이 속인으로 화현하는 경우에는, 이러한 '분별심에 대한 경계'가 적지 않은 비중을 차지하고 있다.

---

[23] 『삼국유사』 권5, 감통 제7, 「진신수공」. "八年丁酉, 設落成會, 王親駕辦供. 有一比丘, 儀形疎陋, 局束立於庭, 請曰, 貧道亦望齋, 王許赴床杪. 將罷, 王戲調之曰, 住何所. 僧曰, 琵琶. 王曰, 此去, 莫向人言, 受國王親供之齋. 僧笑答曰, 陛下亦莫與人言, 供養眞身釋迦. 言訖, 湧身凌空, 向南而行. 王驚愧, 馳上東岡, 向方遙禮, 使往尋之. 到南山參星谷石上, 置錫鉢而隱. 使來復命, 遂創釋迦寺於琵琶下, 創佛無寺於滅影處, 分置錫鉢焉."

(1) 신문왕이 왕위에 올라 (경흥을) 국로國老로 책봉하고 삼랑사三郎寺에 살게 했다. 경흥이 갑자기 병이 나서 한 달이 넘도록 앓았다. 한 비구니가 와서 그를 문안하고 『화엄경』 가운데서 '착한 벗이 병을 치료해 준다는 이야기'를 말했다. "지금 스님의 병은 근심으로 생긴 것이니, 즐겁게 웃으면 나을 것입니다." 이에 열한 가지 모습의 우스꽝스러운 춤을 추니, 뾰족하기도 하고 깎은 듯도 하여 그 변하는 모습이 이루 다 말할 수 없었다. 모두 너무 우스워 턱이 떨어질 지경이었다. 이에 경흥의 병은 자기도 모르게 씻은 듯이 나았다. 비구니는 마침내 문을 나가더니 남항사南巷寺로 들어가서 숨어 버렸는데, 지니고 있던 지팡이만 십일면 관음보살상의 탱화 앞에 있었다.

(2) 경흥이 어느 날 대궐에 들어가려 하니, 시종하는 이들이 동문 밖에서 먼저 채비를 차렸다. <u>그런데 말의 안장과 신과 갓이 매우 화려하여 행인들이 길을 비켰다.</u> 그때 모습이 거칠고 엉성한 한 거사가 손에 지팡이를 짚고 등에 광주리를 지고 와서 하마대下馬臺 위에서 쉬고 있었는데, 광주리 안에는 마른 물고기가 있었다. 시종하는 이가 그 거사를 꾸짖었다. "너는 중 옷을 입고서 어찌 부정한 물건을 짊어지고 있느냐?" 거사는 말했다. "두 다리 사이에 산 고기를 끼고 있는 것보다는 시장의 마른 고기를 지고 있는 것이 뭐가 나쁘냐?" 거사는 말을 마치자 일어나 가 버렸다. 경흥은 그때 문을 나오다가 그 말을 듣고 사람을 시켜 그 거사를 뒤쫓게 했더니, 남산의 문수사文殊寺 문밖에 이르러 광주리를 내던지고 숨어 버렸다. 지팡이는 문수보살상 앞에 있었으며, 마른 물고기는 곧 소나무 껍질이었다. 사자가 와서 이 사실을 알리니, 경흥은 듣고 탄식하였다. "대성大聖 문수보살이 와서 내가 말 타는 것을 경계하셨구나." 그 후 경흥은 종신토록 다시 말을 타지 않았다.[24]

「경흥우성」은 뒤에서 살펴볼 「자장정률」과 함께 여타의 설화들과 달리, 한 편의 설화 안에 보살의 화현으로 승려와 거사가 함께 등장하고 있다. 이 설화는 인용문에서 보듯이, (1)과 (2)의 두 일화로 구성되어 있다. (1)의 일화는 신문왕에 의해 국로로 책봉된 경흥이 갑자기 병이 들자, 한 비구니가 찾아와 11가지 모습의 우스운 춤으로 경흥의 병을 낫게 하였다는 내용이다. 비구니는 춤을 추고 난 뒤 남항사에 숨어서 찾을 수가 없었는데, 그녀가 갖고 있었던 지팡이만 11면 관음보살상의 탱화 앞에 놓여 있었다고 한다. 곧 이 비구니는 바로 관음보살의 화현으로, 「민장사」·「백률사」의 '이승'·'용의 단정한 승려'의 경우처럼, 문제 상황을 해결하는 시혜의 주체로 설정되어 있다.

일화 (2)의 경우는 조금은 다른 양상을 보인다. 병이 나은 경흥이 대궐에 들어갈 채비를 할 때, 경흥의 시종이 마침 하마대 위에서 쉬고 있는 초라한 행색의 거사를 발견한다. 거사는 한 손에 지팡이를 짚고 있었고, 그가 등에 지고 있었던 광주리에는 마른 물고기가 들어 있었다. 시종이 거사에게 승복을 입은 사람이 물고기를 갖고 있다고 나무라자, 거사는 살아 있는 고기를 다리 사이에 끼고 있는 것보다는 나쁘지 않다고 응수한 뒤 자리에서 일어나 가 버렸다. 이때 그 말을 들은 경흥이 시종을 시켜 쫓아가게 하니 거사는 남산 문수사 앞에서 사라지고, 그가

---

**24** 『삼국유사』 권5, 감통 제7, 「경흥우성」. "神文卽位, 冊爲國老, 住三郞寺. 忽寢疾彌月, 有一尼來謁候之, 以華嚴經中, 善友原病之說爲言曰, 今師之疾, 憂勞所致, 喜笑可治. 乃作十一樣面貌, 各作俳諧之舞, 巉巖戌削, 變態不可勝言, 皆可脫頤. 師之病不覺洒然, 尼遂出門, 乃入南巷寺而隱, 所將杖子, 在幀畫十一面圓通像前. 一日將入王宮, 從者先備於東門之外, 鞍騎甚都, 靴笠斯陳, 行路爲之辟易. 一居士形儀疎率, 手杖背筐, 來憩于下馬臺上, 視筐中乾魚也. 從者呵之曰, 爾着緇, 奚負觸物耶. 僧曰, 與其挾生肉於兩股間, 背負三市之枯魚, 有何所嫌, 言訖起去. 興方出門, 聞其言, 使人追之, 至南山文殊寺之門外, 抛筐而隱. 杖在文殊像前, 枯魚乃松皮也. 使來告, 興聞之歎曰, 大聖來戒我騎畜爾. 終身不復騎."

짚었던 지팡이만 문수보살상 앞에 있었다는 것이다. 그 후 경흥은 다시는 말을 타지 않았다고 하는데, 이 일화는 선행연구자의 지적처럼 13세기 당시에 성행하던 승려들의 승마乘馬에 대한 일연의 비판의식이 투영된 것이라 할 수 있다.[25]

그렇지만 인용문 (2)의 밑줄 친 부분과, 문수보살의 화현인 거사의 모습이 '형의소솔形儀疎率'로 묘사되어 있는 점, 그리고 (2)의 일화가 경흥이 아닌 경흥의 시종과 거사의 대화로 일관하고 있다는 점에 주목하면, 다음과 같은 해석도 가능하다. 곧 거사의 발화는 '국로'라는 직책에 얽매여 신분과 지위를 분별하는 마음이 생긴 경흥에 대한 경책으로 볼 수 있는 것이다. 또한 국로가 된 지 얼마 안 있어 병이 난 경흥을 관음보살이 스스로 찾아와 병을 낫게 해 줬다는 (1)의 내용까지 고려하면, 이 일화는 출가자의 초심을 잃어버리고 민중과 멀어진 경흥 및 경흥과 같은 부류의 승려들에 대한, 설화의 전승 주체와 일연의 비판의식이 반영된 것으로도 해석할 수 있을 것이다.

어떤 늙은 거사가 남루한 방포方袍를 입고 칡으로 만든 삼태기에 죽은 강아지를 담아 메고 와서 시자에게 말했다. "자장을 보려고 왔다." 시자는 말했다. <u>"내가 좌우에서 시종侍從한 후로 아직 우리 스승님의 이름을 부르는 자를 보지 못했는데,</u> 너는 어떤 사람이기에 이처럼 미친 말을 하느냐?" 거사가 말했다. "다만 너의 스승에게 아뢰기만 하라." 시자가 들어가서 아뢰니 자장도 이를 깨닫지 못하고 말했다. "아마 미친 사람인가?" 시자가 가서 꾸짖어 내쫓으니 거사는 말했다. <u>"돌아가겠

---

25 김상현, 앞의 논문, 40쪽에서는, "일연은 승려들의 승마가 불교의 윤리에 어긋나는 것임을 강조했다. 고려시대에는 승마하는 승려들이 상당히 많았다. 승려들이 말을 달리다가 행인을 밟아 죽이는 일까지 있을 정도였다."라고 하였다.

다, 돌아가겠다. 아상我相을 가진 자가 어찌 나를 볼 수 있겠는가?" 그리고 삼태기를 거꾸로 터니 개가 변하여 사자보좌獅子寶座가 되었는데, 거기에 올라앉자 빛을 나타내고는 가 버렸다. 자장은 이 말을 듣고 그제야 위의威儀를 갖추고, 그 빛을 찾아 서둘러서 남쪽 고개에 올라갔으나 벌써 까마득하여 따라가지 못하고, 마침내 (고개에서) 떨어져 세상을 마쳤다. 시체는 화장하여 유골을 석혈石穴 안에 안치했다.[26]

「자장정률」은 ① 가계 소개 및 태몽, ② 원녕사元寧寺에서의 고행 및 출가, ③ 중국에서의 문수보살 친견, ④ 중국에서의 활동, ⑤ 귀국, ⑥ 황룡사에서의 보살계본菩薩戒本 강설과 대국통大國統 임명, ⑦ 대국통으로서의 활동, ⑧ 문수보살의 현신 친견 및 죽음 등의 내용으로 구성되어 있다. 이 설화에서 문수보살은 자장의 앞에 세 차례 현신하고 있는데, 각각 비구·진신眞身·노거사老居士로 나타나고 있다. 자장은 비구와 진신으로 현신한 문수보살과는 만나서 대화까지 나누지만, 마지막 현신인 늙은 거사는 자신을 찾아왔음에도 불구하고 그의 존재를 알아채지 못한다.

인용문은 설화의 끝부분인 ⑧의 내용에 해당한다. 인용문에서 자장은 죽은 강아지를 담은 삼태기를 멘 채, 자신을 찾아온 허름한 차림의 늙은 거사가 문수보살임을 알아보지 못한다. 뒤늦게 사실을 알고 문수보살을 찾으러 갔으나 만나지 못하고 결국, 고개에서 몸을 던져 죽는다. 『삼국유사』뿐만 아니라 여타의 불교설화에서 '고승'이 스스로 목숨

---

26 『삼국유사』 권4, 의해 제5, 「자장정률」. "有老居士, 方袍襤褸, 荷葛簣, 盛死狗兒, 來謂侍者曰, 欲見慈藏來爾. 門者曰, 自奉巾箒, 未見忤吾師諱者, 汝何人斯, 爾狂言乎. 居士曰, 但告汝師, 遂入告. 藏不之覺曰, 殆狂者耶. 門人出詰逐之, 居士曰, 歸歟歸歟, 有我相者, 焉得見我. 乃倒簣拂之, 狗變爲師子寶座, 陞坐放光而去. 藏聞之, 方具威儀, 尋光而趨登南嶺, 已杳然不及, 遂殞身而卒. 茶毗安骨於石穴中."

을 끊는 경우는 이 자장의 예가 유일하다.

이렇듯 자장이 비극적인 죽음을 맞이하게 된 이유는 인용문의 밑줄 친 부분인 시종과 문수보살의 발화에서 짐작할 수 있다. 곧 자장의 '아상'과 '분별심'이 그 이유로, 가장 높은 승직僧職의 대국통이었던 자장이라도 아상과 분별심은 끝내 버리지 못했던 것이다. 아니, 오히려 '대국통'을 역임했다는 '아상我相'으로 인한 분별심 때문에, 그 이전에는 만날 수 있었던 문수보살의 현신에 대해 그 존재조차 알아채지 못했던 것이라 할 수 있다.

이들 설화 외에, 관음보살과 문수보살이 각각 여인과 노인으로 화현하고 있는 「원효」·「남백월이성 노힐부득 달달박박」(이하 「남백월이성」)과 「연회도명 문수점」에서도 아상으로 인한 분별심을 경계하고 있다.

먼저, 원효는 관음보살의 진신을 만나기 위해 낙산을 찾는다. 관음보살이 있다는 동굴을 찾아가는 도중, 흰 옷을 입고 벼를 베는 여인과 월수백月水帛을 빨고 있는 여인을 차례대로 만난다. 원효는 벼를 베는 여인에게 아직 익지도 않은 벼를 달라고 희롱하고, 월수백을 빨고 있는 여인에게는 물을 달라고 청한다. 그런데 이 두 여인은 낙산에 상주하고 있는 관음보살의 현신으로, 원효는 이러한 사실을 뒤늦게 알게 되고 결국은 관음보살의 진신 친견에 실패하고 만다.27

자신의 눈앞에 나타난 여인들이 바로 자신이 찾던 관음보살임을 알지 못했던 것이다. 이 설화는 삼계三界가 오직 마음에 있음을 깨달아 중국 유학을 포기했던 원효조차도 아상으로 인한 분별심을 버리지 못했

---

27 『삼국유사』 권3, 탑상 제4, 「낙산이대성 관음 정취 조신」, "後有元曉法師, 繼踵而來, 欲求瞻禮. 初至於南郊, 水田中有一白衣女人刈稻, 師戲請其禾, 女以稻荒戲答之. 又行至橋下, 一女洗月水帛, 師乞水, 女酌其穢水獻之, 師覆棄之, 更酌川水而飲之. …(中略)… 方知前所遇, 聖女乃眞身也. …(中略)… 師欲入聖窟, 更觀眞容, 風浪大作, 不得入而去."

음을 보여 주고 있다. 이러한 원효의 예를 통해, 그만큼 아상과 분별심의 극복이 어려운 일이자, 동시에 아상과 분별심의 극복이 필요하다는 사실을 독자들에게 알려 주고 있는 것이다.

그리고 「연회도명 문수점」은 사람의 행색이 아닌, 성聖·속俗의 정淨·염染을 분별하는 마음을 경계하고 있다. 연회는 원성왕이 자신을 국사로 삼으려 한다는 소식을 듣고 이를 피하기 위해 산속으로 도망간다. 도중에 문수보살의 화현인 밭을 가는 노인을 만나고, 노인으로부터 "여기에서도 가히 (이름을) 팔 수가 있을 텐데 어째서 수고로이 멀리 팔려고 하십니까. 스님이야말로 이름 팔기를 싫어하지 않는다고 하겠습니다."[28]라는 말을 듣는다. 그는 이 말로 인해 깨달은 바가 있어 왕의 명령대로 국사가 되었다는 것이다. 여기에서 밭 가는 노인의 발화는 '성'과 '속'을 잣대로 '깨끗함'과 '더러움'을 분별하고 있는 연회에 대한 경책으로, 이 설화 역시 아상으로 인한 분별심을 문제 삼고 있음을 알 수 있다.

「남백월이성」의 경우는, 성덕왕대의 승려인 노힐부득과 달달박박이 관음보살의 현신인 '나이 20세에 가깝고 얼굴이 매우 아름다운 낭자(有一娘子機二十, 姿儀殊妙)'의 도움으로 각각 미륵불과 아미타불로 성불했다는 내용이다.

선행연구에서는 이 설화에 대해, "소승적인 자리自利의 수행과 대승적인 자리이타自利利他의 수행을 대비시켜 후자가 견성성불見性成佛의 참다운 길임을 보인 것"[29]으로 이해하고 있다. 그렇지만 하룻밤만 재워 달라는 낭자의 부탁을 거절한 달달박박의 이유에 주목하면 조금은

---

**28** 『삼국유사』 권5, 피은 제8, 「연회도명 문수점」. "於此可賣, 何勞遠售, 師之謂賣名無厭乎."
**29** 황패강, 앞의 책, 67쪽.

다른 해석도 가능하다. 곧, "난야蘭若는 깨끗해야 하는 것이니 그대가 가까이 올 곳이 아니오. 어서 다른 데로 가고 여기에서 지체하지 마시오."[30]라는 발화가 그것이다. 이 발화는 중생에 대한 달달박박의 자비심이 부족함을 나타낸 것으로 읽힐 여지가 있다.

그렇지만 난야, 즉 수행처는 깨끗한 곳이고, 여자는 오지 말아야 하는 곳이라는 언급은 바로 달달박박의 '분별심'을 표현한 것에 다름 아니다. 이 '분별심' 때문에 달달박박은 수행에 정진했음에도 불구하고, 분별심 없이 '수순중생隨順衆生'한 노힐부득보다 늦게 성불한 것이라 할 수 있다. 그렇다면, 「진신수공」·「자장정률」·「연회도명 문수점」 등의 설화에서 아상으로 인한 분별심을 경계하고 있는 것에 더 나아가, 여기에서는 분별심의 극복을 성불의 방법으로 제시한 것이 된다. 이렇듯 분별심에 대한 경계 내지 극복을 강조하고 있는 점은, '화현'의 모티프가 들어있는 『삼국유사』 불교설화의 특징적인 국면 중의 하나로 지적할 수 있을 것이다.

한편, 관음보살과 보현보살이 각각 노부인老婦人과 이인異人으로 화현하고 있는 「대산월정사오류성중」과 「낭지승운 보현수」는 '불국의 형상화'와 관련이 있다. 전자의 신효 거사信孝居士는 자신이 살 곳을 찾아다니다가 오대산의 산길에서 관음보살의 화현인 늙은 부인을 만난다. 그 부인은 신효 거사에게 "서쪽 고개를 넘으면 북쪽으로 향한 골짜기가 있는데, 거기가 살 만합니다."라는 말을 남기고 사라진다. 신효 거사는 노부인의 말에 따라 그곳에 가서 살았는데, 훗날 그곳에 월정사가 세워졌다는 것이다.[31]

---

30 『삼국유사』 권3, 탑상 제4, 「남백월이성 노힐부득 달달박박」. "朴朴曰, 蘭若護淨爲務, 非爾所取近, 行矣無滯此處, 閉門而入."
31 『삼국유사』 권3, 탑상 제4, 「대산월정사오류성중」. "士自慶州界至河率, 見人多是人形,

그리고 후자에서 지통智通은 어느 날 울주의 영취산에 가서 낭지의 제자가 되라는 까마귀의 말을 듣는다. 그는 까마귀의 말대로 낭지를 만나러 가던 중 영취산에 이르러 골짜기 안의 나무 밑에 쉬고 있었다. 그때 한 '이인'이 그에게 와서 "나는 보현보살인데 너에게 계품戒品을 주려고 왔다."라고 말한 뒤, 계를 주고 사라졌다.[32] 이상의 내용에서 알 수 있듯이, 신효 거사와 지통은 각각 오대산과 영취산의 산길에서 우연히 관음보살과 문수보살의 현신을 만나고 있다. 의도하지 않은 이러한 만남은 그들이 만난 장소가 바로 관음·문수보살이 살고 있는 곳, 곧 이들 보살의 상주처임을 보여 주는 것이다.

### 4. 신라, 부처와 보살이 숨 쉬는 곳

총 65조목 71편의 『삼국유사』 소재 불교설화 중, '불·보살의 현신' 모티프를 포함하고 있는 설화들은 23조목 25편에 해당한다. 이들 설화에 나타난 '현신'의 양상은 불·보살이 본모습 그대로 나타나는 '진신의 현현'과, 비구·비구니·사미 등의 '승려로의 화현', 그리고 여인·거사·노인 등 속인의 모습으로 나타나는 경우의 세 가지 유형으로 나뉜다.

진신의 출현과 그 발화는 신라의 국토가 불교의 전래 이전부터 부처 및 불교와 인연이 깊고, 불·보살이 항상 머무르면서 그 모습을 나타내

---

  因有居住之志. 路見老婦. 問可住處. 婦云. 過西嶺. 有北向洞可居. 言訖不現. 士知觀音所敎. 因過省烏坪. 入慈藏初結茅處而住. …(中略)… 此月精寺. 慈藏初結茅. 次信孝居士來住. …(中略)… 而漸成大寺.

32 『삼국유사』 권5, 피은 제8, 「낭지승운 보현수」. "龍朔初. 有沙彌智通. 伊亮公之家奴也. 出家年七歲. 時有烏來鳴云. 靈鷲去投朗智爲弟子. 通聞之. 尋訪此山. 來憩於洞中樹下. 忽見異人出曰. 我是普賢大士. 欲授汝戒品. 故來爾. 因宣戒訖乃隱."

는 공간임을 보여 주고 있다. 곧, '진신의 현현'은 신라가 '부처의 나라' 임을 형상화하고 있는 것이다.

그리고 '승려로의 화현'은 문제 상황이 제시되어 있고, 그 문제를 보살의 현신인 승려가 해결하고 있다. 여기에서 보살의 현신은 설화 주인공의 어려움을 해결해 주는 시혜의 주체로 설정되어 있는 것이다. 다만, 석가불이 승려로 화현한 「진신수공」은 '분별심'에 대해 경계하고 있다. 속인으로 화현하는 경우는 여인·거사·노인 등의 모습으로 나타난 불·보살이 설화의 주인공 및 독자들에게 '아상'으로 인한 '분별심'을 경계 내지 극복할 것을 강조하고 있다. 「남백월이성」에서는 분별심의 극복이 성불의 방법으로까지 제시되어 있다.

그런데 이들 설화에 나타난 불·보살의 현신은 조동일의 견해처럼 '비속한 모습'으로 보기에는 무리가 있다. 원효·연회·신효 거사의 앞에 나타난 벼를 베고 있는 여인·밭을 가는 노인·늙은 부인과, 자장·효소왕이 만난 거사와 비구 등은 '평범함' 내지 '흔히 볼 수 있는 군상'에 더 가깝기 때문이다.

이와 같은 설정은 부처와 보살이 평범한 군중의 모습으로 우리가 있는 '이곳'에서 우리와 함께 숨 쉬고 있음을 상징하고 있는 것이라 할 수 있다. 또한 누구나 불성을 갖고 있다는 '일체중생一切衆生 실유불성悉有佛性'의 설화적 형상화로도 볼 수 있다. 그렇다면, 불·보살이 화현하고 있는 설화들 역시 '진신의 현현'과 마찬가지로 신라가 '부처의 나라'임을 형상화하고 있는 것이다.

결국, 『삼국유사』의 '불·보살 현신' 설화는 신라가 '부처의 나라'이자, 이곳에서 불·보살이 함께 숨 쉬고 있음을 형상화한 것으로, 일연과 『삼국유사』 불교설화의 관심과 지향이 현실의 '이곳'과 '성불'에 있음을 보여 준다고 할 수 있다.

# 제3장
# 불교가사에 나타난 지옥

## 1. 지옥 관념과 불교가사

'지옥地獄'은 범어의 나라카naraka 또는 니라야niraya를 번역한 것이다. '나라카'는 본래 '행복이 없는 곳[무행처無幸處]'을 의미했고, 사람이 죽어서 가는 어두운 암흑세계를 뜻하는 말이었다.[1] 이 용어는 불전佛典의 한역漢譯 과정에서 '나락가奈落迦'·'나락奈落' 또는 '니리泥犁'·'니려泥黎' 등으로 음역되거나, '부자재不自在'·'협처狹處'·'지옥' 등으로 의역되었다.[2] 이들 역어 중, 많은 사람에게 선택된 것이 결국 '지옥'이었다. 불교의 '지옥'은 남북조시대에 이르러 중국 고유의 태산부군泰山府君신앙과 결합되었고, 당대唐代가 되면 모든 중생은 죽은 후 생전의 죄업에 따라 명부冥府의 시왕十王에게 심판을 받는다는 '시왕신앙'이 성립된다.[3]

---

1 장미진, 「불교문화권에 있어 '지옥'의 원신화적 요소와 그 의미」, 『미술사학』 7, 미술사학연구회, 1995, 192쪽.
2 박영철, 「나라카(Naraka)에서 지옥으로」, 『역사교육』 63, 역사교육연구회, 1997, 104~106쪽.
3 김태훈, 「죽음관을 통해 본 시왕신앙」, 『한국종교』 33, 원광대학교 종교문제연구소,

동아시아 문화권에 있어서 불교의 업설業說과 윤회사상을 일반 대중들에게 전파시키는 데 가장 효력을 발휘했던 것은 지옥과 극락 관념이었다. 극락이 추상적이고 관념적이라면 지옥은 그에 비해 상대적으로 감각적이고 현실적이어서, 추상적 사고에 익숙하지 않은 대중들의 일상적 생활원리로 적용되기가 더 쉬웠다. 극락 관념은 적극적으로 '어떻게 해야 한다'를 제시하지만, 지옥 관념은 '어떻게 하지 않으면 된다' 정도를 제시하기 때문이다.[4]

지옥 관념은 인과응보설을 바탕으로 선행과 악행을 구분하고 판단하는 기준, 곧 사회적 행위의 규준規準을 제시한다. 그리하여 개인적·사회적 가치를 형성하고 사람들로 하여금 그 가치를 실천하도록 이끈다. 지옥 관념에 대한 이해는 일정 시대와 일정 사회를 살아 낸 사람들의 사고방식과 삶의 원리를 이해하는 한 방법일 수 있는 것이다.[5]

이 글에서는 조선 후기의 불교가사에 나타난 지옥의 형상화 양상과 그 시대적 의미에 대해 살펴보고자 한다. 지금까지 한국인의 지옥 관념에 대한 논의는 무가巫歌·고전소설·설화 등의 문학작품[6]과, 시왕十王 및 지옥의 형벌 장면을 묘사하고 있는 시왕도十王圖[7]를 대상으로 이루

---

2009, 116~117쪽.
4 나희라, 「통일신라와 나말여초기 지옥 관념의 전개」, 『한국문화』 43, 서울대학교 규장각 한국학연구원, 2008, 245쪽.
5 나희라, 앞의 논문, 246~247쪽.
6 조흥윤, 「한국지옥 연구: 巫의 저승」, 『샤머니즘연구』 1, 한국샤머니즘학회, 1999; 홍태한, 「한국 무가에 나타난 저승」, 『한국의 민속과 문화』 3, 경희대학교 민속학연구소, 2000; 소인호, 「저승체험담의 서사문학적 전개」, 『우리문학연구』 27, 우리문학연구회, 2007; 조재현, 「고전소설에 나타나는 저승계 연구」, 『어문연구』 35-2, 한국어문교육연구회, 2007; 최귀묵, 「〈남염부주지〉의 지옥 형상에 대한 몇 가지 단상」, 『개신어문연구』 34, 개신어문학회, 2011; 김정숙, 「조선시대 저승체험담 속 죽음과 환생의 이념성」, 『Journal of Korean Culture』 29, 한국어문학국제학술포럼, 2015.
7 김정희, 「조선시대 지장시왕도 연구」, 일지사, 1996; 김혜원, 「조선시대 18세기 시왕도 연구」, 『동악미술사학』 13, 동악미술사학회, 2012; 김윤희, 「17세기 화승 哲玄作 시왕도

어졌다. 적지 않은 불교가사 작품들이 '지옥'을 노래하고 있음에도, 그동안의 지옥 관련 연구에서 이들 가사는 주목받지 못하였다.[8] 물론 이 글의 주요 논의 대상인 19세기의 '회심곡回心曲'류 가사에 관한 연구는 비교적 활발하게 진행되어 왔다.[9] 그렇지만 이들 논의는 대부분 이본들 간의 상호 관계 및 작품 변화, 향유 방식, 사상적 지향 등의 문제들을 다루고 있다. '조선시대 지옥 관념의 전개'라는 관점에서의 논의는 아직 이루어지지 않은 것이다.

현재 전하고 있는 17~19세기의 불교가사는 57편[10]으로, 이들 중 '지옥'·'시왕'의 시어가 등장하거나, '저승길의 여정'·'시왕의 심판'·'지옥에서의 징벌' 등의 지옥 관련 화소話素를 포함하고 있는 작품은 21편이다. 이 작품들은 대체로 49재·수륙재·예수재 등의 불교의식에서 구연되거나, 걸립패·탁발승·향두꾼 등에 의해 널리 확산된 것이라는 점[11]에서 주목을 요한다. 곧 이들 불교가사는 당시의 불교계뿐만 아니라 일반 대중들의 지옥 관념을 반영하고 있다는 점에서, 주로 유자儒者들이

---

연구」, 『불교미술사학』 15, 불교미술사학회, 2013.
8 다만, 김정희, 앞의 책, 156~157쪽과, 최근의 논의인 김정숙, 앞의 논문, 133쪽에서는, 19세기 '회심곡'류 가사의 하나인 〈별회심곡〉과 시왕신앙과의 관련성에 대해 언급하고 있다.
9 지병규, 「〈회심곡〉의 연구」, 『어문연구』 21, 어문연구학회, 1991; 이승남, 「불교가사 〈회심가〉와 〈회심곡〉의 대비 고찰」, 『어문학』 72, 한국어문학회, 2001; 김종진, 「〈회심곡〉 감상의 한 측면―탱화와 관련하여」, 『한국시가연구』 12, 한국시가학회, 2002; 이영식, 「장례요의 〈회심곡〉 사설 수용 양상: 강원도를 중심으로」, 『한국민요학』 15, 한국민요학회, 2004; 김동국, 『〈회심곡〉 연구』, 한국학술정보, 2008; 전재강, 「〈회심곡〉류 불교가사의 단락 전개·구성과 선악·생사관」, 『어문학』 115, 한국어문학회, 2012.
10 임기중, 『불교가사 원전연구』, 동국대학교출판부, 2000, 65~776쪽. 총 108편의 불교가사 작품을 수록하고 있는 이 책은 '17~18세기 문헌의 불교가사'(13편), '19세기성격 문헌의 불교가사'(44편), '20세기 문헌의 불교가사'(38편), '20세기 문헌의 신체불교가사'(13편) 등의 네 부분으로 구성되어 있다.
11 김종진, 『불교가사의 연행과 전승』, 이회문화사, 2002, 319~320쪽.

창작·편찬한 고전소설과 야담집을 대상으로 하고 있는 기존 논의를 보완할 수 있는 것이다.

한편, 지옥 관련 불교가사는 그 창작 시기 및 연행의 상황에 따라 지옥 관련 화소의 비중에 차이를 보이고 있으며, 그 내용적 경향성 또한 다르게 나타난다. 곧 18세기와 19세기의 일부 불교가사는 대체로 '저승길의 여정'과 '시왕의 심판' 화소가 없거나 축소되어 있는 반면, '회심곡'은 시왕의 이름이 나열되어 있고 '지옥에서의 징벌' 화소가 축소되어 있다. 또한 중생들이 지옥에 가는 이유로 제시되어 있는 악행惡行의 구체적인 내용에 있어서도 전자와 후자는 차이를 보이고 있다. 그러므로 이 글에서는 18·19세기 지옥 관련 불교가사와 '회심곡'류 가사의 차이점 및 이러한 차이를 보이게 된 이유에 중점을 두고 논의할 것이다.

다음 절에서는 이를 위한 예비적 고찰로서, 불전에 나타난 지옥의 양상에 대해 살펴보도록 하겠다. 조선 후기 가사에 나타난 지옥의 특징적인 국면을 규명하기 위해서는 무엇보다 불전 속의 지옥에 관한 검토가 필요하기 때문이다.

## 2. 불전佛典 속의 지옥

동아시아 문화권에 있어 지옥 관념의 유포는 불전의 한역과 함께 시작되었다. 가장 이른 시기의 지옥 관련 경전은 『불설십팔니리경佛說十八泥犁經』·『불설죄업응보교화지옥경佛說罪業應報教化地獄經』·『불설매의경佛說罵意經』 등으로, 148~170년에 안세고安世高가 한역한 것이다.

이후 『불설철성니리경佛說鐵城泥犁經』(동진東晉 축담무란竺曇無蘭 역), 『중아함경中阿含經』권12의 「오천사경五天使經」, 『증일아함경增一阿含經』권

24의 「선취품善趣品」(이상 동진東晉 승가제바僧伽提婆 역), 『장아함경長阿含經』 권19의 「세기경世紀經」(요진姚秦 불타야사佛陀耶舍 역), 『정법염처경正法念處經』(위魏 반야유지般若流支 역), 『세기경起世經』(수隋 사나굴다闍那崛多 역), 『지장보살본원경地藏菩薩本願經』(당唐 실차난타實叉難陀 역) 등의 지옥 관련 경전들이 차례대로 번역되었다.[12]

그리고 불교유서佛敎類書인 승민僧旻·보창寶唱의 『경률이상經律異相』(516) 권49·50과 도세道世의 『법원주림法苑珠林』(668) 권7에는 각각 '지옥부地獄部'를 두어, 그 이전까지 한역된 지옥 관련 주요 경전의 내용을 발췌·정리하고 있다.

이들 불전은 대체로 지옥의 종류·지옥행의 원인·지옥에서의 징벌 양상·징벌 이후의 상황 등의 내용을 포함하고 있는데, 불전에 따라서는 두세 가지 항목만 서술되어 있기도 하다. 또한 이들 항목을 모두 서술하면서도 지옥행의 원인이 보다 강조되어 있는 경우와, 징벌 양상에 관한 서술의 비중이 큰 경우가 있다. 여기에서는, 논의의 편의상 『경률이상』·『법원주림』의 '지옥부'와 『지장보살본원경』(이하 『지장경』)의 관중생업연품觀衆生業緣品 제3·지옥명호품地獄名號品 제5를 중심으로 불전에 나타난 지옥의 양상을 살펴보기로 한다.

먼저, 지옥의 위치 및 종류에 대해 『경률이상』은 『장아함경』 권19의 「세기경」을 인용하여, "사천하의 바깥에는 팔만의 천하가 둘러싸고 있고, 그 바깥에는 큰 바다가 있으며, 바다 바깥에는 큰 금강산金剛山이 있고, 이 산 바깥에는 또 다른 금강산이 있다. 이 두 산 사이의 일월日月의 광명이 비추지 않는 곳에 여덟 가지의 큰 지옥이 있다. …(중략)… 그

---

12 연소영, 「불경의 地獄相 유형 연구」, 『중국어문학논집』 76, 중국어문학연구회, 2012, 400~402쪽.

하나의 지옥에는 각각 열여섯의 작은 지옥이 있다."[13]라고 한 뒤, 상상想想·
흑승黑繩·퇴압堆壓·규환叫喚·대규환大叫喚·소자燒炙·대소자大燒炙·무
간無間의 8대지옥과 흑사黑沙·비시沸屎·백정百釘·회하灰河·철환鐵丸·
검수劍樹·한빙寒氷 등의 16소지옥을 제시하고 있다.

　망자는 첫 번째의 '상상지옥'에서 징벌을 받고 그 악업이 다하면, 16소
지옥 중의 첫 번째인 '흑사지옥'으로 들어간다. 그곳에서부터 열여섯 번
째 소지옥까지 벌을 받으며 지나가면, 자신의 악업에 따라 자신도 모르
게 두 번째의 대지옥인 '흑승지옥'으로 들어가게 되고 또 열여섯의 소지
옥을 두루 거치다가 세 번째 대지옥으로 들어가게 된다. 여타의 불전에
서도 대체로 이와 같은 방식으로 망자들이 여러 지옥을 거치면서 징벌
을 받는 것으로 되어 있다.

　이러한 8대지옥과 16소지옥 외에도, 『지장경』은 염부제 동쪽에 위치한
철위산 안에 극무간極無間·대아비大阿鼻·규환叫喚·발설拔舌·분뇨糞尿
등의 45가지 지옥이 있음을 말하고 있으며,[14] 『법원주림』은 18지옥과 그
곳을 다스리는 18왕의 이름을 소개하고 있다.[15]

　지옥행의 원인으로는 대부분의 불전이 '오역죄五逆罪'와 '사종대죄四
種大罪'를 제시하고 있다. 5역죄는 부·모·아라한을 죽이고, 성문聲聞
의 화합승和合僧을 파괴하며, 악한 마음으로 부처의 몸에 피를 내는 죄

---

13　승민·보창 등집等集, 「금강산간팔대지옥각유십육소옥金剛山間八大地獄各有十六小獄」
　　제11, 『경률이상』 권49. "四天下外有八萬天下而圍遶之, 八萬天下外復有大海, 海外復
　　有大金剛山, 山外復有, 山亦名金剛. 二山中間, 日月神天威光不照, 有八大地獄. …(中
　　略)… 各有十六小地獄."(『대정신수대장경大正新修大藏經』 53, 260쪽)
14　실차난타 역, 「지옥명호품」 제5, 『지장보살본원경』. "地藏答言. …(中略)… 仁者, 閻浮提
　　東方, 有山號曰鐵圍, 其山黑邃無日月光, 有大地獄號極無間, 又有地獄名大阿鼻. …(中
　　略)… 更有叫喚地獄, 拔舌地獄, 糞尿地獄."(『대정장』 13, 781쪽)
15　도세 찬, 「전주부전주부典主部」 제5, 『법원주림』 권7. "問地獄經云, 十八王者. 即主領十八地
　　獄, 一迦延典泥犁, 二屈遵典刀山. …(中略)… 十七身典蛆蟲, 十八觀典洋銅."(『대정
　　장』 53, 327쪽)

를 가리킨다. 4종의 대죄는 살생·사음邪婬과 삼보三寶의 재물을 훔치는 것, 그리고 사견邪見으로 승가를 파괴하는 것을 말한다.[16]

『지장경』에서도 부모를 죽이고, 부처 몸에 피를 내거나 불·법·승의 삼보三寶를 비방하며, 함부로 음행을 행하거나 승가의 재물을 도둑질하면 무간지옥에 떨어진다고 하였다.[17] 그 외에, 지옥에 가는 이유로 악구惡口·양설兩舌·기어綺語·간탐慳貪·질투嫉妬와, 보시를 하지 않거나 보시의 인과因果를 믿지 않는 것 등이 제시되기도 한다.[18]

'징벌'의 경우는, 지옥의 위치·지옥행의 원인과 달리, 비록 비중의 차이는 있지만 지옥 관련 경전에서 모두 빠짐없이 서술되어 있다. 『지장경』의 다음과 같은 내용을 대표적인 예로 들 수 있다. "죄인의 혀를 빼어 소가 갈게 하고, 죄인의 심장을 꺼내어 야차夜叉에게 먹이고, 펄펄 끓는 가마에 죄인의 몸을 삶으며, 벌겋게 단 구리쇠 기둥을 죄인이 안게 한다. 또 한결같이 차디찬 얼음뿐이며, 똥오줌이 넘치고, 쇠뭉치가 날아들며, 불로 된 창으로 찌르고, 손과 발을 태운다."[19] 등의 묘사가

---

[16] 도세 찬, 「업인부업인부」 제7, 앞의 책. "十輪經云, 有五逆罪爲最極惡, 何者爲五. 故心殺父母阿羅漢, 破壞聲聞和合僧事, 乃至惡心出佛身血, 諸如是等名爲五逆. …(中略)… 復有四種大罪, 同於四逆犯根本罪, 何者爲四. 殺辟支佛, 是名殺逆犯根本罪. 婬阿羅漢比丘尼, 是名邪婬犯根本罪. 若人捨財與佛法僧, 主掌此物而輒用之, 是名爲盜犯根本罪. 若人倒見破壞比丘僧, 是名破僧犯根本罪."(『대정장』 53, 328쪽)

[17] 실차난타 역, 「관중생업연품」 제3, 앞의 책. "若有衆生不孝父母或至殺害, 當墮無間地獄, 千萬億劫求出無期. 若有衆生出佛身血, 毀謗三寶不敬尊經. …(中略)… 或伽藍內恣行淫欲. …(中略)… 若有衆生偸竊常住, 財物穀米飮食衣服乃至一物不與取者, 當墮無間地獄千萬億劫求出無期."(『대정장』 13, 779~780쪽)

[18] 승민·보창 등집, 「십팔소지옥각유십팔옥위요아비十八小地獄各有十八獄圍繞阿鼻」 제2, 『경률이상』 권50. "以惡口兩舌綺語不義語, 調戱無節訐說是非, 說經典過毁論議師. …(中略)… 向國王大臣沙門婆羅門及一切衆, 設施無因亦無果報. …(中略)… 以慳貪嫉妬邪見惡說, 不施父母妻子眷屬及與一切, 心生慳嫉見他得利如箭入心."(『대정장』 53, 264~267쪽)

[19] 실차난타 역, 「지옥명호품」 제5, 앞의 책. "或有地獄取罪人舌使牛耕之, 或有地獄取罪人心夜叉食之, 或有地獄鑊湯盛沸煮罪人身, 或有地獄亦燒銅柱使罪人抱. 或有地獄

그것이다.

그런데 사실, 앞에서 언급했던 여러 지옥들의 이름은 해당 지옥에서의 징벌의 종류 내지 양상에 의해 명명된 것이라 할 수 있다. 곧 '흑승지옥'에서는 여러 옥졸들이 죄인의 몸에 먹줄을 긋고 먹줄에 따라 도끼로 토막 내고 있으며, '퇴압지옥'은 큰 돌산이 죄인의 몸을 눌러 부서뜨리고, '소자·대소자지옥'에서는 죄인들을 쇠로 된 뜨거운 성 안에 넣고 태우거나 굽고 있는 것이다.[20] '비시·철환·검수·한빙' 등의 지옥 역시 그 명칭에 맞는 징벌이 행해지고 있다.

끝으로, 징벌 이후의 상황에 관해 서술하고 있는 불전은 많지 않은 편이다. 『불설철성니리경』·『중아함경』·『관불삼매법경觀佛三昧法經』·『문지옥경問地獄經』 등이 대표적인 예에 해당한다.[21] 『불설철성니리경』에서 죄를 지은 망자는 여덟 가지의 지옥을 모두 거친 뒤에 지옥의 고통에서 벗어나는 것으로 되어 있다. 그리고 『중아함경』 권12의 「오천사경」과 『문지옥경』은 징벌의 과정을 통해 악업이 소멸된 망자들이 축생·아귀餓鬼·수라修羅·인간人間·천天의 5도道에 태어나는 상황을 서술하고 있다. 후자는 두꺼비·독사·개 등의 축생과 벙어리·장님·빈병인貧病人 등의 사람으로 태어나는 모습만을, 전자는 수라를 제외한 네 곳에 모두 태어나는 망자들의 모습을 묘사하고 있다.

---

一向寒氷, 或有地獄無限糞尿, 或有地獄純飛鐷, 或有地獄多攢火槍, 或有地獄但燒手足."(『대정장』13, 782쪽)

20 승민·보창 등집, 「금강산간팔대지옥각유십육소옥」 제11, 『경률이상』 권49. "何故名黑繩, 其諸獄卒捉彼罪人, 撲熱鐵上, 舒展其身以熱鐵繩絣之使直, 以熱鐵斧逐繩道斫罪人作百千段. 何故名堆壓, 有大石山兩山相對, 人入此中, 山自然合堆壓其身, 骨肉糜碎山還故處, 苦毒萬端故使不死. 何故名燒炙, 將諸罪人置鐵城中, 其城火然內外俱赤燒炙罪人."(『대정장』53, 261쪽)

21 『문지옥경』은 현재 전하지 않는 경전으로, 『경률이상』과 『법원주림』에 일부 내용이 소개되어 있다.

『관불삼매법경』의 경우는, 『문지옥경』과 마찬가지로 축생과 인도人道로의 환생만을 서술하고 있다. 그러나 『문지옥경』·『중아함경』과 달리, 비록 한없이 오랜 시간이 경과된 이후의 일이지만, 결국은 선지식을 만나 '발보리심發菩提心'을 갖게 될 것임을 말하고 있으며, 몇몇 경우에는 아라한과 벽지불이 된다는 언급까지 보인다.[22]

이상의 내용을 통해, 지옥의 수효·명칭·징벌 양상 등은 불전에 따라 차이가 있지만, 대부분의 불전이 지옥행의 주요 원인으로 삼보에 대한 비방·훼손과 오악五惡[23] 또는 십악十惡[24]을 제시하고 있음을 알 수 있다. 또한 불전의 지옥은 비록 매우 오랜 시간이 걸리기는 해도 자신의 악행에 대한 죄보罪報가 다하면 벗어날 수 있는 공간으로 묘사되고 있다. 이러한 점들은 '회심곡'류 가사에 나타난 지옥의 모습과 적지 않은 차이가 있는데, 다음 장의 논의에서 확인할 수 있을 것이다.

### 3. 불교가사의 지옥 화소

앞에서도 언급했듯이, 현재까지 파악된 조선 후기의 불교가사는

---

22 승민·보창 등집, 「십팔소지옥각유십팔옥위요아비」 제2(出 관불삼매법경), 『경률이상』 권50. "罪畢乃墮在畜生, 五百世中有供衆口, 復五百世受卑賤形, 後遇善知識發菩提心. …(中略)… 罪畢乃出生貧賤. …(中略)… 遇善知識出家學道成阿羅漢. …(中略)… 罪畢之後得生人中, 貧窮下賤, 覺世非常出家學道, 時世無佛成辟支佛."(『대정장』 53, 264~265쪽)
23 '오악'은 재가자가 지켜야 할 계율인 5계戒를 어긴 것으로, 살생·투도偸盜·사음邪淫·망어妄語·음주飮酒를 가리킨다.
24 '십악'은 신身·구口·의意로 짓는 열 가지의 악업을 뜻한다. 먼저, 몸으로 짓는 악업으로 살생·투도·사음, 입으로 짓는 악업으로 망어[거짓말]·양설兩舌[이간질하는 말]·악구惡口[괴롭히는 말]·기어綺語[속이기 위해 꾸미는 말], 마음으로 짓는 악업으로 탐욕貪慾·진에瞋恚·사견邪見 등이 있다.

57편이고, 이들 중 '지옥'·'시왕'의 시어가 등장하거나, '저승길의 여정'·'시왕의 심판'·'지옥에서의 징벌' 등의 지옥 관련 화소가 포함된 작품은 21편이다. 구체적인 논의에 앞서, 이들 작품의 제목과 수록문헌 및 판본 등을 도표로 정리하여 제시하면 다음과 같다.

〈표〉'지옥' 관련 불교가사

| | 작품 | 작자 | 출전 | 판본 | 비고 |
|---|---|---|---|---|---|
| 1 | 歸山曲 | 枕肱 懸辯 | 『침굉집』(1695) | 목판본 | 국한문 혼용 표기. |
| 2 | 西往歌 | 미상 | 『염불보권문』(예천 용문사, 1704) | 목판본 | 순한글 표기. 『염불보권문』에 그 제목이 '나옹화샹셔왕가'로 되어 있어, 작자를 懶翁 惠勤으로 보는 견해가 있음. |
| 3 | 因果文 | 미상 | 『염불보권문』(예천 용문사, 1704) | 목판본 | 순한글 표기. |
| 4 | 回心歌 | 미상 | 『염불보권문』(대구 동화사, 1764) | 목판본 | 순한글 표기. 작자를 清虛 休靜 또는 箕城 快善으로 보는 견해가 있음. |
| 5 | 勸佛歌 | 미상 | 『불교가사』(1887) | 필사본 | 순한글 표기. 〈회심가〉의 이본. |
| 6 | 地獄道頌 | 智瑩 | 『수선곡』(1795) | 목판본 | 순한글 표기. 《전설인과곡》의 제2송. 『佛說六道伽陀經』의 번역. |
| 7 | 天道頌 | 智瑩 | 『수선곡』(1795) | 목판본 | 순한글 표기. 《전설인과곡》의 제6송. 지옥에 관한 부분은 『間地獄經』의 번역. |
| 8 | 夢幻歌 | 미상 | 『영암화상토굴가』(1889) | 필사본 | 순한글 표기. |
| 9 | 勸往歌 | 東化 竺典 | 『권왕문』(1908) | 목판본 | 순한글 표기. |
| 10 | 往生曲 | 미상 | 『불설멸의경』(연대 미상) | 필사본 | 〈권왕가〉의 이본. |
| 11 | 自責歌 | 미상 | 『권왕문』(1908) | 목판본 | 순한글 표기. |
| 12 | 僧元歌 | 미상 | 『나옹화상승원가』(연대 미상) | 필사본 | 이두 표기. 〈자책가〉의 이본. 작자를 나옹 혜근으로 보는 견해가 있음. |
| 13 | 六度歌 | 미상 | 『육도가라』(연대 미상) | 필사본 | 순한글 표기. |

| 14 | 白髮歌 | 미상 | 『서방금곡』(1931) | 필사본 | 국한문 혼용 표기. |
| 15 | 別回心曲 | 미상 | 『별회심곡』(연대 미상) | 활자본 | 순한글 표기. |
| 16 | 善心歌 | 미상 | 『불교가사』(1887) | 필사본 | 순한글 표기. |
| 17 | 特別回心曲 | 미상 | 『악부』(1930~34) | 필사본 | 국한문 혼용 표기. |
| 18 | 喚懺曲 | 미상 | 『환참곡』(연대 미상) | 필사본 | 순한글 표기. |
| 19 | 續回心曲 | 미상 | 『악부』(1930~34) | 필사본 | 순한글 표기. |
| 20 | 四諦歌 | 미상 | 『서방금곡』(1931) | 필사본 | 국한문 혼용 표기. |
| 21 | 無量歌 | 미상 | 『무량가』(연대 미상) | 필사본 | 순한글 표기. |

지옥 관련 불교가사는 17세기에 1편, 18세기에는 5편, 그리고 나머지 작품들은 모두 19세기에 창작된 것임을 알 수 있다. 또한 대부분의 작품이 작자를 알 수 없으며, 필사본의 형태로 전해지고 있다. 도표 15~21번의 작품들은 학계에서 이른바 '회심곡'으로 부르고 있는데, 이들 가사는 1800년대 민중예술의 발흥이라는 시대적 분위기에서 연출된 대중적인 노래로, 인생무상·저승길의 여정·선인善人에 대한 보상과 악인惡人에 대한 응징이라는 공통된 내용 전개를 보인다.[25]

위의 도표에서 제시한 21편의 작품들은 지옥 관련 화소의 유무 여부와 내용적 경향성에 따라 아래의 세 가지 유형으로 나눌 수 있다.

첫째, 지옥 관련 화소가 없고 '지옥'의 시어만이 등장하고 있는 작품들.
→ 〈귀산곡〉〈서왕가〉〈회심가〉〈권불가〉〈백발가〉 (5편)
둘째, '징벌'의 양상과 그 이유가 제시되어 있는 작품들.
→ 〈지옥도송〉〈천도송〉〈권왕가〉〈왕생곡〉〈자책가〉〈승원가〉
  〈육도가〉 (7편)

---

**25** 김종진, 앞의 책, 143~147쪽.

셋째, '저승길의 여정'·'시왕의 심판'·'지옥의 징벌' 화소를 모두 포함하고 있는 작품들.
→ 〈인과문〉〈몽환가〉〈별회심곡〉〈선심가〉〈특별회심곡〉〈환참곡〉 〈속회심곡〉〈사제가〉〈무량가〉 (9편)

## 시어로서의 '지옥'

첫째 유형에 속하는 작품들 중, 침굉 현변(1616~1684)의 〈귀산곡〉은 『침굉집』에 수록된 〈태평곡太平曲〉·〈청학동가靑鶴洞歌〉와 함께, 가장 이른 시기에 창작된 불교가사 작품이다. 이 가사는 청자로 설정된 승려들에게 참선 수도에 정진할 것을 권하는 내용으로 되어 있다. 작품의 서두에서 화자는 염불과 참선을 우습게 여기고 '외사外事'에만 관심을 보이고 있는 청자에게 "此身 문득주거 八寒八熱 諸地獄애/ 다수겨 든니며 無限苦痛 受홀時예/ 南方敎主 地藏大聖 六環杖을 둘러집고/ 가슴을 헤글며 눈믈을 즌흘려도/ 救濟홀 方이업다."라고 노래하고 있다. 여기에서 '지옥'의 시어는 출가자의 본분을 망각하고 있는 청자에게 경각심을 불러일으키는 기능을 하고 있다.

'염불하지 않는 중생들'을 청자로 설정하고 있는 〈서왕가〉 또한 "셰수만 탐착호야 이욕의 즘겻는" 청자들에게 애욕에서 벗어나 '제종선근諸種善根'을 심지 않는다면 "셔왕은 머러지고 지옥은" 가까울 것이라고 경고하고 있다. 〈회심가〉에서도 화자는 청자의 '무흔無限 탐심貪心'·'진심瞋心'·'악샹惡想'을 경계하면서, "도산검슈 졔디옥에 만반고통 슈홀 째예/ 디장보살 대원인들 더룰엇디 구졔홀고"라고 노래하고 있다. 〈회심가〉의 이 구절은 제시되어 있는 지옥의 이름만이 다를 뿐, 〈귀산곡〉의 밑줄 친 부분과 거의 같은 내용임을 알 수 있다. 〈회심가〉의 이본인 〈권

불가〉에서도 "도산금수 저지옥이 만반고통 밧을젹이/ 지장보살 디원
흔들 긋쳐어이 지도ᄒ며"라고 되어 있다.

이렇듯 첫째 유형의 작품들은 팔한八寒·팔열八熱·도산刀山·검수劍樹
지옥 등의 시어를 통해 세상사에만 탐착貪着하고 탐貪·진瞋·치癡의 삼
독三毒에 빠져 있는 청자들을 경계하고 있으며, 더 나아가 청자들이 참
선 또는 염불에 힘쓸 것을 권하고 있는 공통점을 보인다.

### 징벌의 양상과 이유

둘째 유형의 〈지옥도송〉과 〈천도송〉은 인혜신사印慧信士[26] 지형이 지
은 《전설인과곡》에 수록되어 있다. 제목 아래에 '출出 육도가타경六道伽
陀經'의 부기가 있는 《전설인과곡》은 〈서곡〉·〈지옥도송〉·〈방생도송〉·
〈아귀도송〉·〈인도송〉·〈천도송〉·〈별창권락곡〉 등 7편의 가사가 하나
로 합쳐진 연작가사의 형태를 띠고 있다. '육도가타경'은 송宋 법천法天 역
譯의 『불설육도가타경佛說六道伽陀經』을 가리키는 것으로, 지옥품·방생
품·아귀품·인취품人趣品·수라품修羅品·천취품天趣品 등으로 구성된다.

〈지옥도송〉은 「지옥품」의 내용을 가사체로 충실히 옮기고 있는데, 14
가지의 지옥 종류와 해당 지옥에서의 징벌 양상 및 이유 등을 노래하고
있다. 곧 "그른법을 일을삼아 여러인을 어즈레면/ 극열옥의 몸살미믈
긋팀업시 고통ᄒ고" "우양축ᄉᆡᆼ 계ᄉᆡᆼ명을 죽여먹기 됴하ᄒ면/ 즁합옥
의 써러져셔 즁태산이 부듸티니/ ᄉᆡᆨ신골졀 바아ᄂᆞᆫ듯 망극고통 무량ᄒ
고" 등이 그 예에 해당한다.[27]

---

26 지형의 또 다른 작품인 〈참선곡〉의 말미에는 "갑인甲寅 맹동孟冬 법성산法性山 무심객
無心客 인혜신사印慧信士 지형智瑩 술述"이라는 기록이 있다.
27 참고로, 이들 구절에 해당하는 저경을 보이면 다음과 같다. 법천 역, 『불설육도가디경』.

그런데, 〈천도송〉은 「천취품」 외에도, 『능엄경』·『장아함경』·『원각경』 등의 일부 내용을 인용하고 있으며, '천도'가 아닌 지옥 관련 내용이 포함되어 있다.

(1) [가] 텬도숑을 들어보소 텬샹복락 ㅂ랄던디
셰간명리 친쳑권속 활활이 썰써리고
즁품하픔 지계ᄒ면 ᄉ왕텬의 락을밧고
…(중략)…
상근지혜 유정인은 지계쪼ᄒ 최샹이라
공덕션이 최승ᄒ니 화ᄌ지텬 락을밧고
[나] **녀인힝ᄉ 죄상보소** 얼골단장 몸치례로
남의남ᄌ 뫼힌압히 도라보며 옷ᄭ은죄
**조창옥**의 써러지니 사오나온 옥쥴들이
조창ᄀ의 스어니야 고욕샹이 무량ᄒ외
ᄉ쟝부모 부르ᄂ 말 즉시디답 아니ᄒ고
**병얼옥**의 써러지니 무셔온 옥쥴들이
쇠ᄅ 다롸셔 디지니 초통ᄉᄅ 닐을손가
이빅셰후 사ᄅᆷ 되나 병얼언쳥 되거구나
…(중략)…
부모ᄉ쟝 ᄀᄅ치믈 고셩ᄒ야 디답ᄒ고
**용동옥**의 써러져셔 쇠녹인물 목욕ᄒ니
녹ᄂ 고샹 난당이오 죄필후에 사ᄅᆷ 되나

---

"修習非法行, 惱亂於大衆, 說彼無有盡, 墮彼極炎熱, 入此惡道已, 熾極火燒煮, 熱苦受長時." "猪羊狼兎等, 及餘諸物命, 如是行殺害, 而墮於衆合, 墮彼惡趣已, 衆山合身碎, 痛苦不可當."(『대정장』 17, 453쪽)

연어셩이 분명챤코 손벳 단코 경측보면
**도희옥**의 써러져셔 밍학훈 옥졸들이
두손목을 베즐으니 혼빅졍신 훗허지고
지물두고 앗겨쁘면 **우는옥**의 써러져셔
옥귀신이 뫼야들어 시다리며 쟝울니니
진녕홀쎡 젼혀업고 최후싱에 사룸된들
곤고샹이 조심ᄒ고 즐거올쎡 바히업닉[28]

인용문 (1)의 [가]는 『불설육도가타경』의 「천취품」을 저본으로 한 부분이고,[29] [나]는 『불설육도가타경』에 전혀 없는 내용이다. 비록 '천도송'이라는 제목으로 되어 있지만, 실제로 이 작품은 [가]를 제외하고는 모두 천도에 왕생하더라도 계율을 지키지 않고 악업을 행하면 지옥·축생 등에 태어날 수 있음을 경계하는 내용으로 되어 있다. [나]는 바로 이러한 '선인선과善因善果'에서 다시 '악인악과惡因惡果'의 내용으로 전환하고 있는 단락에 해당한다.

이 단락은 『경률이상』 소재 『문지옥경』의 관련 부분을 번역한 것으로, 〈지옥도송〉과 달리 몇몇 지옥의 명칭이 저경底經과 다르고, 각 지옥에 관한 서술 내용의 순서에 변화를 주고 있다. 곧 인용문의 병얼옥·용동옥·도희옥·우는옥은 저경에는 각각 아귀唖鬼·음양동飮洋銅·도해수刀解手·제곡啼哭지옥으로 되어 있고,[30] 저경의 '징벌 양상 → 지옥행의 이유 → 징벌 이후의 상황'이 〈천도송〉에서는 '지옥행의 이유 → 징벌 양상 → 징벌 이후의 상황'으로 바뀌어 있는 것이다.

---

28  지형, 〈천도송〉.(임기중, 앞의 책, 136~138쪽)
29  법천 역, 『불설육도가타경』. "棄名利歡樂, 遠離於親眷, 持禁中下品, 生彼四王天. …(中略)… 上根有情類, 持戒亦最上, 功德超越前, 生他化自在."(『대정장』17, 454~455쪽)
30  인용하지 않은 〈천도송〉의 '비리옥'·'징취옥'·'털아옥'·'촉루옥' 등의 이름도 『문지옥경』에는 각각 '비시沸屎'·'방취膖臭'·'철익鐵杙'·'촉유觸儒' 등으로 되어 있다.

그리고 〈천도송〉의 [나] 단락은 『문지옥경』에서 서술하고 있는 64가지의 지옥 가운데 제7~12·20·36·39·50·54·58·59의 13가지 지옥만을 노래하고 있어 주목된다.[31] 이들 지옥에서 제시하고 있는 지옥행 내지 징벌의 이유는 대부분 여자 또는 재가자와 관련이 있다. "얼굴 단장과 몸치장으로 남의 남자 모인 앞에 돌아보며 옷을 끈 죄"는 '조창옥'에 떨어지고, "부모·스승·어른들이 부르는 말에 즉시 대답하지 않으면" '벙어리 지옥'으로 가며, "재물을 두고 아껴 쓰면" '우는 지옥'에 떨어진다는 것이다.

이러한 내용들은 인용문 [나]의 서두인 "녀인힝ᄉ 죄상보소"에서 이미 예고한 것이라 할 수 있는데, 저경에서는 남자와 여자·출가자와 재가자를 구분하지 않고 있다. 〈천도송〉에서 노래되지 않은 『문지옥경』의 지옥들은 대체로 부모·스승·아내·남편을 살해하거나 새·물고기·가축 등을 죽이는 '살생'을 징벌의 원인으로 제시하고 있으며, 계율을 범하거나 삼보를 훼손한 죄목의 비중 또한 작지 않다. 곧 〈천도송〉은 저경에서 서술하고 있는 지옥행의 원인 중, 재가자의 일상생활과 관련 있는 내용만을 뽑아 노래한 것이 된다.

이러한 번역상의 특징은 무엇보다 작가인 지형의 의도에 기인한 것이라 할 수 있다. 지형은 재가자인 거사로, 《전설인과곡》 외에도 《권선곡》·〈수선곡〉·〈참선곡〉 등의 가사작품을 남기고 있다. 이들 작품은 경기도 양주의 불암사에서 개간한 목판본으로 전하는데, 지형은 가사작품의 창작뿐만 아니라 많은 경전의 판각을 주관하기도 하였다. 5편의

---

[31] 승민·보창 등집, 「육십사지옥거인시고상六十四地獄擧因示苦相」 제3(出 문지옥경), 『경률이상』 권50. 지면 관계상 인용문 [나]의 '조창옥'·'벙얼옥'에 해당하는 저경의 원문만을 보이면 다음과 같다. "七日竃窓, 獄卒以人倒內竃窓中, 此女生時, 以顧影衣裔他男子. 八日啞鬼, 獄常燒鐵鎔烙其舌, 生時父母及師喚之不應, 經二百歲後生爲啞人."(『대정장』 53, 267쪽)

가사로 구성된 《권선곡》에는 재가신자를 대상으로 한 〈재가권곡在家勸曲〉·〈빈인권곡貧人勸曲〉이 있고, 〈수선곡〉은 '빈가녀즈'를 포함한 재가신자들이 세속에서 지켜야 할 덕목들을 제시하고 있다.[32] 또한 지형이 주관하여 판각한 불암사 판본의 시주질에는 많은 '청신녀淸信女'의 이름이 보인다.[33]

결국 〈천도송〉은 지형의 다른 가사와 마찬가지로 여성 재가자를 주요 청자로 설정하였고, 그 결과 재가자와 관련된 불전의 내용만을 선택하여 노래한 것이라 할 수 있다.

(2) 호싱오스 ㅎ눈마음 나와져와 일반인듸
    닉욕심을 치우랴고 남의목슘 죽이오니
    형셰강약 부동ㅎ야 죽인바를 입스오나
            …(중략)…
    검슈도산 져지옥에 근단골졀 몟번ㅎ며
    확탕노탄 져지옥에 혈육초란 슈잇던가
    지옥고를 필ㅎ후에 피모듸각 뉵츅되야
    목슘빗즐 갑풀젹에 나는한번 죽여썬만
    갑는 슈는 무슈ㅎ들 슈원슈구 한을홀고
            …(중략)…
    입으로 짓는허물 몰난결에 가즁만ᄐ

---

32 김기종, 「지형 가사의 성격과 의의」, 『한국 불교시가의 구도와 전개』, 보고사, 2014, 203~205쪽.
33 지형이 주관하여 판각한 『불설고왕관세음경佛說高王觀世音經』(1795)의 시주질施主秩에 기록된 35인의 명단을 보면, 청신사淸信士 3명, 신남信男 1명, 행신남行信男 1명, 인권신사引勸信士 1명, 청신녀淸信女 16명, 비구니 3명, 동자 1명, 동녀 1명 등이다. 불암사 판본의 다른 경전의 판각 후기에도 비슷한 양상으로 나타난다. 김종진, 앞의 책, 34쪽.

발셜지옥 고를보쇼 혀를쎄여 밧츨가니
거즛말노 남쇽일까 …(중략)…
슐의허물 업실진된 셩인이 금홀 손가
똥과오짐 쓸는지옥 져고통이 무셔워라
　　　　…(중략)…
만일스견 일아켜셔 션악인과 불신ᄒ면
무간지옥 들어가셔 쳔불츌셰 ᄒ드라도
나올긔약 바히업닉 <sup>34</sup>


(3) 윤회뉵춰 못면하고 만반고통 반난즁싱
자긔지혜 아니닥고 살싱투도 닉지사음
긔어망어 양셜악구 탐심진심 닉지치심
갓초갓초 죄을지어 지옥가며 아귀가며
닉지츅싱 모도쌔져 나올긔약 아조업고
일일일야 만싱만사 무한고통 밧사오되
검국도륜 운우갓치 허공으로 닉려와셔
죄인몸을 치벌하되 쳘사쳘구 쳘나귀와
우두마면 모진사직 셔쎅이며 눈쎅이며
펄펄쓸난 확탕디옥 뒤젹뒤젹 살머닉고
살여싸가 죽여싸가 하로만번 년년여시
닉지겁이 지나가도 나올긔긔약 아조업닉 <sup>35</sup>


위의 (2)는 동화 축전(1825~1854)의 〈권왕가〉, (3)은 작자 미상의 19세

---

**34** 동화 축전, 〈권왕가〉.(임기중, 앞의 책, 281~283쪽)
**35** 작자 미상, 〈육도가〉.(임기중, 앞의 책, 382쪽)

기 가사인 〈육도가〉이다. 인용문 (2)를 통해 〈권왕가〉는 검수·도산·확탕鑊湯·노탄爐炭·발설拔舌·분뇨糞尿·무간無間지옥 등의 일곱 가지 지옥과, 이들 지옥에 떨어지는 이유 및 그곳에서의 징벌 양상을 노래하고 있음을 알 수 있다. 곧 살아생전에 사람을 죽인 망자는 검수·도산지옥에서 힘줄이 끊어지고 뼈가 부러지는 징벌을, 확탕·노탄지옥에서는 온몸이 불에 태워지는 고통을 받으며, 징벌이 끝난 뒤에는 소·양·개·돼지 등의 가축으로 태어난다는 것이다.

또한 '입으로 짓는 허물'·'술의 허물'·"사견邪見으로 선악의 인과를 믿지 않으면" 각각 발설·분뇨·무간지옥에서 혀를 뽑히고, 똥·오줌에 빠지며, 천불千佛이 세상에 있어도 빠져나올 기약이 없는 징벌을 받는다고 되어 있다. 여기에서 제시하고 있는 살생·망어·음주 등의 죄목들은 불전에서 지옥행의 원인으로 자주 언급되던 '오악'에 다름 아니다.

인용문 (3)의 경우는, '확탕지옥'만이 나타나 있고, 지옥에 가는 이유로 살생·투도·사음·기어 등 '십악'의 항목들이 나열되어 있다. 그리고 징벌의 양상에 있어서는 칼과 창이 하늘에서 빗발치듯 쏟아지고, 철로 된 뱀·개·나귀와 우두마면牛頭馬面의 사자使者들에게 혀와 눈을 뽑히며, 펄펄 끓는 큰 솥에서 삶아지고 있음을 묘사하고 있다.

이렇듯, 둘째 유형의 작품들에서 묘사·제시하고 있는 징벌의 양상과 지옥행의 이유는 '불전 속 지옥'에서 크게 벗어나지 않는데, 다음에서 살펴볼 셋째 유형의 대부분의 작품들은 이와는 조금 다른 모습을 보인다.

## 시왕의 심판과 지옥의 징벌

(4) [가] 셰스만 탐챡ᄒ고 번노중에 줌겨셔
<u>인연션종 부모효양 념불동참 불공보시</u>

우이너겨 불연못민 사롭드라 명믹츨
그날애 념나대왕 보내오신 인로ᄉ쟈
네다ᄉ시 ᄒᆞᆫ손애 쇠채들고 ᄯᅩᄒᆞᆫ손애
한도들고 두문젼 가ᄅᆞ 집고 어셔나라
수이나라 직촉ᄒᆞ거든 뉘말이라 거슬손고
…(중략)…

[나] 시왕께 잡혀드러 츄열다짐 시비쟝단
가지가지 무ᄅᆞ 실제 인간애 디은죄는
염나대왕 업경듸예 낫낫치 비최엿고
뎨셕궁 나망즁에 낫낫치 어ᄅᆞ여시니
어듸가 ᄒᆞᆫ말이나 거즛다짐 ᄒᆞ올손고
내닙으로 ᄉᆞ론후에 그뉘라셔 구졔ᄒᆞᆯ고

[다] 팔만ᄉ쳔 무간디옥 쳘위셩도 노프실샤
쇠문안 드리ᄃᆞ라 목버히며 혀쎄며
굽거니 ᄲᆞᆸ거니 셔거니 ᄶᅢ거니
가지가지로 다ᄉ리니 아야아야
우는 소리ᄂᆞᆫ 오뉵월 가온대
억머구릐 소릐로다 이ᄒᆞᆫ몸 가지고
빅쳔가지 곳쳐되여 대고통 슈ᄒᆞᆯ져긔
그엇지 아니 셜올손고 목물 나라
울져긔 구리쇠 노긴믈 머기시고
ᄇᆡ고파라 울져긔 몽동쳘환 ᄢᅦ피시고
ᄒᆞᄅᆞ도 열두시요 ᄒᆞᆫ돌도 셜흔 날애
일만번을 주기시고 일만번을 사로시니[36]

---

[36] 작자 미상, 〈인과문〉,(임기중, 앞의 책, 96~98쪽).

(5) [A] 평싱젹악 무슈ᄒ다 김싱줍아 슬싱ᄒ고
　　　 ᄌ물의 탐심닉여 비례지ᄌ 탈취ᄒ다
　　　 시기지심 이러두어다가 무죄인을 모함ᄒ기
　　　 공문의 외방ᄒ여 쥰민을 고퇴ᄒ고
　　　 ᄌ고씨면 ᄌ물싱각 먹고나면 영화싱각
　　　 빅연도 못슬거슬 만연이나 ᄉ를드시
　　　 쥬야의 여가업시 분분이 지닉다가
　　　 명한이 당두ᄒ니 속졀업시 쥭을딕의
　　　 염나딕왕 부젼치ᄉ 감ᄌ사ᄌ 쥬부사ᄌ
　　　 왕명을 뫼시압고 번기갓치 달여드러
　　　 어셔가ᄌ 직촉ᄒ니 위염이 상셜갓다
　　　　　　　　…(중략)…
　　 [B] 좌우을 슬펴보니 명부가 여긔로다
　　　 열시왕님 좌졍ᄒ고 판관직왕 여렴후의
　　　 인간의셔 지은젹악 츄고을 바들젹의
　　　 업경딕가 분명ᄒ니 츄호나 쇽일숀가
　　　 평싱의 지은죄악 낫낫치 낫타나셔
　　　 지옥으로 계슈ᄒ니
　　 [C] 우두나찰 마두나츌 나는다시 달여드러
　　　 창갖세 쎼여들고 확탕지옥 쓸는물의
　　　 너어다가 닉여노ᄒ니 젼신의 유혈이요
　　　 혼비빅ᄉ 졀노된다 하로밤 하로날의
　　　 만번쥭고 만번살며 만번고통 바들졔
　　　 후회헌들 무엇ᄒ랴[37]

---

[37] 작자 미상, 〈몽환가〉,(임기중, 앞의 책, 502~504쪽)

인용문 (4)·(5)는 셋째 유형의 〈인과문〉과 〈몽환가〉로, 이 두 작품은 모두 저승길의 여정·시왕의 심판·지옥의 징벌 화소를 포함하고 있다. 인용문의 [가]·[A], [나]·[B], [다]·[C] 단락은 각각 이들 화소에 해당하는 것이다. [가]와 [A]는 염라대왕이 보낸 사자들이 망자의 저승길을 재촉하는 모습을 묘사하고 있으며, [나]·[B]에서는 시왕 앞에 끌려온 망자가, 업경대業鏡臺에 비춰진 생전의 죄업으로 인하여 지옥으로 보내지고 있다.

이들 작품의 '저승길'·'심판' 단락은 이처럼 유사한 내용으로 되어 있는데, 지옥의 종류 및 징벌에 있어서는 차이를 보인다. 〈인과문〉의 [다]는 무간지옥을, 〈몽환가〉의 [C]는 확탕지옥을 제시하고 있다. 그리고 후자가 확탕지옥에서의 징벌을 "끓는 물에 넣었다가 내어놓으니 전신에 피가 흐르고 혼비백산 절로 된다."라고 간략하게 서술하고 있는 반면, 전자는 "목을 베고 혀를 뽑으며 (몸을) 굽고 삶고 켜고 빼며", "목마르다고 울 적에 구리쇠를 녹인 물을 먹이고", "배고프다고 울 적에는 철환鐵丸을 씹게 한다."라고 하여, 비교적 상세하게 묘사하고 있다.

한편, 〈인과문〉과 〈몽환가〉는 둘째 유형의 가사들과 달리, 지옥행의 원인을 직접적으로 제시하고 있지 않다. 그렇지만 '저승길' 단락에는 지옥행의 이유로 볼 수 있는 항목들이 눈에 띤다. 인용문 (4)의 [가]는 "인연선종因緣善從 부모효양父母孝養 염불동참念佛同參 불공보시佛供布施/ 우습게 여겨 불연佛緣 못 맨 사람들아"로 시작하고 있는데, 이 구절은 바로 '인연선종'·'부모효양'·'염불동참'·'불공보시'를 행하지 않는 사람들이 무간지옥에 떨어짐을 암시하고 있는 것이다.

〈몽환가〉의 경우는, [A] 단락의 밑줄 친 부분에서 보듯이, 망자가 평생 동안 저지른 악행의 항목을 서술하고 있다. 곧 '① 짐승을 잡아 살생함. ② 재물에 탐심을 내어 비례지재非禮之財를 탈취함. ③ 시기하는 마음으로 무죄인을 모함함. ④ 공자孔子의 도道에서 벗어나 백성을 괴롭히고 재물을 착취함. ⑤ 부귀영화만을 생각함' 등이 그것이다.

그런데 지옥행의 원인으로 볼 수 있는 이들 항목 중, ④의 "공문孔門에 외방外方하여 준민浚民을 고택膏澤함"은 지금까지 살펴본 작품들에서 전혀 언급되지 않았던 것이다. 유교와 관련된 이러한 내용은 '회심곡'에서 보다 확대되어 나타난다.

(6) [가] 제일전에 진광대왕 제이전에 초광대왕
　　　　 제삼전에 송제대왕 제사전에 오광대왕
　　　　 제오전에 염라대왕 제륙전에 방성대왕
　　　　 제칠전에 태산대왕 제팔전에 평등대왕
　　　　 제구전에 도시대왕 제십전에 전륜대왕
　　　　 열시왕의 부린사자 일직사자 월직사자
　　　　 열시왕의 명을바다 한손에 창검들며
　　　　 한손에 철봉들고 쇠사슬을 빗겨차도
　　　　 활등갓치 굽은길로 살대갓치 달러와서
　　　　 다든문을 박차면서 뇌성갓치 소래하도
　　　　 성명삼자 불러내여 어가가자 밧비가자
　　　　　　　…(중략)…
[나] 남자죄인 잡아들여 형벌하며 무는말이
　　　 이놈들아 드러보라 선심하랴 발원하고
　　　 인세간에 나아가서 무삼선심 하여는가
　　　 바른대 아뢰여라 용방비간 뻔을바다
　　　 님금님계 극간하여 나라에 충성하며
　　　 부모님 효도하여 가범을 세윗시며

배곱흔이 밥을주어 아사구제 하엿는가
헐벗은이 옷을주어 구란공덕 하엿는가
조흔곳에 집을지어 행인공덕 하엿느가
깁흔물에 다리노아 월천공덕 하엿느가
목마른이 물을주어 급수공덕 하엿는가
병든사람 약을주어 활인공덕 하엿는가
놉흔산에 불당지어 중생공덕 하여는가
조흔밧에 원두심어 행인해갈 하엿는가
부처님께 고양들여 마음닥고 선심하야
념불공덕 하여는가 어진사람 모해하고
불의행사 만히하며 탐재함이 극심하니
너의죄목 엇지하리 죄악이 심중하니
풍도옥에 가두리라 …(중략)…
남자죄인 처결한후 녀자죄인 잡아들여
시부모와 친부모께 지성효도 하엿느냐
동생항열 우애하며 친척화목 하엿느냐
괴악하고 간특한년 부모말삼 거역하고
동생간에 이간하고 형제불목 하게하며
세상간악 다부리며 열두시로 마음변화
못듯는대 육을하고 마조안저 우슴낙담
군말하고 성내는년 남의말을 일삼는년
시긔하긔 조와한년 풍도옥에 가두리라

[다] 죄목을 무른후에 온갓형벌 하느구나
차례대로 처결할제 도산지옥 화산지옥
한빙지옥 검수지옥 발서지옥 독사지옥

아침지옥 거해지옥 각처지옥 분부하야
　　　모든죄인 처결한후[38]


　위의 (6)은 '회심곡'의 하나인 〈별회심곡〉을 옮긴 것이다. 인용문의 [가]·[나]·[다]는 각각 '저승길'·'심판'·'징벌'에 해당한다. 먼저, 저승길 단락의 [가]에는 시왕의 구체적인 이름이 나열되어 있는데, '시왕의 나열'은 '회심곡'의 모든 작품에 보이는 공통된 특징으로 지적할 수 있다.

　'회심곡'에서 제시하고 있는 시왕의 명칭은 당唐의 사문沙門 장천藏川이 찬술한『불설예수시왕생칠경佛說預修十王生七經』(이하『시왕경』)에 근거한 것이다.[39] 이 경전은 시왕신앙의 소의경전이기도 하다.『시왕경』은 석가불이 염라대왕에게 미래에 보현왕여래普賢王如來가 될 것을 예언하는 부분과, '예수시왕칠재預修十王七齋'의 공덕을 설명하는 부분, 그리고 망자를 심판하는 시왕의 명칭 및 심판의 시기에 관한 내용[40] 등으로 구성되어 있다.

　그동안의 논의에서는 '회심곡'의 신앙적·사상적 기반으로 시왕신앙 내지 시왕사상이 지적되어 왔다.[41] 그러나『시왕경』에는 시왕이 망자의

---

38　작자 미상, 〈별회심곡〉.(임기중, 앞의 책, 393~399쪽)
39　『시왕경』에는 시왕의 명칭이 제1 진광대왕秦廣大王, 제2 초강대왕初江大王, 제3 송제대왕宋帝大王, 제4 오관대왕五官大王, 제5 염라대왕閻羅大王, 제6 변성대왕變成大王, 제7 태산대왕泰山大王, 제8 평등대왕平等大王, 제9 도시대왕都市大王, 제10 오도전륜대왕五道轉輪大王으로 되어 있다.(『만신찬대일본속장경卍新纂大日本續藏經』1, 409쪽) 인용문 (6)의 '초광대왕'·'오광대왕'·'방성대왕'은 각각 '초강대왕'·'오관대왕'·'변성대왕'의 오기誤記이다.
40　『시왕경』에 따르면, 망자는 초칠일初七日에는 진광왕, 이칠일二七日에는 초강왕, 삼칠일三七日에는 송제왕, 사칠일四七日에는 오관왕, 오칠일五七日에는 염라왕, 육칠일六七日에는 변성왕, 칠칠일七七日에는 태산왕, 백 일째는 평등왕, 일 년째는 도시왕, 삼 년째는 오도전륜왕에게 차례로 심판을 받는다고 한다.
41　이승남, 앞의 논문, 245~246쪽; 김종진, 앞의 책, 220~221쪽; 김동국, 앞의 책, 250~252쪽.

죄를 심판하고 그 죄에 따라 지옥으로 보낸다는 언급만 있을 뿐, 인용문 [나]와 같은 심문 내용은 전혀 없으며, 지옥에서의 징벌 양상 또한 서술되어 있지 않다. 다만 시왕 중 다섯 번째 왕인 염라대왕이 업경業鏡을 통해 망자의 생전 일을 확인한다는 내용만 있을 뿐이다.[42] 앞에서 살펴본 〈인과문〉·〈몽환가〉의 '시왕의 심판' 단락은 『시왕경』의 이 부분을 노래한 것이라 할 수 있다.

사실, 『시왕경』은 시왕의 심판과 지옥의 징벌보다는, 지옥의 괴로움을 벗어나기 위한 방법, 곧 시왕을 위한 '재공양齋供養'에 강조점을 두고 있어,[43] '회심곡'의 관심 내지 지향과는 차이가 있다. '회심곡'은 심판 내지 심문의 항목에 집중하고 있으며, 시왕의 명칭만을 나열하고 있을 뿐, 시왕을 향한 어떠한 기원의 내용도 없기 때문이다. 그러므로 기존의 논의처럼 시왕사상을 '회심곡'의 사상적 기반으로 보기에는 무리가 있다고 하겠다.

다음으로, 인용문 (6)의 [나]는 '시왕의 심판' 단락 중, 시왕이 명부에 도착한 망자를 심문하는 부분이다. 인용문에서 우선 눈에 띄는 것은 죄인을 남자와 여자로 구분한 뒤, 남자죄인에게는 '〜하였는가'라는 심문형식을 통해 선행의 덕목을, 여자죄인에게는 대체로 심문의 형식 없이 악행의 항목을 제시하고 있는 점이다. 이러한 점은 남녀의 구분 없이 선행의 덕목만을 노래하고 있는 〈사제가〉·〈무량가〉를 제외한, 여타의 '회심곡'에서도 볼 수 있는 또 다른 특징이라 할 수 있다.

〈별회심곡〉은 남자죄인의 경우, 선행의 덕목으로 충성·효도·아사구제餓死救濟·구난공덕救難功德·행인공덕行人功德·월천공덕越川功德·급

---

[42] 『시왕경』의 제5 염라대왕에 관한 게송에 "五七閻王息諍聲, 罪人心恨未甘情, 策髮仰頭看業鏡, 始知先世事分明."(『만속장卍續藏』1, 409쪽)이라고 되어 있다.
[43] 김정희, 앞의 책, 102쪽.

수공덕給水功德·활인공덕活人功德·중생공덕衆生功德·행인해갈行人解渴·염불공덕念佛功德 등의 11가지 항목을 제시하고 있다. '아사구제'부터 '행인해갈'까지의 항목들은 불교에서 말하는 '보시행'의 범주에 속한다고 할 수 있다.

제2절에서 언급했듯이, 지옥 관련 불전에서 지옥행의 원인으로 삼보에 대한 '불보시不布施'를 제시하고 있다면, 여기에서는 '보시행'의 구체적인 대상 및 내용을 열거하고 있는 것이다. '보시행'과 관련된 이들 항목은 다른 '회심곡'에서도 공통적으로 노래하고 있는데, 〈선심가〉는 '행인해갈', 〈무량가〉는 '행인공덕'·'행인해갈'의 항목이 빠져 있을 뿐이다.

그렇지만 '보시' 이외의 덕목들은 작품에 따라 조금씩 차이를 보인다. 곧, 〈특별회심곡〉은 '노인공경', 〈사제가〉는 '일가구제一家救濟'·'동생후덕同生厚德'·'붕우유신朋友有信'·'치민선정治民善政', 〈속회심곡〉·〈환참곡〉은 각각 '동기우애'·'친척화목'·'공제국사共濟國事'와, '노인공경'·'형우제공兄友弟恭'·'부화부순夫和婦順'·'붕우유신' 등의 항목을 추가하고 있다. 이들 작품에서 새롭게 추가된 항목들은 인용문 [나]의 밑줄 친 부분처럼, 대체로 '삼강오륜三綱五倫'을 포함한 유교적 윤리 덕목에 해당한다.

여자죄인의 경우는, 지성효도·친척화목의 '선행'과 부모 말씀 거역하기·형제불목兄弟不睦·열두시로 마음변화·안 듣는 데에서 욕을 하고 마주 앉아 낙담樂談하기·군말하고 성내기·남의 말 일삼기·시기하기 등의 '악행'이 제시되어 있다. 이들 중, '군말하고 성내기'·'남의 말 일삼기' 등 '말과 관련된 항목들은 불교의 '십악' 가운데 입으로 짓는 악업인 '망어·양설·악구·기어'와 관련이 있어 보인다.

그러나 나머지 항목들은 불교와 직접적인 관련이 없고 오히려 남자죄인의 '선행 덕목'과 마찬가지로, 유교사회에서 지켜야 하거나 범해서는 안 되는 일상적인 윤리 규범이라 할 수 있다. 〈별회심곡〉의 여성 관련 항목들은 〈선심가〉·〈특별회심곡〉에서도 항목의 가감 없이 그대로 반복되고 있는데, 〈속회심곡〉과 〈환참곡〉은 각각 22항목과 19항목을 제시하고 있다. 전자는 13항목,[44] 후자는 10항목[45]이 새로 추가된 것으로, 추가된 항목들 역시 일상적인 윤리 규범에 해당한다.

끝으로, 인용문 (6)의 [다]는 지옥행의 원인에 관한 [나]의 서술이 확장되어 있는 데 비해, 현저하게 축소되어 있는 모습을 보인다. 곧 〈별회심곡〉의 '징벌' 단락은 도산刀山·화산火山·한빙寒氷·검수劍樹 등의 지옥 이름을 열거한 뒤 "각처지옥 분부하야 모든죄인 처결한후"라고 하여, 징벌의 양상은 생략하고 그 결과만 노래하고 있다. 징벌 화소의 축소는 여타의 '회심곡'류 가사에서도 나타나는데, 〈속회심곡〉만 유일하게 12가지의 지옥 이름과 함께, "단근허고 혀를쎄여 져울츄의 다라보며/몸을쑤셔 피를닉여" "기름스려 살무면셔 쇠쳥이로 뒤져기니"라는 징벌의 양상을 묘사하고 있다. 그렇지만 앞에서 살펴본 둘째 유형의 작품들과 비교할 때, 이 작품 역시 '징벌'의 화소가 축소되었음을 알 수 있다.

〈사제가〉와 〈무량가〉의 경우는, 징벌의 내용뿐만 아니라 지옥의 이름까지 보이지 않고, 다만 심문이 끝난 죄인들을 '풍도지옥酆都地獄'에 가두는 것으로 되어 있다. '풍도'는 도교에서 말하는 지옥의 하나로, 사자

---

[44] 참고로, 〈속회심곡〉에서 새로 추가된 항목은 다음과 같다. ① 정성으로 가장 섬겨 열녀 말을 들음. ② 배고픈 이에게 밥 주기. ③ 서방 속이기. ④ 큰어미에게 아첨하기. ⑤ 세간살이를 알뜰하게 하여 칭찬을 들음. ⑥ 작은어미 미워하기. ⑦ 남의 재물 욕심내기. ⑧ 남의 재물 탈취하기. ⑨ 제 것같이 갖다 쓰고, 쓴 후 안 주기. ⑩ 남자 보고 흠모하기. ⑪ 없는 죄를 지어내기. ⑫ 험담패설 지어내기. ⑬ 부엌에서 오줌 누기.(임기중, 앞의 책, 437쪽)

[45] 〈환참곡〉의 추가 항목은 다음과 같다. ① 동기우애. ② 남의 재물 욕심내기. ③ 도적질 하기. ④ 부엌에서 소피하기. ⑤ 없는 말로 모함하기. ⑥ 가난한 사람 불러다가 못할 일 다 시키기. ⑦ 자신이 번번이 틀리지만, 위력威力으로 말을 하여 제가 옳고 남은 틀리다고 함. ⑧ 밤낮없이 남 잡을 생각만 하기. ⑨ 남에게는 거짓말하고 자신은 참말 듣기 좋아하기. ⑩ 거짓말을 끌어다가 틀린 말을 옳다고 하기.(임기중, 앞의 책, 468~469쪽)

死者가 머무는 세계를 뜻하는 중국 고유의 관념을 도교에서 수용한 것이다.[46] 이들 작품을 제외한 '회심곡'에는 '풍도지옥'이 아닌 '풍도옥'으로 되어 있고, 인용문의 [나]에서 보듯이, 시왕의 심판이 끝난 죄인들은 일단 '풍도옥'에 갇힌 뒤, 각각의 지옥에 보내지는 것으로 묘사되어 있다. 곧 〈사제가〉·〈무량가〉를 포함한 '회심곡'에서의 '풍도'는 징벌의 장소라기보다는 죄인을 잠시 가둬 두는 감옥의 성격을 띠고 있다.

　이상의 내용들은, '회심곡'의 관심 내지 지향이 '지옥의 징벌'보다는 '지옥행의 이유'에 있음을 보여 준다. 그리고 지옥행의 이유로 유교사회에서 범해서는 안 되는 일상적인 윤리 규범을 강조하고 있는 점은, '회심곡'을 여타의 불교가사와 구별 짓는 가장 큰 특징이라 할 수 있다.

## 4. 불교적 윤리 규범과 삼강오륜三綱五倫의 공존

　지옥을 노래하고 있는 조선 후기 불교가사는 지옥 관련 화소의 유무 여부와 내용적 경향성에 따라 다음의 세 가지 유형으로 나뉜다.

　첫째 유형은 지옥 관련 화소가 없고 '지옥'의 시어만이 등장하고 있는 작품들로, 가장 이른 시기의 불교가사인 17세기의 〈귀산곡〉과 18세기의 〈서왕가〉·〈회심가〉 등이 해당한다. 이들 작품은 팔한·팔열·도산·검수지옥 등의 시어를 통해 세상사에만 탐착하고 탐·진·치의 삼독에 빠져 있는 청자들을 경계하고 있으며, 더 나아가 청자들이 참선 또는 염불에 힘쓸 것을 권하고 있다.

---

[46] 최수빈, 「도교에서 바라보는 저세상」, 『도교문화연구』 41, 한국도교문화학회, 2014, 325쪽.

둘째 유형은 '징벌'의 양상과 그 이유를 노래하고 있는 작품들이다. 『불설육도가타경』·『문지옥경』을 각각 가사체로 옮긴 〈지옥도송〉·〈천도송〉과 〈권왕가〉·〈육도가〉 등의 가사들은 다양한 종류의 지옥들을 소개하고 있으며, 각각의 지옥에서 고통받는 중생들의 모습을 자세히 묘사하고 있다. 징벌의 이유로는 살생·망어·음주·사견 등의 오악 내지 십악을 제시하고 있다. 이 유형에 나타난 '지옥'은 '불전 속의 지옥'과 큰 차이가 없다.

셋째 유형은 '저승길의 여정'·'시왕의 심판'·'지옥의 징벌' 화소를 모두 포함하고 있는 가사들이 해당한다. 이 유형의 작품들은 '징벌' 화소의 축소 여부에 따라 〈인과문〉·〈몽환가〉와, '회심곡'으로 다시 나눌 수 있다. 전자는 둘째 유형의 작품들에 못지않게 징벌의 양상을 상세하게 묘사하고 있으며, 살생·탐욕·시기 등이 징벌을 받는 이유로 제시되어 있다. 후자의 경우는, 시왕의 심판을 받는 죄인을 남자와 여자로 구분한 뒤, 남자죄인에게는 선행의 덕목을, 여자죄인에게는 선행과 악행의 항목을 함께 제시하고 있다. 선행의 덕목과 악행의 항목들에는, '보시행' 및 '망어·양설·악구·기어' 등의 불교적 윤리 규범과, '삼강오륜'을 포함한 유교적 윤리 규범이 공존하고 있다.

'회심곡'에서 지옥의 징벌 화소가 현저하게 축소된 것은, 이들 가사의 관심 내지 지향이 '지옥행의 이유'에 있었고, 또한 이를 강조하기 위한 의도에서 기인한 것이라 할 수 있다. 곧 이들 작품은 지옥의 고통을 환기시켜 불도佛道 수행에 힘쓸 것을 권하기보다는, 일반 대중들에게 익숙한 '지옥 관념'을 활용하여, 일상생활에서 지켜야 하는 윤리적 덕목들을 제공하거나 교육시키는 데에 주된 목적이 있었다는 것이다.

이상과 같은 '회심곡'의 내용적 특징은, 유교사회에서 존립하기 위한 당시 불교계의 현실적 모색과 관련이 있어 보인다.

(7) 시험 삼아 일찍이 극락국에 순선자純善者만이 왕생한다는 것을 논했었는데, 진실로 임금에게 충성하고 부모에게 효도하여 인의仁義와 자선慈善의 마음이 지극하다면 극락국에 왕생할 수 있는 것이지, 염불한 사람만 극락국에 왕생할 수 있는 것은 아닙니다. 그렇다면 **불충不忠한 사람, 불효不孝한 사람으로 간사하고 패역悖逆한 사람은 다 지극히 고통스러운 지옥에 들어가는 것이지, 부처님을 비방하는 사람만 지옥에 가는 것은 아닙니다.** 그러므로 옛사람이 말하기를, "천당이 없다면 그만이지만 있다면 군자만이 갈 것이고, 지옥이 없다면 그만이지만 있다면 소인이 들어갈 것이다."라고 하였으니, 바로 실제의 말입니다.[47]

인용문 (7)은 18세기 불교계의 중심인물인 연담 유일蓮潭有一(1720~1799)이 지은 「상한능주필수장서上韓綾州必壽長書」의 일부이다. 인용문에서 연담은 불교를 믿고 염불에 전념하는 사람만 극락에 왕생하는 것이 아니라, 임금에게 충성하고 부모에게 효도하여 인의와 자선의 마음이 지극한 사람도 극락에 왕생할 수 있음을 주장하고 있다. 그리고 이 주장에 이어서, 부처를 비방하는 사람만 지옥에 가는 것이 아니고, 불충·불효하여 간사하고 패역한 사람 또한 지옥에 떨어질 수 있음을 말하고 있다.

연담의 이러한 주장은 청허 휴정淸虛休靜(1520~1604) 이후 줄곧 견지해 온 유불회통적儒佛會通的 관념을 더욱 발전시킨 것[48]으로, 유교와의

---

**47** 연담 유일, 「상한능주필수장서」, 『연담대사임하록蓮潭大師林下錄』 권4. "試嘗論之. 極樂之國, 純善者, 徃生之, 苟能忠君孝父仁義慈善之心至極, 則可以生之, 非但念佛也. 然則不忠不孝奸黠悖逆者, 皆入地獄之極苦, 非但謗佛也. 故古人有曰, 天堂無則已, 有則君子陞之, 地獄無則已, 有則小人入之, 定實際語也."(『한국불교전서』 10, 283쪽)
**48** 조성산, 「19세기 전반 노론계 불교 인식의 정치적 성격」, 『한국사상사학』 13, 한국사상

공존을 추구한 시대적 변용의 한 사례로 볼 수 있다.[49] 그렇다면 19세기의 '회심곡'이 불전 및 그 이전의 불교가사와 달리, 유교적 윤리 덕목을 강조하고 있는 점 역시, '시대적 변용'의 또 다른 사례라 할 것이다.

결국, '회심곡'의 지옥 형상화는 유교사회의 상식을 반영하여 유교와의 공존을 추구한 불교의 시대적 변용이자, 당시 불교계의 사상적 동향이 투영된 결과라고 할 수 있다.

---

사학회, 1999, 312쪽.
[49] 김용태, 『조선 후기 불교사 연구』, 신구문화사, 2010, 359쪽.

# 제4장
# 조선 후기 문학작품의 지옥 형상화

## 1. 지옥 관련 문학작품의 성행

지옥은 '지하의 뇌옥牢獄'이란 뜻으로, 범어의 나라카naraka 또는 니라야niraya를 현실의 감옥에 비유하여 번역한 용어이다.

지옥 관념의 유포는 불전佛典의 한역漢譯과 함께 시작되었다. 지옥 관련 불전은 대체로 지옥의 종류, 지옥행의 원인, 지옥에서의 징벌 양상, 징벌 이후의 상황 등의 내용을 포함하고 있다. 지옥의 수효·명칭·징벌 양상 등은 불전에 따라 차이가 있지만, 지옥행의 이유로는 대부분의 불전이 삼보三寶에 대한 비방·훼손과 오악惡[1]·십악[2] 및 불보시不布施 등을 제시하고 있는 공통점을 보인다. 또한 불전의 지옥은 비록 매우 오

---

1 '오악'은 재가자가 지켜야 할 계율인 5계戒를 어긴 것으로, 살생·투도偸盜·사음邪淫·망어妄語·음주飮酒를 가리킨다.
2 '십악'은 몸과 입과 마음으로 짓는 열 가지의 악업을 뜻한다. 먼저, 몸으로 짓는 악업으로 살생·투도·사음, 입으로 짓는 악업으로 망어[거짓말]·양설兩舌[이간질하는 말]·악구惡口[괴롭히는 말]·기어綺語[속이기 위해 꾸미는 말], 마음으로 짓는 악업으로 탐욕貪慾·진에瞋恚·사견邪見 등이 있다.

랜 시간이 걸리기는 해도 자신의 악행에 대한 죄보罪報가 다하면 벗어날 수 있는 공간으로 묘사되고 있다.

불전의 이와 같은 지옥 관념은 동아시아의 여러 나라에 전파·유포되어, 중국과 일본의 경우는 일찍부터 지옥 및 명부冥府를 형상화한 수많은 문학작품이 창작·향유되었고, 지옥도地獄圖와 시왕도十王圖 역시 많은 작품이 제작되었다. 그러나 우리나라에서는 삼국~고려시대의 작품으로『삼국유사』의〈선율환생善律還生〉과〈왕랑반혼전王郎返魂傳〉만이 전하고 있으며,[3] 조선시대에 와서야 비로소 지옥 관련 문학작품 및 회화작품이 나타나기 시작하였다.

그런데 조선 후기 특히 18·19세기에는 조선 전기와 달리, 지옥을 구체적으로 형상화한 적지 않은 작품들이 창작·향유되고 있어 주목을 요한다. 곧〈인과문〉·〈권왕가〉·〈별회심곡〉 등 16편의 불교가사와, 임방任埅(1640~1724)의 야담집인『천예록天倪錄』소재〈보살불방관유옥菩薩佛放觀幽獄〉, 그리고 작자 미상의〈당태종전〉·〈저승전〉·〈목시룡전〉·〈설홍전〉·〈이계룡전〉 등의 한글소설이 이에 해당한다.

이러한 지옥 관련 문학작품의 성행은 15·16세기 이후 창작된 중국·일본의 지옥 관련 문학작품이 드물다는 점에서,[4] 하나의 특징적인 현상으로 볼 수 있다.[5] 그리고 이들 작품의 지옥 형상화는 가사·야담·소설

---

3 〈왕랑반혼전〉은 1304년(충렬왕 30)에 간행된『불설아미타경』에 수록되었던 것으로, 보우普雨에 의해『권념요록勸念要錄』(1637)에 수록됨으로써 널리 알려지게 되었다.
4 이시준,「일본 지옥설화의 성립과 변용에 관한 통시적 연구」,『외국문학연구』28, 한국외국어대학교 외국문학연구소, 2007, 362쪽.
5 이러한 현상은 한·중·일의 시왕도 제작에서도 나타나는데, 김정희,『조선시대 지장시왕도 연구』, 일지사, 1996, 444쪽의 다음과 같은 언급을 통해 알 수 있다. "중국과 일본의 경우 시왕에 대한 신앙이 성행하여 많은 수의 시왕도가 조성되었지만, 대체로 송宋·원대元代와 무로마찌시대(1333~1573) 이후에는 일반회화의 발전에 가려 쇠퇴하고 있다. 이에 반해, 우리나라의 시왕도는 그 이후의 시기에 제작된 작품들이 수백 점 이상

이라는 장르적 차이와 그 창작·향유층의 차이에도 불구하고, 일정한 내용적 경향성을 보이고 있다.

그러므로 이 글은 중국·일본과 다른, 한국인의 지옥 관념을 규명하기 위한 작업의 일환으로, 조선 후기 문학작품의 지옥 형상화와 그 성격에 대해 살펴보고자 한다. 이를 위해, 먼저 지옥 관련 문학작품의 창작 배경으로, 조선 후기 유가와 불가의 지옥 인식에 대해 검토할 것이다. 다음으로, 지옥 관련 문학작품을 그 장르에 따라 가사와 야담·한글소설의 두 항목으로 나누어, 지옥 형상화의 구체적인 양상을 고찰하고자 한다. 그리고 이러한 작품 분석을 통해 파악된 특징적인 국면의 이유 내지 의미를, 창작 당시의 시대적 상황과 관련지어 살펴보도록 하겠다.

## 2. 조선 후기 유가儒家와 불가佛家의 지옥 인식

구체적인 논의에 앞서, 조선 전기 유자儒者들의 지옥 인식에 대해 잠시 살펴볼 필요가 있다. 이들의 지옥 인식은 당시 활발하게 전개되었던 '척불' 논의의 과정에서 엿볼 수 있는데, 모두 지옥의 존재와 지옥설의 폐해에 대한 비판적 인식에 해당한다.

먼저, 하륜河崙(1348~1416)은 "사람이 죽으면 지옥에 돌아간다는 말이 거짓인가."라는 정종의 물음에, "사람은 음양오행의 기운을 받아서 태어나고, 죽으면 음양이 흩어져서 혼魂은 올라가고 백魄은 내려가는 것이니, 다시 무슨 물건이 있어 지옥으로 돌아가겠습니까?"[6]라고 대답하

---

남아 있기 때문에, 현재 중국과 일본에서 공백으로 남아 있는 시기의 시왕신앙을 살피는 데 절대적인 자료로 평가된다."
6 『정종실록』 권3, 2년 1월 10일(을해). "人受陰陽五行之氣以生, 死則陰陽散而魂升魄降,

고 있다.

하륜의 대답은 정도전鄭道傳(1342~1398)이 「불씨지옥지변佛氏地獄之辨」에서 인용하고 있는 선유先儒의 "만약 부처에게 공양하지 않고 중에게 밥을 주지 않는 자는 반드시 지옥에 떨어져 썰리고, 타고, 찧이고, 갈리는 갖가지의 고초를 받는다고 하니, 죽은 자의 형체가 썩어 없어지고 정신 또한 흩어져 버려, 비록 썰고 불태우고 찧고 갈려고 하여도, 손댈 곳이 없는 줄을 전연 모르기 때문이다."[7]라는 언급과 일치하고 있다. 곧 이들은 지옥에 가서 고통을 받는 주체의 존재를 부정함으로써 지옥의 존재 자체를 부정하고 있는 것이다.

다음으로, 지옥설의 폐해에 대해서는, 부처에게 공양하지 않고 천도재를 지내지 않으면 망자가 지옥에 떨어진다는 당시 승려들의 위협으로 인해, 백성들이 먹을 것이 없어지고 생업을 잃으며,[8] 더 나아가 머리를 깎고 산으로 도망가서 군역에 종사할 사람이 날로 줄어들고 있음을 지적하고 있다.[9]

끝으로, 정도전은 지옥의 존재뿐만 아니라 지옥설의 효용성에 대해서도 부정하고 있다. 곧 군자는 자신에 대한 나쁜 평판을 마치 저잣거리에서 매를 맞는 것처럼 부끄러워하기 때문에 지옥설이 아니더라도 그들 스스로 악행을 저지르지 않는다는 것이다.[10] 인간의 본성 자체로

---

復有何物歸地獄者哉. 此佛氏以未來未見, 誘惑愚民."

[7] 정도전, 「불씨지옥지변」, 『삼봉집三峯集』 권5. "先儒辨佛氏地獄之說曰, 世俗信浮屠証誘, 凡有喪事 無不供佛飯僧. …(中略)… 不爲者, 必入地獄, 到燒舂磨, 受諸苦楚. 殊不知死者, 形旣朽滅, 神亦飄散, 雖有到燒舂磨, 且無所施."

[8] 『세종실록』 권1, 즉위년 10월 8일(갑신); 『세종실록』 권23, 6년 3월 12일(무자); 『성종실록』 권45, 5년 7월 16일(기사).

[9] 『세종실록』 권88, 22년 1월 25일(무진); 『성종실록』 권44, 5년 윤 6월 30일(계축); 『연산군일기』 권39, 6년 9월 27일(무인).

[10] 정도전, 앞의 글. "昔有僧問子曰, 若無地獄, 人何畏而不爲惡乎. 子曰, 君子之好善惡惡,

인해 악행을 막을 수 있다는 것으로, 교화적 효용성에 있어서도 지옥설은 필요가 없음을 말하고 있다.

그런데 조선 후기의 몇몇 유가 지식인들은 조선 전기의 유자들처럼 지옥의 존재는 부정하고 있지만, 그 교화적 효용성은 인정하고 있는 변화를 보인다.

이덕무李德懋(1741~1793)는 천당·지옥설을 여래如來가 본래 없는 것을 거짓으로 그 화복禍福을 과장하여 말한 것으로 보면서도, 여래의 학문은 자비이기 때문에 중생의 욕심과 악이 많은 것을 불쌍히 여겨서 이 지옥설을 빌려 경계한 것이라고 하였다.[11] 김정희金正喜(1786~1856)는 최초의 한역불전漢譯佛典인 『사십이장경四十二章經』을 읽은 뒤, "나는 이 경을 읽고서 불교 역시 사람을 권하여 착하게 만들고, 경계하여 악한 짓을 못하게 하는 데 지나지 않으며, 이를테면 천당·지옥 같은 것은 가설假設하여 보이고 인증引證하여 깨우쳐 준 것이며 참은 아니라는 것을 알았다."[12]라고 적고 있다. 이렇듯 이덕무와 김정희는 불교의 지옥설을 참이 아닌 '거짓'으로 보고 있지만, 정도전과 달리 지옥설이 악행을 경계하고 선행을 권하는 측면이 있음을 긍정하고 있는 것이다.

조선 후기 유가 지식인 중 불교의 지옥에 가장 큰 관심을 보였던 이규경李圭景(1788~1856) 역시 지옥설을 '사설邪說'·'사람을 속이는 함정'이라고 하면서도 그 권선적勸善的·교화적 기능에 대해서는 긍정적인

---

如好好色, 如惡惡臭, 皆由中而出, 無所爲而爲之. 一有惡名至, 則其心愧恥, 若撻于市, 豈待地獄之說然後不爲惡乎."
11 이덕무, 「이목구심서耳目口心書(一)」, 『청장관전서青莊館全書』 권48. "余曰, 如來學問, 是慈悲耳, 故憫衆生之多慾多惡, 或假設此語, 以儆戒之耶. …(中略)… 元不知如來本無是事, 而假托鋪張其禍福, 如眞有是事."
12 김정희, 「제불설사십이장경후題佛說四十二章經後」, 『완당전집阮堂全集』 권6. "余讀此經, 始知釋道亦不過勸人爲善, 勸人懲惡. 如天堂地獄, 設看而引喻之也, 非眞也."

시선을 보이고 있다. 그의 『오주연문장전산고五洲衍文長箋散稿』에는 지옥과 관련된 「석교범서불경변증설釋敎梵書佛經辨證說」·「윤회변증설輪回辨證說」·「지옥변증설地獄辨證說」 등의 글들이 실려 있다. 특히 「지옥변증설」은 여러 불전에 근거하여 지옥의 명칭·위치·종류와 염라왕·시왕·지장보살 등 지옥과 관련된 전반적인 사항을 적지 않은 분량으로 소개하고 있다.

이 글에서 그는 "천당과 지옥이 과연 있다면, 군자는 반드시 천당으로 올라갈 것이고 소인은 반드시 지옥으로 떨어지게 되어, 지옥설이 있음으로 인해 개과천선改過遷善할 수 있게 될 것이다."[13]라고 하여, 지옥설의 권선적 기능에 주목하고 있다. 또한 그는 청淸나라 초기의 학자인 위희魏禧(1624~1681)의 "지옥설과 살생을 경계한 말에 대하여 나는 옛날 성현들의 미급한 바를 보충할 만하다고 생각한다."라는 구절을 인용한 뒤 공감을 표시하기도 하였다.[14]

남병철南秉哲(1817~1863)의 경우는, 이규경의 지옥 인식에서 더 나아가 지옥설을 '거짓'이나 '사설邪說'로 보고 있지 않으며, 지옥설을 통해 천하의 악인惡人들을 두렵게 할 수 있다고 보았다. 그는 천당·지옥설이 '부처의 민세憫世', 즉 부처가 세상을 가엾게 여긴 뜻에서 나온 것으로 전제한 뒤, "지옥이라는 것은 천하의 악인들을 두렵게 할 수 있다. 천당이 없다면 그만이지만 있다면 반드시 어진 사람들로 하여금 살게 할 것이요, 지옥이 없다면 그만이지만 있다면 반드시 악한 자들로 하여금 살게 할 것이다."[15]라고 주장하였다.

---

13 이규경, 「지옥변증설」, 『오주연문장전산고』 권20. "堂獄如果有之, 則君子必陞天堂, 小人必墮地獄, 而地獄之說起, 庶可以改過遷善."
14 이규경, 앞의 글. "魏叔子禧與人論地獄書. …(中略)… 是故地獄之說, 戒殺生之說, 吾謂可補前古聖人所未及. 其取喩似然矣."
15 남병철, 「서대장일람후書大藏一覽後」, 『규재유고圭齋遺藁』 권5. "日獄者, 尤可以懼夫

이상과 같은 지옥 인식은 비록 일부 유가 지식인들에 국한된 것이지만, 이들이 당시 사상계와 정계에서 상당한 영향력을 행사하던 인물들이라는 점에서, 18·19세기 사상계의 한 경향성으로 파악할 수 있을 것이다.

한편, 조선시대 승려들의 문집이나 저서에는 지옥에 관한 담론이 많지 않으며, 있는 경우에도 불전의 지옥 관련 경문經文을 인용하는 수준에서 그치고 있다. 조선 전기에 있어서는 함허 기화涵虛己和(1376~1433)의 다음과 같은 언급이 유일하다. 곧 함허는 천당과 지옥이 실제로 있는 것이 아니고, 사람의 업감業感으로 저절로 그렇게 되는 것이라고 하였다. 또한 천당과 지옥이 없다고 하더라도 천당·지옥설을 듣는 사람은 천당을 사모하여 선善으로 나아가고, 지옥을 싫어하여 악을 버릴 것이므로, 백성들의 교화에 큰 도움이 될 것이라고 하였다.[16]

그의 호불론인『현정론顯正論』에 있는 이러한 주장은 앞에서 살펴보았던 동시대 유자들의 비판론에 대한 대응으로는 부족한 것이라 할 수 있다. 함허는 정도전이 인용한 선유의 언급과 지옥설의 폐해의 원인으로 지적된, 부처를 공양하지 않거나 믿지 않으면 지옥에 떨어진다는 문제에 대해서는 어떠한 언급도 없기 때문이다.

그런데 지옥행의 이유에 대한 문제의식은 아래의 인용문에서 보듯이, 18세기 불교계의 중심인물인 연담 유일蓮潭有一(1720~1799)의 언급에서 나타나고 있어 주목을 요한다.

---

天下之惡人. 謂天堂無之則已, 有之, 必使仁者居之也. 謂地獄無之則已, 有之, 必使惡者居之也. 夫然則佛之說, 殆亦憫世而出者乎."

16 함허 기화,『현정론』. "至於天獄, 則非是實然固有, 乃人之業感, 自然如是也. …(中略)… 天堂地獄, 設使無者, 人之聞者, 慕天堂而趨善, 厭地獄而沮惡. 則天獄之說之於化民, 利莫大焉."(『한국불교전서』7, 221~222쪽)

(1) 시험 삼아 일찍이 극락국에 순선자純善者만이 왕생한다는 것을 논했었는데, 진실로 임금에게 충성하고 부모에게 효도하여 인의仁義와 자선慈善의 마음이 지극하다면 극락국에 왕생할 수 있는 것이지, 염불한 사람만 극락국에 왕생할 수 있는 것은 아닙니다. 그렇다면 **불충不忠한 사람, 불효不孝한 사람으로 간사하고 패역悖逆한 사람은 다 지극히 고통스러운 지옥에 들어가는 것이지, 부처님을 비방하는 사람만 지옥에 가는 것은 아닙니다.** 그러므로 옛사람이 말하기를, "천당이 없다면 그만이지만 있다면 군자만이 갈 것이고, 지옥이 없다면 그만이지만 있다면 소인이 들어갈 것이다."라고 하였으니, 바로 실제의 말입니다.[17]

인용문 (1)은 연담의 「상한능주필수장서上韓綾州必壽長書」의 일부를 옮긴 것이다. 인용문에서 연담은 불교를 믿고 염불에 전념하는 사람만 극락에 왕생하는 것이 아니라, 임금에게 충성하고 부모에게 효도하여 인의와 자선의 마음이 지극한 사람도 극락에 왕생할 수 있음을 주장하고 있다. 그리고 이 주장에 이어서, 부처를 비방하는 사람만 지옥에 가는 것이 아니고, 불충·불효하여 간사하고 패역한 사람 또한 지옥에 떨어질 수 있음을 말하고 있다. 지옥 관련 불전에 없었던 불충과 불효를 지옥행의 이유로 강조하고 있는 것이다.

연담의 주장은 사실, 연담 이전의 문헌에서도 볼 수 있다. 곧 1735년 (영조 11) 창녕 관룡사에서 간행된 『상법멸의경像法滅義經』이 그것이다.

---

17 연담 유일, 「상한능주필수장서」, 『연담대사임하록蓮潭大師林下錄』 권4, "試嘗論之, 極樂之國, 純善者, 往生之, 苟能忠君孝父仁義慈善之心至極, 則可以往生, 非但念佛也. 然則不忠不孝奸悖逆者, 皆入地獄之極苦, 非但謗佛也. 故古人有曰, 天堂無則已, 有則君子陞之, 地獄無則已, 有則小人入之, 定實際語也."(『한불전』 10, 283쪽)

『상법멸의경』은 이 시기에 만들어진 한국의 '위경僞經'으로, 총 글자수가 699자에 불과한 아주 짧은 경전이다. 이 경전은 불법佛法의 파괴와 타락한 말세, 7년간의 재난과 세상의 종말, 영원한 지옥의 고통, 성인聖人의 출현과 새로운 이상사회의 건설 등의 내용으로 되어 있다.[18]

지옥의 고통을 서술하고 있는 부분은 다음과 같은데, "만약 이승에서 좋은 인연을 닦지 않은 자, 항상 악행을 짓는 자, 인과를 믿지 않는 자, 부모에게 불효한 자, 임금을 속여 부역을 피한 자, 스승을 천시하고 자신만을 높이는 자들은 이 재난을 만나 모두 아비지옥에 떨어지니, 천불千佛이 세상에 출현해도 영원히 구원받을 수 없다."[19]라는 내용이 이에 해당한다. 여기에서 '부모에게 불효한 자'와 '임금을 속여 부역을 피한 자'를 제외한 항목들은 모두 불전에 나오는 지옥행의 원인이고, 이 두 항목은 각각 연담이 언급한 '불효'와 '불충'에 대응된다.

『상법멸의경』이 연담과 마찬가지로 지옥행의 이유에 불충과 불효를 포함시키고 있는 점은, 인용문 (1)의 내용이 연담만의 주장이 아니라, 당시 불교계의 사상적 동향을 반영한 것임을 알 수 있게 한다. 이러한 특징은 조선 전기 유자들의 비판에 대한 불교계의 대응이면서, 동시에 조선 후기 유자들의 지옥 인식이 변하게 된 원인으로도 볼 수 있다. 조선 후기 불가의 이와 같은 지옥 인식은 동시대의 불교가사, 특히 19세기 '회심곡'류 가사에 투영된 것으로 보이는데, 이러한 사실은 다음 절의 작품 분석에서 확인할 수 있을 것이다.

---

18 남동신, 「조선 후기 불교계 동향과 『상법멸의경』의 성립」, 『한국사연구』 113, 한국사연구회, 2001, 123쪽.
19 남동신, 앞의 논문, 137~138쪽의 '부록: 관룡사본 『상법멸의경』'. "若此生, 不修善因緣, 常作惡行, 不信因果, 不孝二親, 欺君避役, 賤師自慢者, 逢此災難, 咸沒阿鼻獄. 千佛出世, 永不救援."

## 3. 조선 후기 문학작품의 지옥

### 불교가사와 '회심곡'

현재 전하고 있는 17~19세기의 불교가사는 57편[20]으로, '저승길의 여정'·'시왕의 심판'·'지옥에서의 징벌' 등의 지옥 관련 화소話素를 포함하고 있는 작품은 16편이다. 이들 작품의 제목과 수록문헌 및 판본 등을 도표로 정리하여 제시하면 다음과 같다.

〈표〉 '지옥' 관련 불교가사

| | 작품 | 작자 | 출전 | 판본 | 비고 |
|---|---|---|---|---|---|
| 1 | 因果文 | 미상 | 『염불보권문』(1704) | 목판본 | 순한글 표기. |
| 2 | 地獄道頌 | 智瑩 | 『수선곡』(1795) | 목판본 | 순한글 표기.《전설인과곡》의 제2송. 『佛說六道伽陀經』의 번역. |
| 3 | 天道頌 | 智瑩 | 『수선곡』(1795) | 목판본 | 순한글 표기.《전설인과곡》의 제6송. 지옥에 관한 부분은 『問地獄經』의 번역. |
| 4 | 夢幻歌 | 미상 | 『영암화상토굴가』(1889) | 필사본 | 순한글 표기. |
| 5 | 勸住歌 | 東化 竺典 | 『권왕문』(1908) | 목판본 | 순한글 표기. |
| 6 | 往生曲 | 미상 | 『불설멸의경』(연대 미상) | 필사본 | 〈권왕가〉의 이본. |
| 7 | 自責歌 | 미상 | 『권왕문』(1908) | 목판본 | 순한글 표기. |
| 8 | 僧元歌 | 미상 | 『나옹화상승원가』(연대 미상) | 필사본 | 이두 표기. 〈자책가〉의 이본. 작자를 나옹 혜근으로 보는 견해가 있음. |
| 9 | 六度歌 | 미상 | 『육도가라』(연대 미상) | 필사본 | 순한글 표기. |
| 10 | 別回心曲 | 미상 | 『별회심곡』(연대 미상) | 활자본 | 순한글 표기. |
| 11 | 善心歌 | 미상 | 『불교가사』(1887) | 필사본 | 순한글 표기. |

---

20 임기중, 『불교가사 원전연구』, 동국대학교출판부, 2000, 65~776쪽.

| 12 | 特別回心曲 | 미상 | 『악부』(1930~34) | 필사본 | 국한문 혼용 표기. |
| 13 | 喚懺曲 | 미상 | 『환참곡』(연대 미상) | 필사본 | 순한글 표기. |
| 14 | 續回心曲 | 미상 | 『악부』(1930~34) | 필사본 | 순한글 표기. |
| 15 | 四諦歌 | 미상 | 『서방금곡』(1931) | 필사본 | 국한문 혼용 표기. |
| 16 | 無量歌 | 미상 | 『무량가』(연대 미상) | 필사본 | 순한글 표기. |

도표를 통해, 지옥 관련 화소가 있는 불교가사는 18세기의 작품인 〈인과문〉·〈지옥도송〉·〈천도송〉을 제외하고는 모두 19세기에 창작된 것임을 알 수 있다. 또한 대부분의 작품이 작자를 알 수 없으며, 필사본의 형태로 전해지고 있다. 도표 10~16번의 작품들은 학계에서 이른바 '회심곡'류 불교가사로 부르고 있다. 이들 가사는 1800년대 민중예술의 발흥이라는 시대적 분위기에서 연출된 대중적인 노래로, 49재·수륙재·예수재 등의 불교의식에서 구연되거나, 걸립패·탁발승·향두꾼 등에 의해 일반 대중들에게 널리 확산된 것이다.[21]

이 '회심곡'과 도표 1~9번의 불교가사는 지옥 관련 화소의 비중에 차이를 보이고 있으며, 그 내용적 경향성 또한 다르게 나타난다. 곧 18세기와 19세기의 일부 불교가사는 대체로 '저승길의 여정'과 '시왕의 심판' 화소가 없거나 축소되어 있는 반면, '회심곡'은 시왕의 이름이 나열되어 있고 '지옥에서의 징벌' 화소가 축소되어 있다. 그리고 중생들이 지옥에 가는 이유로 제시되어 있는 악행惡行의 구체적인 내용에 있어서도 차이를 보인다. 또한 전자가 지옥을 벗어나는 방법으로 '염불'을 강조하고 있다면, 후자는 '선심善心'을 제시하고 있다.

(2) 시왕께 잡혀드러 츄열다짐 시비쟝단

---

[21] 김종진, 『불교가사의 연행과 전승』, 이회문화사, 2002, 319~320쪽.

가지가지 무릇 실제 인간애 디은죄는
염나대왕 업경듸예 낫낫치 비최엿고
뎨셕궁 나망즁에 낫낫치 어르여시니
어듸가 흔말이나 거즛다짐 ᄒ올손고
내닙으로 ᄉ론후에 그뉘라셔 구졔ᄒᆞᆯ고
팔만ᄉ쳔 무간디옥 쳘위셩도 노프실샤
쇠문안 드리ᄃᆞ라 목버히며 혀쌔며
굽거니 ᄲᆞᆷ거니 셔거니 쎄거니
가지가지로 다ᄉᆞ리니 아야아야
우ᄂᆞᆫ 소릐ᄂᆞᆫ 오뉴월 가온대
억머구릐 소릐로다 이흔 몸 가지고
빅쳔가지 곳쳐되여 대고통 슈ᄒᆞᆯ 져긔
그엇지 아니 셜올손고 목물 나라
울져긔 구리쇠 노긴믈 머기시고
빈고파라 울져긔 몽동쳘환 ᄧᅵ피시고
ᄒᆞ르도 열두시요 흔둘도 셜흔 날애
일만번을 주기시고 일만번을 사로시니²²

(3) 호싱오ᄉ ᄒᆞᄂᆞᆫ마음 나와져와 일반인듸
ᄂᆡ욕심을 치우랴고 남의목슘 죽이오니
형셰강약 부동ᄒᆞ야 죽인바를 입ᄉᆞ오나
…(중략)…
검슈도산 져지옥에 근단골졀 몃번ᄒᆞ며

---

22 작자 미상, 〈인과문〉,(임기중, 앞의 책, 96~98쪽).

확탕노탄 져지옥에 혈육초란 슈잇던가
지옥고를 필훈 후에 피모디각 늒축되야
목슘빗즐 갑풀젹에 나는 한번 죽여쩐만
갑는 슈는 무슈훈들 슈원슈구 한을홀쇼
　　　　　…(중략)…
입으로 짓는 허물 몰난결에 가즁 만틱
발셜지옥 고를보쇼 혀를쎅여 밧츨가니
거즛말노 남쇽일까 …(중략)…
슐의허물 업실진딘 셩인이 금홀 손가
똥과오짐 츨는지옥 져고통이 무셔워라
　　　　　…(중략)…
만일ᄉ견 일아켜셔 션악인과 불신ᄒ면
무간지옥 들어가셔 쳔불츌셰 ᄒ드라도
나올긔약 바히업닉[23]

　인용문 (2)·(3)은 작자 미상의 18세기 가사 〈인과문〉과, 동화 축전 (1825~1854)의 〈권왕가〉를 옮긴 것이다. 먼저, 위의 (2)에서 시왕 앞에 끌려온 망자들은 업경대業鏡臺에 비춰진 생전의 죄업에 따라 무간지옥으로 보내지고 있다. 그리고 죄인들이 지옥에서 받는 징벌의 모습이, "목을 베고 혀를 뽑으며 (몸을) 굽고 삶고 켜고 빼며", "목마르다고 울 적에 구리쇠를 녹인 물을 먹이고", "배고프다고 울 적에는 철환鐵丸을 씹게 한다."라고 하여, 비교적 상세하게 묘사되어 있다.
　그런데 인용문 (2)는 인용문 (3)과 달리, 지옥행의 원인이 제시되어

---

[23] 동화 축전, 〈권왕가〉, (임기중, 앞의 책, 281~283쪽)

있지 않은데, 인용하지 않은 〈인과문〉의 '저승길' 단락에는 지옥행의 이유로 볼 수 있는 항목들이 나열되어 있다. 곧 "인연선종因緣善從 부모효양父母孝養 염불동참念佛同參 불공보시佛供布施/ 우습게 여겨 불연佛緣 못 맨 사람들아"가 그것으로, 이 구절은 바로 '인연선종'·'부모효양'·'염불동참'·'불공보시'를 행하지 않는 사람들이 무간지옥에 떨어짐을 암시하고 있는 것이다.

인용문 (3)은 검수劍樹·도산刀山·확탕鑊湯·노탄爐炭·발설拔舌·분뇨糞尿·무간無間지옥 등의 일곱 가지 지옥과, 이들 지옥에 떨어지는 이유 및 그곳에서의 징벌 양상을 노래하고 있다. 곧 살아생전에 사람을 죽인 망자는 검수·도산지옥에서 힘줄이 끊어지고 뼈가 부러지는 징벌을, 확탕·노탄지옥에서는 온몸이 불에 태워지는 고통을 받으며, 징벌이 끝난 뒤에는 소·양·개·돼지 등의 가축으로 태어난다는 것이다.

또한 '입으로 짓는 허물'·'술의 허물'·"사견邪見으로 선악의 인과를 믿지 않으면" 각각 발설·분뇨·무간지옥에서 혀가 뽑히고, 똥·오줌에 빠지며, 천불千佛이 세상에 있어도 빠져나올 기약이 없는 징벌을 받는다고 되어 있다. 여기에서 제시하고 있는 살생·망어·음주 등의 죄목들은 불전에서 지옥행의 원인으로 자주 언급되는 '오악'에 다름 아니다.

이들 작품 외에도, 〈육도가〉에는 지옥에 가는 이유로 살생·투도·사음·기어 등 '십악'의 항목들이 열거되어 있다. 징벌의 양상에 있어서는 칼과 창이 하늘에서 빗발치듯 쏟아지고, 철로 된 뱀·개·나귀와 우두마면牛頭馬面의 사자使者들에게 혀와 눈을 뽑히며, 펄펄 끓는 큰 솥에서 삶아지고 있음을 묘사하고 있다.

이렇듯, 이들 작품들에서 묘사·제시하고 있는 징벌의 양상과 지옥행의 이유는 '불전 속 지옥'에서 크게 벗어나지 않는데, 다음에서 살펴볼 '회심곡'은 이들과는 다른 모습을 보인다.

(4) [가] 시왕젼의 교의노코 열시왕 렬좌허고
　　　　최판관이 문서잡아 거힝 허고 문쵸허니
　　　　죄목다짐 바드면서 형벌허여 뭇는말이
　　　　남즈죄인 잡아드려 인간죄옥 알위여라
　　　　무숨공덕 허엿느냐 부모효셩 허엿느냐
　　　　동긔우의 허엿느냐 친쳑화목 허엿느냐
　　　　㉠ 깁흔물에 다리노와 월쳔공덕 허엿느냐
　　　　㉡ 놉흔뫼에 불당지여 즁싱공덕 허엿느냐
　　　　㉢ 당양헌듸 집을지어 걸인구졔 허엿느냐
　　　　㉣ 헐버스니 옷슬쥬어 구락션심 허엿느냐
　　　　㉤ 죠흔짜히 원두노와 만인히갈 허엿느냐
　　　　㉥ 병든사람 약을쥬어 급헌구졔 허엿느냐
　　　　늘근사람 공경허여 인亽 공부 허엿느냐
　　　　부처님게 공양허여 념불공부 허엿느냐
　　　　일분동참 시쥬허여 션심공덕 허엿느냐
　　　　㉦ 굼는사람 밥을쥬어 긔사구졔 허엿느냐
　　　　㉧ 목말으니 물을쥬어 급슈공덕 허엿느냐
　　　　국녹지신 되야나셔 공졔국亽 허엿느냐
　　　　부모은혜 갑흐랴고 후셰길을 닥가니여
　　　　연화지를 올녓느냐 …(중략)…
　　　　흉악허고 몹슬년들 잡아드려 문쵸헐계
　　　　쇠亽슬노 결박허여 텬동갓치 호령허여
　　　　이년드라 들어보라 네죄목을 네아느냐
　　　　젼싱죄를 닥그랴고 인간츌셰 허엿드니
　　　　션심공덕 바히업고 아직조타 지은죄를

엇지허여 버셔느리 네죄목을 드러보라
ⓐ 싀부모와 친부모게 지셩효도 허엿느냐
졍셩으로 가장셤겨 렬녀말을 드럿느냐
ⓑ 싀죡의게 화목허여 목죡인ᄉ 바다느냐
빈곱푸니 밥을쥬어 부억공경 허엿느냐
셰간ᄉ리 알들허여 칭찬쇼릭 드럿느냐
요악헌년 잡말마라 네죄상을 아는비라
간악허고 간ᄉ헌년 ⓒ 부모말슴 되답헌년
셔방쇽여 괴인년과 ⓓ 동싱항렬 리간헌년
큰어미를 아당한년 업는 죄를 지어닌년
ᄌ근어믜 미워헌년 남의쳔량 욕심닌년
셰상간악 다부리며 남의직물 탈취헌년
졔것갓치 갓다쓰고 쓴후안이 쥬는년
남ᄌ보고 흠모헌년 험담픽셜 지어닌년
ⓔ 열두시로 마음곳쳐 암큼헌일 싱각헌년
것면은 착허고 쇽마음은 간악헌년
동셰잡아 리간헌년 ⓕ 못듯는되 욕헌년
쥬앙압희 오줌누고 ⓖ 군말허고 셩닌년들
되강드러 보려무나 져형벌을 엇지허리
[나] 져년드를 결박허여 풍도셩의 보닉리라
죄지경즁 상고허여 형벌계구 ᄎ리면셔
단근허고 혀를쎅여 져울츄의 다라보며
몸을쑤셔 피를닉여 칼산지옥 구렁지옥
독사지옥 귀쥴지옥 흑망지옥 침침지옥
슈탕지옥 빙암지옥 쳘망지옥 거ᄉ지옥

　　　　디망지옥 긔귀지옥 모라다가 구류허고
　　　　오일오일 잡아닉여 형벌허고 문죠허니
　　　　지은죄를 버셔날가 기름스려 살무면셔
　　　　쇠쳥이로 뒤져기니 그형벌을 엇지보랴
　　[다] 죄를엇지 지을쇼냐 첫지죄는 부모불효
　　　　둘지죄는 가장불공 셋지죄는 도젹환양
　　　　넷지죄는 인간비방 다섯지죄는 몹쓸마음
　　　　엿섯지죄는 항렬불화 일곱지죄는 간스요악
　　　　여덜지죄는 남의모히 아홉지죄는 불의힝스
　　　　열지죄는 가장구박 다른죄는 고스허고
　　　　십죄목을 어이허리 일언죄목 버셔나고
　　　　다시쳔도 바라나니 인간남녀 비방말고
　　　　마음닥가 션심허라²⁴

　위의 (4)는 '회심곡' 중 가장 많은 분량으로 된 〈속회심곡〉의 일부이다. 인용문의 [가] 단락은 최판관이 명부에 도착한 망자를 심문하는 부분이다. [가]에서 우선 눈에 띄는 것은 죄인을 남자와 여자로 구분한 뒤, 남자죄인에게는 '~하였느냐'라는 심문 형식을 통해 선행의 덕목을, 여자죄인에게는 대체로 심문의 형식 없이 악행의 항목을 제시하고 있는 점이다. 이러한 점은 여타의 '회심곡'에서도 볼 수 있는 또 다른 특징이라 할 수 있다.

　〈속회심곡〉은 남자죄인의 경우, 선행의 덕목으로 부모효성·동기우애·친척화목·월천공덕越川功德·중생공덕 등의 16가지 항목을 제시하

---

**24** 작자 미상, 〈속회심곡〉.(임기중, 앞의 책, 434~438쪽)

고 있다. '인사공부'·'공제국사共濟國事'를 제외한, '월천공덕'부터 '연화재蓮花齋 올리기'까지의 항목들은 불교에서 말하는 '보시행'의 범주에 속한다고 할 수 있다. '보시행'과 관련된 이들 항목 중 밑줄 친 부분의 ㉠~㉦은 다른 '회심곡'에서도 공통적으로 노래하고 있다.

그렇지만 '보시' 이외의 덕목들은 작품에 따라 조금씩 차이를 보인다. 〈별회심곡〉·〈선심가〉·〈특별회심곡〉은 '임금께 극간極諫하여 나라에 충성', 〈사제가〉는 '일가구제一家救濟'·'동생후덕同生厚德'·'붕우유신朋友有信'·'치민선정治民善政', 〈환참곡〉은 '노인공경'·'형우제공兄友弟恭'·'부화부순夫和婦順'·'붕우유신' 등의 항목을 추가하고 있다. 이들 작품에서 새롭게 추가된 항목들은 대체로 '삼강오륜三綱五倫'을 포함한 유교적 윤리 덕목에 해당한다.

여자죄인의 경우는, 지성효도·가장공경家長恭敬·시족화목媤族和睦 등의 '선행'과 부모 말씀 대답하기, 서방 속이기, 동생항렬 이간하기, 험담패설 지어내기, 군말하고 성내기 등의 '악행'이 제시되어 있다. 이들 중, '부모 말씀 대답하기'·'군말하고 성내기' 등 '말'과 관련된 항목들은 불교의 '십악' 가운데 입으로 짓는 악업인 '망어·양설·악구·기어'와 관련이 있어 보인다. 그러나 나머지 항목들은 불교와 직접적인 관련이 없고 오히려 남자죄인의 '선행 덕목'과 마찬가지로, 유교사회에서 지켜야 하거나 범해서는 안 되는 일상적인 윤리 규범이라 할 수 있다. 〈속회심곡〉의 여성 관련 죄목들은 '회심곡' 중에서 가장 많은 항목이 추가된 것으로, 인용문의 ⓐ~ⓖ는 여타의 '회심곡'에서도 제시되어 있는 항목들에 해당한다.

그런데, 인용문의 [다] 단락은 다른 '회심곡'에서는 볼 수 없는 것으로, 이 작품에서만 제시되어 있다. [다]에서 제시하고 있는 '십죄목'은 [가] 단락에서 열거한 여성 관련 22가지 항목을 열 가지로 요약·강조한 것이다. '가장불공'·'가장구박' 등 '가장'과 관련된 항목들이 보이고 있어, 이 작품의 주요 청자가 여성들이었음을 알 수 있다. 또한 이들 항목은 불교와 관련이 없는 것으로, 〈속회심곡〉의 화자 또는 당시의 일반 대중들이 문젯거리로 인식하였던, 여성들이 일상생활에서 자주 범하는 악행들이라 할 수 있다.

한편, 인용문의 [나] 단락은 12가지의 지옥 이름을 나열함과 동시에, 지옥에서의 징벌 양상을 서술하고 있다. 이러한 징벌에 대한 묘사 역시 이 작품에서만 보인다. 곧 〈별회심곡〉·〈선심가〉·〈특별회심곡〉 등은 도산刀山·화산火山·한빙寒氷·검수劍樹 등의 지옥 이름을 열거한 뒤 "각처지옥 분부하야 모든죄인 처결한후"라고 하여, 징벌의 양상은 생략하고 그 결과만 노래하고 있는 것이다. 〈사제가〉와 〈무량가〉의 경우는, 징벌의 내용뿐만 아니라 지옥의 이름까지 보이지 않고, 다만 심문이 끝난 죄인들을 '풍도지옥酆都地獄'에 가두는 것으로 되어 있다.

이상의 내용들은, '회심곡'의 관심 내지 지향이 '지옥의 징벌'보다는 '지옥행의 이유'에 있음을 보여 준다. 그리고 지옥행의 이유로 유교사회에서 범해서는 안 되는 일상적인 윤리 규범을 강조하고 있는 점은, '회심곡'을 여타의 불교가사와 구별 짓는 가장 큰 특징이라 할 수 있다.

### 야담과 한글소설

조선시대 필기·야담집에는 다수의 저승 관련 이야기가 실려 있지만, 지옥을 구체적으로 형상화하고 있는 작품으로는 18세기 야담집인 『천예록天倪錄』의 〈보살불방관유옥菩薩佛放觀幽獄〉이 있다.

이 〈보살불방관유옥〉은 평양 출신의 문관인 홍내범이 젊은 시절 장질부사로 죽었다가 10일 만에 다시 살아난 이야기이다. 홍내범은 명부에서 세 가지의 지옥과 '회진관會眞觀'이란 천당을 구경하고 돌아온 것인데, 그가 목격한 지옥의 이름은 '감치불목지옥勘治不睦之獄'·'감치조언지옥勘治造言之獄'·'감치기세지옥勘治欺世之獄'으로 되어 있다. '감치불목지옥'은 형제와 벗을 원수처럼 대하고, 천륜을 무시하며, 오직 재물만을 탐낸 사람들이 가는 지옥이고, '감치조언지옥'은 교묘하게 꾸민 거짓말로 골육지친을 이별하게 하고 친구 사이를 이간질한 사람들이 가는 지옥이다. 이들 지옥에 떨어진 죄인들은 각각 불에 달군 철꼬챙이로 눈이 찔려 거꾸로 매달리는 징벌과, 예리한 칼로 구멍이 뚫린 혓바닥에 쇠끈으로 꿰어져 쇠기둥에 매달리는 징벌을 받고 있다.

그리고 '감치기세지옥'에서는 앞의 두 지옥보다 더욱 끔직한 징벌의 모습이 다음과 같이 상세하게 묘사되어 있다. "야차 여럿이 철끈으로 이들을 꼼짝 못 하게 묶자, 8·9명의 아귀가 다가와 칼을 뽑아 벌거벗은 자의 가슴과 배 사이에서 살점을 베어 내 쇠솥 안에 넣고 삶아서 씹어 먹었다. 살점을 다 먹은 귀신들은 나머지 골마저 파내 먹었다. 얼마 후 갈대 바람이 한 번 불자 이들의 몸체는 예전과 같이 회복되었다. 그런데 이번에는 쇠 뱀과 구리 개가 이들의 피와 골수를 빨아먹자 고통으로 절규하는 소리가 땅을 뒤흔들었다."²⁵

이와 같은 묘사는 '불목'·'조언'의 죄보다 '기세'의 잘못이 더 큼을 나타낸 것이라 하겠는데, 다른 지옥들과 달리 이 지옥에서는 '기세'의 주체, 곧 징벌을 받는 죄인들의 신분이 밝혀져 있다. 곧 청요직淸要職에 몸을 담고 있으면서 겉으로는 청렴한 척하며 몰래 뇌물을 받은 자와, 수령의 자리에 있으면서 백성들의 고혈을 빨아먹으면서도 겉으로는 선

---

25 임방任埅, 〈보살불방관유옥〉, 『천예록』. "夜叉數輩, 狀貌獰惡, 以鐵索牢, 八九餓鬼, 來抽刀於裸者胸腹間 割肉置鍋中, 煎之以啖, 餓鬼啖盡. 又割至餘骨而後已. 少焉, 業風一吹, 肢體如故, 又有鐵蛇銅犬, 咂人血髓, 叫苦之聲動地."

한 일로 기림을 받고자 하는 자, 그리고 입으로는 주공周公과 공자孔子를 이야기하면서 세상을 속이고 이름을 훔치는 자가 그들이다.[26]

여기에서, 〈보살불방관유옥〉의 '지옥'은 일반 대중들보다는 관료와 유학자들을 주된 경계의 대상으로 삼고 있음을 알 수 있다. 또한 지옥행의 원인 역시 '불교'와 직접적인 관련이 없다고 하겠다. 반면, 천당인 '회진관'은 "가사를 입은 중 수백이 거처했다. 백옥의 불자拂子를 들거나, 푸른 연꽃을 잡고 있거나 가부좌를 틀고 있거나,『금강경』·『열반경』 등을 외고 있거나 하였다. 모두가 보살대사들이었다."[27]라고 하여, 불교를 믿는 사람들만이 가는 곳으로 묘사하고 있다.

극락·천당은 불교신자가, 지옥은 관료·유학자가 가는 곳이라는 인식은 한글소설인 〈당태종전〉에서도 엿볼 수 있다. 〈당태종전〉은 『서유기』 제10~12회를 바탕으로 새롭게 개작한 소설로, 지옥 관련 부분은 『서유기』에 전혀 없는 내용이다.[28] 당태종이 목격한 저승은 지옥·선계仙界·극락이 공존하고 있는 공간으로, '선계'는 일반 대중들이, '극락'은 승려와 거사들이 살고 있는 곳으로 되어 있다. '선계'에 가게 되는 이유인 '충성'·'효성'·'우애'·'불쌍한 사람 구제' 등은 앞의 〈속회심곡〉에서 제시한 선행의 덕목과 일치한다.

지옥의 경우는 징벌의 종류에 따라 여섯 가지 유형이 제시되어 있는데, 이들 중 세 가지의 지옥이 관료 내지 신하의 악행과 관련되어 있다.[29] 죄인을 큰 가마에 넣어 삶고 있는 지옥은 충신을 모해하고 양민

---

[26] 임방, 앞의 글. "此輩在世, 或身居淸要, 外爲廉潔, 而陰受苞苴, 或身爲守宰, 浚民膏血, 而善事要譽. 或身爲墨行, 而口談周孔, 以欺世盜名, 受此報也."
[27] 임방, 앞의 글. "有袈裟僧數百人. 或持白玉麈尾, 或執靑蓮花, 或跏趺坐, 或誦金剛涅槃等經. 皆稱菩薩大師."
[28] 김유진,「〈당태종전〉 연구」,『청람어문교육』 4, 청람어문학회, 1991, 46쪽.
[29] 나머지 지옥들은 죄인의 배를 갈라 창자를 꺼내는 지옥, 죄인의 혀로 밭을 가는 지옥,

을 살육하며 재물을 탐한 '벼슬아치'가 가는 곳이고, 입이 바늘구멍처럼 작게 되어 음식을 먹을 수 없는 지옥은 백성의 세금을 착취하고 형벌을 혹독하게 하며 뇌물을 받은 '아전'이 가는 곳인 것이다.

그리고 그 입구에 '오국지문誤國之門'의 현판이 걸려 있는 지옥은 "수십 인이 쇠로 만든 상 위에 칼을 쓰고 앉았는데, 무수한 귀졸들이 백 가지로 독한 형벌을 갖추어 하루 가운데 백 번을 살렸다가 천 번을 죽이니 그 죄인이 고초를 감당하지"[30] 못한다고 되어 있다. 그 이유로는 현판의 이름대로 "불충不忠하여 임금을 망하게 하고 나라를 망하게" 한 죄목을 제시하고 있다. 〈당태종전〉 역시 〈보살불방관유옥〉과 마찬가지로 일반 백성보다는 위정자의 악행에 관심이 있음을 알 수 있다.

관리와 국왕이 주인공이었던 앞의 작품들과 달리, 〈저승전〉은 승려의 저승체험을 다루고 있다. 송나라 옥룡산 백학사의 승려인 지선은 병으로 죽어서 명부에 가지만, 그곳에서 자신이 예전에 시신을 수습해 주었던 천태왕을 만나, 그의 도움으로 다시 이승으로 돌아온다. 이승으로 돌아오는 길에 그가 목격한 지옥은, 징벌과 악행의 내용에 따라 다음의 세 가지로 나뉜다.

첫 번째는 짐승에게 몸을 뜯기는 지옥으로, 독약을 먹여 상전을 죽인 계집종이 벌을 받고 있으며, 두 번째는 온갖 뱀들이 온몸을 뜯어 먹는 지옥으로, 재물을 탐하고 백성을 많이 죽인 벼슬아치와, 상전의 재물을 도적질하여 패가敗家하게 만든 종들이 가는 곳이다. 그리고 세 번째 지옥은 쇠로 귀를 꿰고 눈을 빼며, 불에 달구어 다리를 지지는 징벌을 가

---

칼·도끼로 죄인을 치고 뱀·전갈이 무는 지옥이다. 이들 지옥에 떨어지는 이유로는 간통·험담하기·모해하기·남의 혼인과 골육 사이를 이간질하기·남의 재물을 빼앗기 등이 제시되어 있다.
30 작자 미상, 〈당태종전〉,(박용식 역주, 『당태종전』, 『한국고전문학전집』 16, 고려대학교 민족문화연구소, 1995, 299~301쪽)

하고 있다. 이 지옥에는 "남의 것 도적하는 놈, 본처 박대하고 유부녀와 간통하는 놈, 본부本夫 죽이고 간부姦夫하는 계집, 상전 죽이고 도망가는 놈, 이 집 저 집 다니며 이간 붙이는 계집, 큰어미에게 불순한 계집"[31] 등의 죄인들이 고통을 받고 있다. 〈저승전〉은 〈보살불방관유옥〉·〈당태종전〉에 없던, 상전을 죽이거나 망하게 한 종에 관한 언급이 여러 차례 나오는데, 이 점은 '회심곡'뿐만 아니라 뒤에서 살펴볼 작품들에도 없는, 이 작품만의 특징이라고 할 수 있다.

〈저승전〉은 지옥에 관한 내용 외에도 옥황상제가 선인과 악인의 환생처를 판결하는 장면이 묘사되어 있다. 이 '환생 판결'의 장면 바로 앞에는, 아래의 인용문과 같이 옥황상제가 '삼강오륜'을 설파하는 대목이 있어 주목된다.

> (5) 또 한 곳을 바라보니 옥황상제 좌긔 하시고 만조빅관이 옹위하여 눈듸 선관은 쓸 아리 업저더라. 상제 왈, "오날 인간의 나가는 사람이 몃치라 하느다 부르라." 선관이 명을 밧자와 즉시 불너드린듸 일만 명이라. 상제 보시고 하교 왈, "너희들이 인간의 나가 삼강오상을 전파하라. 삼강이란 말은 님군 일신하의 별이 되고 아비는 자식의 별이 되고 지아비난 어미 별이 되고, 오싱이란 말삼은 님군과 신하이고 아비와 자식이 친하미 잇고 아히는 열은을 경듸하고 부부는 분별잇고 붕우는 신이 잇는이라."[32]

인용문에서 옥황상제는 인간계로 환생하는 사람들을 판결하기에 앞

---

31 작자 미상, 〈저승전〉, (단국대학교 나손문고 소장본, 12쪽)
32 작자 미상, 〈저승전〉, (단국대학교 나손문고 소장본, 13쪽)

서, 그들에게 삼강오륜의 가르침을 인간세상에 널리 전파할 것을 명령한 뒤, 삼강오륜의 뜻을 설명하고 있다. 이렇듯 승려가 주인공이고 불교의 지옥을 제재로 한 작품에서, 등장인물의 직접 발화를 통해 '삼강오륜'의 실천을 권하고 있는 점은 이 작품의 또 다른 특징이라 할 수 있다. 이러한 특징은 상전에 대한 하인의 도리를 강조하고 있는 사실과 함께, 〈저승전〉의 작가가 당시 19세기 조선사회가 직면했던 유교적 가치와 신분제적 질서의 동요에 위기의식을 느끼고 있었음을 짐작하게 한다.

지금까지 살펴본 작품들과 달리, 〈목시룡전〉·〈설홍전〉·〈이계룡전〉은 주인공의 저승체험담 또는 지옥목격담이 단위 화소의 일부로 활용되고 있다.

〈목시룡전〉은 형제간의 지극한 우애를 주제로 한 윤리소설이다. 목시룡은 동정호에 빠져 죽은 동생을 구해 주지 않은 용왕을 원망하다가 꿈에서 지옥으로 끌려간다. 하지만 죄가 없는 것으로 밝혀져 이승으로 돌아오는 길에, 그는 여러 가지 징벌을 받고 있는 죄인들을 보게 된다. 이 소설의 지옥 관련 삽화揷話는 〈당태종전〉·〈저승전〉 등에 비해, 서술의 분량이 현저히 줄어들었고, 징벌의 양상 또한 축소되어 있다. 그리고 남자죄인과 여자죄인을 구별하지 않았던 앞의 작품들과 달리, 여자죄인의 징벌이 큰 비중을 차지하고 있다.

목시룡이 목격한 지옥에서는 옥졸들이 한 여인을 매로 치고, 칼로 깎아, 가마솥에 넣어 삶고 있으며, 젊은 여인을 수없이 때린 뒤 목을 매어 공중에 던져 죽이고 있다. 이들이 이 같은 징벌을 받는 이유로는 남의 자식을 얻어 키우다가 그 아이를 죽인 죄와, 과부가 어린 자식을 버리고 남자와 도망간 죄가 제시되어 있다. 이 외에, 부모에게 불효하고 형제간에 화목하지 못하며 충신을 모함한 죄인들에게 살을 깎아 죽이는 징벌이 내려지고 있다.

그런데 이 작품의 여러 곳에는 소설의 사건 전개와 상관없이, '오륜'을 강조하는 대목들이 문면에 직접 나타나고 있다. 시룡 형제의 부모가 남긴 유서는 "천지만물 가운데 가장 귀한 것은 오륜에 있다."[33]라는 구절로 시작하고 있고, 목시룡의 아내인 윤 부인이 황제에게 올린 글은 글의 성격과 맞지 않게 '오륜'에 관한 장황한 서술로 되어 있다.[34] 이러한 '오륜'의 강조는 이 작품에 지옥 관련 이야기가 삽입된 이유를 보여준다. 곧 〈목시룡전〉의 지옥은 '오륜'을 지키고 실천해야 하는 이유의 하나로 제시된 것이다. 징벌의 대상이 부모이기를 포기한 어머니와, 불효·불충·형제간의 불목不睦에 국한된 것은 이 점에 기인한 것이라 할 수 있다.

〈설홍전〉은 주인공 설홍의 영웅적 일대기를 다룬 작품으로, 전반부는 주인공의 고행담과 결연담, 후반부는 전쟁터에서의 활약상을 담고 있다. 지옥 관련 삽화는 소설의 전반부에 나온다. 설홍은 조실부모하고 계모 밑에서 자라다가 산속에 버려진 후, 봉황이 물어다 준 천도天桃를 먹었다는 죄로 염라대왕에게 잡혀간다. 설홍 역시 목시룡처럼 무죄방면되어 돌아오는 길에 징벌을 받는 여러 죄인들을 목격하게 된다. 이 작품에서도 지옥 관련 삽화의 비중이 작고, 징벌의 양상이 소략하게 묘사되어 있는데, 여자의 악행과 남자의 선행을 교차하여 서술하고 있는 점은 〈목시룡전〉과 차이를 보인다. 그리고 선인 및 악인의 국적을 제시하고 있는 점 또한 〈설홍전〉의 특징으로 지적할 수 있다.

---

[33] 작자 미상, 〈목시룡전〉.(김수봉 역·주해, 『한글필사본 고소설 역·주해』, 국학자료원, 2006, 114쪽)

[34] 참고로, 그 일부만을 보이면 다음과 같다. "오륜과 사람의 도리를 알게 되면 효자의 도리도 알게 될 것입니다. …(중략)… 백성들의 말에 불만이 많으나 오륜과 행실로 교화해야 하니 명심하여 보소서." 김수봉 역·주해, 앞의 책, 166~169쪽.

설홍은 한 소년이 청노새를 타고 군사를 거느리고 나오는 것을 목격하는데, 옆에 있던 저승사자는 그가 유리국 사람으로, 부모에게 효도하고 친척에게 화순하였으므로 임금이 되었음을 알려 준다. 그 다음으로 설홍은 신하와 통간하여 어진 임금을 죽인 안남국 여인과, 재물로 활인活人을 많이 하여 선녀가 된 서양국의 소년, 거짓말·이간질·시샘을 잘하고 남의 없는 잘못을 지어낸 여인을 차례대로 보게 된다.[35]

여자죄인들이 받는 징벌은 각각 저승사자에게 결박되어 끌려가는 모습과, 까막까치가 날아와 눈을 파먹는 모습이 묘사되어 있다. 여기에서 알 수 있듯이, 〈설홍전〉의 지옥은 주로 여자죄인이 가는 곳으로 되어 있고, 지옥행의 이유인 거짓말·이간질·시샘하기·남의 잘못 지어내기 등은 〈목시룡전〉의 불효·불목 등과 함께 '회심곡'에서 노래하고 있는 악행의 항목들에 해당한다. 이들 한글소설 역시 지옥행의 원인을 통해 일상생활에서 지켜야 할 윤리 규범을 강조하고 있는 것이다.

(6) 죄인을 츄려 올일 졔, 첫지는 나라의 불츙한 놈 엽헤 노코 무슈이 슈록훈 후의 칼을 씨어 **일지옥의 가두고**, 불효를 잡버드려 엽헤 노코 ᄒ난 마리, "네 죄목을 드러보라. …(중략)… 너는 웃더훈 사람이 관딕 계우르고 쥬식잡기만 조화ᄒ야 부모를 봉양 못ᄒ고 부모의게 걱정만 되게 ᄒ고 무슨 말슴을 ᄒ시면 듯지 은이ᄒ고 눈을 흘기엿스니 네 죄 살지무셕이라." ᄒ고, **군졸을 호령ᄒ야 큰 칼 씨우고 큰 북 지워 무슈이 단이다가 이지옥**으로 보ᄂᆡ, 이곳은 만고의 불효만 모엿더라. 쏘 기집죄인 잡버드려 게ᄒ의 업허노코 슈죄ᄒᄂᆞᆫ 말이, "너ᄂᆞᆫ 웃지ᄒ야 부르면 딕답을 악젹으로 ᄒ며 고셩딕독 싸움

---

[35] 작자 미상, 〈설홍전〉,(임주영 주해, 『설홍전』, 박이정, 2010, 31~32쪽)

만 ᄒᆞ고 남을 만나면 가닉를 흠담하고, 또 가장을 되ᄒᆞ야 막심불공ᄒᆞ야 ᄒᆞᆫ 마듸 ᄒᆞ면 열 마듸나 되답ᄒᆞ고, 동긔간의 이간ᄒᆞ야 닷투기을 일삼아스니, 네 죄상니 즁키로 용셔치 못ᄒᆞᆯ다." ᄒᆞ고, <u>군졸을 호령ᄒᆞ야 큰 북을 지우고 무슈히 희환ᄒᆞᆯ 연후의 **슙지옥**의 가두니</u>, 이곳은 만고의 불양ᄒᆞᆫ 기집만 갓친 곳이라.[36]

인용문은 〈이계룡전〉의 지옥 관련 삽화를 옮긴 것이다. 이 작품은 주인공 이성희와 계룡 부자의 지극한 효성을 보여 주고 있는 윤리소설이다. 위의 (6)은 병들어 죽은 이성희가 염라대왕의 심판을 기다리면서 목격한 것으로, 세 가지 유형의 지옥이 제시되어 있다. 1지옥은 나라에 불충한 자, 2지옥은 불효자, 3지옥은 불량한 여자가 가는 곳이다. 인용문을 통해 2지옥에 관한 서술의 비중이 큼을 알 수 있다. '불효'의 구체적인 내용으로는 게으르고 주색잡기만 좋아하여 부모를 봉양하지 않기, 부모께 걱정만 끼치기, 부모 말씀 듣지 않고 눈 흘기기 등이 제시되어 있다.

그리고 이 작품에는 〈목시룡전〉·〈설홍전〉에 이어, 여자죄인만 따로 가두어 놓는 지옥이 등장하고 있다. 이 3지옥에 들어가는 여자들은 누가 부르면 대답을 못되게 하고, 고성으로 싸움만 하며, 시집을 험담하고, 가장을 공경하지 않으며, 동기간을 이간질시키는 등의 악행을 저지른 것으로 되어 있다. 〈이계룡전〉의 '악행'과 '불효' 역시 일상생활에서 범하기 쉬운 윤리 규범에 해당한다. 그런데 징벌의 양상은 인용문의 민줄 친 부분에서 보듯이, 〈목시룡전〉·〈설홍전〉보다 더욱 축소되어 있다. 1지옥과 3지옥은 죄인에게 각각 칼을 씌우고 큰북을 지게 하고 있

---

[36] 작자 미상, 〈이계룡전〉, (단국대학교 나손문고 소장본, 29~31쪽).

으며, 2지옥의 죄인들은 큰칼을 쓰고 큰북을 지고 있는 것이다.

〈목시룡전〉·〈설홍전〉·〈이계룡전〉 등에 보이는 징벌 화소의 축소는 이들 작품의 지향 내지 관심이 '지옥행의 이유'에 있었고, 또한 이를 강조하기 위한 의도에서 기인한 것이라 할 수 있다. 곧 '회심곡'과 지옥 관련 한글소설은 지옥의 고통을 환기시켜 불도佛道 수행에 힘쓸 것을 권하기보다는, 일반 대중들에게 익숙한 '지옥 관념'을 활용하여, 일상생활에서 지켜야 하는 윤리적 덕목들을 제공하거나 교육시키는 데에 주된 목적이 있었다고 하겠다.

## 4. 조선사회의 위기의식과 윤리의식의 고양

지금까지, 시가 장르인 불교가사와 서사 장르인 야담·한글소설을 대상으로, 조선 후기 문학작품에 나타난 지옥의 양상을 살펴보았다.

〈인과문〉·〈권왕가〉·〈육도가〉 등의 불교가사는 지옥에서의 징벌 양상을 상세하게 묘사하고 있으며, 징벌의 이유로 살생·망어·음주·사견 등의 오악 내지 십악을 제시하고 있다. 이들 가사에 나타난 '지옥'은 '불전 속의 지옥'과 큰 차이가 없는 것이다. 〈속회심곡〉·〈별회심곡〉 등의 '회심곡'은 시왕의 심판을 받는 죄인을 남자와 여자로 구분한 뒤, 남자에게는 선행의 덕목을, 여자에게는 선행과 악행의 항목을 함께 제시하고 있다. 선행의 덕목과 악행의 항목들에는, '보시행' 및 '망어·양설·악구·기어' 등의 불교적 윤리 규범과, '삼강오륜'을 포함한 유교적 윤리 규범이 공존하고 있다.

야담·한글소설의 경우는, 각 작품의 독자층에 따라 징벌 양상 및 그 이유가 조금씩 차이를 보이고 있다. 대체로 〈보살불방관유옥〉과 〈당태종전〉은 유학자나 관료, 〈저승전〉·〈목시룡전〉·〈설홍전〉·〈이계룡전〉은 일반 대중 및 여성과 관련된 내용들이 서술되어 있는 것이다. 그렇지만 이들 작품은 '회심곡'과 마찬가지로, 지옥행의 원인을 통해 일상생활에서 지켜야 할 윤리 규범을 강조하고 있는 공통점을 보인다. 그리고 '회심곡'과 지옥 관련 한글소설은 지옥행의 원인에 비해 지옥의 징벌 화소가 현저하게 축소되어 있다. 이러한 특징은 이들 작품이 일반 대중들에게 널리 알려진 '지옥'이란 제재를 통해, '삼강오륜'을 중심으로 한 윤리적 덕목들을 제공하거나 교육시키는 데에 주된 목적이 있었음을 보여 준다.

'회심곡'의 내용적 특징은 앞의 제2절에서 살펴보았던, 유교사회에서 존립하기 위한 당시 불교계의 현실적 모색과 관련이 있어 보인다. 곧 19세기의 '회심곡'류 가사가 불전 및 그 이전의 불교가사와 달리, 유교적 윤리 덕목을 강조하고 있는 점은 유교사회에서 생존하기 위한 불교의 '시대적 변용'의 사례이자, 당시 불교계의 사상적 동향이 투영된 결과라 할 수 있을 것이다.

그런데, 이와는 다른 측면으로, '회심곡'이 주로 탁발승이나 걸립패에 의해 연행되었다는 점을 고려할 수 있다. 탁발승과 걸립패는 그 성격상 일반 대중들의 관심사에 민감할 수밖에 없었고, 수요자의 구미에 알맞은 가사를 선택하여 집중적으로 구연할 수밖에 없었다.[37] 그러므로 '회심곡'의 윤리적 성격은, 당시의 불교계뿐만 아니라 19세기 조선사회 전체의 시대적 분위기가 반영된 것으로 볼 수 있다. 그렇기 때문에 '회심곡'은 지옥 관련 한글소설과 내용적 특징을 공유하고 있는 것이라 할 수 있다.

---

**37** 김종진, 앞의 책, 45~46쪽.

지옥 관련 문학작품에 나타난 윤리 규범의 강조는 사실, 이들 작품에만 국한되는 현상은 아니다. 19세기에는 여성을 대상으로 한 교화서의 찬술 및 간행이 급증하고 있으며,[38] 유교적 교훈가사의 결정판이라 할 수 있는 〈자경별곡自警別曲〉이 창작·향유되고 있다.[39] 〈자경별곡〉은 부자·군신·형제·남녀·장유長幼·사제師弟·붕우朋友 등의 인간관계에서 지켜야 할 유교적 윤리 규범에 대해 매우 상세하게 서술하고 있다.[40]

또한 이 시기에는 도교의 '권선서勸善書'가 집중적으로 간행되고 있는데, 특히 『경신록언석敬信錄諺釋』·『태상감응편도설언해太上感應篇圖說諺解』·『관성제군명성경언해關聖帝君明聖經諺解』 등의 언해본이 그 대부분을 차지하고 있다.[41] 이들 권선서는 대체로 선행의 실천과 악행의 금지를 권면하고 있는 것으로, '선행'의 항목에는 충忠·효孝·신信의 유교적 덕목과 자비·보시의 불교적 덕목, 그리고 일상생활에서의 윤리 규범 등이 포함되어 있다.[42]

이상과 같은 유교적 윤리의식의 고양 내지 강화는 무엇보다 삼정三政의 문란, 잦은 민란의 발생, 천주교의 교세 확장 등 기존 체제를 위협하는 사회적 혼란에 대한 19세기 조선사회의 위기의식에서 기인한 것이

---

[38] 황수연, 「19~20세기 초 규훈서 연구」, 『한국고전여성문학연구』 24, 한국고전여성문학회, 2012, 362~364쪽; 강성숙, 「19세기 여성 孝烈 담론 일고찰」, 『한국고전여성문학연구』 26, 한국고전여성문학회, 2013, 57~58쪽.
[39] 이 가사는 율곡栗谷 이이李珥(1536~1584)의 작품으로 보는 견해가 있으나, 여기에서는 강전섭(「傳율곡선생작 가사에 대한 관견」, 『한국언어문학』 21, 한국언어문학회, 1982)과 조동일(「가사에서 전개된 종교사상 논쟁」, 『한국시가의 역사의식』, 문예출판사, 1993)의 견해를 따른다.
[40] 조동일, 앞의 논문, 174쪽.
[41] 이에나가 유코, 「조선 후기 윤리신앙의 다변화와 도교 선서 유행」, 『역사민속학』 30, 역사민속학회, 2009, 310~312쪽.
[42] 김낙필, 「조선 후기 민간도교의 윤리사상」, 『도교문화연구』 1, 한국도교문화학회, 1992, 367~368쪽.

라 할 수 있다. 특히 '회심곡'과 지옥 관련 한글소설의 창작·유통은 천주교의 유포 및 확산과 관련이 있다고 여겨진다. 당시의 일반 대중들 사이에서 천주교가 널리 확산되었던 이유 중의 하나는 '천당·지옥설'이었고, 집권층 및 유가儒家 지식인들의 주요 공격 대상이 되었던 천주교의 교리 또한 천당·지옥설이었기 때문이다.

이가환李家煥(1742~1801)은 그의 '벽이가사闢異歌辭'인 〈경세가警世歌〉에서, "텬쥬공경 아니ᄒ면 죄도만코 듸옥간다." "공경ᄒ면 텬당가고 불공경은 듸옥이ᄅ" "불시석가 가르침은 듸즈 듸비 ᄒ렷거늘/ 텬쥬심ᄉ 얄궂도다."[43]라고 하여, 일상적인 선악의 유무와 상관없이 천주를 공경하지 않으면 지옥에 간다는 천주교 교리의 불합리성을 비난하고 있다.

전우田愚(1841~1922) 역시 천주교의 천당·지옥설을 비판하면서, 천당과 지옥은 예수의 숭상 여부와 무관하며, 지옥이 있다고 하더라도 악인이 들어가는 것이지, 예수를 믿지 않는 사람과는 상관이 없다고 주장하였다.[44]

또한 고종의 「척사윤음斥邪綸音」(1866)에서도 "천당을 만든 것은 천주를 잘 섬긴 자들의 영혼에게 복을 누리도록 하기 위해서이며, 지옥을 만든 것은 천주를 잘 섬기지 않는 자들의 영혼에게 괴로움을 주기 위해서이다."[45]라는 당시 천주교인들의 주장을 소개하면서 그 주장의 황당함을 비판하고 있다.

여기에서, '회심곡'류 불교가사와 지옥 관련 한글소설이 지옥행의 이유를 강조하고, 그 이유로 일상생활의 윤리 규범을 제시한 까닭의 일단

---

**43** 이가환, 〈경세가〉,(김영수 편, 『천주가사 자료집』상, 가톨릭대학교출판부, 2001, 342쪽)
**44** 전우, 「자서조동변自西徂東辨(辛丑)」, 『간재집艮齋集』권1. "況彼所謂天堂有, 則賢者登焉, 不繫崇信耶蘇, 地獄有, 則惡人入焉, 亦不繫不信耶蘇."
**45** 『고종실록』권3, 3년 8월 3일(기축). "又曰, 造天堂, 以福事天主者之靈魂, 造地獄, 以苦不事天主者之靈魂."

을 짐작할 수 있다. 곧 이들 작품의 내용적 특징은 천주에 대한 맹목적인 믿음만을 요구하고 있는 천주교의 지옥설을 의식 내지 경계한 결과로 볼 수 있는 것이다.

결국, 조선 후기 문학작품의 지옥 형상화는 19세기 조선사회가 직면했던 사회적 혼란에 대한 위기의식을 반영한 것이자, 당시 널리 확산되고 있던 천주교의 지옥설에 대한 문학적 대응의 성격을 갖는다고 할 수 있다.

제3부

# 불교 어문학과 불교사의 관계

# 제1장
# 언해불전의 시대적 성격

## 1. 언해와 언해불전

'언해諺解'는 한글 창제(1443) 이후부터 갑오개혁(1894) 이전까지 사용된 용어로, 중국어를 국어로 옮기고 한글로 기록하는 행위와 그 산물을 가리킨다. 언해의 대상은 반드시 한문 또는 백화문이어야 하고, 일방향의 번역 행위라는 특징을 갖는다.[1] 그리고 조선시대의 번역서는 한문·백화문을 번역한 언해본과, 몽고어·청어清語·왜어倭語 등을 번역한 역학서본譯學書本, 그리고 외국어음만을 번역한 음역본音譯本의 세 유형으로 나눌 수 있다.[2]

본고의 대상인 언해불전佛典은 일찍부터 학계의 주목을 받았고, 그동안 국어학·서지학·불교학·국사학 등의 여러 분야에서 많은 논의가 있어 왔다. 특히 국어학 분야에서 언해불전은, 중세 국어의 어휘·음운·

---

1 윤용선, 「언해 자료의 역사와 언어 양상에 대한 검토」, 『우리말글』 56, 우리말글학회, 2012, 164쪽.
2 홍윤표, 「한글 자료의 성격과 해제」, 국어사연구회 편, 『국어사연구』, 태학사, 1997, 100쪽.

문법 현상을 파악하고 그 사적 변천을 살피는 데 있어 없어서는 안 될 필수 자료로 그 가치를 인정받고 있다.³ 그러나 이들 연구는 대부분 15세기의 언해불전에 국한되어 있고, 16세기 이후의 언해불전에 대해서는 단편적인 논의나 해제 수준의 언급에 머물고 있다.

국어학 분야를 제외한, 15세기 언해불전에 대한 선행연구들은 언해불전 편찬의 이유 및 의미의 해명에 집중되어 있다. 주로 간경도감刊經都監의 언해불전을 대상으로 한 이들 논의는, 대부분의 서序·발跋에서 밝히고 있는 선왕·왕비·세자 등의 추선追善과 한글의 보급·확산 외에, 언해불전 편찬의 또 다른 목적이 있었다는 전제에서 출발한다. 그리하여 세조의 왕권 확립 내지 강화를 위한 정치적 목적에 의해 언해불전이 편찬·간행된 것이라는 입장⁴과, 불교의 대중화와 사상적 중흥을 지향한 것이라는 견해⁵가 제시되었다. 전자의 경우는 세부적인 내용에서 차이를 보인다. 곧 "세종의 훈민정음 보급정책을 계승하고 있음을 내외에 과시하여 왕권의 권위를 확립하기 위한 목적"⁶과, "불교의 업설業說 홍포 및 그것을 통한 자신의 정치적 정통성 강화를 위한 대민對民 정치의 일환"⁷이라는 견해가 그것이다.

그런데 간경도감의 언해불전은 대승경전의 주석서가 그 대부분을 차

---

3 김영배, 「불경언해와 중세국어 연구」, 『국어사자료연구』, 월인, 2000, 429쪽.
4 한상설, 「조선 초기 세종·세조의 불교신앙과 신권 견제」, 동국대학교 석사학위논문, 1981; 권연웅, 「세조대의 불교정책」, 『진단학보』 75, 진단학회, 1993; 박정숙, 「세조대 간경도감의 설치와 불전 간행」, 『역사와 세계』 20, 부산대학교 사학회, 1996; 진성규, 「세조의 불사행위와 그 의미」, 『백산학보』 78, 백산학회, 2007; 김종명, 「세조의 불교관과 치국책」, 『한국불교학』 58, 한국불교학회, 2010.
5 이봉춘, 「조선 전기 불전언해와 그 사상」, 『한국불교학』 5, 한국불교학회, 1980; 이봉춘, 「조선 전기 숭불주와 흥불사업」, 『불교학보』 38, 동국대학교 불교문화연구원, 2001.
6 박정숙, 앞의 논문, 65쪽.
7 김종명, 앞의 논문, 144쪽.

지하고 있다. 대민 정치의 일환이거나, 훈민정음 보급정책을 계승하고 있음을 과시하기 위해, 굳이 경전의 주석서까지 언해할 필요가 있을지는 의문이다. 또한 간경도감의 언해불전이 불교대중화와 사상적 중흥을 지향하고 의도한 것인지는 숭유억불崇儒抑佛이라는 당시의 시대적 흐름을 고려할 때 의심의 여지가 있다.

그러므로 이 글은 언해불전에 관한 본격적인 연구의 일환으로, 간경도감본을 포함한 조선시대 언해불전의 편찬 이유와 그 의미에 대해 살펴보고자 한다. 이를 위해, 조선시대의 언해불전을 임진왜란(1592)을 기점으로 전기와 후기로 나눈 뒤, 이들 불전의 특징적인 국면에 대해 고찰할 것이다. 그리고 이러한 논의를 바탕으로 언해불전 편찬의 성격을 당시의 시대적 상황과 관련지어 살펴보도록 하겠다.

## 2. 조선 전기의 언해불전

### 『석보상절』과 『월인석보』

최초의 언해불전인 『석보상절釋譜詳節』은, 1447년(세종 29) 수양대군이 세종의 명으로 어머니 소헌왕후昭憲王后의 명복을 빌기 위해 편찬·간행한 석가의 일대기이다. 총 24권 가운데 권3·6·9·11·13·19·20·21·23·24의 10권만이 현재 전하고 있다.[8] 『석보상절』은 『월인석보月印釋譜』와 함께, 한문 원문 없이 국한문 혼용의 언해문諺解文만으로 되어 있고, 한자에

---

8 10권의 현전본 중, 권3과 권11은 16세기 중엽의 복각본이고, 나머지는 모두 초간본이다. 그리고 권6·9·13·19는 중간본의 간행을 위한 교정본이다.

는 독음이 달려 있다. 그리고 이들 불서는 중국의 대표적 불전佛傳인 승우僧祐의 『석가보釋迦譜』를 중심으로, 『법화경』・『대방편불보은경大方便佛報恩經』・『약사경藥師經』・『지장경地藏經』 등의 여러 대승경전을 편입 및 번역하고 있다.

『월인석보』는 세종이 『석보상절』을 보고 지은 〈월인천강지곡月印千江之曲〉을 본문으로 삼고, 『석보상절』을 해설 삼아 합편한 것으로, 첨삭 및 증수의 과정을 거쳐 1459년(세조 5)에 간행되었다. 총 25권 중 권 3・5・6・16・24를 제외한 20권이 전하고 있다.[9] 월인부와 상절부로 구성되어 있는 『월인석보』는, 세종 당대에 간행된 『석보상절』 및 〈월인천강지곡〉과는 다른 모습을 보인다. 특히 상절부와 협주에서 많은 변개가 이루어졌다.

〈월인천강지곡〉은 『월인석보』로 합편되면서, 세종 당대의 표기에는 변화가 없으면서도 한자 독음의 위치가 달라졌고, 협주가 새로 첨가되기도 하였으며, 노랫말의 일부에 손질이 가해지기도 하였다.[10] 상절부의 경우는, 『석보상절』의 저경底經이 다시 번역된 결과, 표기법은 물론이고 어휘・문장 구조・번역 양식 등에서 많은 차이를 보이고 있으며, 『석보상절』에 없던 여러 저경과 협주가 새로 첨가되었다.

『석보상절』과 『월인석보』의 현전본 중에는 그 저경과 내용이 유사한 권차가 다수 보이고 있어 주목을 요한다.[11] 저경과 내용이 대응되는 『석보상절』과 『월인석보』를 통해, 『석보상절』에서 『월인석보』로 합편되는

---

9 이 중, 초간본은 권1・2・7・8・9・10・11・12・13・14・15・17・18・19・20・23・25의 17권이고, 복각본은 권1・2・4・7・8・17・21・22・23의 9권이다. 초간본과 복각본이 모두 전하는 『월인석보』는 권1・2・7・8・17・23의 6권이 된다.
10 김기종, 『월인천강지곡의 저경과 문학적 성격』, 보고사, 2010, 26~28쪽.
11 『석보상절』 권9와 『월인석보』 권9, 『석보상절』 권11과 『월인석보』 권21, 『석보상절』 권24와 『월인석보』 권25 등이 이에 해당한다.

구체적인 양상뿐만 아니라, 『석보상절』과 『월인석보』 각각의 편찬 방식 및 텍스트의 성격을 더욱 잘 파악할 수 있기 때문이다.

『석보상절』은 여러 저경의 내용을 삽화插話 단위로 분리하여 그 시간적 순서와 전체적인 문맥에 맞게 재배열하고 있다. 저경의 번역에 있어서는 채택된 저경의 삽화 중, 『석보상절』의 주제 형성과 관련되는 내용만을 문맥에 맞게 발췌·요약하고 있다. 이에 비해, 『월인석보』는 대체로 『석보상절』의 저경과 구성 방식을 따르면서도, 『석보상절』에서 제외되었던 저경의 삽화를 축약 또는 생략 없이 저경의 모습 그대로 옮기고 있다.[12] 이와 같은 구성 방식의 차이점은 『석보상절』과 『월인석보』의 편찬 동기 및 목적의 차이에 기인한 것이라 할 수 있다.

『석보상절』·『월인석보』의 편찬 목적·과정 등을 자세히 서술하고 있는 「어제 월인석보 서御製月印釋譜序」에는, "추천追薦에 전경轉經만 한 것이 없으니, 네가 석보釋譜를 만들어 번역함이 마땅하다.(世宗謂子, 薦拔無如轉經, 汝宜撰譯釋譜)"라는 세종의 언급이 소개되어 있다. '전경'은 전독轉讀으로, 경문經文의 전체 내용을 모두 읽는 것이 아니라, 그 주요 대목만을 골라 읽는 것을 뜻한다. 한정된 시간 안에 되도록 많은 경전을 읽어 공덕을 짓기 위해 그 주요 대목만을 읽는 것이다.

세종의 언급은 『석보상절』의 편찬 목적을 보여 준다. 곧 『석보상절』은 소헌왕후의 명복을 비는 추천의식인 전경법회에서 많은 승려가 함께 소리 내어 읽는 대본으로 쓰일 것을 염두에 두고 편찬된 것이라 할 수 있다. 이러한 편찬 목적으로 인해, 『석보상절』의 편자는 하나의 저경으로 하나의 삽화를 구성할 수 있음에도 굳이 여러 경전의 내용으로 삽화를 구성한 것이다. 또한 삽화의 주제와 관련이 없는 저경의 내용 일부

---

**12** 김기종, 앞의 책, 106~117쪽.

를 생략하거나 축약한 것이라 하겠다.

『월인석보』의 편찬은, 『석보상절』이 전경을 위한 대본이었다는 사실과 밀접한 관련이 있다. 현재 국립도서관에 소장되어 있는 『석보상절』 권6·9·13·19는 본문이 내용 단락에 따라 절단되어 있고, 〈월인천강지곡〉의 낙장이 권6과 권9의 해당 부분에 첨부되어 있다. 이를 통해, 『월인석보』의 편찬이 『석보상절』이 간행된 직후부터 시도되었음을 알 수 있다.[13]

『석보상절』의 간행이 완료된 직후에 『월인석보』의 편찬이 시도되었다는 점은, 『월인석보』가 『석보상절』과는 다른 성격의 불서를 만들고자 하는 의도에서 계획된 것임을 보여 준다. 그리고 그 의도는, 『월인석보』가 저경을 중시하여 그 내용을 저경의 모습 그대로 옮기고 있는 점과, 번역의 양식이 직역이고 고유어보다 한자어의 비중이 큰 점 등을 통해, 독서물로서의 성격을 강화하는 데 있었음을 알 수 있다.

결국, 『석보상절』은 대체로 소헌왕후의 영가靈駕와 추천의식에 모인 백성들에게 들려지는 것을 목적으로 편찬된 것이고, 『월인석보』는 추천의식이 끝난 뒤에 주로 한자를 읽을 수 있는 독자층에게 석가의 생애와 불교의 교리를 알릴 목적으로 편찬된 것이라 하겠다.

한편, 『월인석보』 권25의 협주에는 승려의 생활과 밀접한 내용이 보여 주목을 요한다. 권25의 제14~57장에 편입되어 있는 협주는, 가섭존자가 아난에게 석가의 승가리의僧伽梨衣를 전하고 입멸하였다는 구절에 대한 주석이다. 여기에는 승가리의를 포함한 삼의三衣의 명칭·재료·크기·만드는 방법·입는 방법 등에 대한 설명과, 가사袈裟의 영험 및 위력에 대한 9편의 삽화가 포함되어 있다. 이 협주의 내용 가운데,

---

13 이호권, 『『석보상절』의 서지와 언어』, 태학사, 2001, 39쪽.

승려의 의복인 삼의에 대한 자세한 설명은 재가신자에게는 크게 필요하지 않은 것이다. 곧 『월인석보』의 편자는 주요 독자로 재가신자보다는 승려 계층을 염두에 두었으며, 승려 계층의 교육까지를 고려하여 편찬한 것이라 할 수 있다.

### 간경도감과 불전언해

불전 간행을 위한 간경도감의 설치는 도승법度僧法과 승인호패법僧人號牌法의 개정안이 마련된 세조 7년 3월과 8월의 중간 시기인 6월에 시행되었다.[14] 1461년(세조 7) 6월 16일에 설치되어 1471년(성종 2년) 12월 5일에 혁파될 때까지,[15] 간경도감은 약 37종의 한문불전과 9종의 언해불전을 간행하였다.

한문불전은 간경도감 설치 직후부터 그 간행이 시작되었고, 서울뿐만 아니라 경상도 상주·안동·진주와 전라도 남원·전주, 그리고 황해도 개성 등 지방의 분사分司에서도 간행되었다. 언해불전의 경우는 1462년부터 1467년까지의 5년 동안 본사인 서울에서만 간행되었다. 분사의 존재는 고려 때의 대장도감大藏都監이나 교장도감敎藏都監의 선례를 따른 것으로, 간경도감의 불전 간행이 왕실 사업이 아닌 국가적인 사업임을 보여 주는 것이라 할 수 있다.

간경도감은 총책임자로서의 도제조와, 제조·부제조·사·부사·판관 등의 구성원으로 조직·운영되었다. 10년의 존속기간 동안 도제조와 제조로 임명된 인물은 15명 정도로, 대부분 세조의 측근이거나 집현전 출

---

**14** 『세조실록』 권24, 7년 6월 16일(을유).
**15** 『성종실록』 권13, 2년 12월 5일(임신).

신이었다. 또한 부사와 판관에는 겸예문兼藝文의 유신儒臣들이 임명되기도 하였다.[16] 이에 비해 승려들은 간경도감의 초기에는 그 참여가 배제되었으며, 참여 뒤에도 유신들을 보조하는 역할 이상은 없었다.[17]

간경도감은 불전의 간행 외에도 불교와 관련된 여러 업무를 담당했음이 실록의 관련 기사에서 확인된다. 세조 12년(1466) 3월에는 표훈사의 수륙회水陸會를 주관하였고, 예종 1년(1469) 1월에는 세조의 빈전殯殿과 관련된 불사를 설행하였다. 또한 원각사·봉선사·유점사·낙산사의 창건 및 중수와 불상·범종·불탑의 조성 등에 관여하였으며, 중국으로부터 불전을 포함한 많은 서적을 구입하는 업무를 담당하기도 하였다.[18] 이상의 내용을 통해, 간경도감은 불전의 간행기관에서 더 나아가, 당시 불교계를 통괄하는 역할을 하고 있음을 엿볼 수 있다.

〈표 1〉 간경도감의 언해불전[19]

| | 서명 | 간행연대 | 권수 | 역자/주해자 | 구결/언해자 | 비고 |
|---|---|---|---|---|---|---|
| 1 | 楞嚴經諺解 | 1462년 (세조 8) | 10권 10책 | 般刺密帝/戒環 | 세조/김수온·한계희 | |
| 2 | 法華經諺解 | 1463년 (세조 9) | 7권 7책 | 鳩摩羅什/戒環 要解, 一如 集註 | 세조/김수온·한계희 | 일여의 집주에는 구결과 언해문 없음. |

---

16 박정숙, 앞의 논문, 49~51쪽.
17 박정숙, 앞의 논문, 64쪽.
18 김기종, 「15세기 불전언해의 시대적 맥락과 그 성격」, 『동악어문학』 58, 동악어문학회, 2012, 106~107쪽.
19 이 도표는 안병희, 「간경도감의 언해본」, 『국어사문헌연구』, 신구문화사, 2009, 68~72쪽과, 김영배, 「15세기의 언해본」, 『국어사자료연구』, 월인, 2000, 216~256쪽을 참고하여 작성하였다. 한편, 1762년에 간행된 『지장보살본원경언히』를 제외하고는, 그 서명이 '~언해'로 명기되어 있는 언해불전은 없다. 언해불전의 서명은 한문본과 동일하다. 『법화경언해』의 원原서명은 저본과 마찬가지로 『묘법연화경』인 것이다. 그렇지만 학계에서는 한문본과 구별하기 위해 원서명의 뒤에 '언해'를 붙여 사용하고 있는데, 이 글에서 다루는 언해불전의 서명 역시 학계의 관례를 따른 것임을 밝힌다.

| | | | | | | |
|---|---|---|---|---|---|---|
| 3 | 禪宗永嘉集諺解 | 1464년 (세조 10) | 2권 2책 | 玄覺 撰述, 行靖 註, 淨源 科文 | 세조/신미 등 | 정원의 과문에는 구결과 언해문 없음. |
| 4 | 金剛經諺解 | 1464년 (세조 10) | 1권 1책 | 鳩摩羅什/慧能 | 세조/한계희 | |
| 5 | 般若心經諺解 | 1464년 (세조 10) | 1권 1책 | 玄奘/賢首 略疏, 仲希 註解 | 세조/효령대군·한계희 | 중희의 주해에는 구결과 언해문 없음. |
| 6 | 阿彌陀經諺解 | 1464년 (세조 10) | 1권 1책 | 鳩摩羅什/智顗 | 세조/세조 | 경전의 본문에만 구결·언해 있음. |
| 7 | 圓覺經諺解 | 1465년 (세조 11) | 11권 10책 | 佛陀多羅/宗密 疏 | 세조/신미·효령대군·한계희 | |
| 8 | 牧牛子修心訣諺解 | 1467년 (세조 13) | 1권 1책 | 知訥 著 | 不顯閣(세조)/신미 | |
| 9 | 四法語諺解 | 1467년 (세조 13) | 1권 1책 | 皖山·東山·蒙山·古潭和尙 述 | 신미/신미 | 4편의 법어로 구성. |

위의 〈표 1〉에서 보듯이, 간경도감에서 간행한 언해불전은 현재 9종이 전하고 있는데, 『선종영가집언해』·『목우자수심결언해』·『사법어언해』의 선서禪書 이외에, 모두 대승경전의 주석서에 해당한다. 불전의 구결은 대부분 세조가 직접 달았고, 언해는 주로 집현전 출신의 유신인 김수온·한계희와, 당시 불교계의 대표적 고승인 신미가 담당하였다.

간경도감본 언해불전의 번역은 원문과 그 구결을 의식한 직역으로, 먼저 원전原典을 대문大文으로 나누고 한글로 구결을 쌍행으로 단 다음에, 국한 혼용의 언해문을 쌍행으로 잇따라 싣고 있다. 경문 및 주석의 원문과 언해문은 ○표로 구분되어 있고, 협주의 시작과 끝에는 흑어미가 있다. 원문의 한자에는 독음 표기가 없으나 언해문의 한자에는 『동국정운東國正韻』에 따른 한자음이 부기되어 있고, 언해문의 한글에만 방점이 있다.

이상의 내용에서 알 수 있듯이, 간경도감 간행의 언해불전은 그 이전의 『석보상절』·『월인석보』에 비해 번역의 체재가 다소 복잡해졌고, 원문의 대역對譯으로 인해 직역이 강화되었다. 이러한 특징은 경전의 주석까지 번역되어 있는 점과 함께, 세조가 설정한 언해불전의 주요 독자층이 '일반 백성들'이 아니었음을 짐작하게 한다. 경전과 그 주석에 대한 정확한 이해를 필요로 하는 계층은 일차적으로 승려들이 될 수밖에 없는 것이다.

언해의 텍스트로 선정된 불전의 성격을 통해서도 간경도감본의 독자층을 짐작할 수 있다. 선행연구에 따르면,『능엄경』·『법화경』·『금강경』·『아미타경』은 선종의 소의경전들로, 이들 경전이『선종영가집』·『수심결』 등의 선서와 함께 언해된 것은 당시 불교계의 상황을 반영한 것이자, 선사상의 보급에 그 목적이 있었다는 것이다.[20] 그렇지만 태조대의 11종이 선·교 양종으로 통합·축소된 세종대 이후의 상황에서, 읽는 불전이 다를 정도로 선종과 교종의 구분이 명확했는지는 의문이다. 그리고 간경도감본의 선서는 선종이라는 종파적 입장이 아닌, 승려로서 읽어야 할 불교입문서라는 측면에서 선정된 것으로도 볼 수 있다.

여기에서, 간경도감이 설치되기 3개월 전에 제정되었던 도승법의 송경誦經 과목[21]을 주목할 필요가 있다. 승려가 되기 위해 반드시 외워야 하는 경전으로 제시된『반야심경』·『금강경』·「능엄주」(『능엄경』)는 공교롭게도 간경도감본 언해불전의 일부와 일치하기 때문이다. 예조 1년에 추가된『법화경』까지 포함하면,[22] 6종의 언해불경 가운데 4종이 송경 과

---

20 이봉춘,「조선 전기 불전언해와 그 사상」,『한국불교학』5, 한국불교학회, 1980, 59~61쪽; 박정숙, 앞의 논문, 62~63쪽.
21 『세조실록』권23, 7년 3월 9일(경술). "공천公賤으로 중이 된 자는 종문宗門에 고告하고 종문에서는 **『금강경』·『심경心經』·「살달타薩怛陁」를 능히 외고**, 승행僧行이 있는 자를 가려서 사유를 갖추어 예조에 보고한다."
22 『예종실록』권8, 1년 10월 27일(정축). "예조에서는 양종兩宗으로 하여금 **『심경』·『금강경』·「살달타」·『법화경』 등을 시험하여** 합격자를 보고하게 하고, 이들로부터 정전丁錢으로 정포正布 50필씩을 받고 도첩을 준다."

목의 경전인 것이다. 이들 경전이 도승의 과목으로 선정되었다는 것은, 당시의 불교계에서 선종·교종의 구별 없이 읽고 외워야 할 기본 텍스트로 공인되었음을 의미한다.

결국, 간경도감의 언해불전 편간은 일반 백성이 아닌 당시의 승려들을 대상으로, 그들에게 불교의 기초 교리·지식을 보급하려는 데 일차적인 목적이 있었으며, '도승법'이라는 당시의 불교정책과도 일정 정도 관련을 맺고 있다고 하겠다.

## 지방 사찰의 언해불전

15세기의 언해불전은 모두 관판본이고 서울에서만 간행되었다. 그러나 16세기 이후로 관판본은 더 이상 편찬·간행되지 않았고, 지방의 사찰에서 간경도감의 언해불전들이 복각·간행되었다. 경상도 합천 봉서사의 『목우자수심결언해』(1500), 경상도 안음 장수사의 『선종영가집언해』(1520), 전라도 나주 쌍계사의 『법화경언해』(1547)·『아미타경언해』(1558), 황해도 심원사의 『반야심경언해』(1553), 전라도 안심사의 『금강경언해』·『원각경언해』(1575) 등을 그 예로 들 수 있다. 이들 중, 봉서사의 복각본은 지방에서 간행된 최초의 한글문헌이 된다.[23]

간경도감본의 복각 외에도, 16세기에는 지방의 사찰을 중심으로 새로운 언해불전이 편찬·간행되었는데, 이들 언해불전의 이름과 서지사항을 도표로 제시하면 아래와 같다.[24]

---

23 이호권, 「조선시대 한글문헌 간행의 시기별 경향과 특징」, 『한국어학』 41, 한국어학회, 2008, 93~94쪽.
24 이 도표는 정우영, 「중기국어 불전언해의 역사성과 언어문화사적 가치」, 『한국어학』 55, 한국어학회, 2012, 311~315쪽과 정진원, 「불교 관련 중세 한글자료 현황」, 『불교학논총』(월운 스님 고희기념), 동국역경원, 1998, 665~674쪽을 참고하고, 필자의 조사로

〈표 2〉 16세기의 언해불전

| | 서명 | 간행연대 | 권수 | 간행처 | 판본 | 비고 |
|---|---|---|---|---|---|---|
| 1 | 法集別行錄節要諺解 | 1522년 (중종 17) | 1권 1책 | 미상 | 목판본 | 앞뒤의 30여 장이 낙장. |
| 2 | 恩重經諺解 | 1545년 (인종 1) | 1권 1책 | 미상 (전북 완주) | 목판본 | 吳應星 언해. 38종의 이본이 전함. |
| 3 | 十玄談要解諺解 | 1548년 (명종 3) | 1권 1책 | 淨水寺 (강화도) | 목판본 | 김시습의 『십현담요해』를 언해한 것. 제35・38장 낙장. |
| 4 | 聖觀自在求修六字禪定諺解 | 1560년 (명종 15) | 1권 1책 | 肅川 館北 (평남 평원) | 목판본 | '六字神呪諺解'로 약칭하기도 함. 제44・45장 낙장. |
| 5 | 蒙山和尙六道普說諺解 | 1567년 (명종 22) | 1권 1책 | 鷲岩寺 (전북 순창) | 목판본 | |
| 6 | 禪家龜鑑諺解 | 1569년 (선조 2) | 2권 1책 | 普賢寺 (평북 영변) | 목판본 | 淸虛 休靜의 『선가귀감』을 金華道人이 언해한 것임. |
| 7 | 初發心自警文諺解 | 1577년 (선조 10) | 1권 1책 | 松廣寺 (전남 순천) | 목판본 | 「發心修行章」・「誡初心學人文」・「野雲自警序」의 세 편으로 구성. |
| 8 | 長壽經諺解 | 16세기 중엽 | 1권 1책 | 미상 | 목판본 | 3종의 필사본과 2종의 목판본이 전함. 권말 하단부의 훼손이 심하고, 약 10여 장이 낙장된 것으로 추정. |

16세기의 언해불전은 모두 8종으로, 대승경전과 선서로 양분되던 간경도감본과 달리, 비교적 다양한 성격의 불전들을 포함하고 있다. 먼저, 『법집별행록절요언해』(1522)는 보조국사普照國師 지눌知訥(1158~1210)의 『법집별행록절요병입사기法集別行錄節要幷入私記』를 언해한 것이다. 지눌의 이 책은 규봉 종밀圭峰宗密의 『법집별행록』에 대한 주석서로, 중요한 부분을 초록한 뒤 자신의 견해를 덧붙이고 있다. 언해본은 간경도감본의 체재를 따르고 있지만, 완역完譯이 아닌 원전의 약 1/3만을 초역抄譯하고 있으며, 원전의 일부가 언해본의 원문에서 다른 표현으로 바뀌기도 하였다.[25] 그러나 언해문 자체는 언해본에 실린 한문 원문을 작성하였다.

25 안병희, 「별행록절요언해」, 『국어사 자료 연구』, 문학과 지성사, 1992, 357~358쪽.

충실하게 번역하고 있고 구결 또한 자세하게 달려 있어, 간경도감본의 체재에서 크게 벗어난 것은 아니다.

『은중경언해』는 『불설대보부모은중경佛說大報父母恩重經』의 번역이다. 이 경전은 중국에서 찬술된, 이른바 '위경僞經'에 해당한다. 『은중경언해』는 조선시대 언해불전 가운데 가장 많이 판각된 것으로, 16~19세기에 걸쳐 복각·간행된 38종의 판본이 현재 전하고 있다. 전북 완주의 선비 오응성이 1545년(인종 1)에 언해하여 간행한 판본이 가장 이른 시기의 것이고,[26] 이후 간행된 대부분의 판본은 이 초역본初譯本을 복각한 것이라 할 수 있다.

그런데 『은중경언해』의 이본들은 17~18세기에 간행된 판본의 비중이 크고, 특히 1796년(정조 20)에 간행된 '용주사판龍珠寺版'은 초역본과 번역 양식 및 번역의 양상에서 적지 않은 차이를 보이고 있다. 그러므로, 두 판본의 차이점 및 각 판본의 특징적인 국면은, 논의의 편의상 항목을 달리하여 제3절에서 다룰 것이다.

다음으로, 『십현담요해언해』(1548)의 저본은 김시습金時習(1435~1493)의 『십현담요해』(1475)이다. 이 책은 『십현담』의 주석서인 청량 문익淸凉文益(885~958)의 『동안찰십현담청량화상주同安察十玄談淸凉和尙註』를 대본으로 하여, '십현담'의 요지를 해설한 것이다. 『십현담요해언해』 역시 간경도감본의 언해 체재를 따르고 있지만, 『법집별행록절요언해』와 마찬가지로, 원전의 내용과 일치하지 않는 부분이 있다. 언해본은 『십현담요해』에 실린 청량 문익의 주석을 모두 삭제하고 있는 것이다. 그리고 언해본에 실린 한문 원문은 『십현담요해』에 수록된 동안 상찰同安常

---

26 송일기, 「『불설대보부모은중경언해』의 초역본에 관한 연구」, 『서지학연구』 22, 한국서지학회, 2001, 183쪽.

察(?~961)의 『십현담』 원문과 일치하지 않는다. 이러한 차이는 언해본의 편자가 김시습이 구할 수 없었던, 원대元代와 명대明代에 간행된 『십현담』의 여러 판본을 직접 참고하여 교감한 결과로 이해할 수 있다.[27]

『성관자재구수육자선정언해』(1560)는 뒤에서 살펴볼 『장수경언해』와 함께 밀교계통의 불전이다. 이 언해본은 사찰이 아닌, 평안남도 평원군의 숙천부에서 간행한 것이다. 육자대명왕진언六字大明王眞言인 '옴마니반메훔'을 외우면 온갖 번뇌를 끊고 불과佛果를 얻는다는 내용으로 되어 있다. 언해의 체재는 한글로 구결을 단 한문 원문의 행에 나란히 한글로 독음과 구결을 쓴 행을 배열한 뒤, 한글만으로 된 언해문을 수록하고 있다. 이러한 특징은 이 책이 많은 진언을 수록하고 있는 밀교경전이라는 점과, 불교의식의 대본으로 사용된 것이라는 점에 기인한 것이라 할 수 있다.[28]

『몽산화상육도보설언해』(1567)는 중국 원대의 임제종 승려인 몽산 덕이蒙山德異(1231~?)의 『몽산화상육도보설』을 언해한 것이다. 이 책은 일체유심조一切唯心造의 입장에서 대중이 업장을 참회하고 보리심菩提心을 내면 육도윤회를 끊고 성불할 수 있음을 강조하고 있으며, 이것이 고통에서 벗어나는 방법임을 설파하고 있다. '보설'은 대중의 고향告香과 청법請法으로 인해 수시로 행해지는 약식 설법을 가리킨다.[29]

---

27 하정룡, 「해인사 백련암 소장 『십현담요해』에 대한 서지학적 고찰」, 『동아시아고대학』 22, 동아시아고대학회, 2010, 207~209쪽.
28 참고로, 이 책의 내용 및 구성을 보이면 다음과 같다. ① 성관자재구수육자선정聖觀自在求修六字禪定, ② 초입선정初入禪定, ③ 관음보살육자대명왕신주觀音菩薩六字大明王神呪, ④ 자기관음밀주관념설自己觀音密呪觀念說, ⑤ 발사무량심發四無量心, ⑥ 공덕게功德偈, ⑦ 석가여래화압부釋迦如來花押符. 「성관자재구수육자선정(영인)」, 『서지학보』 14, 한국서지학회, 1994, 133~230쪽.
29 강호선, 「조선 전기 『몽산화상육도보설』 간행의 배경과 의미」, 『동국사학』 56, 동국사학회, 2014, 115쪽.

『선가귀감언해』(1569)는 청허 휴정淸虛休靜(1520~1604)의 한문본『선가귀감』을, 휴정의 문인門人인 금화도인金華道人 의천義天이 상·하 2권으로 번역한 책이다. 보통의 언해서와 달리, 이 책은 원전에 앞서 간행되었다.『선가귀감언해』는 휴정의 저술인『삼가귀감三家龜鑑』(1564년 이전)의 '불교' 부분을, 의천이 재편·번역하여 간행한 것이고, 한문본은『선가귀감언해』를 전체적으로 재편하여 10년 뒤인 1579년에 간행한 것이다.[30] 그리하여 언해본에는 한문본에 없는 내용이 있고, 한문본은 언해본처럼 분권되지 않은 1권으로 되어 있는 차이를 보인다.『선가귀감』은 선종에 대한 입문서이자, 선종과 교종을 이론적인 면에서 종합시키고 있는 하나의 전환적인 저술로 평가받고 있다.[31]

『초발심자경문언해』(1577)는 신라 원효元曉(617~686)의「발심수행장發心修行章」, 지눌의「계초심학인문誡初心學人文」, 고려 충렬왕대(1274~1308)의 승려 야운 각우野雲覺牛의「야운자경서野雲自警序」를 한 권으로 묶어 언해한 것이다. 간경도감의 언해불전과 같이, 원문을 대문으로 나누고 한글로 구결을 달고 있지만, 언해문이 아닌 구결문의 한자에 독음을 부기하고 있다.「발심수행장」은 출가·수도의 필요성 및 방법,「계초심학인문」은 승려의 생활 규범과 마음가짐,「야운자경서」는 출가자가 스스로 경계해야 할 점 등을 서술하고 있다. 이들 세 편은 모두 출가한 지 얼마 되지 않은 승려들을 독자층으로 설정하고 있는데, 조선 후기 승려들의 교육 과정인 이력 과정履歷過程 중, 사미과沙彌科의 교재로 쓰였다.[32]

---

30 송일기,「선가귀감의 서지학 연구」, 중앙대학교 박사학위논문, 1991, 97~102쪽.
31 이기영,「선가귀감」,『한국의 명저』, 현암사, 1979, 533쪽.
32 이능화,『조선불교통사』하권, 신문관, 1918, 568쪽. "從前以來, 朝鮮僧侶, 次第講修經論科目謂之履歷. 十戒·誦呪·般若心經·禮懺·**初心文·發心文·自警文**(已上 沙彌科也), 大慧書狀·高峰禪要·禪源諸詮集都序·法集別行錄節要(已上 四集科也), 楞嚴經·起信

끝으로, 『장수경언해』의 저본인 『불설장수멸죄호제동자다라니경佛說長 壽滅罪護諸童子陀羅尼經』은, 온갖 고통과 죄보에서 벗어나는 방법에 관해 설하고 있는 밀교계통의 경전이다. 고려시대에는 동자경법童子經法을 통 한 불교의식을 행할 때 사용되었다고 한다.[33] 언해본의 체재는 『성관자 재구수육자선정언해』와 유사하게, 한문 원문과 그 한글 독음을 나란히 배열한 뒤, 순한글로 된 언해문을 쌍행의 소자小字로 수록하고 있다.

이상, 지방 사찰을 중심으로 간행된 16세기 언해불전의 특징적인 국 면에 대해 살펴보았다. 이들 불전은 선서[〈표 2〉의 ①·③·⑤·⑥], 위경 [②], 밀교경전[④·⑧], 불교입문서[⑦] 등 비교적 다양한 내용 및 성격을 보여 주고 있다. 그런데 『은중경언해』와 밀교경전을 제외한 5종의 불전 들은, 모두 선종 또는 승려와 관련이 있는 것으로, 일반 백성들보다는 승려들을 대상으로 한 것임을 알 수 있다. 그리고 주석서 내지 연구서 의 비중 또한 적지 않음이 확인된다. 곧 16세기 언해불전의 편찬 및 간 행은 15세기의 간경도감본과 마찬가지로, '승려의 교육'에 그 일차적인 목적이 있는 것이다.

## 3. 조선 후기의 언해불전

### 『은중경』의 언해와 유통

『은중경언해』는 부모의 은혜, 특히 어머니의 은혜를 열 가지[34]로 제시

---

論·金剛般若經·圓覺經(已上 四教科也), 華嚴經·禪門拈頌·傳燈錄(已上 大教科也)."
33 남권희, 「『불설장수멸죄호제동자다라니경』 언해본의 서지」, 『장수경언해』, 경북대학교 출판부, 2000, 165쪽.

한 뒤, 지옥에 떨어지지 않기 위해서라도 그 은혜를 반드시 갚아야 함을 권하는 내용이다. 앞에서도 이미 언급했듯이, 이 책은 조선 후기에 가장 널리 유통된 언해서로, 현재 38종의 이본이 남아 있다. 이들 판본의 이름을 간행의 연대별로 정리하면 아래와 같다.[35]

| | |
|---|---|
| • 16세기 〈11종〉 | 오응성 발문본(1545), 장단 화장사본(1553), 아산 신심사본(1563), 순천 송광사본(1563), 문화 패엽사본(1564), 은진 쌍계사본(1567), 김제 흥복사본(1573), 낙안 징광사본(1580), 의령 보리사본(1582), 풍기 희방사본(1592), 國圖本(16세기) |
| • 17세기 〈18종〉 | 대구 동화사본(1609), 공주 율사본(1618), 장성 백암사본(1628), 崔衍 발문본(1635), 양산 통도사본(1648), 전주 봉서사본(1651), 정읍 내장사본(1653), 양양 신흥사본(1658), 개령 고방사본(1668), 고산 영자암본(1676), 청도 수암사본(1680), 양산 조계암본(1686), 경주 천룡사본(1686), 양주 불암사본(1687), 향산 조원암본(1689), 고성 건봉사본(1692), 字天刻本(17세기), 雅丹本(17세기) |
| • 18세기 〈8종〉 | 정주 용장사본(1705), 개성 용천사본(1717), 금구 금산사본(1720), 영흥 진정사본(1731), 정읍 벽송대본(1760), 고창 문수사본(1760), 전주 남고사본(1794), **화성 용주사본(1796)** |
| • 19세기 〈1종〉 | 고산 안심사본(1806) |

『은중경언해』는 16세기에 11종, 17세기 18종, 18세기 8종, 19세기에 1종이 간행되었고, 여러 사찰을 중심으로 전국적으로 널리 유통·향유되었음을 알 수 있다. 초역본은 오응성의 발문에 따르면, 돌아가신 부모님의 은덕에 보답하고 극락왕생을 축원하기 위해 간행한 것으로 되어 있다.[36]

---

**34** 열 가지 은혜는 다음과 같다. ① 잉태하여 몸을 간수하는 은혜(懷耽守護恩), ② 해산에 임하여 수고하는 은혜(臨産受苦恩), ③ 자식을 낳고 걱정을 잊은 은혜(生子忘憂恩), ④ 쓴 것은 삼키고 단 것은 뱉어서 먹이는 은혜(咽苦吐甘恩), ⑤ 아기는 마른 데 눕히고 자신은 진 데 눕는 은혜(廻乾就濕恩), ⑥ 젖을 먹여 기르는 은혜(乳哺養育恩), ⑦ 깨끗하지 못한 것을 씻겨 주는 은혜(洗濁不淨恩), ⑧ 자식이 멀리 나가 있으면 생각하고 염려하는 은혜(遠行憶念恩), ⑨ 자식을 위해 나쁜 업을 짓는 은혜(爲造惡業恩), ⑩ 나중을 생각하고 가엾어 하는 은혜(究竟憐憫恩).

**35** 송일기, 「새로 발견된 호남판 부모은중경언해 4종의 서지적 연구」, 『한국도서관·정보학회지』 41-2, 한국도서관·정보학회, 2010, 214~215쪽; 김영배, 「불설대보부모은중경언해 해제」, 『(역주) 불설대보부모은중경언해』, 세종대왕기념사업회, 2011, 26~27쪽.

**36** 송일기, 앞의 논문, 2001, 185~186쪽.

이 책은 한문 원문을 대문으로 나눈 뒤 순한글의 언해문을 배열하고 있는데, 원문에는 구결과 독음이 달려 있지 않다. 그리고 언해문의 주요 부분 아래에는 그 내용을 표현한 삽화插畵들이 실려 있다.[37] 이와 같은 구성 및 체재는 초역본 이후 간행된 대부분의 판본에도 해당된다.

그런데 정조의 명으로 1796년(정조 20)에 판각된 '용주사판'은 초역본과는 다른 모습을 보이고 있어 주목된다.[38] 용주사판은 한문 원문이 없는 대신, 원문에 대한 음역문을 한글 구결을 붙여 제시하고, 그 뒤에 순한글의 언해문을 수록하고 있다. 또한 초역본 및 대부분의 판본이 초역抄譯인 데 반해, 용주사판은 직역의 양식을 취하여 완역하고 있다.

예를 들어, 『은중경』의 서두인 "如是我聞, 一時, 佛在閣衛國, 王舍城, 祇樹給孤獨園, 與大比丘, 三萬八千人, 菩薩摩訶薩衆"을 초역본은 "일시예 부톄 왕샤셩의 뎨즈 삼만팔쳔 드리고 겨시더니"로, 용주사판은 "이러트시 내 드르니 ᄒᆞᆫ 째 부쳐 사위국 왕샤셩 지슈급고독원에 **이셔** 대비구 삼만팔쳔 사룸과 보살마하살 모든 이로 더브러 ᄒᆞᆫ가지로 **ᄒᆞ엿더라**."로 번역하고 있는 것이다.[39]

그리고 인용문의 '이셔'와 'ᄒᆞ엿더라'에서 보듯이, 용주사판은 설법의

---

37 이 책에는 21개의 삽화가 수록되어 있다. 참고로 이들 삽화와 그 내용을 보이면 다음과 같다. ① 여래정례도如來頂禮圖(1圖): 석가가 제자들과 길을 가다가 마른 뼈를 발견하고 예배하는 장면. ② 부모십은도父母十恩圖(10圖): 어머니의 열 가지 은혜를 표현한 것. ③ 팔비유도八譬喩圖(8圖): 부모의 은혜에 보답하기 위한 실천적 행위를 여덟 가지의 극한 상황으로 연출한 장면. ④ 삼보공양도三寶供養圖(1圖): 부모의 은혜를 갚는 방법으로 삼보에 공양하여 복을 닦는 장면. ⑤ 아비지옥도阿鼻地獄圖(1圖): 부모에 대한 효孝·불효不孝의 인과응보를 보여 주는 장면. 송일기, 위의 논문, 192~193쪽.
38 이 책을 '용주사판'이라 부르는 것은 책판册版의 보관 사찰명에 의한 것으로, 간행은 용주사와 무관하다. 책판은 주자소鑄字所에서 판각하여 인출한 뒤, 용주사로 이관되었다. 이호권, 「유교 이념의 불교적 실현, 용주사판『부모은중경언해』」, 정재영 외, 『정조대의 한글문헌』, 문헌과 해석사, 2000, 152~153쪽.
39 이호권, 앞의 논문, 159~160쪽.

주체인 석가를 존대하지 않고 있다. 용주사판의 '이셔'는 흔히 여타의 언해불전에서는 '겨샤'로 나타나고, 'ᄒ엿더라'는 초역본에 '겨시더니'로 되어 있다. 용주사판은 이 인용문뿐만 아니라 언해문의 전체에 있어, 석가의 행위에 대한 어떤 서술어에도 존경의 선어말 어미인 '-시'를 사용하지 않는 특징을 보인다.[40]

한편, 정조는 용주사판 『은중경언해』를 편간한 이유를 아래와 같이 밝히고 있다.

> 이단을 미워하는 것은 그것이 인륜을 어그러뜨리고 부모를 버리기 때문이다. 『은중경』도 불교서적 중의 한 가지 법이나, 그 책에 부모가 애써 길러 준 은혜에 크게 보답할 것을 말하였고, 인과응보가 뚜렷하게 감응하는 구분을 낱낱이 서술하여, 상계上界와 아비지옥阿鼻地獄의 도설圖說에 이르러서는 똑똑히 알 수가 있으니, 어리석은 백성들에게 보고 깨닫도록 하기에 충분하다. 그러므로 이번에 간행하는 일은 실로 감응 분발하고 징계하는 뜻을 부여한 것이다. <u>읽는 사람을 만약 불경을 숭상하고 믿는 것으로 의심한다면,</u> 오랑캐의 내용이면 물리치고 사문(師門)의 내용이면 나오게 한다는 의리가 결코 아니다.[41]

인용문은 『홍재전서弘齋全書』「일득록日得錄」훈어편訓語篇의 일부이다. 여기에서 정조는 『은중경언해』를 편간한 이유로, 『은중경』은 부모의 은혜에 보답해야 할 것을 설하고 있고 삽화가 있으므로, 어리석은 백성

---

40 이호권, 앞의 논문, 161쪽.
41 『국역 홍재전서』 17, 민족문화추진회, 1998, 211~212쪽. "所惡乎異端者, 以其悖倫而違親也. 恩重經, 亦佛書中一法, 而其言大報父母劬勞之恩, 而歷敍果報顯應之分, 以至上界阿鼻地獄之圖說, 歷歷可指, 足令愚夫愚婦, 見而知曉, 故今番刊印之擧, 實寓感發懲創之意. 讀者若以崇信佛經見疑, 則大非夷狄則揮, 門墻則進之義也."

들이라도 쉽게 깨달을 수 있음을 들고 있다. 이 언급은 정조가 『은중경』 을 '불경'이 아닌, '효'라는 유교적 덕목을 가르쳐 주는 '교화서'로 인식하고 있음을 보여 준다. 그리고 이러한 '교화서로서의『은중경』' 인식은 용주사판 편간의 이유인 동시에, 『은중경언해』가 조선시대 언해불전 가운데 가장 널리 향유·유통된 이유로도 볼 수 있을 것이다.

### 『권념요록』과 『염불보권문』

『권념요록勸念要錄』은 1637년(인조 15) 전남 구례의 화엄사에서 간행한 것으로, 서문에 의하면 책의 편자는 나암 보우懶庵普雨(1509~1565)로 되어 있다. 그러나 언해문에는 17세기의 국어가 반영되어 있어, 보우가 언해한 것으로 볼 수 없다.[42] 보우는 언해본이 아닌, 언해본에 수록된 한문 원문을 저본에서 초록한, 한문본의 편자로 보는 것이 좋을 듯하다. 이 책은 한문 원문에 단락을 지어 한글로 구결을 달고, 그 뒤에 순 한글의 언해문을 실었다. 구결문의 한자에는 독음을 달지 않았다.

『권념요록』은 11편의 왕생담과 「관법觀法」·「인증引證」 등으로 구성되어 있다. 첫 번째 왕생담인 〈왕랑반혼전王郎返魂傳〉을 제외한 모든 글은 중국 원나라 왕자성王子成의 『예념미타도량참법禮念彌陀道場懺法』(이하 『미타참법』으로 표기함)의 관련 부분을 옮긴 것이고,[43] 보우의 서문까지도

---

[42] 김무봉, 「『권념요록』 해제」, 『(역주) 칠대만법·권념요록』, 세종대왕기념사업회, 2013, 133~134쪽.

[43] 『미타참법』은 10권 13장으로 되어 있는데, 참고로 그 목차를 보이면 다음과 같다. 귀의서방삼보歸依西方三寶 제1, 결의생신決疑生信 제2, 인교비증引教比證 제3, 왕생전록往生傳錄 제4, 극락장엄極樂莊嚴 제5, 예참죄장禮懺罪障 제6, 발보리심發菩提心 제7, 발원왕생發願往生 제8, 구생행문求生行門 제9, 총위예불總爲禮佛 제10, 자경自慶 제11, 보개회향普皆廻向 제12, 촉루유통囑累流通 제13.

『미타참법』의 서문 일부와 일치하고 있다.[44] 10편의 왕생담[45]은 『미타참법』의 「왕생전록」 제4가 출전이고, 「관법」은 「구생행문」 제9·「결의생신」 제2, 「인증」은 「인교비증」 제3이 그 출전이다.

『미타참법』의 「왕생전록」은 『고승전』·『왕생전』·『법원주림』 등에서 옮겨 온 34편의 이야기들을, '비구(10편)·비구니(4편)·우바새(7편)·우바이(8편)·악업인(5편)' 등의 다섯 항목으로 나누어 수록하고 있다. 이들 가운데에는 극락왕생과 직접적인 관련이 없는, 염불의 현세 이익에 관한 이야기들도 포함되어 있다. 또한 왕생담에 있어서는 칭명염불稱名念佛뿐만 아니라, '관상염불觀想念佛'과 관련된 내용도 적지 않게 보이고 있다.

〈왕랑반혼전〉을 제외한 『권념요록』의 왕생담은 비구(①·②), 우바새(③·④·⑤), 우바이(⑥·⑦·⑧·⑨), 악업인(⑩)의 순서로 배열되어 있어, 「왕생전록」의 분류 항목 및 배열 순서를 따르고 있음을 알 수 있다. 이들 왕생담은 주로 아미타불의 이름을 칭념稱念하여 극락에 왕생한 사람들의 이야기로 되어 있다. 10편의 왕생담 중, 「오장왕견불전」·「정목경집번전」·「방저권타왕생전」·「수문황후전」·「동녀권모전」·「도우선화십념전」 등의 6편은 뒤에서 살펴볼 『염불보권문』에도 실려 있다. 「관법」의 경우는, 관상염불이 칭명염불보다 훨씬 뛰어남을 말한 뒤, 입으로 염불하고 마음으로 생각해야만 왕생할 수 있음을 강조하고 있다. 「인증」은 아미타불의 이름을 들으면 극락에 왕생할 수 있음을, 『약사경』·『다라니경』의 관련 부분을 인용하여 서술하고 있다.

---

44 한보광, 「허응당 보우 선사의 『권념요록』 연구」, 『한국불교학』 53, 한국불교학회, 2009, 106~109쪽.

45 ① 원공결사전遠公結社傳, ② 궐공칙현보전闕公則現報傳, ③ 오장왕견불전烏長王見佛傳, ④ 정목경집번전鄭牧卿執幡傳, ⑤ 방저권타왕생전房翥勸他往生傳, ⑥ 수문황후전隋文皇后傳, ⑦ 형왕부인입화전荊王夫人立化傳, ⑧ 양씨자명전梁氏自明傳, ⑨ 동녀권모전童女勸母傳, ⑩ 도우선화십념전屠牛善和十念傳.

다음으로, 『염불보권문念佛普勸文』은 1704년(숙종 30) 경북 예천 용문사의 승려 명연明衍이 편찬한 책으로, 극락·염불과 관련된 비교적 다양한 글들을 수록하고 있다. 이 책은 예천 용문사에서 간행된 이래, 80여년의 기간 동안 총 일곱 차례에 걸쳐 판각·간행되었다. 곧 1704년 예천 용문사본, 1741년(영조 17) 대구 팔공산 수도사본, 1764년(영조 40) 대구 팔공산 동화사본, 1765년(영조 41) 황해도 구월산 흥률사본과 평안도 묘향산 용문사본, 1776년(영조 52) 경상도 합천 해인사본, 1787년(정조 11) 전라도 무장 선운사본 등이 그것이다.

『염불보권문』은 수록된 글들의 출전 및 내용에 따라, 제1부 경전에서 뽑은 글, 제2부 『미타참법』 소재 왕생담, 제3부 염불의식문 등으로 구성되어 있다. 제1·2부는 구결이 없는 한문 원문과 순한글의 언해문이 함께 제시되어 있고, 제3부는 한문 원문에 독음이 달려 있거나, 한글로만 표기되어 있다. 『염불보권문』의 '염불'이 '칭명염불'만을 가리키고 있는 점과, 왕생의 이유 내지 목적으로 '성불'을 강조하고 있는 점은 이 책의 특징으로 지적할 수 있다.

### 『지장경언해』와 『월인석보』 권21

『지장경언해』는 『지장보살본원경언해地藏菩薩本願經諺解』의 약칭이다. 중국 당唐의 실차난타實叉難陀가 번역한 1권 13품의 『지장보살본원경』은, 지장보살의 본생·본원·공덕과 지옥의 종류 및 고통 등을 그 주요 내용으로 하고 있다. 이 경전은 중생들이 고통받는 모습을 지옥고地獄苦를 통해 나타내 보이고 아울러 그들을 구제하는 방법을 제시하고 있다는 점에서, 주로 참회업장懺悔業障과 죄업소멸罪業消滅을 위한 목적으로 신앙되었다.

『지장경언해』는 현재 4종의 이본이 전한다. 두류산 견성암見性庵본 (1762), 종남산 약사전藥師殿본(1765), 보정사寶晶寺본(1879), 간행연대 미상의 판본 등이 그것이다.[46] 이들 판본은 모두 한문 원문이 없고, 순한글의 언해문만으로 되어 있다. 그리고 약사전본은 견성암본과 판식版式과 표기법 등에서 차이가 있을 뿐, 구성 및 내용에서는 동일하다. 이 외에, 비록 언해본은 아니지만, 1791년(정조 15) 송광사에서 간행된, 원문의 한자음을 한글로 병기한 음역본이 전하고 있다.

가장 이른 시기의 판본인 견성암본『지장경언해』는 상·중·하의 3권 1책으로 되어 있다. 상권은 도리천궁신통품忉利天宮神通品 제1~염부중생업감품閻浮衆生業感品 제4, 중권은 지옥명호품地獄名號品 제5~칭불명호품稱佛名號品 제9, 하권은 교량보시공덕연품校量布施功德緣品 제10~촉루인천품囑累人天品 제13을 수록하고 있다. 용봉龍峯이 쓴 서문에 의하면, 이 책은 묘향산인妙香山人 관송觀松 장로가 후인들에게『지장경』의 깊은 뜻을 알리기 위해 언해한 것으로 되어 있다.[47]

그런데, 이 책의 권수제卷首題는 '지장보살본원경언히권샹/ 월린쳔강지곡제이십일/ 셕보샹졔이십일'로 되어 있어 주목을 요한다. 상권의 제1~3장은『지장경』에 전혀 없는 것으로, 권수제의 표기대로『월인석보』권21에 있는 내용인 것이다. 곧 〈월인천강지곡〉 其412~417의 6곡이 곡차 표시 없이 수록되어 있고, 이어서『석가보』가 저경인 관련 상절부가 실려 있다.[48] 또한 상권의 끝부분에는 '구쥭슈화길샹광명대긔명쥬춍

---

[46] 남권희, 「지장경 해제」, 『국어사연구』 6, 국어사학회, 2006, 167쪽.
[47] 용봉, 「지장경언해 서地藏經諺解序」. "此經曾無諺解, 妙香山人觀松長老, 欲令後人知其深義, 故抽毫釋之."
[48] 하나의 예만 들면, 『지장경언해』의 본문은 "데셕이 셰존의 쳥ᄒᆞ᎐ᄋᆞ오ᄃᆡ 도리텬에 가 어마님 보쇼셔."로 시작하고 있는데, 이 구절은 〈월인천강지곡〉 其412의 전절인 "帝釋이 世尊의 請ᄒᆞᄉᆞᄫᆞᄃᆡ 忉利天에 가 어마님 보쇼셔"와, 표기법만 다를 뿐 동일한 내용임

디쟝규'가 실려 있는데, 이 다라니 역시 『지장경』에는 없고, 『월인석보』 권21에 수록된 것이다.[49]

『월인석보』 권21은 ① 도리천위모忉利天爲母 설법, ② 지장경 설법, ③ 우전왕과 파사익왕의 불상 조성, ④ 육사외도六師外道의 석가 비방, ⑤ 석가의 염부제 귀환, ⑥ 금상金像의 불사佛事 부촉付囑, ⑦ 석가의 연화색 비구니 훈계, ⑧ 인욕태자의 효양행孝養行 등의 삽화揷話들로 구성되어 있다.[50] 견성암본과 약사전본은 『월인석보』 권21의 전체 내용 중, 가장 비중이 큰 ①~②의 부분을 채택하여 새로 판각한 것으로, 『월인석보』 권21의 이본으로 볼 수 있다. 『지장경언해』는 용봉이 서문에서 밝힌 것처럼 묘향산인 관송의 번역이 아닌 것이다.

한편, 『월인석보』 권21의 이본은 현재 3종이 전하는데, 안동 광흥사본(1542)·순창 무량굴사본(1562)·은진 쌍계사본(1569) 등이 그것이다.[51] 이렇듯 경상도·전라도·충청도의 여러 사찰에서 수차례 복각된 『월인석보』는 현전본 가운데 권21이 유일한 예에 속한다. 이 책에 편입되어 있는 『지장경』의 영향 때문이라 할 수 있다. 결국, 18세기 『지장경언해』의 판각 및 간행은 『월인석보』 권21의 복각본들과 함께, 지장신앙이 조선 중기 이후 대중들 사이에서 널리 성행하였음을 보여 준다고 하겠다.

---

을 알 수 있다. 또한 『지장경언해』의 "셕뎨환인이 붇텰의 쳥ᄒᆞ샤딕 삽십삼텬의 가샤 어마님 위ᄒᆞ샤 셜법ᄒᆞ쇼셔."는 『월인석보』 권21의 상절부인 "釋是桓因이 부텻긔 請ᄒᆞᅀᆞᆸ오딕 三十三天의 가ᄉᆞ 어마님 爲ᄒᆞ샤 說法ᄒᆞ쇼셔."와 일치하고 있다.

49 『지장경언해』의 '구죡슈화길상광명대긔명쥬총디쟝규'는 "내 과거에 긍가사 등 불셰존긔 이 다라니ᄅᆞᆯ 친히 받ᄌᆞ와 슈디호니"로 시작하고 있는데, 『월인석보』 권21 역시 "具足水火吉祥光明大記明呪摠持章句ㅣ라."라고 한 뒤, "내 過去 殑伽沙 等 佛世尊의 이 陀羅尼룰 親히 받ᄌᆞᄫᅡ 受持호니"로 되어 있다. 이 다라니는 『대승대집지장십륜경大乘大集地藏十輪經』 서품序品 제1이 그 출전이다.

50 김기종, 앞의 책, 97쪽.
51 김기종, 앞의 책, 18쪽.

## 4. 승려의 학습서와 대중 교화서

언해불전의 편찬은 조선 전기인 15·16세기에 집중적으로 이루어졌다. 조선 후기에는 15·16세기의 언해불전이 활발하게 복각·유통되었지만, 새롭게 편찬된 언해불전은 『권념요록』과 『염불보권문』의 두 책뿐이다. 그리고 조선 전기와 후기의 언해불전은 그 편찬 배경과, 언해된 텍스트의 내용 및 성격에서 차이를 보인다.

15세기의 언해불전은 국가의 불교정책과 관련이 있다. 주지하다시피, 조선왕조는 개국과 더불어 '숭유억불崇儒抑佛'의 국시를 표방하고, 이에 따른 정책을 실시하였다. 특히 태종 6년(1406)에는 종전의 11종을 7종으로 병합하였고,[52] 세종 6년(1424)에는 7종을 다시 선·교 양종으로 폐합廢合한 뒤, 양종에 각각 18개의 사찰만을 허용하였다.[53] 그러나 이와 같은 억불정책에도 백성들뿐만 아니라 많은 사대부가 여전히 불교를 숭신崇信하였고, 개인의 차원에서 설행된 불교의례 및 불사는 고려시대 못지않게 성행하고 있었다.[54]

세종은 그 20년(1438)을 기점으로 그 이전의 억압 일변도에서 벗어나 불교에 대한 유화적인 입장을 취하기 시작한다.[55] 이러한 변화는 무엇보다 불교에 대한 제도적 정비가 일단락되었고, 또한 예악과 문물제도의 정비를 통해 유교국가로서의 안정된 기반이 이루어졌음에 기인한다. 불교에 대한 세종의 유화적인 입장은 억압정책에도 불구하고 불교가 여전히 신앙의 대상으로 숭신되고 있는 상황으로 인해, 보다 적극적

---

[52] 『태종실록』 권11, 6년 3월 27일(정사).
[53] 『세종실록』 권24, 6년 4월 5일(경술).
[54] 이영화, 「조선 초기 불교의례의 성격」, 『청계사학』 10, 청계사학회, 1993, 38~42쪽 참고.
[55] 한우근, 「세종조에 있어서의 대불교시책」, 『유교정치와 불교』, 일조각, 1993, 153쪽.

인 태도를 취했다고 여겨진다. 곧 세종은 유교국가의 틀 안에서, 나라의 통치에 도움이 되는 방향으로 불교를 '순화'시킬 방안을 모색했고, 이와 같은 모색이 현실화된 것이 바로 『석보상절』·〈월인천강지곡〉의 제작과 내불당의 중건이라는 것이다.[56]

많은 대중이 모이는 장소에서 불리고 읽힐 것을 전제로 한 『석보상절』과 〈월인천강지곡〉의 제작에 있어, 세종은 다음의 두 가지에 주안점을 둔 것으로 보인다. 하나는 백성들에게 친숙하고 많은 백성이 믿고 있는 불교를 이용한 대중 교화이고, 다른 하나는 그동안의 억불정책으로 인해 질적 수준이 저하되고 비행을 저지르는 승려들에 대한 문제였다. 전자는 국가의 통치에 도움이 되는 유·불의 조화, 후자는 승려들에 대한 교육을 통해 불교계의 '순화'를 모색한 것으로, 그 목적은 불교의 중흥이나 불교대중화가 아닌, 국가의 안정과 통합에 있었다고 여겨진다.[57]

간경도감의 언해불전은 바로 이 같은 맥락에서 편찬·간행된 것으로, 그중에서도 '승려의 교육'이라는 의도에 기인한 것이라 할 수 있다. 세조대에 개정된 도승법이 불교에 대한 제도적 정비라면, 불전언해는 불교계에 대한 일종의 문화통제라고도 볼 수 있다.

지방 사찰의 16세기 언해불전은 언해의 텍스트 선정에 있어, 선서의 비중이 확대되었고, 대승경전의 주석서 대신 밀교경전이 새로 추가되었다는 특징을 보인다. 선서의 경우는, 승려로서 읽어야 할 불교입문서의 측면이 강했던 간경도감본에 비해, 보다 전문화된 주석서 내지 연구서가 포함되어 있다. 이들 언해불전은 승려의 생활과 밀접한 관련이

---

56 김기종, 앞의 책, 257~263쪽.
57 김기종, 앞의 논문, 2012, 116~117쪽.

있고, 승려들을 주요 독자층으로 설정하고 있다는 점에서 간경도감본과 공통점을 갖는다. 그리고 이러한 사실은 관판과 사찰판이라는 차이점이 있음에도, 조선 전기의 언해불전이 세종이 제시한 불교 순화정책의 두 가지 방향, 즉 '대중의 교화'와 '승려의 교육' 중, 후자의 측면을 계승·강화한 것임을 알게 한다.

한편, 조선 후기 언해불전의 특징적인 국면은 『은중경언해』의 유통 및 개각改刻, 『권념요록』과 『염불보권문』의 편간, 『월인석보』 권21의 『지장경언해』로의 재편이라는 세 가지 사항으로 정리할 수 있다. 재가자나 일반 백성들을 대상으로 하고 있는,[58] 이들 불전의 유통과 그 성행은 조선 후기 성리학 사회에서 불교가 담당했던 역할 내지 불교의 존재 이유를 보여 준다는 점에서도 주목을 요한다. 곧 부모에 대한 '효도'와, 지옥·극락으로 대표되는 '사후 문제'가 그것이다. 이 두 가지는 국가의 억압과 성리학자들의 비판에도 불구하고 조선시대의 불교계를 지속하게 한 이유라고 할 수 있다.[59]

그런데 『은중경언해』의 '효'뿐만 아니라, 『권념요록』·『염불보권문』·『지장경언해』에서 각각 왕생의 방법과 지옥행의 이유로 제시하고 있는 항목들은 대체로 일상생활에서 지켜야 할 윤리 규범과 관련이 있다.[60]

---

**58** 『염불보권문』의 「니 발원문 외오는 사람은 다 극락세계 가오리다」에는, "**양반 샹인 즁 거스 부인 샤당** 대도 내 ᄆᆞ음이 실로 성인 부톈줄 알고 비록 가지가지 만 가지 이를 ᄒᆞ면셔도 셔방 아미타블을 닛지 말고 념ᄒᆞ시소."라는 구절이 보인다. 『한국불교전서』 9, 60~61쪽.
**59** 김용태, 『조선 후기 불교사 연구』, 신구문화사, 2010, 354~357쪽.
**60** 『권념요록』·『염불보권문』의 왕생담에는 칭명염불 외에, 보시·지계持戒·부모효양父母孝養 등이 왕생의 방법으로 제시되어 있다. 『지장경』에서는 부모를 죽이고, 부처 몸에 피를 내거나 불·법·승의 삼보를 비방하며, 함부로 음행을 행하거나 승가의 재물을 도둑질하면 무간지옥에 떨어진다고 하였다. 실차난타實叉難陀 역譯, 『지장보살본원경』, 「관중생업연품觀衆生業緣品」 제3.(『대정장』 13, 779~780쪽)

그렇다면 사후 문제에 대한 관심 역시 윤리·교화적인 측면과 연결될 수 있다. 이 불전들에 의하면 지옥에 떨어지지 않고 극락에 왕생하기 위해서는 삼보三寶에 대한 믿음 외에도 윤리적 규범을 지켜야 하기 때문이다. 다시 말해, 조선 후기에 널리 유통·향유된 4종의 언해불전은 모두 일종의 '교화서'로 볼 수 있다는 것이다.

결국, 조선시대의 언해불전은 전기와 후기라는 편간의 시기에 따라 그 편찬의 목적이 다르고, 그 결과 각각 승려 교육을 위한 학습서와, 대중을 위한 교화서라는 성격을 갖고 있음을 알 수 있다. 언해불전의 이러한 이중적 성격은 공교롭게도 한글의 창제자인 세종이 설정한, 불교문화정책의 두 방향과 일치하고 있어 흥미롭다 할 것이다.

# 제2장
# 『염불보권문』의 불교사적 의미

## 1. 『염불보권문』이란 책

『염불보권문念佛普勸文』은 1704년(숙종 30) 경북 예천 용문사의 승려 명연明衍이 편찬한 책으로, 원原서명은『대미타참약초요람보권염불문大彌陀懺略抄要覽普勸念佛文』이다.[1] 여기에서 '대미타참'은 중국 원나라 왕자성王子成의『예념미타도량참법禮念彌陀道場懺法』(이하『미타참법』으로 표기함)을 가리킨다.

그런데『염불보권문』은 서명과는 달리, 이『미타참법』뿐만 아니라 극락·염불과 관련된 비교적 다양한 글들을 수록하고 있다. 편자인 명연이 직접 지은 글들을 포함하여, 여러 경전에서 발췌한 글들과, 염불의식 관련 진언·게송·발원문, 그리고 가사작품인「서왕가」·「인과문」등이 실려 있는 것이다. 또한 표기의 측면에 있어서도 한문 원문과 그 언

---

1 이러한 사실은 명연의 서문 제목인 '대미타참약초요람보권염불문서大彌陀懺略抄要覽普勸念佛文序'를 통해 알 수 있다.

해문諺解文을 함께 실은 것, 한문 원문에 한글 독음만 단 것, 순한글로 표기된 것 등 하나의 책 안에 다양한 모습을 보여 주고 있다.

한편, 이 책은 예천 용문사에서 간행된 이래, 80여 년의 기간 동안 경상도·황해도·평안도·전라도지역의 각 사찰에서 총 일곱 차례에 걸쳐 판각·간행되었으며, 그 과정에서 원간본에 대한 첨삭이 이루어졌다.

이상의 사실만으로도, 『염불보권문』은 18세기 불교문화사에서 중요한 위치를 차지한다고 하겠는데, 이에 대한 논의는 그 중요성에 비해 활발하지 못한 형편이다. 『염불보권문』에 관한 지금까지의 논의는 대략 다음의 세 가지로 나눌 수 있다. 곧 18세기 방언사 기술을 위한 국어학적 연구,[2] 「서왕가」의 문학적 연구를 위한 배경적 고찰,[3] 조선 후기 정토신앙 연구의 일환으로서의 불교사상사적 접근[4] 등이 이에 해당한다. 이들 논의는 국어학 분야를 제외하고는 단편적인 논의나 해제 수준의 언급에 그치고 있으며, 『염불보권문』을 구성하고 있는 각 편에 대한 분석을 결여하고 있다는 공통된 문제점을 보인다.[5]

---

2 김주원, 「18세기 경상도 방언의 음운 현상」, 『인문연구』 2, 영남대학교 인문과학연구소, 1984; 김주원, 「18세기 황해도 방언의 음운 현상」, 『국어학』 24, 국어학회, 1994; 정우영, 〈염불보권문〉 한자음 표기의 음운론적 고찰」, 『국어국문학』 120, 국어국문학회, 1997.

3 김종진, 「불교가사의 유통 연구」, 『불교가사의 연행과 전승』, 이회문화사, 2002, 94~102쪽; 김종진, 「〈서왕가〉 전승의 계보학과 구술성의 층위」, 『불교가사의 계보학, 그 문화사적 탐색』, 소명출판, 2009, 18~23쪽; 최형우, 「18세기 경상지역의 『보권염불문』 간행과 수록 가사 향유의 문화적 의미」, 『열상고전연구』 60, 열상고전연구회, 2017, 167~173쪽.

4 이종수, 「조선 후기 정토사상 연구」, 『회당학보』 13, 회당학회, 2008, 206~208쪽; 이종수, 「조선 후기 불교의 수행체계 연구」, 동국대학교 박사학위논문, 2010, 165~166쪽.

5 일례로, 김종진, 앞의 논문, 2002, 96쪽에서는, 『염불보권문』이 대중포교와 불교의식의 정비라는 당시 불교계의 시대적 소임을 다하기 위해 간행된 것으로 보았고, 이종수, 위의 논문, 2008, 207쪽에서는 18세기 염불신앙의 확대에 크게 기여하였으며, 염불신앙의 교과서적 역할을 담당했다고 평가하였다. 그러나 이러한 견해들은 『염불보권문』이 18세기의 한 세기 동안 일곱 차례나 판각된 사실에 근거한 것으로, 『염불보권문』 소재

그러므로 이 글은 『염불보권문』에 관한 본격적인 연구의 일환으로, 『염불보권문』의 성격과 시대적 의미에 대해 살펴보고자 한다. 이를 위해, 먼저 현재 전하는 『염불보권문』 7종의 서지와 이들 이본 간의 관계를 비교·검토하여, 본고의 논의를 위한 텍스트를 확정할 것이다. 다음으로, 확정된 텍스트를 각 편의 출전 및 내용에 따라 1~4부의 네 부분으로 나눈 뒤, 각 부분의 특징적인 국면에 대해 고찰하고자 한다. 그리고 이러한 논의 결과와, 『염불보권문』 간행 당시의 불교계 상황 및 동시대의 염불 관련 저술들에 대한 고찰을 통해, 『염불보권문』의 시대적 맥락과 그 성격의 일면을 살펴보도록 하겠다.

## 2. 서지와 이본 간의 관계

구체적인 논의에 앞서, 현재 전하는 『염불보권문』의 판본과 서지사항을 도표로 정리하여 제시하면 아래와 같다.

〈표 1〉『염불보권문』의 서지사항

| 서명(표제) | 간행연대 | 공덕주(편자) | 간행처 | 장수 | 행·자수 | 소장처 |
|---|---|---|---|---|---|---|
| 彌陀懺略抄 | 1704 (숙종 30) | 明衍 | 醴泉 龍門寺 | 43 | 13행 16자 | 서울대학교 규장각 김주원 교수 |
| 彌陀懺略抄 | 1741 (영조 17) | 미상 | 大邱 修道寺 | 50 | 13행 16자 | 서울대학교 규장각 |
| 普勸文 | 1764 (영조 40) | 快善 | 大邱 桐華寺 | 66 | 11행 22자 | 영남대학교 도남문고 |
| 念佛普勸文 | 1765 (영조 41) | 寬休 | 九月山 興律寺 | 52 | 10행 22자 | 고려대학교 도서관 |

글들에 대한 분석을 통해 도출된 것이 아니다. 이들 논문은 『염불보권문』의 목차만 제시하고 있을 뿐, 각 편의 구체적인 내용 및 특징적인 국면에 대해서는 언급하지 않고 있다.

| | | | | | | |
|---|---|---|---|---|---|---|
| 普勸文 | 1765<br>(영조 41) | 미상 | 妙香山 龍門寺 | 46 | 11행 22자 | 충남대학교 도서관 |
| 彌陀懺略抄 | 1776<br>(영조 52) | 미상 | 陜川 海印寺 | 62 | 11행 18자 | 서울대학교 일사문고<br>국립중앙도서관<br>한국학중앙연구원 장서각<br>서강대학교 도서관 |
| 念佛普勸文 | 1787<br>(정조 11) | 미상 | 茂長 禪雲寺 | 60 | 11행 18자 | 서울대학교 가람문고 |

『염불보권문』은 현재 7종의 판본이 남아 있다. 곧 1704년 예천 용문사본, 1741년 대구 팔공산 수도사본, 1764년 대구 팔공산 동화사본, 1765년 황해도 구월산 흥률사본과 평안도 묘향산 용문사본(이하 '묘향산본'으로 표기), 1776년 경상도 합천 해인사본, 1787년 전라도 무장 선운사본 등이 그것이다.

이들 판본 중, 수도사본은 용문사본의 판목을 그대로 쇄출刷出하고 거기에 「임종정념결臨終正念訣」·「부모효양문父母孝養文」의 2편을 추가한 것이다. 해인사본의 경우는 소장처에 따라 그 내용에 약간의 차이가 있는데, 장서각·서강대학교 소장본은 「불설아미타경佛說阿彌陀經」과 「현씨발원문玄氏發願文」이 있고, 일사문고·국립중앙도서관 소장본은 이 두 편이 없는 대신 「현씨행적玄氏行跡」이 있다. 선운사본은 해인사본을 복각한 것으로, 후자의 구성 및 내용과 일치한다.

위 도표의 '공덕주' 항목은 해당 판본의 간기에 명시된 것으로, 책의 편집과 판각을 주관한 인물로 추정된다.[6] 용문사본의 명연과 흥률사본의 관휴는 구체적인 행적만이 아니라 생몰연대조차 알 수 없는데, 다만 명연은 『염불보권문』의 서문에서 자신을 '청허의 후예(淸虛後裔)'라고 밝

---

[6] 김종진, 「〈회심가〉의 컨텍스트와 작가론적 전망」, 『불교가사의 계보학, 그 문화사적 탐색』, 소명출판, 2009, 81쪽.

히고 있다.[7]

동화사본의 기성 쾌선箕城快善(1693~1764)은 그의 비문과 행장이 전하고 있어 구체적인 행적을 알 수 있다.[8] 쾌선은 용문사본 『염불보권문』의 발문을 쓴 상봉 정원霜峰淨源(1627~1709)의 법손으로, 18세기 염불신앙의 흥성에 사상적 기반을 제공한 인물로 평가된다.[9] 이러한 평가는 이 글의 제4절에서 살펴볼 『청택법보은문請擇法報恩文』·『염불환향곡念佛還鄉曲』의 작자라는 점에 근거한다.

앞에서 이미 언급했듯이, 『염불보권문』은 각 이본에 따라 구성 및 내용에 적지 않은 차이가 있다. 그 구체적인 양상을 살펴보기 위해 우선 용문사본과 동화사본의 목차를 보이면 다음과 같다.[10]

〈표 2〉 용문사본과 동화사본의 구성 비교

|   | 예천 용문사본(1704) | 대구 동화사본(1764) |
|---|---|---|
| 1 | 諸佛不如阿彌陀佛 | 諸佛不如阿彌陀佛 |
| 2 | 念諸佛不如念阿彌陀佛 | 念諸佛不如念阿彌陀佛 |
| 3 | 諸國世界不如西方極樂世界 | 諸國世界不如西方極樂世界 |
| 4 | 極樂世界七寶池中有九品蓮花臺 | 極樂世界七寶池中有九品蓮花臺 |
| 5 | 勸他念佛同生西方 | 勸他念佛同生西方 |

---

7 명연, 「서문」, 『염불보권문』, "康熙甲申春, 慶尙左道, 醴泉龍門寺, 淸虛後裔, 明衍集."(『한국불교전서』 9, 44쪽)
8 기성 쾌선의 생애에 대해서는 이종수, 「18세기 기성쾌선의 염불문 연구—염불문의 禪敎 껴안기」, 『보조사상』 30, 보조사상연구원, 2008, 149~154쪽에 자세히 정리되어 있다.
9 김종진, 앞의 논문, 2009, 93쪽.
10 논의의 편의상, 현전 판본에 모두 수록되어 있는 명연의 「대미타참약초요람보권염불문서」와, 시주질·간기는 〈표 2〉와 〈표 3〉에 포함시키지 않았다. 그리고 한문 원문과, 그 언해문 또는 한글음 표기가 모두 전하고 있는 경우는 한문 제목만을 명시하였고, 한글 제목은 한글로만 표기되었음을 의미한다. 다만, 「온문정처사친왕생溫文靜妻辭親往生」과 「도우선화십념왕생屠牛善和十念往生」은 한문 원문 없이 언해문만 실려 있지만, 원전에 있는 그대로 한문 제목을 적었다.

| | | | |
|---|---|---|---|
| 6 | 有緣奉佛無緣毀佛 | | 有緣奉佛無緣毀佛 |
| 7 | 有信有益無信無益 | | 有信有益無信無益 |
| 8 | 貪世事人不知念佛大樂 | | 貪世事人不知念佛大樂 |
| 9 | 烏長國王見佛往生 | | 烏長國王見佛往生 |
| 10 | 世子童女勸母往生 | | 世子童女勸母往生 |
| 11 | 隋文皇后異香往生 | | 隋文皇后異香往生 |
| 12 | 京兆房翥勸他往生 | | 京兆房翥勸他往生 |
| 13 | 學士張抗持課往生 | | 學士張抗持課往生 |
| 14 | 信士牧卿執幡往生 | | 信士牧卿執幡往生 |
| 15 | 왕낭젼이라 | | 불계 파흔 즁 웅쥰니 과글리 주거셔 극낙가 다 ᄒ시다 |
| 16 | 불계 파흔 즁 웅쥰니 과글리 주거셔 극낙가 다 ᄒ시다 | | 溫文靜妻辭親往生 |
| 17 | **淨源大師懺經節要跋** | | 屠牛善和十念往生 |
| 18 | 念佛作法次序 | | 왕낭젼이라 |
| 19 | 溫文靜妻辭親往生 | | **공각젼이라** |
| 20 | 져리나 므의나 념불 권흔 후 바리라 | | 승규라 ᄒ는 즁이 명부에 잡펴가셔 겨근도 념불ᄒ고 지옥을 면ᄒ니라 |
| 21 | 屠牛善和十念往生 | | 져리나 므으나 념불 권흔 후 바리라 |
| 22 | 流傳記 | | 念佛作法次序 |
| 23 | **식당작법** | | 니 발원문 외오는 사ᄅᆷ은 다 극낙세계 가오리다 |
| 24 | 셔가부톄님십대발원문 | | 나옹화샹셔왕가 |
| 25 | 니 발원문 외오는 사ᄅᆷ은 다 극낙세계 가오리다 | | 인과문 |
| 26 | 나옹화샹셔왕가 | | 大佛頂首楞嚴神呪 |
| 27 | 인과문 | | 관음보살ᄌ지여의눈쥬 |
| 28 | 大佛頂首楞嚴神呪 | | 流傳記 |
| 29 | 관음보살ᄌ지여의눈쥬 | | **臨終正念訣** |
| 30 | | | **父母孝養文** |
| 31 | | | **회심가고** |

| 32 | | 維摩經 |
|---|---|---|
| 33 | | 王郎返魂傳 |

위의 〈표 2〉를 통해서, 동화사본이 용문사본을 새로 판각하면서 달라진 점을 쉽게 알 수가 있다. 곧, 동화사본은 용문사본의 「정원대사참경절요발」·「식당작법」·「셔가부톄님십대발원문」을 삭제한 대신에, 수도사본의 「임종정념결」·「부모효양문」과 「공각젼이라」·「승귀라 ᄒᆞᄂᆞᆫ 즁 ……」·「회심가고」·「유마경」·「왕랑반혼전」 등의 7편을 새로 추가한 것이다. 각 편의 배열에 있어서는, 〈표 2〉의 15번 이후부터 그 순서를 바꾸고 있다.

그런데 용문사본의 「셔가부톄님십대발원문」은 도표에 표시하지 않았지만, 사실 동화사본의 '염불작법차서'에 「여래십대발원문如來十大發願文」으로 제목만 바뀌어 실려 있다. 그렇다면 동화사본은 상봉 정원의 발문과, 대중공양의 의식절차인 「식당작법」만을 수록하지 않은 것으로, 이 두 편을 제외한 용문사본의 내용을 모두 수용하고 있는 것이다. 그리고 두 판본에 공통적으로 실린 글들은 한글 표기만 약간의 차이를 보일 뿐, 그 내용에는 전혀 차이가 없다.

동화사본에 새로 편입된 글들의 경우는 용문사본과 조금은 다른 내용 및 성격을 보인다. 용문사본은 각 편의 배열 순서와 상관없이 여러 경전에서 뽑은 글과 『미타참법』 소재의 왕생담, 그리고 염불의식문의 세 부분으로 구성되어 있고, 대체로 염불·왕생과 관련된 내용으로 되어 있다. 이에 반해, 동화사본의 추가분은 경전과 『미타참법』이 출전이 아니거나, 염불·왕생과 직접적으로 관련이 없는 글들을 포함하고 있다.

「임종정념결」·「부모효양문」은 극락왕생을 위한 구체적인 염불 방법을 제시하고 있지만, 이들은 각각 당나라의 선도善導와 송나라의 종색

宗賾이 지은 것이다. 그리고「유마경」은 해당 경전 중, '담악초痰惡草'가 사람들을 지옥에 떨어지게 하고 부처가 되지 못하게 한다는 내용을 발췌한 것으로, 염불·왕생과 관련이 없다.「공각전이라」역시 염불·왕생과 관련이 없는데, 주인공인 공각은 소·오리·달걀을 먹은 죄로 명부冥府에 끌려갔다가, 7일 동안 복을 닦아 즐거운 곳에 태어나라는 명관冥官의 명령으로 환생하고 있는 것이다.

「승귀라 ᄒᆞ는 즁……」의 경우는, 병 없이 횡액으로 죽어 명부에 끌려간 승규가 어떤 사람의 권유대로 일심으로 염불을 하자, 평생에 지은 죄가 모두 없어졌다는 내용이다. 이 이야기는 염불의 공덕을 강조한 것이지만, '왕생'에 관한 언급이 전혀 없어, 염불하여 극락왕생한 사람들의 전기인 용문사본 소재 왕생담과는 차이를 보인다. 이상의 내용을 통해서, 동화사본에 새로 추가된 글들은 '보유편'의 성격을 띠고 있음을 알 수 있다.

한편, 용문사본 수록 글들의 배열 순서가 동화사본에서 달라진 이유는, 무엇보다 〈표 2〉의 8번과 9번 사이에 삽입되어 있는 아래의 기록에 기인한 것으로 짐작된다.

> (1) 이상은 여러 경론의 글에서 요지를 대략 가려 뽑아서 사람들에게 널리 권한 것이다. 이하는 대미타참문에서, 과거에 서방에 염불하여 왕생한 열 사람의 전기를 한 글자도 고치지 않고 베껴 소개하고 언문으로 해석하여 여러 사람들에게 염불을 권한 것이다.[11]

---

11 명연, 앞의 책. "此上諸經論文, 畧抄要覽, 普勸諸人. 以下大彌陁懺文, 昔日念佛往西方十人傳記, 一字不改, 專出寫示以諺字, 兼出解釋, 又勸諸人念佛."(『한불전』9, 50쪽) 이하 인용문의 번역은 대체로 정우영·김종진 옮김,『염불보권문』, 동국대학교출판부, 2012의 해당 부분을 따른 것임을 밝힌다.

인용문 (1)은 용문사본과 동화사본뿐만 아니라 다른 판본들에서도 「탐세사인부지염불대락」과 「오장국왕견불왕생」 사이에 명기되어 있다. 위의 (1)에서 명연은 〈표 2〉의 1~8번의 글들이 여러 경론에서 뽑은 것이고, 9번 이하 10편의 글들은 왕자성의 『미타참법』이 그 출전임을 밝히고 있다.[12] 그러나 정작 자신이 편찬한 용문사본에서 『미타참법』 소재의 왕생담은 이 기록대로 배열되어 있지 않다. 곧 16·19·21번의 이야기는 각각 출전이 다른 글들 사이에 배치되어 있는 것이다.

동화사본은 용문사본의 목차를 따르지 않고, 이 인용문 (1)의 기록에 의거하여 왕생담들을 한곳에 모은 뒤 차례대로 배열한 것이라 할 수 있다. 그 결과, 동화사본은 '[1] 여러 경전에서 발췌한 글(1~8번), [2] 『미타참법』 수록 왕생담(9~17번)과 그 보유편(18~21번), [3] 「염불작법차서」와 염불의식 때 사용하는 노래·진언(22~28번), [4] [1]·[3]의 보유편(29~33번)'이라는 구성 및 배열 순서를 보이게 될 것이다. 이러한 동화사본의 체재와 각 편의 배열 순서는 아래의 〈표 3〉에서 보듯이, 이후 간행되는 판본들에서도 유지되고 있다.

〈표 3〉 흥률사본·묘향산 용문사본·해인사본의 구성 비교

|   | 흥률사본(1765) | 묘향산 용문사본(1765) | 해인사본(1776) |
|---|---|---|---|
| 1 | 弟子宗本生于四明陳氏承感 | 歸依三寶篇 | 阿彌陀佛因行 |
| 2 | 呂洞賓悟道頌 | 決定往生淨土眞言 | 諸佛不如阿彌陀佛 |
| 3 | 白樂天頌 | 阿彌陀佛本心微妙眞言 | 念諸佛不如念阿彌陀佛 |
| 4 | 宋相無盡居士 | 諸佛不如阿彌陀佛 | 諸國世界不如西方極樂世界 |

---

12 실제로 1~8번의 내용을 살펴보면, 이들 각 편은 경전에서 발췌한 것으로, 논서에서 인용한 부분은 찾을 수 없다. 또한 용문사본에 수록되어 있는 10편의 왕생담 중, 「왕낭전」이라는 『미타참법』에 실려 있지 않다.

| 5 | **護諸童子陀羅尼經** | 念諸佛不如念阿彌陀佛 | 極樂世界七寶池中有九品蓮花臺 |
|---|---|---|---|
| 6 | 念諸佛不如念阿彌陀佛 | 諸國世界不如西方極樂世界 | 勸他念佛同生西方 |
| 7 | 諸國世界不如西方極樂世界 | 極樂世界七寶池中有九品蓮花臺 | 有緣奉佛無緣毀佛 |
| 8 | 極樂世界七寶池中有九品蓮花臺 | 勸他念佛同生西方 | 有信有益無信無益 |
| 9 | 勸他念佛同生西方 | 有緣奉佛無緣毀佛 | 貪世事人不知念佛大樂 |
| 10 | 有緣奉佛無緣毀佛 | 有信有益無信無益 | 烏長國王見佛往生 |
| 11 | 有信有益無信無益 | 貪世事人不知念佛大樂 | 世子童女勸母往生 |
| 12 | 貪世事人不知念佛大樂 | 烏長國王見佛往生 | 隋文皇后異香往生 |
| 13 | 烏長國王見佛往生 | 世子童女勸母往生 | 京兆房翥勸他往生 |
| 14 | 世子童女勸母往生 | **香山白樂天讚誓法門** | 學士張抗持課往生 |
| 15 | 隋文皇后異香往生 | **唐李太白讚序法門** | 信士牧卿㪍幡往生 |
| 16 | 京兆房翥勸他往生 | **蘇東坡讚法門** | 불계 파흔 즁 웅쥰니 과글리 주거셔 극낙가다 ᄒᆞ시다 |
| 17 | 學士張抗持課往生 | 隋文皇后異香往生 | 溫文靜妻辭親往生 |
| 18 | 信士牧卿㪍幡往生 | 京兆房翥勸他往生 | 屠牛善和十念往生 |
| 19 | 불계 파흔 즁 웅쥰니 과글리 주거셔 극낙가다 ᄒᆞ시다 | 學士張抗持課往生 | 져리나 ᄆᆞᄋᆞ리나 념불 권ᄒᆞᆫ 후 바리라 |
| 20 | 溫文靜妻辭親往生 | 信士牧卿㪍幡往生 | 念佛作法次序 |
| 21 | 屠牛善和十念往生 | 불계 파흔 즁 웅쥰니 과글리 주거셔 극낙가다 ᄒᆞ시다 | 니 발원문 외오ᄂᆞᆫ 사ᄅᆞᆷ은 다 극낙세계 가오리다 |
| 22 | 져리나 ᄆᆞ을이나 념불 권ᄒᆞᆫ 후 발이라 | 溫文靜妻辭親往生 | 나옹화상셔왕가라 |
| 23 | 念佛作法次序 | 屠牛善和十念往生 | 인과문 |
| 24 | 王郎返魂傳 | 念佛作法次序 | 大佛頂首楞嚴神呪 |
| 25 | 抄出維摩經禁南草說 | 니 발원문 외오ᄂᆞᆫ 사ᄅᆞᆷ은 다 극낙세계 가오리다 | 관음보살ᄌᆞ직여의눈쥬 |
| 26 | 님종졍념결 | 나옹화상셔왕가라 | 流傳記 |
| 27 | | 大佛頂首楞嚴神呪 | 臨終正念訣 |
| 28 | | 관음보살ᄌᆞ직여의눈쥬 | 父母孝養文 |
| 29 | | 父母孝養文 | 회심가고 |

| 30 | | 慶讚流通 | 維摩經 |
| 31 | | 高聲念佛有十種功德 | 玄氏行跡 |
| 32 | | 회심가고 | 王郞返魂傳 |
| 33 | | 維摩經 | |

    〈표 3〉은 흥률사본·묘향산본·해인사본의 목차를 제시한 것이다.[13] 선운사본은 해인사본의 목차와 일치하므로 생략하였다. 이들 판본은 동화사본의 배열 순서를 따르면서도, 「왕낭전이라」·「공각전이라」·「승귀라 ᄒᆞᄂᆞᆫ 즁……」의 3편을 모두 삭제하고 있는 공통점을 보인다. 그리고 해인사본은 「아미타불인행」과 「현씨행적」만을 새로 추가했을 뿐, 동화사본의 체재 및 구성을 그대로 따르고 있음을 알 수 있다.

    흥률사본은 동화사본의 「제불불여아미타불」·「니 발원문 외오ᄂᆞᆫ……」·「유전기」·「나옹화상셔왕가라」 등의 9편을, 묘향산본은 「져리나 ᄆᆞ으리나……」·「인과문」·「유전기」 등의 5편을 삭제하고 있다. 특히 흥률사본은 「염불작법차서」를 제외한 모든 염불의식문을 수록하지 않은 특징을 보인다.

    이들 판본에서 삭제된 「제불불여아미타불」은 바로 뒤에 이어지는 「염제불불여염아미타불」과 그 주지에서 일치하고, 「니 발원문 외오ᄂᆞᆫ……」·「유전기」·「져리나 ᄆᆞ으리나……」의 3편은 유사한 내용 및 구절이 반복되어 나타나 있다. 그러므로 해당 판본의 편자들은 이들 각 편이 서로 중복되어 있다는 판단에서, 한 편의 글만 남기고 나머지 글들은 싣지 않은 것이라 할 수 있다.

    흥률사본과 묘향산본에서 새로 추가된 글들은 각각 「제자종본생우사

---

[13] 해인사본은 두 계열의 이본 가운데, 선운사본과 그 구성 및 내용이 일치하고 있는 일사문고·국립중앙도서관 소장본의 목차를 제시하였다.

명진씨승감」·「여동빈오도송」·「백낙천송」 등의 5편과, 「귀의삼보편」·
「향산백낙천찬서법문」·「당이태백찬서법문」·「소동파찬법문」 등의 8편이
다. 이들 각 편은 동화사본의 추가분과 마찬가지로, 경전이 출전이 아
닌 글이거나 염불·왕생과 관련이 없는 내용으로 되어 있다. 이들 역시
'보유편'의 성격을 갖는다고 하겠는데,『염불보권문』의 '보유편'은 제3절
에서 다룰 것이므로, 여기에서는 이러한 사실만을 지적하기로 한다.
　이상의 논의를 바탕으로, 이 글의 분석 대상이 되는『염불보권문』의
체재 및 구성을 제시하면 아래와 같다.


• 제1부: 여러 경전에서 뽑은 글
　① 諸佛不如阿彌陀佛 ② 念諸佛不如念阿彌陀佛 ③ 諸國世界不如
　西方極樂世界 ④ 極樂世界七寶池中有九品蓮花臺 ⑤ 勸他念佛同
　生西方 ⑥ 有緣奉佛無緣毁佛 ⑦ 有信有益無信無益 ⑧ 貪世事人不
　知念佛大樂

• 제2부: 극락왕생한 사람들의 이야기
　⑨ 烏長國王見佛往生 ⑩ 世子童女勸母往生 ⑪ 隋文皇后異香往生
　⑫ 京兆房翥勸他往生 ⑬ 學士張抗持課往生 ⑭ 信士牧卿韓幡往生
　⑮ 불계 파흔 즁 웅쥰니…… ⑯ 溫文靜妻辭親往生 ⑰ 屠牛善和十
　念往生 ⑱ 져리나 므 의나 념블 권흔 후 바리라

• 제3부: 염불의식문
　⑲ 念佛作法次序 ⑳ 니 발원문 외오는 사름 은…… ㉑ 나옹화샹셔
　왕가 ㉒ 인과문 ㉓ 大佛頂首楞嚴神呪 ㉔ 관음보살ᄌ지여의눈쥬
　㉕ 流傳記

• 제4부: 보유편
　ⓐ 臨終正念訣 ⓑ 父母孝養文(이상 수도사본) ⓒ 회심가고 ⓓ 維摩

經 ⓔ 王郞返魂傳 ⓕ 공각전이라 ⓖ 승규라 ᄒᆞᄂᆞᆫ 즁이……(이상 동화사본) ⓗ 弟子宗本生于四明陳氏承感 ⓘ 呂洞賓悟道頌 ⓙ 白樂天頌 ⓚ 宋相無盡居士 ⓛ 護諸童子陀羅尼經(이상 홍률사본) ⓜ 歸依三寶篇 ⓝ 決定往生淨土眞言 ⓞ 阿彌陀佛本心微妙眞言 ⓟ 香山白樂天讚誓法門 ⓠ 唐李太白讚序法門 ⓡ 蘇東坡讚法門 ⓢ 慶讚流通 ⓣ 高聲念佛有十種功德(이상 묘향산본) ⓤ 阿彌陀佛因行 ⓥ 玄氏行跡(이상 해인사본)

인용문의 제1~3부는 각 편의 배열 순서가 다를 뿐, 원간본인 용문사본의 내용에 해당하고, 제4부는 용문사본 이외의 판본들에서 새로 추가된 글들을 간행연대의 순서대로 배열한 것이다. 이제, 『염불보권문』의 구체적인 내용 및 특징을 살펴볼 차례이다.

### 3. 구성과 내용적 경향성

#### 경전에서 뽑은 글

『염불보권문』의 제1부는 『대집경』·『관무량수경』·『대아미타경』 등의 여러 경전에서 발췌한 8편의 글들로 구성되어 있다. 이 8편의 글들은 그 제목을 통해서도 알 수 있듯이, 대부분 염불과 극락왕생에 관한 내용으로 되어 있다.

(2) 여러 경에서 석가모니부처님께서 이르시기를, "삼천불 가운데 서방의 아미타불이 제일 존귀하신 부처님이다." 하셨고, 또 시방의 모든

세계 모든 부처님께서도 "아미타불이 제일이시다."라고 찬양하셨다. 그러므로 경에 이르시기를 "<u>말세에 선남자 선여인으로 아미타불의 명호를 듣고 열 번 소리 내어 염송하는 이는 비록 극악한 중죄를 지었더라도 지옥의 무거운 고통에서 벗어나 구품연화대에 왕생하여 모두 함께 성불할 수 있다.</u>" 하셨다. 그러므로 모든 부처님보다 뛰어나다고 하신 것이다.[14]

위의 (2)는 제1부의 첫 번째 글인 「제불불여아미타불」의 전문全文이다. 이 글에서 화자는 '제경諸經'을 인용하여, 여러 부처들 가운데 서방 극락세계의 아미타불이 가장 뛰어나다는 사실을 주장하고 있다. 그리고 그 이유로는, 인용문의 밑줄 친 부분에서 보듯이, 아미타불의 명호를 칭념稱念하면 극락세계의 구품연화대에 왕생하여 성불할 수 있다는 경문經文을 제시하고 있다.

② 「염제불불여염아미타불」은 아미타불의 명호를 칭념하는 공덕이 여러 부처들의 이름을 부르는 공덕보다 뛰어나다는 내용인데, 여기에서도 그 이유로 '왕생'과 '성불'을 들고 있다. 다만 이 글에는 임종 때 염불하면 아미타불 및 여러 보살들이 극락세계로 인도하며, 여자가 극락에 왕생하면 남자가 되어 곧바로 불과佛果를 이룬다는 서술[15]이 부연되어 있다. ①·②의 두 편은 '칭명염불'의 뛰어남과 그 이유를 강조하고

---

14 명연, 「제불불여아미타불」, 앞의 책. "諸經釋迦佛云, 三千諸佛中, 西方阿彌陁佛, 第一尊佛, 又十方諸世界諸佛皆讚云, 阿彌陁佛第一. 是故經云, 末世若善男子善女人, 得聞阿彌陁佛名號, 十聲念誦者, 雖造極惡重罪, 能免地獄之重苦, 當生九品之蓮臺, 咸皆成佛. 故猶勝於諸佛也."(『한불전』 9, 45쪽)

15 명연, 「염제불불여염아미타불」, 앞의 책. "又經云, 得聞陁佛名, 心生歡喜, 則臨命終時, 阿彌陁佛與諸菩薩, 引導於西方. 又佛言, 若善男善女, 一日二日三日四日五六七日中, 志心念阿彌陁佛名十誦, 則卽生西方, 永絶生死, 決定成佛. 又女人念佛, 則轉女成男, 往生極樂, 卽成佛果."(『한불전』 9, 45쪽)

있는 공통점을 보이는 것이다. 그런데 칭명염불의 뛰어난 공덕으로 제시된 '왕생'과 '성불'은 독자들의 입장에서는 염불을 해야 하는 이유 내지 목적이 된다고 할 수 있다.

『대아미타경』이 출전인 ③「제국세계불여서방극락세계」는 극락세계의 장엄상과 왕생하는 사람들의 이익에 관한 내용이다. 특히 후자의 비중이 큰데, 아미타불의 나라에 태어난 사람들은 옷과 밥이 저절로 생기고, 영원히 생사윤회를 끊어 모든 즐거움을 받으며, 천지간의 모든 일을 훤히 알 수 있음을 서술하고 있다.[16] 왕생인이 얻는 이러한 이익은 편자 자신의 언급은 아니지만, 이 글의 끝부분에 있는 "그 쾌락을 견줄 바가 없으니, 어찌 왕생하지 않으리오.(快樂無比, 盍願往生)"라는 구절을 통해, 극락세계에 왕생해야 하는 이유로 읽히게 된다.

> (3) 『무량수경』에 이르시기를 "상삼품에 왕생하는 자라. 만약 불경에 능통하고 계행을 다 갖추고 세상일에 욕심내지 아니하며 만 가지 선을 행하는 어떤 사람이 그 나라에 가고자 하면, 목숨을 마칠 때에 아미타불과 여러 성중이 내려와 맞이하여 손가락 한 번 튀길 사이에 극락으로 인도하리라. ㉠ <u>연꽃 속으로 들어가 3일이 지나면 연꽃 봉오리가 몸이 되어 태어나며, 32상의 몸을 모두 갖추고, 설법을 듣자마자 생사윤회를 영원히 끊고 마음과 뜻이 시원하게 밝아져 곧 불과를 이루고, 신통하고 자재로워 만사가 능통하니</u> 어찌 쾌하지 않으리오." 하셨다.[17]

---

16 명연, 「제국세계불여서방극락세계」, 앞의 책. "自知前世後世諸事, 衣食自然化生, 又諸國人民生阿彌陀佛國者 …(中略)… 亦無衆苦, 具受諸樂, 永絶生死, 心開意明. …(中略)… 天地間遠近等事, 能通能知, 快樂無比."(『한불전』 9, 46쪽)

17 명연, 「극락세계칠보지중유구품연화대」, 앞의 책. "無量壽經云, 上三品往生者. 若有人能通佛經, 具持戒行, 不貪世事, 能行萬善人, 願生彼國, 則命終時, 阿彌陀佛, 與諸聖衆

인용문 (3)은 ④「극락세계칠보지중유구품연화대」의 상삼품·중삼품·하삼품 중, '상삼품'의 전문이다. 인용문에 따르면 이 ④는 『무량수경』이 출전으로 되어 있지만, '상삼품·중삼품·하삼품'의 용어는 『무량수경』에 없는 것이고, 위의 밑줄 친 ㉠ 역시 『무량수경』의 관련 구절과 차이를 보인다. 곧 『무량수경』 하권에는 '상배上輩·중배·하배'의 용어가 있고, 인용문의 ㉠에 해당하는 『무량수경』의 경문은 "일곱 가지 보배로 된 연꽃 가운데 저절로 화생하여 불퇴전의 경지에 머물며, 지혜와 용맹을 갖추고 신통력 또한 자재하게 된다."[18]로 되어 있다.

『무량수경』의 이 경문에는 왕생인이 연꽃 속으로 들어가 3일이 지난 뒤에 32상의 몸을 갖춘다는 언급이 전혀 없고, 왕생인은 '불과'가 아닌 '불퇴전의 경지'에 머무르는 것이다. 오히려 ㉠의 이 언급과 '상삼품'의 용어는 『관무량수경』에 보이지만,[19] 『관무량수경』에도 극락에 왕생하여 바로 불과를 이룬다는 내용은 없다.

그리고 상삼품의 왕생 방법 또한 『무량수경』과 차이가 있다. 인용문 (3)은 왕생의 방법 내지 이유로, '불경에 능통함·계법을 행함·세간탐심이 없음·보시선사를 행함' 등을 제시하고 있다.[20] 이에 반해, 『무량수

---

來迎, 一彈指間, 引導極樂. 入蓮花中, 過三日後, 以蓮胎爲身而出, 則三十二相身形具足. 卽聞說法生死永絕, 心痛意明, 卽成佛果, 神通自在, 萬事能通, 豈不快哉."(『한불전』 9, 47쪽)

18 강승개康僧鎧 역譯, 『불설무량수경佛說無量壽經』 하권. "便於七寶華中自然化生, 住不退轉, 智慧勇猛, 神通自在."(『대정신수대장경大正新修大藏經』 12, 272쪽)

19 강량야사畺良耶舍 역, 『불설관무량수경佛說觀無量壽經』. "上品下生者. …(中略)… 即自見身, 坐金蓮花, 坐已華合, 隨世尊後, 即得往生, 七寶池中, 一日一夜, 蓮花乃開, 七日之中, 乃得見佛. …(中略)… 於諸佛前, 聞甚深法 經三小劫, 得百法明門, 住歡喜地."(『대정장』 12, 345쪽)

20 참고로, 인용하지 않은 '중삼품'은 왕생의 방법으로 보시선사·부모효양·불경을 믿고 들음·술과 고기를 먹지 않음·살생하지 않음을, '하삼품'은 날마다 새벽에 나무아미타불을 10번 하거나, 임종 시에 나무아미타불을 10번 하는 것을 제시하고 있다.

경』에는 "집을 버리고 욕심을 버리고 사문沙門이 되어 보리심菩提心을 내어 오로지 한결같은 마음으로 무량수불을 생각하며, 선근 공덕을 쌓는 것"²¹으로 되어 있다.

출전으로 명시한 『무량수경』과의 차이점은 인용하지 않은 '중삼품'·'하삼품'에도 해당되는데, 이러한 점은 '왕생의 이유 내지 결과'로서의 '성불'을 강조하기 위한 편자의 의도에 기인한 것으로 볼 수 있다. 인용문의 ㉠에 대응되는 언해문은 "사홀만애 넌곳티 픠면 나셔 아미타불 설법을 듯고 즉재 부톄 되어"라고 하여, 한문 원문보다 더욱 '성불'을 강조하고 있다. 아미타불의 설법을 듣고 부처가 된다는 구절은 '중삼품'·'하삼품'의 끝부분에도 반복되어 나타나 있다. 이상의 사실은, 『염불보권문』의 제1부에 수록된 글들이 명시된 출전 그대로의 발췌가 아니라, 편자의 일정한 의도를 반영한 것임을 짐작하게 한다.

⑤ 「권타염불동생서방」은 그 제목대로, 다른 사람에게 염불을 권하면 자신도 염불한 것에 견줄 수 있고, 그 공덕으로 극락에 왕생할 수 있음을 서술하고 있다. 그런데 이 글의 끝부분에는 제목과 어울리지 않는, 다음과 같은 내용이 덧붙여 있다. "어떤 사람이 등촉으로 아미타불을 공양하면 곧 모든 부처님이 기뻐하시어 임종 시에 극락에 나서 시방세계를 두루 꿰뚫어 볼 것이니라."²²와, "『법화경』에 이르시기를, '한 번이라도 나무아미타불을 염念하는 자는 모두 불도를 이루리라.'라고 하셨다."²³가 그것이다.

이 언급들은 '권타염불'이 아닌, '등촉공양'과 '칭명염불'에 관한 것으

---

21 강승개 역, 『불설무량수경』 하권. "其上輩者, 捨家棄欲, 而作沙門, 發菩提心, 一向專念無量壽佛, 修諸功德." (『대정장』 12, 272쪽)
22 명연, 「권타염불동생서방」, 앞의 책. "若人燈燭, 供養阿彌陁佛, 則諸佛歡喜, 命終生於極樂, 徹見十方世界." (『한불전』 9, 48쪽)
23 명연, 앞의 글. "法華經云, 一稱南無佛者, 皆以成佛道." (『한불전』 9, 48쪽)

로, 여기에서 '등촉공양'과 '칭명염불'은 각각 왕생과 성불의 방법으로 제시되어 있다. 이들 인용문으로 인해, 이 글의 주지는 '왕생과 성불의 방법'이 되고, '권타염불' 또한 왕생의 방법으로서 제시한 것이 된다. 그리하여 이 ⑤는 앞의 ③·④와 함께 '왕생·성불의 이유와 방법'이라는 주지를 이룬다고 할 수 있다.

한편, ⑥「유연봉불무연훼불」은 제목에서도 나타나듯이, 염불과 왕생에 관한 내용이 아니다. 대신 편자는 '불법'을 믿을 것을 강조하면서, "불법을 받들어 믿는 것은 성인의 길에 들어가는 인연이 되고, 불법을 훼방하는 것은 지옥에 들어가는 바탕이 된다."[24]라는 경문을 옮기고 있다. 또한 편자 자신의 발화로, "말세에 승려나 속인 모두 기꺼이 마음과 불도를 닦으려 하지 않고, 세간의 재물을 탐내어 지옥에 들어가는 이는 많고 서방에 왕생하는 이가 적음"[25]을 한탄하고 있다.

이처럼 이 글은 극락왕생에 관한 직접적인 언급 없이, 지옥행의 이유만을 제시하고 있다. 그렇지만 인용문의 '성인'·'서방왕생'이라는 어휘를 통해, 이 글에서 강조하고 있는 '불법'·'불도'가, 지금까지 살펴본 ①~⑤의 '염불하면 왕생·성불할 수 있다'는 가르침, 곧 '염불법문念佛法門'에 다름 아님을 알 수 있다. 이 ⑥은 지옥과의 대비를 통해, 염불법문에 대한 믿음과 실천을 당부하고 있는 것이다.

⑦「유신유익무신무익」은 "신심으로 능히 불도를 이룰 수 있다."[26]라는 『대화엄경』의 문구로 시작하여, "늘 마음을 서방으로 향하여 아미타불을 염하라. 이른바 염불하는 사람은 귀신도 해치지 못하고 시왕도 감

---

24 명연, 「유연봉불무연훼불」, 앞의 책. "奉佛者, 入聖道之因, 毀佛者, 入地獄之本."(『한불전』 9, 48쪽)
25 명연, 앞의 글. "末世僧也俗也, 不肯修心修道, 貪求世間物慾, 故入地獄者居多, 往西方者居小."(『한불전』 9, 48쪽)
26 명연, 「유신유익무신무익」, 앞의 책. "大華嚴經云, 信心能成佛道."(『한불전』 9, 49쪽)

히 부르지 못하리라."²⁷라는 경문으로 끝맺고 있다. 후자의 존재로 인해 전자의 '신심'은 '염불'에 대한 믿음, 더 나아가 바로 앞의 ⑥에서 당부했던 '염불법문'에 대한 믿음으로 읽힐 수 있다.

> (4) [가] 『나선경』에서 말하였다. "국왕이 나선에게 묻기를 '스님은 세상 사람이 평생 악을 행하다가 임종 시에 나무아미타불을 열 번 염하면 죽어서 서방에 난다 하셨는데, 나는 그 말을 믿지 못하겠습니다.' 하자, 나선이 답하기를 '비유하자면 큰 돌을 배에 실을 때 배의 힘으로 인하여 물에 빠지지 않는 것과 같습니다.' 하였다." 그러므로 경에 이르시기를 "아무리 나쁜 사람이라 하더라도 한때 염불하면 곧 지옥을 면하고 곧장 서방에 왕생할 수 있다." 하신 것이다.
>
> [나] 또 이른바 자력과 타력에 대해 말하리라. 혹 여러 선업을 행하여 성불하고자 하는 것은 '자력'이니, 마치 나무를 심어 배를 만들어 바다를 건너는 것과 같아서 성불함이 더디다. 혹 염불하여 성불하는 것은 '타력'이니, 마치 배를 빌려 바다를 건너는 것과 같아서 성불함이 빠르다. 그러므로 경에 이르시기를 "삼천 냥을 보시한 공덕이 아미타불을 한 번 염한 공덕만 못하다." 하였으니, <u>부처님의 말씀을 믿고 들을지라</u>.²⁸

---

27 명연, 앞의 글. "時時心向西方, 而念陁佛. 所謂念佛人, 鬼神不能害, 十王不敢召."(『한불전』 9, 49쪽)

28 명연, 「탐세사인부지염불대락」, 앞의 책. "那先經云, 國王問那先道僧言, 世人平生作惡, 命終時, 十念南無阿彌陁佛, 死生西方, 我不信是言. 那先答云, 比如大石載船, 則因舟力故不沒. 故經云, 人雖極惡, 一時念佛, 則能免地獄, 直往西方. 又所謂自力他力. 或行諸善, 而欲成佛者, 是自力, 如種樹作船越海, 成佛遲也. 或爲念佛而成佛者, 是他力, 如借船越海, 成佛速也. 故經云, 三千兩布施之功, 又不如一念陁佛之功也, 信聽佛語."(『한불전』 9, 49쪽)

인용문 (4)는 제1부의 마지막 글인 ⑧「탐세사인부지염불대략」의 일부이다. 이 글은 ①~⑦의 핵심 내용을 반복·강조하면서 제1부를 마무리하는 결론의 성격을 띠고 있다. 인용문의 [가]는 '십념+念'만으로 극락왕생이 가능한 이유를, 배의 힘 때문에 배에 실린 큰 돌이 물에 빠지지 않는다는 비유를 통해 설명하고 있다. [나]의 경우는 염불하면 성불하기 쉬운 이유를, 배를 빌려 타고 바다를 건너는 것에 비유하고 있다.

이렇듯, 인용문 (4)는 앞의 ①·②에서 '염불의 이유'로 제시하고, ③~⑤에서 그 구체적인 방법을 서술하였으며, ⑥·⑦에서 실천하고 믿을 것을 당부했던 '왕생'과 '성불'을, 배의 비유를 통해 다시금 강조하고 있는 것이다. 제목의 '염불대략'은 바로 이 왕생과 성불을 의미한다고 하겠다. 그리고 편자는 인용문의 밑줄 친 부분인 "부처님의 말씀을 믿고 들을지라."의 언급을 통해, 제1부에서 서술한 '염불법문'이 '부처님의 말씀(佛語)'에 근거한 것임을 재차 확인하고, 그렇기 때문에 독자들은 반드시 믿고 실천해야 함을 강조하고 있다.

이상의 내용을 통해, 『염불보권문』의 제1부는 '염불의 이유[왕생·성불](①·②) → 왕생·성불의 이유와 방법(③·④·⑤) → 염불법문에 대한 믿음(⑥·⑦·⑧)'의 내용 전개를 보이고, 그 결과 '왕생과 성불의 강조'라는 주제의식을 드러낸다고 하겠다. 독자들이 염불을 해야 하는 이유로, 왕생 이외에 '성불'을 내세우고 있는 점은 『염불보권문』의 특징적인 국면이라고 할 수 있다. 그런데 이러한 주제의식은 사실, 명연의 서문에 이미 나타나 있다.

(5) 말세의 여러 사람들은 아는 것이 적고 의심이 많아 두루 알지 못하고, 또 염불의 큰 이익을 알지 못해 세간의 물욕에만 탐내고 집착한다. 이에 내가 좁은 소견이지만, 여러 경의 말씀을 대략 가려 뽑아

염불문을 만들고 언문으로 해석을 하여 선남선녀가 쉽게 통달하여 알도록 하였다. 잎을 따서 뿌리를 찾고, 거친 곳에서 정밀한 곳으로 들어가게 한 것이다. 경에 "나무아미타불을 한 번 염하는 자는 능히 생사의 고해를 벗어나 서방 극락에 곧장 왕생하여 모두 불도를 이룬다."라고 하였고, 또 "남에게 염불을 권하면 스스로 염불하지 않더라도 함께 극락에 왕생한다."라고 하였으니, 이로 말미암아 여러 분에게 염불을 권하여 함께 서방정토에 가고자 한다.[29]

위의 (5)는 서문의 끝부분을 옮긴 것이다. 인용문에서 명연은 말세의 사람들이 염불의 큰 이익을 알지 못하기 때문에 이『염불보권문』을 편찬한 것임을 밝히고 있다. 그러면서 자신이 이 책을 만들어 독자들에게 염불을 권하는 근거로, 밑줄 친 부분의 두 가지 경문을 제시하고 있다. '나무아미타불' 즉 칭명염불을 하면 극락에 왕생하여 모두 성불한다는 내용과, 남에게 염불을 권하면 내가 염불하지 않더라도 함께 왕생한다는 언급이 그것이다.

이 두 경문을 통해, 명연이 말했던 말세의 사람들이 모르는 '염불의 큰 이익'은, 바로 제1부의 전체에 걸쳐 강조되었던 '왕생'과 '성불'을 가리키는 것임을 알 수 있다. 그렇다면, '왕생과 성불의 강조'라는 제1부의 주제의식은 보유편을 제외한,『염불보권문』전체의 주제의식으로도 볼 여지가 있는 것이다.

---

[29] 명연,「대미타참약초요람보권염불문서」, 앞의 책. "末世諸人, 少知多疑, 不能通知, 亦不知念佛之大有益, 貪着世間之物慾也. 我以管見, 畧抄諸經之說, 以爲念佛之文, 且以諺書解釋, 使善男善女, 易通易知. 摘葉尋根, 由粗入精. 故經云, 一念南無阿彌陁佛者, 能免生死之苦海, 直徃西方之極樂, 皆成佛道. 亦所謂勸他念佛, 則自不念佛, 而同生極樂. 由是普勸諸人念佛, 咸歸西方淨土."(『한불전』9, 44쪽)

## 왕생담

『염불보권문』의 제2부는 9편의 왕생담과, 편자인 명연이 지은 「져리나 뎌의나 념불 권흔 후 바리라」로 구성되어 있다. 9편의 왕생담은 『미타참법』 권4의 「왕생전록往生傳錄」 제4가 그 출전이다. 왕자성은 「왕생전록」의 서두에서, "극락으로 가는 길을 알고자 한다면 우선 왕생한 사람들의 발자취를 살펴봐야 한다."[30]라고 전제한 뒤,『고승전』·『왕생전』·『법원주림』 등에서 옮겨 온 34편의 이야기들을, '비구(10편)·비구니(4편)·우바새(7편)·우바이(8편)·악업인(5편)' 등의 다섯 항목으로 나누어 수록하고 있다.

이들 가운데에는 극락왕생과 직접적인 관련이 없는, 염불의 현세 이익에 관한 이야기들도 포함되어 있다. 주인공이 염불을 하여 오랫동안 앓았던 병이 낫거나, 원귀冤鬼의 시달림이나 짐승들의 공격에서 벗어났다는 이야기들이 이에 해당한다. 또한 왕생담에 있어서는 칭명염불뿐만 아니라, '관상염불觀想念佛'과 관련된 내용도 적지 않게 보이고 있다.

『염불보권문』의 제2부는 「왕생전록」의 현세 이익과 관상염불 관련 이야기는 모두 배제하고, 칭명염불과 관련된 왕생담만을 수록하고 있다. 그리고 「왕생전록」의 비구·비구니 항목을 제외한 세 항목에서 각각 4편·3편·2편의 왕생담을 가려 뽑았는데, 그 제목과 내용은 일치하지만 배열 순서는 차이를 보인다.

제2부의 ⑨「오장국왕견불왕생」·⑫「경조방저권타왕생」·⑬「학사장항지과왕생」·⑭「신사목경집번왕생」은 「왕생전록」의 우바새 항목에 있

---

30 왕자성,「왕생전록」제4,『예념미타도량참법禮念彌陀道場懺法』권4. "欲知安養路, 先看往生人."(『만신찬대일본속장경卍新纂大日本續藏經』74, 92쪽)

던 것이고, ⑩「세자동녀권모왕생」·⑪「수문황후이향왕생」·⑯「온문정처사친왕생」은 우바이, ⑮「불계 파흔 즁 웅쥰니……」·⑰「도우선화십념왕생」은 악업인 항목에 실려 있던 것이다. 이들 왕생담 앞의 일련번호가 보여 주듯이,『염불보권문』은「왕생전록」의 분류 항목 및 배열 순서를 따르지 않고 있다. 제2부의 왕생담들은 주인공의 신분과 성별에 따라, '왕실(⑨·⑩·⑪) → 사민士民(⑫·⑬·⑭) → 비구(⑮) → 부녀자(⑯) → 천민(⑰)'의 순서로 되어 있는 것이다.

그리고 ⑫의 왕생담은「왕생전록」에서는 ⑬·⑭의 뒤에 수록된 것인데, 명연은 '사민' 항목의 맨 처음에 배치하고 있다. 3편의 왕생담 중, 살던 시대가 가장 늦고 평민이 주인공인 이 ⑫를 앞세운 것은, 염불이 송경誦經·예불禮佛보다 그 공덕이 뛰어나다는 등장인물의 발화[31]와, 다른 사람에게 염불을 권하기만 해도 왕생할 수 있다는 이 글의 주지에 기인한 것이라 할 수 있다. 앞의 인용문 (5)에서 이미 보았듯이, 편자인 명연은 왕생·성불과 함께 '권타염불'을 강조하고 있기 때문이다.

한편, 제2부의 왕생담들은 주인공이 극락에 왕생한 이유로 모두 칭명염불을 제시하고 있는 공통점을 보인다. 그렇지만 몇몇 왕생담에는 칭명염불과 함께 다른 방법이 제시되어 있기도 하다. '보시·승재僧齋'(⑨), '권염불'(⑩·⑫·⑯),『천수경』송경誦經'(⑬), '지계持戒'(⑭), '부모효양'(⑯) 등이 그것으로, 여기에서도 명연이 서문에서 강조하고 있는 '권타염불'의 비중이 큼을 알 수 있다.

(6) [다] 딘셔 못ᄒ고 언문ᄒᄂ 사ᄅᆷ을 위ᄒ야 깁푼 경에 ᄡᅳ들 언문으

---

[31] 명연,「경조방저권타왕생」, 앞의 책. "王曰, 據案簿, 君曾勸一老人念佛, 已生淨土. …(中略)… 翁曰, 先許金剛經萬卷, 巡五臺, 未欲往生. 閻羅王曰, 誦經巡禮, 固爲好事, 不如早生淨土."(『한불전』 9, 52쪽)

로 써내야셔 대도 념불홀 줄 알고 념불 동참ᄒ야 셔방 극낙셰
계 가게 권ᄒ뇌다. 또 아미타불만 념ᄒ기 젹다 예기지 마로쇼
셔. 불경을 만히 본 즁도 아미타불과 관음보살을 낫밤 업시 념
ᄒᄂ니다. 또 참션과 불경 보기는 대도 못ᄒ려니와 이 칙을
보면 념불ᄒ기ᄂ 져리나 ᄆ의나 모다 보게 ᄒ뇌다. 의심 말고
또 다른 잡예아기칙을 보지 말고 이 칙을 ᄒ번니나 듯거나 보
거나 ᄒ 사ᄅᆷ은 다 극낙셰계 가오리다.

[라] 또 셔방 가기 어렵다 니르디 마시소. 냑간 념불ᄒ야도 다 가리
라 ᄒ시고, 극낙셰계 간 사ᄅᆷ은 다 부톄 되난다 ᄒ시며, 또 부
톄 되면 엇써ᄒ고. 젼젼싱일과 쳔ᄃ 만믈ᄉ를 다 알고 신통지
간은 빅만쟝군도 밋디 못ᄒ고 병들며 주금도 면ᄒ다 ᄒ시니라.
슬프고 슬푸다. 사ᄅᆷ마동 제 ᄆ음미 실로 부톄로ᄃ 내 ᄆ음이
부톈줄 아지 못ᄒ고 부톄되기 어렵다 ᄒᄂ니, 브ᄃ 내 ᄆ음미
부톄줄 알고 악ᄉ를 말고 쇼양과 보시과 념불과 냑간 ᄒ면셔
발원ᄒ기를 셔방 가고져 ᄒ면 부톄 되기 숩다 ᄒ시니라.[32]

(6)은 명연의 글인 ⑱「져리나 ᄆ의나 념불 권ᄒ 후 바리라」의 일부를 옮긴 것이다. 인용문 [다]에서 명연은 "진서眞書를 못 하고 언문諺文을 하는 사람"이 『염불보권문』의 일차적인 독자임을 밝힌 뒤, 이 책의 편찬 목적과 이익에 대해 서술하고 있다. 곧 『염불보권문』은 한문을 모르는 일반 백성들에게 염불을 알리기 위해 편찬한 것으로, 이 책을 한 번이라도 보거나 그 내용을 들으면 왕생할 수 있다는 것이다.

[라]의 경우는, 극락왕생의 결과로서의 '성불'의 이익과 방법에 관한

---

[32] 명연, 「져리나 ᄆ의나 념불 권ᄒ 후 바리라」, 앞의 책.(『한불전』 9, 54쪽)

내용이다. 명연은 성불의 이익으로, 전생과 천지간의 모든 일을 알 수 있고, 신통한 능력을 갖게 되며, 병고와 죽음에서 벗어날 수 있음을 제시하고 있다. 그리고 성불의 방법으로는 효양·보시·염불과 왕생에 대한 발원을 들고 있는데, 이들 덕목은 왕생담들에서 이미 성불의 방법으로 제시된 것이기도 하다.

이상의 서술만으로도, 이 ⑱은 앞에서 살펴본 제1부의 ⑧과 그 내용 및 성격이 유사함을 알 수 있다. 인용하지는 않았지만 이 글에는, ⑧을 포함한 제1부 소재 몇몇 글들의 문구를 그대로 옮긴 부분도 있으며, 성불의 이익에 관한 [라]는 ③·④에서 제시한 '왕생인의 이익'·'왕생의 결과'와 중복되는 내용이다. 결국, ⑨~⑰의 왕생담 뒤에 배치된 ⑱은 제2부의 결론에 해당하는 것으로, 이 글의 존재로 인해 『염불보권문』의 제1부와 제2부는 '왕생과 성불의 강조'라는 동일한 주제의식을 드러낸다고 하겠다.

### 염불의식문

『염불보권문』의 제3부는 염불의식의 절차를 모은 ⑲「염불작법차서」와, 염불의식 때 이 ⑲와 함께 사용하는 ㉑「나옹화샹셔왕가」·㉒「인과문」·㉓「대불정수능엄신주」·㉔「관음보살ᄌᆞ직여의눈쥬」, 그리고 염불의식과 관련이 없는 ⑳「니 발원문 외오ᄂᆞ 사ᄅᆞᆷ은……」·㉕「유전기」 등으로 구성되어 있다.

⑲「염불작법차서」는 다음과 같이 3편의 진언과 5편의 게송 및 1편의 발원문을 포함하고 있다. '㉮ 정구업진언淨口業眞言, ㉯ 개경게開經偈, ㉰ 개법장진언開法藏眞言, ㉱ 천수천안관ᄌᆞ직보살광대원만무애대비심신묘장구대다라니, ㉲ 도량게道場偈, ㉳ 참회게懺悔偈, ㉴ 찬불게讚佛偈, ㉵

왕생게往生偈, ㉝ 여래십대발원문如來十大發願文.' 이들 중 ㉮~㉺·㉝와, 진언인 ㉓·㉔는 염불의식만이 아닌, 현재의 일반적인 불교의식에서도 연행되는 것이다. 특히 전자는 모두 현행 『천수경』에 실려 있다.³³ 그러므로 염불의식문으로서의 특징은 ㉝와 ㉮를 통해 살펴볼 수 있다.

(7) 바라옵건대 함께 염불한 이들 모두 극락에 태어나 부처님을 뵙고 생사를 깨달아 부처님과 같이 일체중생을 제도하게 하소서. 바라옵건대 제가 임종할 때 일체의 모든 장애를 없애고 저 아미타불을 직접 뵙고 안락한 국토에 왕생하게 하소서. 바라옵건대 이 공덕이 일체중생에게 널리 미쳐, 저희와 중생이 마땅히 극락에 태어나 모두 함께 무량수불을 뵙고 모두 함께 불도를 이루게 하소서.³⁴

인용문은 적지 않은 분량의 게송과 발원문으로 되어 있는 ㉝「찬불게」의 끝부분이다. 위의 (7)은 아미타불에 대한 예찬 및 귀의의 내용에 이어, 이 ㉝를 마무리하는 화자의 발원이다. 인용하지 않은 부분에서 화자는 아미타불의 상호相好와 극락세계의 장엄, 그리고 48대서원으로 중생을 제도하고 극락왕생하게 하는 공덕 등을 예찬한 뒤, 이러한 공덕을 베풀어 준 아미타불에 대한 귀의를 다짐하고 있다.³⁵ 그리고 인용문 (7)에서는 화자 자신을 포함한 모든 중생이 극락에 태어나 아미타불을

---

**33** 정각, 『천수경 연구』, 운주사, 1996, 134쪽.
**34** 명연, 「찬불게」, 앞의 책. "願同念佛人, 盡生極樂國, 見佛了生死, 如佛度一切. 願我臨欲命終時, 盡除一切諸障碍, 面見彼佛阿彌陀, 卽得往生安樂刹. 願以此功德, 普及於一切, 我等與衆生, 當生極樂國, 同見無量壽, 皆共成佛道."(『한불전』 9, 57쪽)
**35** 명연, 「찬불게」, 앞의 책. "阿彌陀佛眞金色 相好端嚴無等倫 白毫宛轉五須彌 紺目澄清四大海. 光中化佛無數億, 化菩薩衆赤無邊, 四十八願度衆生, 九品咸令登彼岸. …(中略)… 極樂世界寶池中, 九品蓮花如車輪, 彌陀丈六金軀立, 左手當胷右手垂. …(中略)… 十方三世佛, 阿彌陀第一, 九品度衆生, 威德無窮極, 我今大歸依."(『한불전』 9, 56~57쪽)

친견하고 성불하기를 기원하고 있다. ㉔의 바로 뒤에 있는 ㉕「왕생게」역시, 극락에 왕생하여 아미타불을 뵙고 내남없이 일시에 성불하기를 기원하는 내용으로 되어 있다.[36]

 이렇듯, ㉔와 ㉕는 모두 왕생과 성불을 희구하는 내용으로 되어 있는데, 이와 같은 '왕생·성불의 희구'는 제3부의 핵심 부분인 ⑲「염불작법차서」전체의 주지로 볼 수 있다. 그렇다면, 『염불보권문』은 경전과 왕생담을 근거로 염불의 이유를 제시하고 이에 대한 믿음을 권하는 제1·2부에 이어, 염불의식의 실제 행위를 통해 왕생과 성불을 희구하는 제3부를 배치함으로써, '왕생과 성불의 강조'라는 주제의식을 표출하고 있는 것이 된다. 『염불보권문』의 제1·2부가 염불법문에 대한 '신信·해解'라고 한다면, 제3부는 '행行'에 해당한다고 할 수 있다.

 한편, ⑳「니 발원문 외오ᄂᆞ 사름은……」은 제목만 본다면 ㉑ 여래십대발원문과 관련이 있을 것으로 짐작할 수 있지만, 실제로는 제2부의 ⑱과 유사한 내용으로 되어 있다. 곧 이 ⑳은 『염불보권문』의 편찬 이유와 이익을 서술하고 있으며, 이 책을 다른 사람에게 권할 것을 당부하고 있다. 또한 이 글에는 명연이 설정한 『염불보권문』의 독자층을 알 수 있는 다음과 같은 언급이 보인다. "양반 샹인 즁 거ᄉᆞ 부인 샤당 대도 내 ᄆᆞ옴이 실로 셩인 부톈줄 알고 비록 가지가지 만 가지 이를 ᄒᆞ면셔도 셔방 아미타블을 닛지 말고 념ᄒᆞ시소."[37]란 구절이 그것이다. 이 언급을 통해, 명연은 ⑱의 "진서를 못 하고 언문을 하는 사람"뿐만 아니라, '양반·상인·승려·거사·부인·사당' 등의 모든 계층을 대상으로

---

36 명연, 「왕생게」, 앞의 책. "願往生願往生, 願在彌陀會中座, 手執香花常供養. 願往生願往生, 往生極樂見彌陀, 獲蒙摩頂受記莂. 願往生願往生, 往生華藏蓮花界, 自他一時成佛道."(『한불전』 9, 57쪽)

37 『한불전』 9, 60~61쪽.

『염불보권문』을 편찬한 것임을 알 수 있다.

　　제3부의 마지막 글인 ㉕「유전기」는 그 간기에 따르면 명연이 아닌, '용문산인龍門山人 천인天印'이 쓴 것으로 되어 있다.[38] 제목처럼 이 글의 화자는 『염불보권문』의 유포를 독자들에게 당부하고 있는데, 그 이유를 다음과 같이 밝히고 있다. "염불하는 공덕은 임종할 때에 곧장 서방에 왕생케 하니 모두 성불의 과보이다. 이에 불과를 이루고자 하는 이가 이를 버리고 어디로 간단 말인가? …(중략)… 경에 이르시기를 염불책을 베풀거나 전하거나 보거나 듣거나 하면 곧장 극락에 가서 모두 성불한다고 하였다. 하물며 재물을 써서 책으로 펴내 전하고 게다가 책장을 넘겨 보는 사람들에 있어서랴!"[39]

　　인용문에서 화자는 염불의 공덕을 '왕생'과 '성불'로 제시한 뒤, 성불을 위해서는 염불 이외의 다른 방법이 없음을 주장하고 있다. 제1·2부의 마지막 글과 마찬가지로, 여기에서도 왕생과 성불을 강조하고 있는 것이다. 그런데 이 ㉕는 ⑧·⑱에서 더 나아가, 『염불보권문』의 편찬 및 유포의 목적이 중생의 '성불'에 있음을 보여 주고 있다는 점에서 주목을 요한다.

　　이상, 『염불보권문』의 원간본에 해당하는 제1~3부의 내용을 살펴보았는데, 그 서문부터 마지막 글까지 일관되게 '왕생'과 '성불'을 강조하고 있는 점은 『염불보권문』의 내용적 특징으로 지적할 수 있을 것이다.

---

[38] "歲在○○夏記 龍門山人 天印 記"(김영배·정우영·김무봉 편, 『염불보권문의 국어학적 연구』, 동악어문학회, 1996, 562쪽). 그러나 이 간기는 동화사본부터는 "歲在赤鼠暮春, 餘航山下, 閑良朴思寅盥手記寫."로 교체되었다.

[39] 천인, 「유전기」, 앞의 책. "至如念佛之功, 則臨死之時, 直往西方, 皆成佛果也. 乃以欲成佛果者, 舍此而奚適哉. …(中略)… 經云, 念佛之册, 或施或傳, 若見若聞, 則逕投樂邦, 皆以成佛也. 而況用財印傳, 兼可披閱者乎."(『한불전』 9, 61쪽)

보유편

제4부 보유편은 앞의 제2절에서 언급했듯이, 용문사본 이후 간행된 판본들에서 새로 추가된 글들을 가리킨다. 이 '보유편'의 글들은 대부분 염불·왕생·성불과 직접적인 관련이 없는데, 흥률사본의 ⓘ「여동빈오도송」·ⓚ「송상무진거사」·ⓛ「호제동자다라니경」, 묘향산본의 ⓜ「귀의삼보편」·ⓡ「소동파찬법문」 등을 그 예로 들 수 있다.

이들 가운데 ⓘ는 도사道士인 여동빈이 황룡 선사를 본 뒤 진성眞性을 알아 도를 깨달았다는 내용으로, 도교에 대한 불교의 뛰어남을 강조한 것이다. 그리고 ⓚ·ⓡ은 유심정토唯心淨土와 자성미타自性彌陀에 관한 내용이고, ⓛ은 오직 '불佛' 한 글자만이 아비지옥과 무상살귀無常殺鬼의 괴로움을 벗어나게 할 수 있음을 말하고 있다.『화엄경』이 출전인 ⓜ의 경우는, '불보공덕'·'법보공덕'·'승보공덕'의 3편으로 이루어져 있다. 아미타불에 대한 언급은 전혀 없고, 죄업의 소멸과 극락왕생을 위해 '삼보'를 믿을 것을 강조하고 있다.

이상과 같은 '보유편'의 내용은 '왕생'과 '성불'을 강조하고 있는 원간본의 선명성을 희석시키는 측면이 있지만, 그보다는 염불서인『염불보권문』의 외연을 확장시키려는 해당 판본 편자들의 시도로 이해하는 것이 좋을 듯하다.

## 4. 18세기 염불운동의 제창

『염불보권문』은 수록된 글들의 출전 및 내용에 따라, 제1부 경전에서 뽑은 글, 제2부『미타참법』소재 왕생담, 제3부 염불의식문, 제4부 보유편으로 구성되어 있다. 보유편을 제외한, 『염불보권문』은 '염불'의 측면에서 본다면 '염불의 이유(제1부) → 염불의 이익(제2부) → 염불의 실천(제3부)'이라는 비교적 논리적인 전개 양상을 보인다. 제1·2부는 각각 '부처님의 말씀'·'왕생의 실례'를 근거로, 왕생과 성불을 염불의 이유·이익으로 제시하고 있으며, 제3부는 의식의 절차라는 행위를 통해 왕생·성불에 대한 희구 및 다짐을 드러내고 있다. 그리고 각 부의 끝에는 왕생·성불과 이에 대한 믿음을 강조하는 글들을 반복·배치함으로써 『염불보권문』 전체의 주제의식을 선명하게 부각시키고 있다.

다시 말해, 『염불보권문』은 염불을 해야 하는 이유가 '왕생'과 '성불'에 있음을 보여 주는 동시에, '왕생'과 '성불'을 위해 염불을 해야 함을 강조하고 있는 것이다. 특히, 『염불보권문』의 '염불'이 '칭명염불'만을 가리키고 있는 점과, 성불에 보다 강조점을 두고 있는 점은 이 책의 특징적인 국면이라 할 수 있다.

그런데 '칭명염불'과 '성불'의 강조는, 동시대의 염불 관련 저술들에서는 보기 드문 예에 속하고 있어, 주목을 요한다. 17~18세기에는 그 이전·이후와 달리, 정토·염불 관련 책들이 집중적으로 편찬·간행되고 있다. 그 예로, 나암 보우懶庵普雨(1509~1565)의 『권념요록勸念要錄』(1637), 편자 미상의 『참선염불문參禪念佛文』(1648), 백암 성총栢庵性聰(1631~1700)의 『정토보서淨土寶書』(1686)·『정토찬淨土讚』(1702), 기성 쾌선箕城快善(1693~1764)의 『청택법보은문請擇法報恩文』(1767)·『염불환향곡念佛還鄕曲』(1767), 해봉 유기海峰有璣(1707~1785)의 『신편보권문新編普勸文』(1776) 등을 들 수 있다.[40]

---

[40] 이들 책의 서지 및 내용은 이종수, 앞의 논문, 2008, 193~214쪽에 자세히 정리되어 있다.

이 시기의 염불서 간행은 17세기 전반에 정립된 '삼문수업三門修業'과 관련이 있다. 삼문수업은 청허 휴정淸虛休靜(1520~1604)과 그의 제자인 편양 언기鞭羊彦機(1581~1644)에 의해 제창된 수행체계로, '삼문'은 간화선看話禪의 경절문徑截門과 교학의 원돈문圓頓門, 그리고 염불문을 가리킨다. 하나의 독자적 영역을 가지지 못한 채 여러 종파의 신앙으로서 수용되었던 정토신앙이, 선·교와 함께 불교 수행의 영역 안에 들어온 것이다.[41] 그러므로 염불서의 성행은 당시 불교계의 염불문 중시를 반영한 것이자, 그만큼 수행 방법으로서의 염불문이 확산되고 있음을 보여 주는 것이라 할 수 있다.

쾌선의 저서를 제외한 이들 염불서는, 대체로 염불을 선 수행의 방편으로 활용하고 있다. 서방정토·칭명염불을 언급하면서도 '유심정토唯心淨土'와 '관념염불觀念念佛'을 강조하는 '염불선念佛禪'적 경향성을 띠고 있는 것이다. 예를 들어, 『신편보권문』의 서문에서는 염불의 요지를 구품연지九品蓮池와 '십육관선十六觀禪'으로 제시하고 있으며,[42] 『권념요록』의 「관법觀法」에서는 관상염불이 칭명염불보다 훨씬 뛰어남을 말한 뒤, 입으로 염불하고 마음으로 생각해야만 왕생할 수 있음을 강조하고 있다.[43] 한편, 이들 염불서는 『염불보권문』과 달리, 왕생의 목적이나 성불에 관해서는 직접적인 언급을 피하고 있다.

이상과 같은 '선념일심禪念一心' 또는 '선정일치禪淨一致'의 염불·정토

---

**41** 김용태, 『조선 후기 불교사 연구』, 신구문화사, 2010, 232~235쪽.
**42** 해봉 유기, 「서문」, 『신편보권문』. "昔我世尊, 爲韋提希, 說無量壽經, 彼西方極樂世界九品蓮池, 十六觀禪, 昭昭然如在目前, 是實德佛之要旨也."(『한불전』 9, 695쪽)
**43** 나암 보우, 「관법」, 『권념요록』. "如此久久, 念心成熟, 自然感應, 見佛全身, 此法最上, 謂心想佛時即是佛, 又過於口念也. …(中略)… 心則緣佛境界, 憶持不忘, 口則稱佛名號, 分明不亂, 如是心口內外相應. …(中略)… 何因不生極樂國, 何緣不見彌陁佛."(『한불전』 7, 613쪽)

관은 이들 염불서에만 국한된 것이 아니라, 당시 대부분의 선사에게도 해당되는 조선 후기 불교계의 보편적인 흐름이라고 할 수 있다.[44] 그렇지만 이와는 다른 입장 내지 움직임 또한 존재하고 있었음을 알 수 있는데, 『염불보권문』과 함께, 『청택법보은문』·『염불환향곡』이 그 대표적인 예에 해당한다.

동화사본 『염불보권문』의 편자이기도 한, 쾌선의 이들 저서는 선·교를 아우르는 염불문의 수승함을 주장하고 있다. 염불문의 위상을 선 수행의 방편이 아닌, 경절문과 원돈문의 종합적 위치에 두고 있는 것이다.[45] 『청택법보은문』에 따르면, 염불문은 선·교 양종과 범凡·성聖·선·악에 두루 통하는 법문일 뿐만 아니라, 삼세제불三世諸佛의 인지법행因地法行의 근본이 된다고 한다.[46]

또한 이 책에서는 염불문만의 특징 및 수승함의 이유를 다음과 같이 제시하고 있다. 곧 ㉠ 여러 법문 가운데 염불이 최상이고, ㉡ 여러 부처 가운데 아미타불을 염念하는 것이 가장 긴요하고, ㉢ 미타를 염하는 데에는 지명持名이 간이하고, ㉣ 법멸악세法滅惡世에는 오직 미타만이 탈고脫苦의 법이며, ㉤ 염불의 공덕은 지옥에서도 능히 부처를 만날 수 있다는 것이다.[47] 이 다섯 가지 항목들은 제3절에서 살펴보았던 『염불보권문』의 핵심 내용과 유사함을 알 수 있다.

---

**44** 서정문, 「조선 후기의 염불관」, 『교수논문집』 4, 중앙승가대, 1995, 29~30쪽; 이종수, 앞의 논문, 2008, 219~220쪽.

**45** 이종수, 앞의 논문, 208쪽.

**46** 기성 쾌선, 「별명정토문別明淨土門」, 『청택법보은문』. "上學佛次第中, 禪敎二門, 離言依言得入行相, 由其機別, 門亦迥異. 然念佛一門, 則禪敎兩宗, 及凡聖善惡通入之門也, 非但一期得入之門, 從初發心, 乃至十地, 不離念佛十地經意, 卽三世諸佛因地法行之宗也."(『한불전』 9, 646쪽).

**47** 고익진, 「청택법보은문의 저자와 그 사상」, 『불교학보』 17, 동국대학교 불교문화연구원, 1980, 297쪽.

총 1,150구의 한문가요인 『염불환향곡』 역시 『염불보권문』의 주제의식과 겹치고 있는데, 염불이 '제불의 인지법행'이라는 『청택법보은문』의 주장에 이어, 염불의 목적이 성불에 있음을 강조하고 있다.[48] 『염불환향곡』에서 선가禪家의 '깨달음[오悟]'은 불조佛祖의 가르침을 깨닫는 것으로, 성불을 위한 선행조건으로 설명되고 있다.[49]

칭명염불과 성불의 강조는, 비록 소수이긴 해도 몇몇 승려의 저술에서도 엿볼 수 있다. 추파 홍유秋波泓宥(1718~1774)는 「영원만일회서靈源萬日會序」에서, 아미타불의 성호聖號를 부지런히 잡고 지키면 서방 극락세계에 왕생할 수 있음을 언급한 뒤, 염불문은 일체중생이 생사를 벗어나 불과를 증득하는 제일 긴요한 문이라고 주장하였다.[50] 경암 응윤鏡巖應允(1743~1804)의 경우는 "서방에 속박된 이는 오히려 불전佛前에 날 수 있지만, 서방이 없는 데에 속박된 이들은 일천제一闡提이다."[51]라고 하여, 서방정토를 믿지 않는 사람들을 영원히 성불할 수 없는 '일천제'에 비유하고 있다.

지금까지 살펴본 『염불보권문』과 쾌선·홍유 등의 담론들은, 기존의

---

48 기성 쾌선, 「환향還鄕」, 『염불환향곡』. "**念佛何爲阿彌陀佛, 要生極樂阿彌陀佛**, 往生何爲阿彌陀佛, 樂見彼佛阿彌陀佛. 見佛何爲阿彌陀佛, 得聞正法阿彌陀佛, **聞法何爲阿彌陀佛, 頓悟本心阿彌陀佛**. 悟心何爲阿彌陀佛, 發菩提心阿彌陀佛, 發心何爲阿彌陀佛, 入正定趣阿彌陀佛. 入正何爲阿彌陀佛, 稱眞修行阿彌陀佛, 眞修何爲阿彌陀佛, 十地行滿阿彌陀佛, 地滿何爲阿彌陀佛, 入普賢門阿彌陀佛, **入門何爲阿彌陀佛, 成佛菩提阿彌陀佛**, 成佛何爲阿彌陀佛, 廣度衆生阿彌陀佛."(『한불전』 9, 658~659쪽)

49 조은수, 「〈염불환향곡〉 해제」, 현대불교신문사 엮음, 『염불환향곡』, 현대불교신문사, 2005, 153~154쪽.

50 추파 홍유, 「영원만일회서靈源萬日會序」, 『추파집』 권2. "如來化生, 方便有無數, 唯勤生淨土一門爲最要. 勿論貴賤智愚老少男女, 若誠心執持, 西方極樂世界阿彌陀佛聖號, 晝夜誠勤, 至命終時, 則彼佛接引, 即得往生. …(中略)… 此門, 實可謂一切衆生之出生死, 證佛果之第一緊要也."(『한불전』 10, 72쪽)

51 경암 응윤, 「벽송사답정토설碧松社答淨土說」, 『경암집』 하권. "汝又縛於無西, 縛於西者, 猶可生於佛前, 縛於無西, 一闡提也."(『한불전』 10, 453쪽)

염불선적 경향에 대한 대안이자, 일종의 '염불운동'을 지향한 것으로 볼 수 있다. 그리고 이러한 새로운 움직임은 19세기 염불결사의 성행과 왕생류 불교가사의 유행[52]을 통해, 당시 불교계에 큰 반향을 일으켰음을 알 수 있는데, 『염불보권문』이 18세기의 한 세기 동안 일곱 차례나 판각되었다는 사실 자체가 이를 보여 주는 것이다.

또한 19세기에 들어 눈에 띄게 등장하는 선사들의 칭명염불에 관한 비판 역시 새로운 염불운동의 영향력에 대한 반증이라 할 수 있다. 경허 성우鏡虛惺牛(1849~1912)의 "만약 산란심으로 명호만 외워도 뛰어올라 태어날 수 있다면 어찌 힘들게 일심불란一心不亂과 십육삼매十六三昧를 닦겠는가?"[53]와, 해담 치익海曇致益(1862~1942)의 "성불작조成佛作祖와 염불왕생이 다 다송多誦에 있지 않고 다만 일심一心에 있다."[54]라는 언급들을 그 예로 들 수 있다.

결국, 『염불보권문』은 17세기 전반 삼문수업의 정립 이후, 기존의 염불선적 경향에 대한 대안으로 전개되었던 새로운 염불운동을 제창 내지 선도한 시대적 의미를 갖는다고 할 수 있다. 그리고 한문과 한글을 사용하여 모든 계층을 대상으로, '성불'을 정토신앙의 본질 및 불교 본연의 목적으로 내세우고 있는 점 역시 그 의의로 지적할 수 있을 것이다.

---

52 이종수, 앞의 박사학위논문, 169~181쪽.
53 경허 성우, 「여등암화상여藤菴和尙」, 『경허집』. "若以散心稱號, 亦能超生, 何用苦苦, 做得一心不亂, 與十六三昧, 旣違佛說, 焉能成功."(『한불전』 11, 592쪽)
54 해담 치익, 「권념문勸念文」, 『증곡집曾谷集』 하권. "故成佛作祖, 念佛往生, 皆不在多誦, 只在一心也."(『한불전』 12, 802쪽)

## 제3장
# 〈서왕가〉와 18세기 불교사

## 1. 가사문학의 발생과 〈서왕가〉

〈서왕가西往歌〉는 1704년(숙종 30) 경북 예천 용문사에서 처음 판각된 『염불보권문』에 '나옹화샹셔왕가'라는 이름으로 수록되어 전한다. 그리고 1776년(영조 52) 경남 합천 해인사에서 간행한 『신편보권문新編普勸文』에는 〈강월존자서왕가江月尊者西往歌〉가 실려 있다.

이들 문헌에 명기된 '나옹화상'·'강월존자'의 존재로 인해, 〈서왕가〉는 가사문학 연구의 초창기부터 주목의 대상이 되어 왔다. 『염불보권문』·『신편보권문』의 이 기록을 따른다면, 가사문학은 나옹 혜근懶翁惠勤(1320~1376)이 생존했던 14세기에 발생한 것이 되고, 〈서왕가〉는 가사 장르의 효시작이 되기 때문이다. 그러므로 〈서왕가〉에 관한 그동안의 연구는 나옹의 작가 여부를 밝히는 데 집중되었고, 많은 논란이 있어 왔다. 나옹 작가설을 설득력 있게 부정한 논의들[1]이 있었음에도, 현

---

1 강전섭, 「傳懶翁和尙作 가사 4편에 대하여」, 『한국언어문학』 23, 한국언어문학회, 1985;

재 〈서왕가〉는 나옹의 작품으로 공인되고 있는 상황이다.[2] 가장 큰 이유는, 뚜렷한 근거 없이 나옹의 작품으로 전해 오는『염불보권문』·『신편보권문』의 기록을 부정할 수 없다는 것이다.[3]

〈서왕가〉를 나옹의 작품으로 인정하고 있는 논의들은 이렇듯 수록문헌의 작가 명기를 중시하고 있지만, 정작 수록문헌에 대해서는 어떠한 언급도 없다는 문제점을 보인다. 이들 논의의 주장처럼, 〈서왕가〉가 구전되어 오다가 18세기 초에야 비로소『염불보권문』에 수록된 것이라면, 무엇보다『염불보권문』의 내용 및 성격과 그 간행의 시대적 배경에 대한 검토가 우선되어야 하기 때문이다.

그런데 이에 대한 검토는 나옹 작가설을 부정하는 몇몇 논의에서 이루어졌다.[4] 그 결과, 〈서왕가〉는 임진왜란 이후 중흥기를 맞이한 당시 불교계의 시대적 산물이고, 나옹의 작가 '부회' 내지 '가탁'은 대중포교를 위해 고승으로서의 나옹의 명성을 이용한 것이라고 하였다. 그러나

---

정재호, 「懶翁作 가사의 작자 시비」, 『한국학연구』 19, 고려대학교 한국학연구소, 2003; 김종진, 「〈서왕가〉 전승의 계보학과 구술성의 층위」, 『불교가사의 계보학, 그 문화사적 탐색』, 소명출판, 2009.

2 김학성, 「가사 양식의 전통 유형과 계승방향」, 『고시가연구』 23, 고시가학회, 2009, 149쪽; 전재강, 「나옹 가사에 나타난 시적 대상 내용과 대상 인물의 성격」, 『어문학』 111, 한국어문학, 2011, 228쪽; 최형우, 「〈서왕가〉 사설의 전승과 향유의식 연구」, 『열상고전연구』 54, 열상고전연구회, 2016, 290쪽; 최상은, 「가사문학의 시작, 최초의 불교가사 〈서왕가〉」, 『오늘의 가사문학』 12, 고요아침, 2017, 54쪽.

3 그 일례로, 윤영옥, 「교화와 〈서왕가〉」, 『순천향어문논집』 5, 순천향어문학연구회, 1998, 47쪽에서는 "비록 나옹의 입적入寂 360여 년 뒤에 문자화되었으나, 그러한 작업이 사찰의 경내에서 이루어지면서 '나옹화상'이나 '강월존자'를 〈서왕가〉에 관두冠頭함에는 매우 신중했을 것임을 고려할 때, 이 작품에서 '나옹화상'이나 '강월존자'를 쉽사리 버릴 수가 없을 것이다."라고 하였다. 또한 이병철, 「가사발생과 관련한 〈서왕가〉의 논의」, 『인문학연구』 10, 경희대학교 인문학연구소, 2006, 46쪽에서는, "오랜 시간 동안 여러 판본으로 '나옹작'이라고 전해 온 것을 그리 쉽게 부정할 수도 없는 일이다."라고 하였다.

4 강전섭, 앞의 논문, 3~4쪽; 정재호, 앞의 논문, 167~173쪽; 김종진, 앞의 논문, 42~45쪽.

'고승으로서의 나옹'은 인권환이 지적하고 있듯이,[5] 〈서왕가〉의 작가로서 나옹이 '선택된' 필연적인 이유가 될 수 없다는 점에서 그 한계가 있다고 할 수 있다. 또한 이들 논의는 수록문헌의 고찰에 있어 구체적인 분석을 결여하고 있다는 문제점 역시 지적할 수 있다. 김종진의 논의를 제외하고는, 『염불보권문』의 목차조차 제시하고 있지 않은 것이다.

한편, 기존 논의에서는 〈서왕가〉의 내용적·표현적 특징으로 독백과 전언의 이중구조,[6] 시적 화자의 교체,[7] 시점의 이동[8] 등이 거론되어 왔다. 그리고 『신편보권문』의 〈강월존자서왕가〉는 『염불보권문』 소재 〈나옹화샹셔왕가〉의 적지 않은 부분을 삭제·수정한 것임이 밝혀졌다.[9] 그런데 이와 같은 특징들은 일차적으로는 수록문헌의 편찬 의도에 기인한 것으로 보인다.[10] 곧 수록문헌의 편찬 의도와 시대적 성격에 대한 해명은 나옹의 작가 여부뿐만 아니라, 〈서왕가〉의 문학적 성격을 이해하기 위해서도 반드시 선행되어야 할 문제인 것이다.

그러므로 이 글은 〈서왕가〉의 본질적 성격을 구명究明하기 위한 작업

---

[5] "후대인이 아무 근거도 없이 전래의 작품을 혜근의 작이라 했을 까닭은 전무하다. 그 이전의 명승이나 대중적 교화에 힘쓴 고승은 혜근 이외에도 많다. 따라서 일련의 작품에 작자를 기록한 이들로서는 그렇게 할 만한 충분한 이유, 즉 '나옹작懶翁作'이라 대대로 내려오는 사실을 그대로 기록했을 뿐인 것이다." 인권환, 「나옹왕사 혜근의 사상과 문학」, 『한국불교문학연구』, 고려대학교출판부, 1999, 524쪽.

[6] 김대행, 「〈서왕가〉와 문학교육론」, 정재호 편, 『한국가사문학연구』, 태학사, 1996, 606~607쪽.

[7] 조태영, 「〈서왕가〉의 문학적 가치」, 『한국고전시가작품론』, 집문당, 1992, 590~593쪽; 염은열, 「〈서왕가〉의 인식적 특성 연구」, 『선청어문』 23, 서울대학교 국어교육학과, 1995, 278~281쪽; 정한기, 「〈서왕가〉의 수용문맥과 교훈의 재해석」, 『국문학연구』 34, 국문학회, 2016, 184~186쪽.

[8] 최상은, 앞의 논문, 60~61쪽.

[9] 김종진, 『불교가사의 연행과 전승』, 이회문화사, 2002, 114~115쪽; 정재호, 앞의 논문, 146~148쪽; 최형우, 앞의 논문, 308~309쪽.

[10] 이에 대한 구체적인 언급은 서술의 편의상 제3절로 미루고, 여기서는 이러한 사실만을 지적하기로 한다.

의 일환으로, 수록문헌에서의 〈서왕가〉의 위치와, 〈서왕가〉 수록의 시대적 맥락에 대해 살펴보고자 한다. 이를 위해, 『염불보권문』・『신편보권문』의 특징적인 국면과 〈서왕가〉의 주제의식을 검토한 뒤, 이들 문헌에서의 〈서왕가〉의 위치 내지 기능을 밝힐 것이다. 그리고 이상의 논의 결과와, 『염불보권문』・『신편보권문』이 판각・유포된 18세기의 불교계 상황에 대한 고찰을 통해, 〈서왕가〉의 작가 문제와 문학적 성격의 일면에 대해 살펴보도록 하겠다.

## 2. 〈서왕가〉의 수록문헌

### 『염불보권문』

『염불보권문』은 예천 용문사의 승려 명연明衍이 편찬한 책으로, 극락・염불과 관련된 비교적 다양한 글들을 수록하고 있다. 편자인 명연이 직접 지은 글들을 포함하여, 여러 경전에서 발췌한 글들과, 염불의식 관련 진언・게송・발원문, 그리고 가사작품인 〈서왕가〉・〈인과문〉 등이 실려 있는 것이다. 또한 표기의 측면에 있어서도 한문 원문과 그 언해문諺解文을 함께 실은 것, 한문 원문에 한글 독음만 단 것, 순한글로 표기된 것 등 하나의 책 안에 다양한 모습을 보여 주고 있다.

『염불보권문』은 현재 7종의 판본이 남아 있다. 곧 1704년 예천 용문사본, 1741년 대구 팔공산 수도사본, 1764년 대구 팔공산 동화사본, 1765년 황해도 구월산 흥률사본과 평안도 묘향산 용문사본(이하 '묘향산본'으로 표기), 1776년 경상도 합천 해인사본, 1787년 전라도 무장 선운사본 등이 그것이다. 『염불보권문』은 각 이본에 따라 구성 및 내용에 적지 않은 차이가 있는데, 『염불보권문』의 체재 및 구성을 제시하면 아래와 같다.

(1) 『염불보권문』의 체재 및 구성
- 제1부: 경전에서 뽑은 글
    ① 諸佛不如阿彌陀佛 ② 念諸佛不如念阿彌陀佛 ③ 諸國世界不如西方極樂世界 ④ 極樂世界七寶池中有九品蓮花臺 ⑤ 勸他念佛同生西方 ⑥ 有緣奉佛無緣毁佛 ⑦ 有信有益無信無益 ⑧ 貪世事人不知念佛大樂
- 제2부: 왕생담
    ⑨ 烏長國王見佛往生 ⑩ 世子童女勸母往生 ⑪ 隋文皇后異香往生 ⑫ 京兆房翥勸他往生 ⑬ 學士張抗持課往生 ⑭ 信士牧卿執幡往生 ⑮ 불계 파훈 즁 웅쥰니 과글리 주거셔 극낙가다 ᄒ시다 ⑯ 溫文靜妻辭親往生 ⑰ 屠牛善和十念往生 ⑱ 져리나 무의나 념불 권훈 후 바리라
- 제3부: 염불의식문
    ⑲ 念佛作法次序 ⑳ 니 발원문 외오는 사름은 다 극낙세계 가오리다 ㉑ 나옹화샹셔왕가 ㉒ 인과문 ㉓ 大佛頂首楞嚴神呪 ㉔ 관음보살ᄌ지여의눈쥬 ㉕ 流傳記
- 제4부: 보유편
    ⓐ 臨終正念訣 ⓑ 父母孝養文(이상 수도사본) ⓒ 회심가고 ⓓ 維摩經 ⓔ 王郎返魂傳 ⓕ 공각견이라 ⓖ 승귀라 ᄒ는 즁이 명부에 잡펴가셔 져근듯 념불ᄒ고 지옥을 면ᄒ니라(이상 동화사본) ⓗ 弟子宗本生于四明陳氏承感 ⓘ 呂洞賓悟道頌 ⓙ 白樂天頌 ⓚ 宋相無盡居士 ⓛ 護諸童子陀羅尼經(이상 홍률사본) ⓜ 歸依三寶篇 ⓝ 決定往生淨土眞言 ⓞ 阿彌陀佛本心微妙眞言 ⓟ 香山白樂天讚誓法門 ⓠ 唐李太白讚序法門 ⓡ 蘇東坡讚法門 ⓢ 慶讚流通 ⓣ 高聲念佛有十種功德(이상 묘항산

본) ⓤ 阿彌陀佛因行 ⓥ 玄氏行跡(이상 해인사본)

인용문의 제1~3부는 원간본인 용문사본의 내용에 해당하고, 제4부는 용문사본 이외의 판본들에서 새로 추가된 글들을 간행연대의 순서대로 배열한 것이다. 『염불보권문』은 수록된 글들의 출전 및 내용에 따라, 제1부 경전에서 뽑은 글, 제2부 왕생담, 제3부 염불의식문, 제4부 보유편으로 구성되어 있다.

『염불보권문』의 제1부는 『대집경』·『관무량수경』·『대아미타경』 등의 여러 경전에서 발췌한 8편의 글들을 수록하고 있다. 이 8편의 글들은 그 제목에서도 알 수 있듯이, 대체로 염불과 극락왕생에 관한 내용으로 되어 있는데, '염불의 이유[왕생·성불](①·②) → 왕생·성불의 이유와 방법(③·④·⑤) → 염불법문에 대한 믿음(⑥·⑦·⑧)'의 내용 전개를 보인다. 그 결과, 제1부는 '왕생과 성불의 강조'라는 주지를 드러내고 있다.

이와 같은 주지를 형성함에 있어, 『염불보권문』의 편자는 해당 항목에 출전으로 명시한 경전명 외에도, '경운經云'·'석가불운釋迦佛云'·'불언佛言'을 근거로 내세우고 있다. 또한 "부처님은 헛된 말씀을 하지 않으신다.(佛不虛言也)"[11]·"이 모두가 여러 경에 다 실려 있으니 믿지 않을 수 없다.(完在諸經 不可不信)"[12]·"부처님 말씀을 믿고 들어야 한다.(信聽佛語)"[13]라는 언급들을 반복하고 있는 특징을 보인다.

그런데 '경운'·'석가불운'·'불언'의 정확한 출전을 찾을 수 없다는 점과, 경전명을 명시한 경우에 그 내용이 출전 그대로의 발췌가 아니라는 점은 주목을 요한다. 후자의 대표적인 예로, ④「극락세계칠보지중유

---

11 명연, 「유신유익무신무익」, 『염불보권문』.(『한국불교전서』 9, 49쪽)
12 명연, 「탐세사인부지염불대락」, 앞의 책.(『한불전』 9, 49쪽)
13 명연, 앞의 글.(『한불전』 9, 49쪽)

구품연화대」를 들 수 있다.『무량수경』이 출전으로 명기된 이 글은 '상삼품'·'중삼품'·'하삼품'의 세 부분으로 구성되어 있는데, '상삼품·중삼품·하삼품'의 용어는『무량수경』에 없는 것이고, 대부분의 내용 역시『무량수경』의 관련 내용과 차이가 있다.

'상삼품'의 "연꽃 속으로 들어가 3일이 지나면 연꽃 봉오리가 몸이 되어 태어나며, 32상의 몸을 모두 갖추고, 설법을 듣자마자 생사윤회를 영원히 끊고 마음과 뜻이 시원하게 밝아져 곧 불과를 이루고, 신통하고 자재로워 만사가 능통하다."[14]라는 구절은,『무량수경』에 없는 것이다. 『무량수경』에는 "일곱 가지 보배로 된 연꽃 가운데 저절로 화생하여 불퇴전의 경지에 머물며, 지혜와 용맹을 갖추고 신통력 또한 자재하게 된다."[15]로 되어 있다. 이 경문經文에는 왕생인이 연꽃 속으로 들어가 3일이 지난 뒤에 32상의 몸을 갖춘다는 언급이 전혀 없고, 왕생인은 '불과'가 아닌 '불퇴전의 경지'에 머물러 있는 것이다.

출전으로 명시한『무량수경』과의 차이점은 '중삼품'·'하삼품'에도 해당되는데, 이러한 점은 '왕생의 이유 내지 결과'로서의 '성불'을 강조하기 위한 편자의 의도에 기인한 것으로 볼 수 있다. 그리고 이상의 사실은,『염불보권문』의 제1부에 수록된 글들이 명시된 출전 그대로의 인용이 아니라, 편자의 일정한 의도를 반영한 것임을 알 수 있게 한다. '경운'·'석가불운'·'불언'의 반복·강조 역시 편자의 의도가 반영된 것이라 할 수 있다.

제2부에는 9편의 왕생담과, 편자인 명연이 지은 「져리나 ᄆ의나 념불

---

14 명연,「극락세계칠보지중유구품연화대」, 앞의 책. "無量壽經云 …(中略)… 入蓮花中, 過三日後, 以蓮胎爲身而出, 則三十二相身形具足, 卽聞說法生死永絕, 心痛意明, 卽成佛果, 神通自在, 萬事能通, 豈不快哉."(『한불전』 9, 47쪽)

15 강승개康僧鎧 역譯,『불설무량수경佛說無量壽經』하권. "便於七寶華中自然化生, 住不退轉, 智慧勇猛, 神通自在."(『대정신수대장경大正新修大藏經』 12, 272쪽)

권흔 후 바리라」가 실려 있다. 9편의 왕생담은 중국 원나라 왕자성王子成의 『예념미타도량참법禮念彌陀道場懺法』 권4의 「왕생전록往生傳錄」 제4가 그 출전이다. 「왕생전록」은 『고승전』·『왕생전』·『법원주림』 등에서 옮겨 온 34편의 이야기들을, '비구(10편)·비구니(4편)·우바새(7편)·우바이(8편)·악업인(5편)' 등의 다섯 항목으로 나누어 수록하고 있다. 『염불보권문』은 이들 가운데 현세 이익과 관상염불觀想念佛 관련 이야기는 모두 배제하고, 칭명염불稱名念佛과 관련된 왕생담만을 선별하여 '왕실(⑨·⑩·⑪) → 사민士民(⑫·⑬·⑭) → 비구(⑮) → 부녀자(⑯) → 천민(⑰)'의 순서로 배열하고 있다.

제3부는 염불의식의 절차를 모은 ⑲「염불작법차서」와, 염불의식 때 이 ⑲와 함께 사용하는 ㉑〈나옹화샹셔왕가〉·㉒〈인과문〉·㉓「대불정수능엄신주」·㉔「관음보살ᄌᆞ직여의뉸쥬」, 그리고 염불의식과 관련이 없는 ⑳「니 발원문 외오는 사람은……」·㉕「유전기」 등을 수록하고 있다. 이들 중, 『염불보권문』의 모든 판본에 실려 있는 ⑲「염불작법차서」는, 3편의 진언과 5편의 게송 및 1편의 발원문으로 구성되어 있다. ㉮ 정구업진언淨口業眞言, ㉯ 개경게開經偈, ㉰ 개법장진언開法藏眞言, ㉱ 쳔슈쳔안관ᄌᆞ지보살광대원만무애대비심신묘쟝구대다라니, ㉲ 도량게道場偈, ㉳ 참회게懺悔偈, ㉴ 찬불게讚佛偈, ㉵ 왕생게往生偈, ㉶ 여래십대발원문如來十大發願文 등이 이에 해당한다.

「염불작법차서」의 ㉮~㉳·㉶는 염불의식만이 아닌, 현재의 일반적인 불교의식에서도 연행되는 것이므로,[16] 염불의식문으로서의 특징은 ㉴〈찬불게〉와 ㉵〈왕생게〉에서 찾을 수 있다. 이들 게송은 모두 왕생과 성불을 희구하는 내용으로 되어 있는데,[17] 이와 같은 '왕생·성불의 희

---

**16** 정각, 『천수경 연구』, 운주사, 1996, 134쪽.

구'는 제3부의 핵심 부분인 「염불작법차서」 전체의 주지로 볼 수 있다. 그렇다면, 『염불보권문』은 경전과 왕생담을 근거로 염불의 이유를 제시하고 이에 대한 믿음을 권하는 제1·2부에 이어, 염불의식의 실제 행위를 통해 왕생과 성불을 희구하는 제3부를 배치함으로써, '왕생과 성불의 강조'라는 주제의식을 표출하고 있는 것이 된다.

제4부 보유편은 용문사본 이후 간행된 판본들에서 새로 추가된 글들을 가리킨다. 이 '보유편'은 경전이 출전이 아니거나, 염불·왕생·성불과 직접적인 관련이 없는 글들을 포함하고 있다. 동화사본의 ⓒ 〈회심가고〉·ⓓ 「유마경」, 흥률사본의 ⓘ 「여동빈오도송」·ⓚ 「송상무진거사」, 묘향산본의 ⓜ 「귀의삼보편」·ⓡ 「소동파찬법문」 등을 그 예로 들 수 있다. 이러한 '보유편'의 내용은 '왕생'과 '성불'을 강조하고 있는 원간본의 선명성을 희석시키는 측면이 있긴 하지만, 염불서인『염불보권문』의 외연을 확장시키려는 해당 판본 편자들의 시도로 이해할 수 있다.

이상의 내용을 통해, 보유편을 제외한 『염불보권문』은 '염불'의 측면에서 본다면 '염불의 이유(제1부) → 염불의 이익(제2부) → 염불의 실천(제3부)'이라는 비교적 논리적인 전개 양상을 보이고 있음을 알 수 있다. 제1·2부는 각각 '부처님의 말씀'·'왕생의 실례'를 근거로, 왕생과 성불을 염불의 이유·이익으로 제시하고 있으며, 제3부는 의식의 절차라는 행위를 통해 왕생·성불에 대한 희구 및 다짐을 드러내고 있다. 그리고 각 부의 끝에는 왕생·성불과 이에 대한 믿음을 강조하는 글들[18]을 반복·배치함

---

17 〈찬불게〉의 "바라옵건대 이 공덕이 일체중생에게 널리 미쳐, 저희와 중생이 마땅히 극락에 태어나 모두 함께 무량수불을 뵙고 모두 함께 불도를 이루게 하소서.(願以此功德, 普及於一切, 我等與衆生, 當生極樂國, 同見無量壽, 皆共成佛道)"와, 〈왕생게〉의 "연화장세계에 왕생하여 내남없이 일시에 불도를 이루기를 원합니다.(往生華藏蓮花界, 自他一時成佛道)"라는 구절이 이를 단적으로 보여 준다. 『한국불교전서』 9, 57쪽.

18 제1부의 「탐세사인부지염불대락」, 제2부의 「져리나 ᄆ의나 념불 권흔 후 바리라」, 제3

으로써『염불보권문』전체의 주제의식을 선명하게 부각시키고 있다.

결국,『염불보권문』은 염불을 해야 하는 이유가 '왕생'과 '성불'에 있음을 보여 주는 동시에, '왕생'과 '성불'을 위해 염불을 해야 함을 강조하고 있는 것이다. 특히,『염불보권문』의 '염불'이 '칭명염불'만을 가리키고 있는 점과, 성불에 보다 강조점을 두고 있는 점은 이 책의 특징적인 국면이라 할 수 있다.

## 『신편보권문』

해인사의 승려 해봉 유기海峰有璣(1707~1785)가 편찬한『신편보권문』은 해인사본『염불보권문』과 판각의 계기·연대·장소가 일치한다. 곧 이 두 책은 어머니의 유언에 따른 승려 각성의 시주로, 1776년에 해인사에서 판각된 것이다.[19] 그러나 구체적인 내용 및 성격에 있어『신편보권문』은『염불보권문』과 큰 차이가 있다.

(2)『신편보권문』의 구성
① 阿彌陀佛因行 ② 四十八願 ③ 十種相 ④ 普賢行願品偈 ⑤ 念佛要訣 ⑥ 臨終三疑 ⑦ 臨終四關 ⑧ 孝養父母 ⑨ 奉事師長 ⑩ 讀誦大乘 ⑪ 一元法師觀苦早修說 ⑫ 蘇雪堂飮食說 ⑬ 王龍舒口業說 ⑭ 眞歇禪師戒殺偈 ⑮ 中峰祖師歌 ⑯ 白香山頌 ⑰ 寒山子詩 ⑱ 拾得子詩 ⑲ 慈受和尙詩 ⑳ 法泉禪師北邙山行 ㉑ 遠公事實 ㉒ 嵩明敎題遠公影堂記 ㉓ 江月尊者西往歌 ㉔ 淸虛尊者回心歌

---

부의「유전기」등이 이에 해당한다.
[19] 이러한 사실은, 해인사본『염불보권문』의「현씨행적」(『한불전』9, 73쪽)과,『신편보권문』의「서문」(『한불전』9, 695~696쪽)을 통해 알 수 있다.

인용문 (2)는 『신편보권문』의 목차를 옮긴 것이다. 국한문 혼용 표기의 〈강월존자서왕가〉·〈청허존자회심가〉를 제외한 22편의 글들은 『염불보권문』과 달리, 모두 한문으로만 되어 있고, 경전보다는 선사禪師들의 저술에서 뽑은 글들이 중심을 이루고 있다. 또한 염불이 효양(⑧)·봉사(⑨)·독경(⑩)·채식(⑫)·지계(⑬·⑭) 등과 함께 불도佛道 수행의 방법으로 제시되어 있으며, '왕생'·'성불'에 관한 언급이 없다는 특징을 보인다.

무엇보다 염불서로서 『염불보권문』과 『신편보권문』의 가장 큰 차이는, 이들 책에서 강조·권장하고 있는 염불의 방법이 다르다는 점에 있다. 일반적으로, 염불의 방법 내지 종류에는 칭명염불稱名念佛·관상염불觀像念佛·관상염불觀想念佛·실상염불實相念佛 등이 있는데, 칭명염불을 제외한 세 가지는 관념염불觀念念佛에 속하고, 이들은 염불선念佛禪에 해당한다.[20] 『염불보권문』이 칭명염불만을 권장하고 있다면, 『신편보권문』은 칭명염불을 언급하면서도 '관념염불'을 강조하고 있다. 곧 『신편보권문』의 편자인 해봉 유기는 염불의 요지를 구품연지九品蓮池와 '십육관선十六觀禪'으로 파악하고 있는 것이다.[21]

그리고 ⑤ 「염불요결」에서는 "마음을 바로잡아 악을 없애고 이와 같이 염불하는 이를 '선인善人'이라 부르고, 마음을 가다듬어 흐트러지지 않게 하고 이와 같이 염불하는 이를 '현인賢人'이라 부르며, 마음을 깨우쳐 의혹을 끊은 채 이와 같이 염불하는 이를 '성인聖人'이라 부른다."[22]

---

20 한태식, 「정토교의 수행 방법론」, 『정토학연구』 11, 한국정토학회, 2008, 78~79쪽. "칭명염불은 구칭염불口稱念佛로서 입으로 부처님의 명호를 부르는 염불이고, 관상觀像염불은 부처님의 존상을 관념하는 염불이며, 관상觀想염불은 부처님의 상호 공덕을 관념하는 염불이고, 실상염불은 부처님의 법신이체法身理體를 관하는 염불이다."
21 해봉 유기, 「서문」, 『신편보권문』, "昔我世尊, 爲韋提希, 說無量壽經, 彼西方極樂世界九品蓮池, 十六觀禪, 昭昭然如在目前, 是實德佛之要旨也."(『한불전』 9, 695쪽)
22 해봉 유기, 「염불요결」, 앞의 책, "以要言之, 端心滅惡, 如是念佛, 號曰善人. 攝心除散, 如是念佛, 號曰賢人. 悟心斷惑, 如是念佛, 號曰聖人."(『한불전』 9, 697쪽)

라고 하여, 아미타불의 칭명이 아닌 염불하는 사람의 '마음'을 강조하고 있다. 또한 이 글에서는 염불의 다양한 방법을 제시한 뒤, "이 방법들은 모두 마음을 산란하지 않게 하려는 것일 뿐이다."[23]라고 하여, '마음'의 강조에서 더 나아가, 염불의 목적이 왕생이 아니라 '수심修心'에 있음을 말하고 있다.

이상과 같은 『염불보권문』과 『신편보권문』의 차이점은 이들 문헌에 각각 수록되어 있는 〈나옹화샹셔왕가〉와 〈강월존자셔왕가〉에도 반영되어 있는데, 다음 절의 작품 분석에서 확인할 수 있을 것이다.

### 3. 수록문헌에서의 위치

〈셔왕가〉의 이본

〈셔왕가〉는 『염불보권문』·『신편보권문』의 작품들 외에도, 현재 11편의 이본이 전한다. 이들 이본은 목판본 『권왕문』(1908), 필사본 『염불보권문』·『악부』·『감응편』·『가사집』, 활자본 『불교』 88호(1931)·『조선가요집성』(1934)·『화청』(1960) 등의 비교적 다양한 문헌들에 수록되어 있다.[24]

김태준이 편찬한 『조선가요집성』에는 『신편보권문』의 〈셔왕가〉를 옮긴 작품과, 권상로가 채록한 148구의 장형화된 이본이 실려 있는데, 이

---

[23] 해봉 유기, 앞의 글. "念佛之法, 亦無定則. 或高聲念, 或低聲念, 或流水念, 或頂禮念, 或不記數念, 或行步念, 或住立念, 或靜坐念, 或側臥念, 或默念, 或明念. 或微動脣舌念, 或一氣數聲念, 或病怯隨氣呼吸念, 或獨自念, 或與衆同念. 惟盡在令心不亂."(『한불전』 9, 697쪽)

[24] 김종진, 앞의 책, 89~91쪽.

두 작품을 제외한 이본들은 모두 『염불보권문』의 〈서왕가〉와 내용 및 구수句數가 동일하다.[25] 6종의 『염불보권문』에 수록된 〈서왕가〉는 각 판본에 따라 표기상의 차이가 있을 뿐, 모두 95구의 같은 내용으로 되어 있다.

### '조사祖師'의 노래

구체적인 논의에 앞서, 원간본인 용문사본 소재 〈서왕가〉의 전문全文을 제시하면 다음과 같다.

(3) [A] 나도 이럴만졍 셰샹애 인재려니
    무샹을 싱각ᄒ니 다거줏 거시로쇠
    부모의 기친얼굴 주근후에 쇽졀업다
    [B] 져근닷 싱각ᄒ야 ㉠ 셰스을 후리치고
    부모ᄭᅴ 하직ᄒ고 단표ᄌ 일납애
    쳥녀쟝을 빗기들고 명산을 ᄎ자드러
    션지식을 친견ᄒ야 ㉡ ᄆᆞᄋᆞᆷ을 볼키리라
    쳔경 만론을 낫낫치 츄심ᄒ야
    ㉢ 뉵젹을 자부리라 허공마를 빗기트고
    마야검을 손애들고 오온산 드러가니
    계산은 쳡쳡ᄒ고 ᄉ샹산이 더옥놉다
    ㉣ 뉵근 문두애 자최업슨 도젹은

---

[25] 김종진, 앞의 책, 91쪽에서는, 〈서왕가〉의 이본을 그 성격에 따라, 95구의 이본(『염불보권문』계열)과 74구의 축약된 이본(『신편보권문』계열), 그리고 148구의 장형화된 이본(『조선가요집성』)의 세 계열로 나누고 있다.

나머들며 ᄒᆞᄂᆞᆫ즁에 번로심 볘쳐노코
　　　㉢ 지혜로 빈룰 무어 삼계바다 건네리라
　　　념불즁싱 시러두고 삼승 딤쌔예
　　　일승독글 ᄃᆞ라두고 츈풍은 슌히불고
　　　빈운은 섣도ᄂᆞᆫ듸 인간을 싱각ᄒᆞ니
　　　슬프고 셜운지라
　[C] 념불마ᄂᆞᆫ 듕싱드라 몃싱을 살랴ᄒᆞ고
　　　셰ᄉᆞ만 탐챡ᄒᆞ야 이욕의 줌겻ᄂᆞ다
　　　ᄒᆞᄅᆞ도 열두시오 ᄒᆞᆫᄃᆞᆯ도 셜흔날애
　　　어늬날애 한가ᄒᆞᆯ고 쳥명ᄒᆞᆫ 불셩은
　　　사름마동 ᄀᆞ자신둘 어늬날애 싱각ᄒᆞ며
　　　ᄒᆡᆼ사 공덕은 본늬 구독ᄒᆞᆫ들
　　　어늬시예 나야쁠고 셔왕은 머러지고
　　　지옥은 각갑도쇠
　　　이보소 어로신네 권ᄒᆞ노니 죵졔션근
　　　시무시소 금싱애 ᄒᆞ온공덕 후싱애
　　　슈ᄒᆞᄂᆞ니 빅년 탐믈은 ᄒᆞᄅᆞ아젹
　　　쓱글이오 ㉣ 삼일희온 념불은 빅쳔만겁에
　　　다ᄒᆞᆷ 업슨 보븨로쇠 어와 이보븨
　　　력쳔겁이 블고ᄒᆞ고 긍만셰이 쟝금이라
　　　건곤이 넙다ᄒᆞᆫ들 이ᄆᆞᄋᆞᆷ애 미츌손가
　　　일월이 불다ᄒᆞᆫ들 이ᄆᆞᄋᆞᆷ애 미츌손가
　　　㉥ 삼셰 졔블은 이ᄆᆞᄋᆞᆷ을 아ᄅᆞ시고
　　　뉵도 즁싱은 이ᄆᆞᄋᆞᆷ을 져ᄇᆞ릴신
　　　삼계 뉸회을 어늬날에 긋칠손고

[D] ⓔ 져근닷 싱각ᄒ야 ᄆᆞᆷ을 씨쳐먹고
　　ⓩ 태허를 싱각ᄒ니 산쳡쳡 슈잔잔
　　풍슬슬 화명명ᄒ고 쇽죽은 낙낙ᄒᆫ듸
　　화장바다 건네저어 극낙셰계 드러가니
　　칠보 금디예 칠보망을 둘러시니
　　구경ᄒ기 더옥죠희 구품 년듸예
　　념불소리 자자잇고 ⓩ 쳥학 빅학과
　　잉무 공쟉과 금봉 쳥봉은
　　ᄒᆞᄂᆞ니 념불일쇠 쳥풍이 건듯부니
　　념불소릐 요요ᄒᄋᆡ
[E] 어와 슬프다 우리도 인간애
　　나왓다가 념불말고 어이ᄒᆞ고 나무아미타불

〈서왕가〉는 시상 및 내용 전개의 맥락에 따라 서사·본사·결사의 세 부분으로 나눌 수 있고, 본사는 다시 세 단락으로 나뉜다. 인용문 (3)의 [A]는 서사, [B]~[D]는 본사, [E]는 결사에 해당한다. 서사에서 화자는, 부모에게 물려받은 육신이 죽은 뒤에는 속절없음을 예로 들어 인생이 무상無常함을 전제한 뒤, 결사에서는 이와 같이 무상한 인간세상에서 염불 이외의 다른 것이 없음을 탄식의 화법으로 강조하고 있다. 그리고 본사는 염불의 필요성 내지 이유를 화자의 체험을 기반으로 서술하고 있다.

먼저, 본사-1은 화자가 출가하여 깨달음을 얻기까지의 과정과, 염불 중생을 지혜의 배에 태우고 삼계바다를 건너기 직전의 상황을 노래한 것이다. 곧 인용문 [B]는 출가 입산(㉠) → 불도佛道 수행(㉡·㉢) → 오도悟道(㉣) → 염불중생 제도(㉤)의 내용 전개를 보인다.

화자의 '불도 수행'은 ⓒ의 '간경看經'과 ⓒ의 '참선參禪'으로 나뉜다. 전자의 '천경만론千經萬論'과 후자의 '마야검'을 통해 이러한 사실을 알 수 있는데, '마야검'은 '막야검鏌鎁劍'의 오기誤記로 볼 수 있다.[26] '막야 검'은 중국 오吳나라의 명장名匠인 간장干將이 자신의 아내 이름을 따서 만든 보검寶劍으로, 여기서는 '선법禪法'을 가리킨다.[27]

불교에서는 일반적으로 교법敎法을 '등燈'에, 선법을 '검'에 비유하고 있으며,[28] 조선시대에는 선당禪堂을 '심검당尋劍堂', 수선공부修禪工夫를 '심검공부尋劍工夫'로 부르기도 하였다.[29] 그러므로 여섯 도적을 잡기 위 해 막야검을 손에 들고 오온산으로 들어간다는 ⓒ의 노랫말은, 화자의 참선 수행을 말하고 있는 것이라 할 수 있다.

따라서 이 막야검으로 번뇌심을 베었다는 ⓔ의 언급은 화자가 참선 수행으로 깨달음을 얻었음을 의미하는 것이 된다. 이처럼 화자가 자신 의 오도悟道 사실을 직접 명시하고 있는 예는, 여타의 불교가사에서는 찾아보기 힘든 것으로,[30] 〈서왕가〉의 특징적인 국면이라 할 수 있다. 그

---

26 정한기, 앞의 논문, 181쪽에서는, "마야검은 '반야검'의 오기로, 『반야심경』의 지혜를 아는 것 또는 불법의 지혜를 아는 것이란 의미로 이해된다."라고 하였다.
27 벽송 지엄碧松智嚴(1464~1534)의 『벽송당야로송碧松堂埜老頌』에 있는 〈시법준선백示法俊禪伯〉에도 다음과 같이 '막야검'이 선법禪法의 의미로 쓰였음을 알 수 있다. "그대를 만나서 막야검을 건네주니(逢君贈與鏌鎁釖)/ 칼날에 푸른 이끼 끼지 않게 하시게.(勿使鋒鋩生綠苔)/ 오온산 앞에서 도적을 보게 되면(五蘊山前如見賊)/ 한 번씩 휘둘러서 하나하나 베시게나.(一揮能斬箇箇來)"(『한불전』 7, 384쪽) 벽송 지엄은 부용 영관芙蓉靈觀(1485~1572)의 스승이고, 부용 영관은 청허 휴정淸虛休靜(1520~1604)의 스승이다. 『염불보권문』의 편자인 명연은 서문에서 자신을 '청허후예淸虛後裔'라고 밝히고 있다.
28 서정문, 「懶翁禪風과 조선불교」, 『한국불교문화사상사』 상권, 가산불교문화진흥원, 1992, 1172쪽.
29 이능화, 『조선불교통사』 상, 신문관, 1918, 628~630쪽.
30 임기중, 『불교가사 원전연구』, 동국대학교출판부, 2000에는 총 108편의 불교가사 작품 이 수록되어 있는데, 이들 가운데 화자가 자신의 오도 사실을 명시한 노래는 〈서왕가〉 외에, 〈나옹화상증도가〉와 〈나옹화상낙도가〉의 2편뿐이다. 그런데 이들 작품에 모두

리고 본사-1의 ㉠~㉣에서 서술되어 있는 수행의 과정 및 오도 사실의 명시는, 〈서왕가〉의 화자가 깨달음을 얻은 선사, 곧 '조사祖師'[31]임을 나타내는 시적 장치로 볼 수 있다.[32]

㉤의 경우는, 참선 수행으로 깨달음을 얻은 화자가, 삼계바다를 건너기 위해 삼승돛대와 일승돛을 단 지혜의 배에 염불중생을 태우는 모습을 묘사하고 있다. 여기서는 화자와 염불중생의 귀착지에 대한 언급이 없지만, 인용문의 [D] 단락을 통해 그들이 삼계바다를 건너서 가려는 곳이 극락세계임을 알 수 있다.

그렇다면 본사-1의 ㉤은, '조사'로서의 화자가 선승들이 아닌 '염불중생'을 제도하고 있음을 보여 주는 동시에, 염불의 이유 내지 목적이 극락왕생과 성불에 있음을 암시하는 것으로 읽을 수 있다. 염불한 중생들이 극락세계로 가는 배에 승선하고 있고, 그 배는 '일승'의 돛을 달고 있기 때문이다. '일승'은 곧 '일불승一佛乘'으로, 모든 중생은 다 성불할 수 있다는 가르침인 것이다.[33]

다음으로, 본사-2는 '염불하지 않는 중생'과 '어르신네'로 설정된 청자들에 대한 화자의 전언이다. 우선 화자는 청자들이 극락세계로 가는

---

'나옹화상'이 명기된 점은 주목된다고 하겠다.
31 '조사'는 석가 이래 면면히 전해져 오는 불심佛心을 체득하여 중생들을 깨달음으로 이끌 수 있는 수행과 지견智見을 갖춘 선사를 가리킨다. 선종에서는 '제불조사諸佛祖師'·'불조佛祖'라고 하여, 조사를 부처와 동격으로 격상시키고 있다. 남동신, 「여말선초기 나옹현창 운동」, 『한국사연구』 139, 한국사연구회, 2007, 188~189쪽 참고.
32 〈서왕가〉의 본사-1에 대해, 김종진, 앞의 논문, 28쪽에서는 "〈서왕가〉의 개인적인 구도의 과정은 매우 관습적인 성격을 지니고 있어 불가에 입문한 승려의 경우 누구나 쉽게 자신의 체험적 노래로 활용할 가능성을 지니고 있는 것이다. 나옹화상의 권위가 담보되고 또 자신의 내적 체험을 재확인시켜 주는 자기 확인의 노래로서 〈서왕가〉가 불가에 오랫동안 불려져 왔을 가능성을 제기한다."라고 하였다. 그런데 과연 오도의 사실을 명시하고 있는 〈서왕가〉의 이 단락이, 일반 승려들의 체험적 노래 또는 자기 확인의 노래가 될 수 있을지는 의문이다.
33 平川彰, 「대승불교에 있어서의 법화경의 위치」, 『법화사상』, 경서원, 1997, 27쪽.

배에 승선하지 못한 이유가 염불을 하지 않은 점과 세상일에 탐착하여 애욕에 빠진 점에 있음을 말하고 있다. 극락왕생을 방해하는 요인으로서의 '애욕 또는 세사 탐착'의 강조는 『염불보권문』에 실린 여타의 글들에서도 쉽게 찾을 수 있다. 곧 제1부의 마지막 글은 그 제목 자체가 「탐세사인부지염불대락」이고, 제2부의 「져리나 므의나 념불 권호 후 바리라」에는 "슬프다 풀긋테 이슬 곳흔 목숨이 …(중략)… 쳔년 만년니나 살가흐야 셰간 탐심만 ᄒᆞᄂᆞ니"[34]라는 언급이 있다. 또한 제3부의 「유전기」에는 "사름마동 제 ᄆᆞᄋᆞ미 실로 붓쳰줄을 아지 못ᄒᆞ고 셰간 탐심과 호ᄉᆞ만 즐기고 후싱 길 닥그믈 아니 ᄒᆞ건이와"라고 되어 있는 것이다.[35]

애욕의 탐착에 대한 경계에 이어, 화자는 염불의 가치와 그 이유를 서술하고 있다. 인용문 [C] 단락의 ⓑ에서 화자는 3일 동안의 염불은 오랜 세월이 지나도 없어지지 않는 보배라고 전제한 뒤, 염불이 "역천겁이불고歷千劫而不古하고 궁만세이장금亘萬歲而長今"[36]이며, 천지보다 넓고 일월보다 밝은 존재임을 역설하고 있다. ⓑ의 전제로 인해 '이 보배'·'이 마음'의 시어는 모두 염불을 가리킨다.

그리고 인용문의 Ⓐ은 염불의 이유에 해당한다. 육도에 윤회하는 중생은 염불을 버렸지만 현재·과거·미래의 모든 부처님은 염불을 알고 있다는 언급은, 청자(독자)들의 입장에서는 염불을 해야 하는 이유 내지 목적이 된다고 할 수 있다. 곧 이 Ⓐ은 인용문 [B] 단락의 '일승돛'에 이어, 염불의 이유가 성불에 있음을 보여 준다고 하겠다.

---

**34** 명연, 「져리나 므의나 념불 권호 후 바리라」, 앞의 책.(『한불전』 9, 55쪽)
**35** 명연, 「유전기」, 앞의 책.(『한불전』 9, 55쪽)
**36** 이 구절은 "천겁을 지나도 옛것이 아니고 만세에 걸쳐 있어도 늘 지금이다."라는 뜻인데, 함허당 기화(1376~1433)의 『금강경오가해설의金剛經五家解說誼』에 처음 나온다. 기화의 저술에서 이 구절은 '일물一物', 곧 불성佛性에 대한 설명에 해당한다. 정재호, 앞의 논문, 152~153쪽.

끝으로, 본사-3은 염불중생을 배에 태우고 극락세계에 도착한 화자가 자신이 목격한 극락세계의 모습을 묘사하고 있다. [D] 단락의 ⓞ과 ㉲은 극락으로 출발하기 직전의 상황을 노래한 것인데, 기존의 몇몇 논의에서는 이 구절들을 〈서왕가〉의 시적 화자가 교체되는 지점으로 보고 있다. ⓞ의 "ᄆᆞᅀᆞᆷ을 씨쳐먹고"는 제2의 화자가 깨달음을 얻은 사실을 가리키고, ㉲은 그가 얻은 깨달음의 세계에 관한 내용이라는 것이다.[37]

인용문의 ㉲은 이들 논의의 주장처럼 선禪적인 깨달음의 경지를 표현한 것[38]이지만, 그 주체가 제2의 화자라는 주장은 납득하기 어렵다. ⓞ의 내용만으로는 새로운 화자의 등장을 알 수 없고, 오도의 사실을 명시한 것으로 볼 근거가 부족하기 때문이다. 이 노랫말은 단락의 화제가 전환되는 표지로 이해하는 것이 보다 합리적일 듯하다. 그렇다면, 본사-3의 이 ⓞ·㉲은 〈서왕가〉의 화자가 본사-1에서 제시한, 선적인 깨달음을 얻은 '조사'라는 사실을 다시금 환기시키고 있는 것이라 할 수 있다.

[D] 단락의 극락 묘사는, 그동안의 선행연구에서 『아미타경』을 대본으로 한 것임이 지적되어 왔다.[39] 그런데 ㉲의 "청학 백학과 앵무 공작과/ 금봉 청봉은 ᄒᆞᄂᆞ니 념불일쇠"에서, 공작·앵무를 제외한 새들은 『아미타경』에 없고, 『아미타경』의 새들은 염불이 아니라 5근根·5력力·7

---

37 조태영, 앞의 논문, 592~593쪽; 정한기, 앞의 논문, 185~186쪽. 한편, 염은열, 앞의 논문, 278~280쪽에서는 조태영·정한기와는 달리, 단일한 화자의 시적 자아가 교체 내지 변모되는 것으로 보고 있다. 곧 [A] 단락의 시적 자아는 '중생', [B] 단락은 '구도자', [C] 단락은 '보살', [D] 단락은 '부처'라는 것이다.
38 최강현, 「〈서왕가〉의 작자에 관한 연구」, 『아카데미논총』 2, 세계평화교수협의회, 1974, 114~115쪽; 김종진, 앞의 논문, 27쪽.
39 최강현, 앞의 논문, 113쪽; 김종진, 앞의 논문, 35쪽; 최형우, 앞의 논문, 307쪽.

보리菩提·8성도聖道 등의 진리를 연설하고 있다.⁴⁰ 그리고 [D] 단락에서 반복·강조되고 있는 '염불소리'의 시어 또한 『아미타경』에는 '염불念佛·염법念法·염승念僧'으로 되어 있다.⁴¹

본사-3의 극락 묘사는 앞에서 살펴본 『염불보권문』 제1부의 「극락세계칠보지중유구품연화대」와 마찬가지로, 경문의 내용 그대로가 아닌 것이다. 이렇듯 본사-3은 『아미타경』의 관련 부분과 달리, 극락세계의 새들이 염불을 하고, 극락세계의 도처에서 염불소리가 들리는 광경을 묘사하고 있다. 이러한 묘사는 본사-1과 본사-2의 '염불'이 '칭명염불'이고, 염불중생이 칭명염불로 인해 극락에 왕생한 것임을 보여 주는 것이라 할 수 있다.

이상의 내용을 통해, 세 단락으로 구성된 〈서왕가〉의 본사는 '화자의 오도悟道 과정과 염불중생의 제도' → '애욕 탐착에 대한 경계와 염불의 이유 제시' → '극락세계 구경'의 내용 전개를 보이고, 각 단락은 '왕생과 성불'의 주지를 드러내고 있음을 알 수 있다. 곧, 〈서왕가〉는 참선 수행으로 깨달음을 얻은 '조사'가 염불중생을 데리고 극락세계로 가는 여정을 노래한 것으로, 그 과정에서 염불의 이유가 왕생과 성불에 있음을 강조하고 있는 것이다.

이와 같은 〈서왕가〉의 주제의식은 앞의 제2절에서 살펴보았던 『염불보권문』의 제1부, 더 나아가 『염불보권문』 전체의 주제의식에 다름 아닙니다. 다만 제1부가 '부처의 말씀'이라면 이 〈서왕가〉는 '조사의 노래'라는 차이가 있을 뿐인데, '부처'와 '조사'의 차이는 〈서왕가〉가 『염불보권

---

40 구마라집鳩摩羅什 역譯, 『불설아미타경佛說阿彌陀經』. "彼國常有, 種種奇妙, 雜色之鳥. 白鵠·孔雀·鸚鵡·舍利·迦陵頻伽·共命之鳥. 是諸衆鳥, 晝夜六時, 出和雅音, 其音演暢, 五根·五力·七菩提分·八聖道分, 如是等法."(『대정장』 12, 347쪽)
41 구마라집 역, 앞의 책. "彼佛國土, 微風吹動, 諸寶行樹及寶羅網, 出微妙音. 譬如百千種樂, 同時俱作. 聞是音者, 皆自然生念佛·念法·念僧之心."(『대정장』 12, 348쪽)

문』에 편입된 이유로 볼 수 있다.

『염불보권문』의 편자는 이 책의 주장을 보완·강화하고, 독자(청자)들에게 보다 쉽게 전달하기 위해, 조사의 노래이자 서사적 성격을 띠고 있는 〈서왕가〉를 제3부에 배치한 것이라 여겨진다. 그리하여 『염불보권문』은 수록된 글들의 제재적 측면에서 '부처님의 말씀'(제1부) · '왕생인의 체험'(제2부) · '조사의 노래'(제3부)라는 구성을 갖추게 되고, 그 결과 이 책의 주제의식은 부처 · 왕생인 · 조사가 모두 주장한 것이자, 동시에 이들은 이러한 주장의 증인이 되는 것이다.

다시 말해, 〈서왕가〉는 『염불보권문』에서 분리할 수 없는 것으로, 비록 한 편의 가사작품에 불과하지만, 『염불보권문』 전체의 주제의식을 형성·강화하는 동시에 이를 증명하는 기능을 담당하고 있는 것이다.

### 〈강월존자서왕가〉와의 비교

(4) [가] 나도 이럴만뎡 世上의 仁者러니
　　　無常을 싱각ᄒ니 다거즛 거시로다
　　　父母의 受흔 얼골 죽은후의 쇽졀없다
　　[나] 져근덧 결단ᄒ야 世事를 다ᄇ리고
　　　父母의 하딕ᄒ고 單瓢子 一衲衣로
　　　靑藜杖을 빗기잡고 名山을 ᄎᄌ자들어
　　　善知識을 親見ᄒ야 이ᄆᆷ을 볼키려고
　　　千經 萬論을 낫낫치 ᄎ자보며
　　　六賊을 잡쟈ᄒ고 虛空馬를 틱겨ᄐ고
　　　智慧劒을 빗기들고 五蘊山애 들어가니
　　　千山은 疊疊ᄒᄃᆡ 四相山이 더옥놉다

六根 門頭의 자최업순 도적은
나며들며 ᄒᆞᄂᆞᆫ듕에 煩惱心 베텨내고
<u>六度로 ᄇᆡ를무어</u> 三界海 건너랴고
念佛衆生 실어두고 三乘 짐째예
一乘돗 돌아두니 春風이 슌히블고
白雲이 섯도ᄂᆞᆫᄃᆡ 人間을 싱각ᄒᆞ니
슬프고 셜운디라

[다] 念佛마ᄂᆞᆫ 衆生들아 몃싱을 살냐ᄒᆞ고
世事만 貪着ᄒᆞ야 愛慾의 줌겻ᄂᆞ다
ᄒᆞᄅᆞ도 열두시오 ᄒᆞᆫᄃᆞᆯ도 셜흔날에
어ᄂᆞ날 어ᄂᆞ시예 한가ᄒᆞᆫ 境界
어들넌고 淸淨ᄒᆞᆫ 佛性은 사ᄅᆞᆷ마다
ᄀᆞ자신들 어ᄂᆞ날에 싱각ᄒᆞ며 恒沙功德은
本來具足 ᄒᆞ여신들 어ᄂᆞᄶᅢ예 내여쁠고
極樂은 멀어디고 惡塗ᄂᆞᆫ 갓갑도다
이보시소 어로신ᄂᆡ 念佛善種 심으시소
今生에 ᄒᆞ온功德 後生에 슈ᄒᆞᄂᆞ니
百年 貪物은 一朝애 삭아디고
ⓐ <u>三日修心은 千萬劫의 다ᄒᆞᆷ업ᄉᆞ 보빗니다</u>
<u>어와 이보시소</u> 乾坤이 크다ᄒᆞᆫ들
이ᄆᆞ음의 미츨손가 日月이 붉다ᄒᆞᆫ들
이ᄆᆞ음의 미츨손가 三世 諸佛은
이ᄆᆞ음을 아ᄅᆞ시고 六道 衆生은
이ᄆᆞ음을 져ᄇᆞ릴ᄉᆡ 三界輪廻 어ᄂᆞᄶᅢ에 긋칠손가

[라] 어와 슬프다 어로신ᄂᆡ

이내말슴 信聽ᄒ야 부즈러니 念佛ᄒ야
西方으로 가시쇼셔.

위의 인용문은 『신편보권문』에 수록된 〈강월존자서왕가〉를 옮긴 것이다. 인용문 (4)의 [가]~[라] 단락은 각각 인용문 (3)의 [A]~[C]와 [E] 단락에 대응된다. 〈나옹화샹셔왕가〉[42]가 『신편보권문』에 편입되면서 달라진 점으로 우선 노랫말의 표기를 지적할 수 있다. 한글로 표기된 전자의 한자어는 후자에서 모두 한자로 표기되어 있는 것이다.

또한 〈나옹화샹셔왕가〉의 몇몇 시어 및 노랫말이 수정되거나 삭제되어 있다. 인용문 (3)의 "마야검을 손애들고"·"지혜로 빈ᄅ 무에"가, 인용문 (4)에서는 각각 "智慧劒을 빗기들고"·"六度로 빈ᄅ 무어"로 교체되어 있고, 전자의 "력천겁이 블고ᄒ고 궁만셰이 쟝금이라"의 노랫말이 후자에 빠져 있다. 특히 인용문 (3)의 "삼일히온 념불은 빅쳔만겁에 다흠 업슨 보뵈로쇠"가, (4)의 ⓐ에서 "三日修心은 千萬劫의 다흠 업슨 보빈니다"로 바뀐 점은 주목을 요한다.

〈강월존자서왕가〉의 이 ⓐ는 〈나옹화샹셔왕가〉의 '염불'을 '수심'으로 수정한 것인데, 이 수정으로 인해 후자의 "어와 이보뵈"가 "어와 이보시소"로 바뀌었고, 그 결과 인용문 (4)의 [다] 단락은 '염불'이 아닌 염불하는 사람의 '마음'을 강조하고 있다.[43] 그리고 '염불'에서 '수심'으로의

---

42 여기에서는 서술의 편의상, '〈서왕가〉' 대신 『염불보권문』 소재 〈서왕가〉의 원原제목인 '〈나옹화샹셔왕가〉'를 사용하기로 한다.
43 김종진, 앞의 논문, 36쪽에서는, "'이 보배'로 시작했을 경우 앞 단락에서 제시한 '삼일하온 염불이 백천만겁에 다함없는 보배로세'의 보배, 즉 염불공덕의 가치에 대한 부연 설명으로 볼 수 있는 것이고, '어와 이보시소'로 시작했을 경우에는 내 안에 감추어진 보배를 강조하는 내용을 담은 단락으로 전환되는 기능을 하는 것이어서, 그 차이는 단순한 어휘의 변개 차원이 아니라 한 단락의 성격을 규정하는 매우 중요한 변개가 된다."라고 하였다.

교체는 〈나옹화샹셔왕가〉의 본사-3이 〈강월존자서왕가〉에서 삭제된 이유로도 볼 수 있다.[44]

이 단락은 극락세계의 모습을 묘사한 것으로, 칭명염불을 왕생의 방법으로 제시하고 있다. 이러한 내용은 '마음'을 강조하는 〈강월존자서왕가〉의 맥락에서 벗어나는 것이다. '서방'의 시어를 포함하고 있는 [라] 단락의 경우는, 작품의 제목인 '서왕가'를 의식한 『신편보권문』 편자의 창작으로 보인다. 청자들이 염불하여 서방으로 갈 것을 권하는 이 단락까지 없다면, 이 노래는 더 이상 '서왕가'란 이름으로 부를 수 없기 때문이다.

결국, 〈나옹화샹셔왕가〉에서 〈강월존자서왕가〉로의 변화는, '수심'을 목적으로 한 관념염불을 주장하고 있는 『신편보권문』의 편찬 의도가 반영된 것이라 하겠다. 그리고 이상의 사실은, 나옹이 〈서왕가〉의 작가가 아닐 가능성과, 『신편보권문』의 편찬이 『염불보권문』에 대한 반론의 성격을 띠고 있음을 짐작하게 한다. 이에 대해서는 절을 달리하여 살펴볼 것이다.

## 4. 작가 문제와 불교사의 맥락

〈서왕가〉는 화자가 염불중생과 함께 극락세계로 가는 여정을 노래한

---

[44] 〈나옹화샹셔왕가〉의 극락 묘사가 삭제된 이유에 대해, 김종진, 앞의 책, 114쪽에서는 "『신편보권문』의 편자는 이러한 대목을 생략하여 상대적으로 간결한 텍스트를 만들어 놓았다. 여기에는 이 대목을 구비전승의 결과로 판단했던 편자의 의식이 반영되어 있는 것으로 생각된다."라고 하였다. 그리고 최형우, 앞의 논문, 308~309쪽에서는, 교시적 사설로서의 일관성과 현세에서의 염불공덕을 강조하고자 한 『신편보권문』 편자의 의도에 의한 것으로 보았다.

것으로, 그 과정에서 염불의 이유가 왕생과 성불에 있음을 강조하고 있다. 시적 화자가 '조사祖師'로 설정되어 있는 점은 여타의 불교가사와 구별되는 〈서왕가〉의 특징적인 국면이다.

이 특징으로 인해 〈서왕가〉는 『염불보권문』 전체의 주제의식을 형성·강화하는 동시에, 이를 증명하는 기능을 담당하고 있다. 『염불보권문』의 편자는 제1~3부에 '부처님의 말씀'·'왕생인의 체험'·'조사의 노래'를 차례대로 배치하여, 칭명염불만으로 왕생·성불할 수 있다는 이 책의 주제의식을 표출하고 있기 때문이다. 여기에서 '부처'·'왕생인'·'조사'는 발화자이자, 증인이 되는 것이다.

그런데 『염불보권문』의 편자가 자신의 주장을 펴기 위해 경전·왕생담·〈서왕가〉를 그 근거로 내세우고 있는 이유는 당시의 불교계 상황과 관련이 있다.

17~18세기의 불교계는 그 이전·이후와 달리, 정토·염불 관련 책들을 집중적으로 편찬·간행하고 있다. 『염불보권문』·『신편보권문』 외에도, 나암 보우懶庵普雨(1509~1565)의 『권념요록勸念要錄』(1637), 편자 미상의 『참선염불문參禪念佛文』(1648), 백암 성총栢庵性聰(1631~1700)의 『정토보서淨土寶書』(1686)·『정토찬淨土讚』(1702), 기성 쾌선箕城快善(1693~1764)의 『청택법보은문請擇法報恩文』(1767)·『염불환향곡念佛還鄉曲』(1767) 등을 그 예로 들 수 있다.[45]

기성 쾌선의 저서를 제외한 이들 염불서는, 염불을 선 수행의 방편으로 활용하고 있다. 서방정토·칭명염불을 언급하면서도 '유심정토唯心淨土'와 '관념염불觀念念佛'을 강조하는 '염불선念佛禪'적 경향성을 띠고 있

---

[45] 이들 책의 서지 및 내용은 이종수, 「조선 후기 불교의 수행체계 연구」, 동국대학교 박사학위논문, 2010, 155~169쪽에 자세히 정리되어 있다.

는 것이다. 예를 들어, 『권념요록』의 「관법觀法」에서는 관상염불이 칭명염불보다 훨씬 뛰어남을 말한 뒤, 입으로 염불하고 마음으로 생각해야만 왕생할 수 있음을 강조하고 있다.[46]

『정토보서』의 경우는 관상염불의 구체적인 방법을 다음과 같이 소개하고 있다. "앉아 있을 때 먼저 내 몸이 원광圓光 가운데 있음을 관상하고, 코끝을 조용히 바라보면서 숨을 들이마시고 내쉬는 것을 관상하라. …(중략)… 이에 오래도록 익숙해지면 마음의 눈이 시원히 열리고 삼매가 현전하리니, 이것이 유심정토이다."[47] 이들 염불서는 왕생의 목적이나 성불에 관해서는 직접적인 언급을 피하고 있다.

이상과 같은 '선념일심禪念一心' 또는 '선정일치禪淨一致'의 염불·정토관은 이들 염불서에만 국한된 것이 아니라, 당시 대부분의 선사에게도 해당되는 조선 후기 불교계의 보편적인 흐름이다.[48] 이러한 불교계 상황에서, 칭명염불만으로 왕생·성불할 수 있음을 주장하는『염불보권문』의 편찬은, 기존의 염불선적 경향에 대한 대안이자, 일종의 '염불운동'을 지향한 것이라 할 수 있다. 새로운 움직임에는 비판과 반발이 따르기 마련이므로,『염불보권문』의 편자는 자신의 주장이 교리적인 측면에서 옳은 것임을 입증해야 했고, 그 방법으로 제시한 것이 바로 '부처의 말씀'과 '조사의 노래'였던 것이다.

『염불보권문』의 이와 같은 시도는 이후의 불교계에 큰 반향을 일으켰

---

46 나암 보우,「관법」,『권념요록』. "如此久久, 念心成熟, 自然感應, 見佛全身, 此法最上, 謂心想佛時即是佛, 又過於口念也. …(中略)… 心則緣佛境界, 憶持不忘, 口則稱佛名號, 分明不亂, 如是心口內外相應. …(中略)… 何因不生極樂國, 何緣不見彌陁佛."(『한불전』 7, 613쪽)
47 백암 성총,「염불법문念佛法門」,『정토보서』. "凡坐時, 先想己身, 在圓光中, 默觀鼻端, 想出入息. …(中略)… 久久純熟, 心眼開通, 三昧現前, 即是唯心淨土."(『한불전』 8, 487쪽)
48 서정문,「조선 후기의 염불관」,『교수논문집』 4, 중앙승가대, 1995, 29~30쪽; 이종수, 앞의 논문, 182~183쪽.

음을 알 수 있다. 칭명염불·성불을 강조하고 있는 『청택법보은문』·『염불환향곡』[49]의 편찬·간행과, 『염불보권문』이 18세기의 한 세기 동안 경상도·황해도·평안도·전라도지역의 각 사찰에서 일곱 차례나 판각되었다는 사실이 이를 보여 준다. 그리고 『신편보권문』의 편찬 역시 『염불보권문』의 반향을 보여 주는 것이라 하겠다.[50] 『염불보권문』 이전의 염불서들에서 주장되었던 '관념염불'과 '수심'을 이 책에서 다시금 강조하고 있는 점은, '칭명염불'·'성불'에 대한 교정 내지 반론으로 볼 수 있기 때문이다.

한편, 『신편보권문』의 편자는 『염불보권문』 소재 〈서왕가〉의 한 단락을 삭제하고, 결사의 노랫말을 새로 짓고 있다. 작품의 제목에 명기된 것처럼 나옹이 〈서왕가〉의 작가라면, 과연 이러한 변개가 가능할지 의문이다. 그리고 지금까지 살펴보았던, 〈서왕가〉의 주제의식과 『염불보권문』에서의 위치를 염두에 두면, 나옹의 〈서왕가〉 창작의 가능성은 희박해 보인다. 또한 『염불보권문』에 수록된 글들이 출전을 명시하지 않은 채 '석가불운'·'불언'임을 강조하고, 경전명이 명기된 경우에도 경문의 내용과 다르다는 점은, '나옹화상'의 명기 역시 실제 작가와 다를 수 있음을 짐작하게 한다.

그렇다면, 수많은 고승 중에서 나옹의 이름이 작품의 제목에 명기된 이유는 무엇일까?[51] 이 문제를 해결하기 위해서는 고려시대가 아닌, 조

---

49 이 두 저서의 내용 및 성격에 대해서는 이종수, 「18세기 기성쾌선의 염불문 연구」, 『보조사상』 30, 보조사상연구원, 2008, 156~163쪽에서 살펴보고 있다.
50 『신편보권문』의 「서문」에는 다음과 같은 언급이 있다. "염불은 중국에 이르러 동진 혜원 법사가 크게 떨쳤고, 우리 조선에서도 사람들이 많이들 힘써 왔는데, 근년 이래로 또한 자못 성행하고 있다.(至眞丹東晋, 遠法師大振, 至我鮮域, 人多務焉, 近我以來, 亦頗盛焉)"(『한불전』 9, 695쪽)
51 정재호, 앞의 논문, 172쪽에서는 나옹의 이름이 〈서왕가〉의 제목에 명기된 이유에 대해 다음과 같이 설명하고 있다. "많은 고승 가운데 하필이면 나옹이어야 하는가 하는

선시대 불교계에서의 나옹의 위상 또는 나옹에 대한 인식을 살펴볼 필요가 있다.

1529년(중종 24)에 간행된 편자 미상의 『조원통록촬요祖源通錄撮要』에는 장문으로 된 나옹의 전기가 실려 있는데, 이 전기에는 다음과 같은 내용이 포함되어 있다. "『치성광명경』에 이르기를, 세존이 가섭존자에게 말하였다. …(중략)… 경신년庚申年(1320)에 한 비구가 태어나 훌륭한 사문沙門이 되어 큰 불사를 이루고 모든 외도를 부수리라. 그 이름은 '보제 나옹普濟懶翁'이고 그 회상會上은 '공부선工夫選'이라고 할 것이다. 가섭아, 이 사람이 내 몸인 것을 알아야 한다."52

여기에서의 『치성광명경』은 우리나라에서 만들어진 '위경僞經'으로, 현재 전하지 않는다.53 이 인용문을 통해 당시 불교계에서 나옹이 '석가불의 후신'으로 인식되고 있음을 알 수 있는데, 이러한 인식은 조선 후기에 편찬된 『진묵조사유적고震默祖師遺蹟攷』(1857)의 「발문」에서도 나타나 있다.54 이렇듯 나옹이 석가불의 후신으로 격상되어 있다는 점만으로도 조선시대 불교계에서 차지하는 나옹의 위상을 엿볼 수 있다.

'석가불의 후신'이라는 인식 외에, 나옹은 17~18세기에 간행된 불교의식집에서 '조사'로서 예경의 대상이 되고 있다. 곧 『선문조사예참작법禪門祖師禮懺作法』(1670)·『제반문諸般文』(1694)·『범음집梵音集』(1721)·『자기

---

문제인데, 이는 구비문학을 전승하는 집단의 선택이라 할 수 있다. 〈서왕가〉 이외 〈수도가〉, 〈승원가〉, 〈낙도가〉, 〈심우가〉 등 여러 가사의 작자를 모두 나옹으로 가탁한 것은 그만큼 그들에게 나옹이 위대하게 생각되었기 때문이다."

52 편자 미상, 「호현품互顯品」 제3, 『조원통록촬요』 권4. "熾盛光明經云, 世尊告迦葉尊者曰. …(中略)… 庚申之間, 有一比丘, 作大沙門, 作大佛事, 破諸外道, 號曰普濟懶翁. 其會曰工夫選, 迦葉當知, 我身是也."(『한불전』 7, 806쪽)

53 남동신, 앞의 논문, 192쪽.

54 제산 운고霽山雲皐, 「발跋」, 『진묵조사유적고』 하권. "余嘗讀釋迦懸記, 有云我滅度後, 有一比丘出, 名懶翁, 我身是也."(『한불전』 10, 883쪽)

산보문仔變刪補文』(1724) 등의 의식집에 수록된 '조사예참문'[55]은 모두 나옹을 포함하고 있다.[56] 그런데 나옹의 예참문에는 다른 선사들에게 없는 "삼한의 조실로 만년을 전한다.(三韓祖室萬年傳)"라는 언급이 있어 주목을 요한다.[57] 이 언급은 나옹이 여러 조사 중에서도 '삼한의 조실'로 예경되고 있음을 보여 주고 있는 것이다.

여기에서, 나옹이 〈서왕가〉의 작가로 명기된 이유를 짐작할 수 있다. 곧 '조사의 노래'인 〈서왕가〉의 작가를 표방함에 있어, '삼한의 조실'로 존숭되던 나옹 외에는 다른 선택이 없었다는 것이다. 기존의 염불선적 경향에 대한 대안으로 『염불보권문』을 기획한 편자의 입장에서, '삼한의 조실'인 나옹이 칭명염불과 왕생·성불을 권유하는 것만큼 효과적인 방법은 없었을 것이기 때문이다.

결국, 〈서왕가〉는 일종의 염불운동을 지향한 『염불보권문』 편자의 의도 아래 편입 또는 창작된 것으로, 18세기 불교계의 새로운 움직임이 투영된 노래이자, 그 움직임을 선도하고 있는 노래라 할 것이다.

---

[55] 이들 의식집에는 차례대로 「선문조사예참문禪門祖師禮懺文」·「조사공양문祖師供養文」·「선문조사예참禪門祖師禮懺」·「향당제조사청좌의문鄕唐諸祖師請坐儀文」의 이름으로 실려 있다.

[56] 이들 불교의식집의 '조사예참문'에 포함된 고려·조선의 조사는 보조 지눌普照知訥(1158~1210)과 나옹, 그리고 나옹의 제자인 무학 자초無學自超(1327~1405)의 세 명뿐이다.

[57] 이 문장은 게송의 일부로, 4종의 불교의식집에 모두 보이는데, 『선문조사예참작법』 소재 나옹 관련 예참문을 소개하면 다음과 같다. 설매雪梅·도성道性, 「선문조사예참문」, 『선문조사예참작법』, "至心歸命禮, 龍神護喪, 旱天瀰江, 恭愍王師, 普濟尊者, 願降道場, 受此供養. 摩竭千劍平山喝, 選擇功夫對御前, 最後神光遺舍利, **三韓祖室萬年傳**, 故我一心, 歸命頂禮."(박세민 편, 『한국불교의례자료총서』 2, 삼성암, 1993, 451쪽)

## 제4장
# 19세기 진묵 설화의 기록화

## 1. 진묵 설화와 『진묵조사유적고』

 진묵 일옥震默一玉(1562~1633)은 한국불교사에서 조금은 특이한 인물에 속한다. 그는 한 권의 저서도 남기지 않았고, 그의 이름은 사서史書·문집 등 동시대의 어떠한 기록에도 보이지 않는다. 그럼에도 진묵에 관한 설화는 전북의 김제·완주·전주지역을 중심으로 현재까지 전해지고 있으며, 그의 탄생지와 어머니의 묘소에는 참배객의 행렬이 이어지고 있다. 또한 신흥종교인 증산교·원불교의 경전에서는 불교를 대표하는 인물로 자리매김되어 있다.

 진묵에 관한 연구는 그동안 불교학·국사학·종교학·국문학 분야에서 적지 않은 논의가 있어 왔다. 지금까지 대체로 진묵의 생애 복원과 사상적 특징,[1] 진묵 신앙의 유포 현황과 그 성격,[2] 진묵과 원불교·증산

---

[1] 한기두, 「진묵의 법풍」, 『한국사상사』, 원광대학교출판국, 1984; 김방룡, 「설화를 통해 본 진묵 일옥의 삶과 사상」, 『한국불교학』 44, 한국불교학회, 2006; 이선이, 「『진묵선사유적고』에 보이는 경전명과 그 의미」, 『정토학연구』 16, 한국정토학회, 2011; 차차석,

교·유교와의 관계,³ 진묵 설화의 문학적 특징⁴ 등이 논의되었다.

이들 논의는 관심 영역과 구체적인 내용의 차이에도 불구하고, 모두 1857년(철종 8)에 간행된 『진묵조사유적고震默祖師遺蹟攷』를 텍스트로 삼고 있다는 공통점을 갖는다. 그런데 기존의 논의는 『진묵조사유적고』를 유일한 분석 대상으로 삼고 있으면서도, 이 책의 편찬·간행 경위와 이 책에 수록된 글들의 내용 및 성격에 대해서는 관심을 보이지 않고 있다.

『진묵조사유적고』(이하『유적고』로 표기)는 진묵의 사후死後 처음으로 편찬·간행된 진묵 관련 문헌으로, 목판본의 상·하 두 권으로 되어 있다. 상권에는 은고隱皐 김기종金箕鍾(1783~1850)과 초의 의순草衣意恂(1786~1866)의 서문이 실려 있다. 그 뒤에 진묵 조사의 '유적'과 초의의 '고증'이 있는 본문이 있으며, 본문에 이어『비화경悲華經』의 일부 내용을 발췌한「석가여래인지釋迦如來因地」가 있다. 하권은 조수삼趙秀三(1762~1849)의「영당중수기影堂重修記」와, 초의 의순·제산 운고霽山雲皐의 발문 및 김영곤·김영학의 발문으로 구성되어 있다. 여기에서 1833년에 쓰인 조수삼의「영당중수기」는 이 책을 위해 지은 것이 아니고, 조수삼의 문집인 『추재집』권8에서 옮겨 온 것이다.

김기종의 서문과 초의·제산의 발문에 따르면, 이 『유적고』는 전주지

---

「진묵 일옥의 선사상과 그 연원 고찰」, 『불교연구』 34, 한국불교연구원, 2011.
2 유병덕·김홍철·양은용, 「호남지역의 진묵 신앙 유포현황과 그 민중적 성격」, 『한국종교』 21, 원광대학교 종교문제연구소, 1996; 정륜, 「상생문화의 전통에 관한 연구—모악산 진표 율사와 진묵 대사를 중심으로」, 『범한철학』 67, 범한철학회, 2012.
3 백승종, 「소태산 대종사와 진묵 신앙의 관계 연구」, 『원불교학』 3, 한국원불교학회, 1998; 김방룡, 「증산교와 진묵 대사」, 『신종교연구』 4, 신종교학회, 2001; 황의동, 「진묵대사와 유교와의 대화」, 『한국사상과 문화』 56, 한국사상과 문화학회, 2011.
4 김명선, 「진묵 대사 설화 연구」, 전주우석대학교 석사학위논문, 1992; 김기옥, 「진묵 설화 연구」, 충남대학교 석사학위논문, 1999; 고석훈, 「진표·진묵이야기의 특질과 전승양상」, 동국대학교 석사학위논문, 2002.

역의 유사儒士인 김기종의 요청으로 인해 초의가 1847년에 그 편찬을 시작하여 1850년에 원고를 완성한 것이다. 그리고 책의 간행은 김기종이 죽은 뒤 그의 두 아들인 김영곤·김영학의 시주만으로 이루어진 것이다. 이 책에 수록된 진묵의 '유적' 또한 김기종이 같은 마을의 노인 및 승려들에게 어렸을 때부터 들어 왔던 이야기들을 초의에게 구술한 것으로 되어 있다.[5] 이렇듯 『유적고』는 그 이전과 동시대의 승려 문집 및 고승전기와는 다른, 호남지역의 유사가 주도적으로 참여한 문헌설화집의 성격을 띠고 있다.

한편, 김기종의 서문과 조수삼의 「영당중수기」는 『유적고』의 본문에 수록된 몇몇 일화와 같은 이야기를 소개하고 있는데, 그 구체적인 내용에서 차이를 보이고 있어 주목된다. 김기종은 유학자 봉곡鳳谷 김동준 金東準(1575~1661)[6]과 진묵의 교유를 강조하면서, 봉곡이 진묵에게 『자치통감강목資治通鑑綱目』을 빌려준 이야기를 서술하고 있다.[7] 그런데 조수삼의 「영당중수기」에는 『자치통감강목』을 빌려준 사람이 봉곡이 아닌 '전주부의 사인士人'으로 되어 있는 것이다.[8] 또한 「영당중수기」는 조수삼이 젊은 시절, 전주부의 노승老僧인 용파 새관龍波璽寬으로부터 전

---

5 김기종, 「진묵선사유적고서」, 『진묵조사유적고』 상권. "余以州人, 後師數百年, 生晩而好古, 聞諸遺老, 叩于衲子, 得其本末耳. …(中略)… 綴拾所嘗聞者, 付其徒草衣上人, 爲之撰次編旣就."(『한불전』 10, 877쪽)
6 김동준은 사계沙溪 김장생金長生(1548~1631)의 문인으로, 1623년 인조반정 후 김장생의 추천으로 의금부 도사에 임명되고, 감찰을 지냈으며, 병자호란이 일어나자 왕을 남한산성에 호종하였던 인물이다. 그는 영창대군의 살해와 인목대비의 폐모 사건이 일어날 무렵 전주에 있었는데, 그곳 사람들이 광해군의 처사에 찬성하는 상소문을 올리려 하자, 죽음을 무릅쓰고 반대하였다고 한다. 고석훈, 앞의 논문, 41쪽.
7 김기종, 앞의 글. "明宣兩朝間, 人物麋興, 有若鳳谷先生, 以沙翁高弟, 倡明道學. …(中略)… 先生借與綱目, 使一奚隨之."(『한불전』 10, 876쪽)
8 조수삼, 「영당중수기」, 『진묵조사유적고』 하권. "大師一日, 詣府中士人請, 借綱目全部, 令一力負而從之."(『한불전』 10, 882쪽)

해 들은 5편의 설화를 간략하게 제시하고 있는데, 이들 설화는 『유적고』 소재 일화와 적지 않은 차이를 보인다.[9]

이상의 사실은, 진묵이 입적한 지 150여 년 뒤인 18세기 후반에 이미 전주지역을 중심으로 진묵 설화가 활발히 유통되고 있었고, 『유적고』 소재 일화와는 다른 내용의 설화들이 존재하였음을 시사한다. 이러한 점들과 『유적고』의 본문이 일정한 내용적 경향성을 띠고 있는 점은, 『유적고』의 편찬 및 간행에 '유적 보존'[10] 외의 또 다른 목적이 있었음을 짐작하게 한다. 곧 『유적고』의 '진묵 형상화'는 『유적고』 간행의 기획자인 김기종과 '유적'을 기록한 초의의 의도가 일정 부분 투사된 결과라는 것이다.

그렇다면, 이와 같은 기록화의 이유 내지 목적에 대한 해명은, 『유적고』를 텍스트로 삼고 있는 진묵 연구에 있어 매우 중요한 문제라고 할 수 있다. 그러나 지금까지의 선행연구에서는 이 문제에 대한 어떠한 논의도 이루어지지 않고 있다.

그러므로 이 글은 진묵에 관한 본격적인 연구의 일환으로, 16·17세기의 인물인 진묵의 행적이 19세기에 기록된 이유와 그 시대적 의미를 규명하는 것을 목적으로 한다. 이를 위해, 『유적고』의 주요 내용 및 성격을 살펴본 뒤, 현재까지 채록된 총 61편의 구비설화를 대상으로 『유

---

9 조수삼, 앞의 글. "始余少而南遊, 府中耆老, 樂與過從, 有老僧龍波壐寬年七十餘, 時時說大師遺事, 而素余識之. 如曰, ㉠ 擲鉢而雨, 救海印之災也. ㉡ 撒鹽而雪, 助獵戶之餐也. ㉢ 莊嚴佛像, 永不改金也. ㉣ 塡塞泉眼, 莫能拔石也. ㉤ 被人强啖魚羹, 而開袴踞石, 魚皆從尻門出, 潑剌乎川中也."(『한불전』 10, 882쪽) 이들 설화 중, ㉣은 『유적고』의 본문에 전혀 없는 내용이고, ㉠과 ㉡은 『유적고』에서는 각각 쌀뜨물을 입에 머금어 공중에 뿌려서 불을 끄고, 시자를 시켜 소금을 갖다 주는 것으로 되어 있다.

10 김기종, 「진묵선사유적고서」, 앞의 책. "第念遺事之尙有可據者, 雖緣道高而壽傳, 然百不能一二存焉. 又後幾百年, 則將沙陶泡幻, 而無所餘矣, 寧不慨惜也, 於是乎."(『한불전』 10, 877쪽)

적고』 소재 일화와의 같은 점과 다른 점에 대해 검토할 것이다. 그리고 이상의 논의와, 『유적고』의 서문·발문에 대한 분석 및 19세기 불교계의 동향에 대한 고찰을 통해, 진묵 설화의 기록화가 함의하고 있는 시대적 의미를 밝히고자 한다.

## 2. 『진묵조사유적고』의 진묵 형상화

### '유적遺蹟'의 구성과 배열

구체적인 논의에 앞서 『유적고』 본문의 구성 및 내용을 제시하면 다음과 같다.

  (1) 『진묵조사유적고』 본문의 구성과 내용
   [1] 신중단神衆壇의 신장神將들이 사미沙彌였던 진묵의 예배 받기를 거부함.
   [2] 진묵이 바늘을 국수로 만듦.
   [3] 진묵의 효심.
       ① 어머니를 위해 산령山靈을 부려 모기를 쫓음.
       ② 진묵의 제문祭文.
       ③ 어머니 묘소의 영험함.
   [4] 술 즐기는 진묵.
   [5] 수능엄삼매首楞嚴三昧에 들어 『능엄경』을 읽음.
   [6] 목부암木鳧庵으로 거처를 옮김.
   [7] 관가에 빚을 진 아전을 도와줌.

[8] 사미의 장난으로 시냇물에 빠짐.
- 진묵의 7언 절구 소개.
- 초의의 '고증'.

[9] 봉곡 선생과의 교유.

[10] 신령한 기운을 다스림.

[11] 죽은 물고기를 살려 냄.

[12] 사냥꾼들에게 소금을 갖다 줌.

[13] 멀리서 해인사의 불을 끔.

[14] 삼매에 들어 먹지도 자지도 않음.

[15] 공중에서 내려온 발우.

[16] 불상 조성의 증사證師가 됨.
- 진묵의 7언 절구 소개.

[17] 진묵의 입적.
- 초의의 '고증'.

기존 논의에서는 논자에 따라 『유적고』 본문을 구성하고 있는 일화의 편수를 다르게 파악하고 있다.[11] 여기에서는 초의의 언급[12]과 원문의 분단에 의거하여 인용문 (1)에서 보듯 17편으로 확정하고 수록 순서에 따라 번호를 매겼다.[13]

---

11 김기옥, 앞의 논문, 19쪽에서는 20여 개의 설화, 고석훈, 앞의 논문, 32쪽에서는 20편의 이야기, 이선이, 앞의 논문, 314쪽에서는 20여 가지의 신통한 이야기가 수록된 것으로 파악하고 있다. 이들 외의 다른 논의들은 『유적고』의 본문을 분석 대상으로 삼고 있으면서도 본문의 구성 및 편수에 대해 어떠한 언급도 하지 않고 있다.
12 초의 의순, 앞의 글. "則向所記一十七則之言蹟."(『한불전』 10, 883쪽)
13 앞으로 이 글에서는 특별한 경우 외에는 일화의 제목을 거론하는 번거로움을 피하기 위해, 이 번호로 해당 일화를 가리킬 것임을 밝힌다.

『유적고』에 수록된 이 17편의 일화는 시간 순서에 따라 배열된 것이 아니고, 사건의 인과 관계에 의해 연결된 것도 아니다. 곧 진묵의 나이 7세 때의 일화인 [1]과, '임술년(1622년, 광해군 14)'이라는 구체적인 연대를 밝히고 있는 [16], 그리고 입적 당시의 일화인 [17]을 제외하고는 해당 일화가 있었던 시기를 알 수 없는 것이다.[14] 그러나 일화 [1]과 초의의 '고증'이 있는 일화 [8]에 주목하고, 각각의 일화에 등장하는 주요 인물들을 고려하면, 『유적고』 본문의 배열 원리 내지 의도를 어느 정도 짐작할 수 있다.

### 석가불의 화신

(2) 대사는 나이 7세에 출가하여 전주 봉서사鳳棲寺에서 내전內典을 읽었는데, 어려서부터 머리가 영특하고 총명하여 스승이 가르쳐 주지 않아도 깊은 속뜻을 환하게 알았다. 출가하여 머리 깎고 먹물 옷을 입고 사미가 되었을 때에 마침 절에 불사佛事가 있었다. 그 일을 관장하는 사람은 대사가 비록 나이는 어리지만 행실이 깨끗하다고 하여, 대사에게 불단佛壇을 호위하고 향을 받드는 소임을 맡겼다. 그러나 대사에게 그 일을 맡긴 지 오래지 않아 밀적신장密跡神將이 그 일을 관장하는 사람의 꿈에 나타나 말하였다. "<u>우리 여러 천신들은 다 부처님을 호위하는 신기神祇들인데, 도리어 어찌 감히 부처님께 예배 받을 수 있겠는가.</u> 어서 빨리 저 향 받드는 사람을 바꾸어 우리들로 하여금 아침저녁으로 편안하게 하라."[15]

---

**14** 다만 대부분의 일화는 그 장소를 밝히고 있는데, [4]·[11]·[13]·[16]·[17]에는 구체적인 장소가 명시되어 있지 않다.
**15** 초의 의순, 『진묵조사유적고』 상권. "先師年七歲出家, 讀內典於全州之鳳棲寺, 鳳慧英

(3) 대사가 일찍이 혼자 길을 가다가 한 사미를 만나 동행하게 되었다. 요수천樂水川가에 이르러 그 사미가 여쭈었다. "스님, 제가 먼저 건너가서 물이 얕은지 깊은지 알아보겠습니다." 사미는 신발을 벗고는 아무렇지도 않게 가뿐히 건너갔다. 대사도 그를 따라 옷도 벗지 않고 건너려다가 그만 물속에 빠지고 말았다. 사미는 얼른 와서 대사를 부축해 내었다. 대사는 비로소 나한의 놀림을 받은 줄 알고, 다음과 같은 게송을 읊었다. "영산의 어리석은 너희 16인이여/ 요수촌樂水村의 잿밥 먹기를 언제나 그치려나./ 그 신통과 묘용妙用은 비록 따르지 못하지만/ 대도大道는 이 늙은 비구에게 물어야 하리라."¹⁶

(4) 나한은 아공我空의 이치만 깨달아 분단分段의 생사를 초월하였으므로, 비록 호랑이를 타고 용을 결박 짓는 힘을 갖고 갖가지 형체에 붙을 수 있으며, 고기나 자라·새우·게 등과 더불어 하늘에 닿을 만큼 거센 물결 사이에 떴다 잠겼다 하면서 스스로 신통이 뛰어났다고 떠벌리곤 하더라도, 끝내는 지경智境이 혼융한 대도大道에는 들어가지 못한다. 이는 나한이 큰 법에 어둡기 때문이니, 이른바 법에 어두운 소승小乘이라는 것이다. 영산靈山은 영취산이고, 서역에 있다. 석가여래께서 1천2백 아라한 제자를 데리고 상주하시며 설법을 하던 곳이다. 대사께서 지금은 잠시 이 지방에 화현하여 계시지만,

---

達, 不由師教, 明核重玄, 既剃染爲沙彌時, 寺有佛事, 主事者, 以師年少而有淨行, 差爲擁護壇奉香之任. 行之未久 有密跡神將, 顯告於主事之夢曰, 我等諸天, 皆衛佛之神祇也, 焉敢返受佛禮. 亟令改換奉香, 使我得以安於晨夕."(『한불전』 10, 878쪽)

16 초의 의순, 앞의 책. "師嘗於途中獨行, 遇一沙彌, 與之同行. 至樂水川邊, 沙彌啓曰, 小僧先渡, 測其淺深, 遂露足輕輕而涉. 師將躡之身淹水中. 沙彌徑來扶出. 始知見戲於羅漢, 一偈記之曰, 寄汝靈山十六愚, 樂村齋飯幾時休, 神通妙用雖難及, 大道應問老比丘."(『한불전』 10, 879쪽)

원래는 영취산의 주불主佛이시다. 그리고 나한들이 비록 대사보다 먼저 오래전에 화현하긴 했지만, 원래는 대사께서 가르치신 제자였기 때문에 이렇게 어렵지 않게 희롱을 한 것이다. '늙은 비구'란 대사 자신을 말한 것이다. 이전부터 항상 대도로써 가르쳤거늘 옛일을 돌이켜 볼 생각을 전혀 하지 않고, 지금 또 이렇게 소소한 신통력을 가지고서 대사를 속이기 때문에 이와 같이 근본에 따라 가르치고 경계하신 것이다.[17]

인용문 (2)는 [1]의 일화를, 인용문 (3)·(4)는 일화 [8]과 이에 대한 초의의 '고증'을 옮긴 것이다. 일화 [1]은 출가한 지 얼마 되지 않은 진묵이 봉서사에서 향을 받드는 소임을 맡을 때의 이야기로, 신중단의 밀적신장이 그 일을 관장하는 사람의 꿈에 나타나 향 받드는 사미를 바꾸게 해 달라는 내용이다. 그 이유로, 부처를 호위하는 신중들이 도리어 부처의 예배를 받을 수 없다는 밀적신장의 발화가 제시되어 있다.

이와 같은 발화는 진묵이 부처의 화신이라는 사실을 보여 준다고 하겠는데, [3]·[4]·[6]·[7]의 일화는 각각 산령山靈·금강역사金剛力士·나한羅漢이 등장하여 진묵의 부림을 받거나 진묵의 일을 도와주고 있다. 곧 [3]에서 산신령은 진묵의 명령으로 어머니를 괴롭히는 모기떼를 마을에서 쫓아 버리고, [4]에서는 진묵에게 술을 주지 않은 승려를 금강역사가 철퇴로 내려치고 있다. 그리고 [6]과 [7]의 일화는 각각 진묵을

---

17 초의 의순, 앞의 책. "羅漢偏登我空之理, 超越分段生死, 雖具騎虎縛龍之力, 區區附形體, 與魚鼈鰕蟹, 浮沈於粘天鯨浪之間, 自謂神通不可及, 終不能回入於境智混融之大道. 是謂愚於大法, 故謂之愚法小乘也. 靈山即靈鷲山, 在西域, 釋迦如來與千二百阿羅漢弟子, 常住說法之處也. 大師今暫現化於此間, 元是靈山主佛. 羅漢雖久現化於我先, 元是我所教之弟子故, 如是無難弄戱也. 老比丘, 大師自謂也. 從前常敎大道, 而不肯回頭, 如今又以小, 小之神通, 却來謾師故, 如是據本敎警也."(『한불전』 10, 879쪽)

가까이 모시고 싶어 하는 16나한의 모습과, 진묵의 명령으로 전주부의 아전을 도와주는 나한의 모습을 묘사하고 있다.

인용문 (3)은 앞의 일화들과는 달리, 사미로 변한 나한이 진묵을 희롱하는 모습을 보여 준다. 길에서 우연히 만난 사미의 장난으로 인해 진묵이 옷을 입은 채 시냇물에 빠진 것이다. 그런데 이 일화에 대해 인용문 (4)는 스승과 제자 사이에 있을 수 있는 친밀한 행위로 해석하고 있어 주목된다. 그 근거로 초의는 진묵이 '영취산의 주불主佛', 곧 석가여래의 화신이라는 사실을 들고 있다.

이러한 초의의 '고증'을 염두에 둘 때, 앞서 언급했던 [3]·[4]·[6]·[7] 역시 진묵이 석가불의 화신임을 나타내는 일화로 읽힐 여지가 있다. 산신령·금강역사·나한의 공경을 받거나 그들을 부릴 수 있는 존재는 오직 부처만이 해당하기 때문이다. 곧 이들 일화를 포함한 『유적고』 본문의 [1]~[8]은 '진묵은 석가불의 화신'이라는 초의의 해석 내지 규정에 입각하여 선택 및 배열된 것이라 할 수 있다.

> (5) 이상의 두 경전의 뜻을 통해 보자면, 여래는 언제나 영산靈山에 머무르면서 열반에 드신 적이 없다. 그런데도 열반에 드시는 모습을 나타내 보이시는 것은 세간의 생·로·병·사를 따르기 위해서이다. 사실은 언제나 천백억의 몸을 나타내어서 인연에 따라 백억 세계에 흩어져 고통을 받는 일체중생을 다 교화하는 것이다. 또 그 낱낱 몸에서 무량한 작은 화신을 나타낸다. 그 화신은 부처님 몸뿐만 아니라 나아가서는 비구·비구니·국왕·재상·거사 등의 몸과 부녀·동녀의 몸으로까지 나타내면서, 그 부류에 따라 교화하여 해탈시키는 것이다. <u>지금의 우리 진묵 조사가 바로 이 남염부제의 석가의 작은 화신인 것이다.</u>[18]

인용문 (5)는 일화 [17]에 대한 '고증'의 일부로, 『유적고』 본문의 마지막 부분에 해당한다. 인용하지 않은 부분을 포함한 [17]의 '고증'에서, 초의는 인용문 (4)보다 더 구체적이고 상세하게 진묵이 석가불의 화신임을 증명하고 있다. 그 결과 "지금의 우리 진묵 조사가 바로 이 남염부제의 석가의 작은 화신인 것이다."라는 선언으로 『유적고』의 본문을 끝맺고 있는 것이다. (5)의 '두 경전'은 그 앞부분에서 관련 구절을 인용하고 있는 『법화경』과 『반열반경』을 가리킨다.[19]

초의는 이 두 경전의 인용에 만족하지 않고, 『유적고』의 본문 뒤에 '석가여래인지釋迦如來因地'라는 항목을 설정하여 『비화경悲華經』 제보살본수기품諸菩薩本授記品 제4의 일부 내용을 옮기고 있다. 「석가여래인지」는 그 제목 옆에 부기가 있는데, 이 부기는 초의가 이 경전을 발췌하여 수록한 의도가 어디에 있는지를 명확하게 드러낸다. 곧 "여래의 인행因行이 곧 우리 대사의 인행이기 때문에 여기에 인용한다."[20]라는 언급은, 이 「석가여래인지」가 『유적고』의 본문에 있었던 자신의 '고증'에 대한 경증經證임을 보여 주는 것이다.

북량北涼의 담무참曇無讖이 한역한 10권 6품의 『비화경』은 석가여래가 예토穢土에 출현하여 중생을 제도하는 이유를 설하고 있는 경전이다.

---

18 초의 의순, 앞의 책. "以此二經義而觀之, 如來常住靈山, 未曾入滅. 其示入滅者, 隨順世間生老病死. 其實常現千百億身, 隨緣散在百億世界, 敎化一切受苦衆生. 其於一一身, 又現無量小化身. 非但佛身, 乃至示現比丘比丘尼國王宰官居士之身, 及諸婦女童女之身, 隨類敎化, 皆令解脫. 今我震默祖師, 即此南閻浮提一釋迦之小化身也."(『한불전』 10, 880쪽)
19 초의 의순, 앞의 책. "**法華經云**, 如來常住而言滅度者, 以諸衆生, 見佛常住, 不興難遭之想, 聞法心緩, 道不得成. …(中略)… 又**般泥洹經云**, …(中略)… 是故善男子, 當知如來是常住法."(『한불전』 10, 880쪽)
20 초의 의순, 「석가여래인지」, 『진묵조사유적고』 상권. "如來因行, 即吾師之因行, 故引書于此."(『한불전』 10, 881쪽)

이 경전의 제보살본수기품 제4는 석가여래의 전신前身인 대비보살大悲菩薩이 보해범지寶海梵志로 있을 때, 당시의 부처인 보장불寶藏佛에게 맹세한 '5백 서원'에 관한 내용이다. 「석가여래인지」에 인용된 부분은 지옥에 있는 죄인들을 구제하겠다는 대비보살의 서원과, 보살의 네 가지 게으른 법·정진하는 법에 관한 보장불의 설법, 그리고 범지·해신海神·제석帝釋의 서원 등이다.

여기에서 주목되는 것은 대비보살에게 서원하고 있는 해신의 이름이 '조의調意'라는 점이다. 해신인 조의는 "지금부터 당신이 어디에 태어나든지 저는 항상 당신의 어머니가 될 것이니, 당신이 성불을 한 뒤에는 나에게 위없는 도의 기별을 주시길 바랍니다."[21]라고 서원하고 있다. 그런데 초의의 서문에는 진묵의 어머니가 바로 '조의씨調意氏'로 되어 있다.[22] 진묵의 어머니가 '조의씨'이고, 태어날 때마다 대비보살 곧 석가의 어머니가 될 것을 맹세한 해신의 이름이 '조의'라는 점은 우연의 일치라고 보기 어려울 것이다.

진묵의 어머니가 '조의씨'라는 사실은 초의의 서문에서만 확인된다. 현재 채록된 구비설화에는 어머니의 성씨가 아예 언급되어 있지 않거나, 간혹 '고시레' 설화와 관련하여 '고씨'로 되어 있다. 곧 초의는 당시 전해지지 않던 진묵 어머니의 성씨를, 진묵이 석가불의 화신임을 나타내기 위한 의도로 『비화경』의 해신 이름인 '조의'로 명명한 것이라 할 수 있다. 이렇게 본다면, 초의는 『유적고』 전체에 걸쳐 일관성 있게 진묵이 석가불의 화신임을 드러내고 있는 것이다.[23]

---

21　초의 의순, 앞의 글. "時有海神, <u>名曰調意</u>, 謂大悲言, 從今已往, 在在之處. 願我常當爲汝作母, 汝成佛已, 亦當授我無上道記."(『한불전』 10, 882쪽)
22　초의 의순, 「진묵선사유적고서」, 『진묵조사유적고』 상권. "師法諱一玉, 震默其自號也. 托胎於萬頃縣之佛居村<u>調意氏</u>."(『한불전』 10, 877쪽)
23　초의의 「서문」에는 진묵의 어머니에 대한 언급 바로 앞에 "我東國震默大師, 降化於明

그렇다면 『유적고』 후반부의 일화들 역시 진묵이 석가불의 화신이라는 관점에서 배열 및 서술된 것임을 짐작할 수 있다. [9]~[17]의 일화는 전반부의 일화들처럼 신적인 존재들이 보이지 않는 대신, 유학자·계집종·마을 소년들·사냥꾼·식욕 많은 승려들과 같은 비교적 다양한 계층의 인물들이 등장하고 있다.

이들 일화에서 진묵은 유학자가 빌려준 책을 읽는 대로 버리거나([9]), 봉곡의 계집종에게 "아들을 낳고 싶지 않느냐."라는 흰소리를 하고([10]), 생선국을 먹을 수 있냐는 마을 소년들의 희롱에 끓는 솥째 마시기도 하며([11]), 식욕 많은 대원사의 젊은 승려들에게 "이 절은 장차 7대 동안 재앙을 만나게 될 것이다."라는 저주를 퍼붓는다([15]). 또한 진묵은 아래의 인용문처럼 소금이 필요한 사냥꾼들에게 시자를 시켜 소금을 갖다 주기도 한다.

(6) 어느 날 대사가 시자를 불러 말하였다. "이 소금을 봉서사 남쪽 부곡婦谷으로 가져가거라." "가져가서는 누구에게 줍니까?" 시자가 묻자, 대사가 말하였다. "그곳에 가면 저절로 알게 될 것인데, 무얼 구태여 묻느냐?" 시자는 소금을 가지고 고개를 넘어 부곡으로 내려갔다. 그곳에는 사냥꾼 몇 사람이 막 노루고기를 잡아 놓고는, 소금이 있었으면 생각하면서 먹지 못하고 앉아 있었다. 시자가 소금을 그들 앞에 놓자, 그들은 모두 기뻐하면서 말하였다. "이것은 틀림없이 저 옥 노장이 우리가 배를 곯고 있는 것을 가엾게 여겨서 보내 주신 것이리라. <u>사람을 살려 내는 부처님이 골짜기마다 계신다고 하더니, 바로 이것을 두고 한 말인 것 같구나.</u>"[24]

---

廟之世, 即釋迦如來應身也."(『한불전』 10, 877쪽)라는 서술이 있다.
24 초의 의순, 앞의 책. "師喚侍者, 送鹽于鳳寺南婦谷中, 侍者曰送與阿誰, 曰去當自知, 何

인용문 (6)은 일화 [12]를 옮긴 것으로, 소금이 없어 육회를 먹지 못하고 있는 사냥꾼들의 사정을 알고 진묵이 시자를 시켜 소금을 보냈다는 내용이다. 이 (6)은 진묵이 천안통天眼通을 갖추고 있었음을 나타내는 이야기로 볼 수 있을 듯하다. 그렇지만 이 일화에서 보다 중요한 것은 밑줄 친 부분을 통해 '부처님'에 대한 당시의 민중 또는 초의의 생각을 엿볼 수 있다는 것이다. 곧 '부처'란 중생의 사소한 불편거리도 같이 걱정해 주고 그것을 해결해 줄 수 있는 존재에 다름 아니라는 것이다.

진묵이 먼 곳에서 해인사의 불을 껐다는 일화 [13]의 경우는, 다른 고승의 설화에도 보이는 유형이지만,[25] 여타의 구비설화에서 물에 적신 솔잎으로 불을 끄는 것과는 달리, 여기서는 '쌀뜨물'을 사용하고 있다. 이 일화에서도 진묵은 민중의 실생활에 밀착되어 있는 모습으로 나타나 있다. 비록 전반부의 일화이지만 진묵의 효심에 관한 [3] 역시 서민들의 생활과 밀착되어 있다. 산신령을 시켜 여름철 모기떼의 극성에서 벗어나게 했다는 사건과, 진묵 어머니의 묘소에 제사를 지내면 한 해의 농사가 잘되었다는 일화는 소박한 민중의 의식을 반영하는 것이기 때문이다.

결국, 『유적고』 소재 17편의 일화는 진묵을 석가불의 화신으로 형상화하고 있는데, [1]~[8]은 진묵의 부림을 받거나 진묵을 도와주는 산신령·금강역사·나한 등의 등장을 통해, [9]~[17]은 유학자·계집종·사냥꾼·소년 등의 다양한 인물과 진묵의 관계 맺음을 통해 구현하고 있는 것이다. 그리고 편찬자인 초의는 몇몇 일화에 대한 '고증'과 「석가여

---

必問. 爲侍者持鹽越嶺下谷. 有獵士數人, 方膾獐肉, 思鹽不飮而坐. 侍者致鹽于前皆喜, 是必玉老憐我之飢. 活人之佛, 谷谷有之者, 正謂此也."(『한불전』 10, 879쪽)

25 가장 대표적인 것이 「원효 대사와 지명유래」(『한국구비문학대계』 8-3, 1984, 157~158쪽)인데, 이 설화에서는 원효 대사가 물에 적신 솔잎으로 해인사의 불을 끄는 것으로 되어 있다.

래인지」의 '경증經證'으로써 이러한 진묵의 형상을 역사화하고 있다고 하겠다.

## 3. 구비설화에 나타난 진묵

### 자료의 현황

현재까지 학계에 보고된 진묵 관련 구비설화는 총 61편이다. 진묵 설화의 각 편을 같은 유형으로 묶은 뒤, 각 편의 제목·채록지역·제보자와 『유적고』와의 관련 양상 등을 도표로 정리하여 제시하면 다음과 같다.

〈표〉 진묵 관련 구비설화[26]

|   | 제목 | 채록지역 | 제보자 | 『유적고』와의 관계 | 비고 |
|---|---|---|---|---|---|
| 1 | 물고기를 되살려 낸 진묵 대사 | 전북 김제시 서암동 | 정주헌 | | |
| 2 | 먹은 물고기를 살려 낸 진묵 대사 | 전북 김제시 검산동 | 김병학 | | 물고기가 '송사리'로 되어 있음. |
| 3 | 물고기 살린 진묵 대사 | 전북 김제시 서암동 | 최판호 | 일화 [11]과 같은 유형. | |
| 4 | 붕어를 살린 진묵 대사 | 전북 완주군 이서면 | 서윤성 | | '유생들'이 진묵에게 붕어국을 먹으라고 함. |
| 5 | 중태기의 유래 | 전북 완주군 용진면 | 법원 스님 | | '유가 사람들'이 먹으라고 함. |
| 6 | 중태기를 살려 내다 | 전북 전주시 동완산동 | 추복룡 | | 진묵이 토한 것으로 되어 있음. '김봉곡'이 먹으라고 함. |

---

[26] 이 도표는 '한국구비문학대계' 사이트(www.gubi.aks.ac.kr)와 다음의 자료집 및 학위논문에 채록된 구비설화를 참조하여 작성한 것이다. 최래옥, 『한국구비문학대계』 5-2, 한국정신문화연구원, 1981; 최래옥·김균태, 『한국구비문학대계』 6-8, 한국정신문화연구원, 1986; 김명선, 앞의 논문, 89~107쪽; 고석훈, 앞의 논문, 83~87쪽.

| | | | | | |
|---|---|---|---|---|---|
| 7 | 중태기를 먹고 살려 내다 | 전북 전주시 완산동 | 백낙환 | | |
| 8 | 중토구의 유래 | 전북 진안군 부귀면 | 조낙주 | | 진묵이 토한 것으로 되어 있음. '김봉곡'이 먹으라고 함. |
| 9 | 진묵 대사와 물고기 중티기 | 전북 임실군 신평면 | 신상철 | | 진묵이 토한 것으로 되어 있음. '김봉곡'이 먹으라고 함. |
| 10 | 중고기의 유래 | 전남 장성군 북하면 | 안재운 | 일화 [11]과 같은 유형. | '농부들'이 먹으라고 함. |
| 11 | 죽은 물고기를 살려 낸 진묵 대사 | 전남 함평군 나산면 | 김재복 | | |
| 12 | 죽은 고라니를 살려 낸 진묵 대사 | 경남 양산시 상북면 | 류장열 | | '물고기'가 아닌 '고라니'로 되어 있음. 제보자가 전남 장성의 백양사에서 노스님에게 들은 것임. |
| 13 | 팔만대장경 소실을 미리 알고 막은 진묵 대사 | 전북 김제시 서암동 | 최판호 | | 진묵이 상좌와 함께 해인사에 감. |
| 14 | 해인사 팔만대장경 소실을 막은 진묵 대사 | 전북 김제시 서암동 | 정주헌 | | 진묵이 상좌와 함께 해인사에 감. |
| 15 | 해인사의 불을 끄다 | 전북 완주군 용진면 | 법원스님 | | |
| 16 | 멀리서 불을 끄다 | 전북 완주군 구이면 | 임철봉 | 일화 [13]과 같은 유형. | |
| 17 | 도통공부만 하는 진묵 대사 | 전북 전주시 동완산동 | 추복룡 | | |
| 18 | 해인사 화재를 솔잎물로 멀리서 끄다 | 전북 전주시 완산동 | 백낙환 | | |
| 19 | 상추로 송광사 불을 끈 상좌 | 전남 장성군 북하면 | 최준영 | | '진묵'이 아닌 '진묵의 상좌'가 불을 끔. |
| 20 | 효자 진묵 대사 | 전북 김제시 금산면 | 이희태 | | |
| 21 | 진묵 대사 어머니의 묘소 | 전북 김제시 검산동 | 김병학 | 일화 [3]과 같은 유형. | |
| 22 | 진묵 대사와 어머니 묘소 | 전남 고흥군 점암면 | 마영식 | | |
| 23 | 진묵 대사의 독서 능력 | 전북 김제시 서암동 | 정주헌 | | '어떤 승려'가 '불전'을 빌려줌. |
| 24 | 진묵 대사의 도술 | 전북 완주군 용진면 | 김광현 | 일화 [9]와 같은 유형. | 김봉곡이 '책 한 권'을 빌려줌. 책을 찢은 것으로 되어 있고, 찢은 책을 원상태로 돌려 줌. |

| | | | | | |
|---|---|---|---|---|---|
| 25 | 유학의 책을 다 외운 진묵 스님 | 전북 완주군 용진면 | 법원 스님 | | '유학 책 80권'으로 되어 있음. 책 80권을 진묵이 모두 찢어 버림. |
| 26 | 바늘을 국수로 말아 드신 진묵 대사 | 전북 김제시 만경읍 | 송헌 스님 | 일화 [2]와 같은 유형. | |
| 27 | 대원사 일화 | 전북 완주군 용진면 | 법원 스님 | | |
| 28 | 진묵 대사의 술 | 전남 함평군 나산면 | 김재복 | 일화 [4]와 같은 유형. | |
| 29 | 송광사 일화 | 전북 완주군 용진면 | 법원 스님 | 일화 [15]와 같은 유형. | '대둔사'가 아닌 '송광사'로 되어 있음. |
| 30 | 진묵이 죽은 이유 | 전북 김제시 검산동 | 김용길 | | |
| 31 | 경쟁자 최씨에게 죽은 진묵 대사 | 전북 김제시 만경읍 | 장주복 | | '최씨 성을 가진 승려'가 진묵의 육신을 불태움. |
| 32 | 진묵이 죽은 이유 | 전북 완주군 용진면 | 김광현 | | |
| 33 | 진묵 대사가 죽은 이유 | 전북 완주군 용진면 | 법원 스님 | | 과학문명을 배우러 서천으로 감. 김봉곡이 피를 토하고 죽음. |
| 34 | 진묵이 죽은 이유 | 전북 전주시 동완산동 | 추복룡 | | |
| 35 | 진묵과 김봉곡의 대립 | 전북 전주시 전미동 | 이주섭 | 없음. | |
| 36 | 진묵이 죽은 이유 | 전북 부안군 동진면 | 고택영 | | |
| 37 | 진묵 대사와 팔만대장경 | 전북 임실군 신평면 | 신상철 | | '김제 사는 양반'이 진묵을 죽임. '양반'이 자신의 집에서 즉사함. |
| 38 | 신통력을 가진 진묵 대사와 그를 방해한 김봉곡 | 전북 진안군 부귀면 | 조낙주 | | 이 설화에는 진묵의 저주 내지 보복이 없음. |
| 39 | 지는 해를 붙잡아 두던 진묵 대사 | 전북 김제시 검산동 | 김병학 | | 전주에 있을 때의 일로 되어 있음. |
| 40 | 누님의 밤길을 밝힌 달 | 전북 김제시 검산동 | 김용길 | | 대원사에 있을 때의 일. |
| 41 | 지는 해를 잡다 | 전북 완주군 용진면 | 김광현 | | 김제에 있을 때의 일. |
| 42 | 누님을 석양에 오십 리를 가게 하다 | 전북 전주시 완산동 | 백낙환 | | 위봉사에 있을 때의 일. 누님이 쌀을 얻으러 옴. |

| | | | | | |
|---|---|---|---|---|---|
| 43 | 누님 돕던 진묵 대사 | 전남 장성군 북하면 | 최준영 | | 운문암에 있을 때의 일. 누님이 매우 가난했다는 언급이 있음. |
| 44 | 진묵과 봉곡의 계란 쌓기 시합 | 전북 완주군 용진면 | 김광현 | 없음. | '유교'·'불교'의 언급이 있음. |
| 45 | 김봉곡과 진묵의 계란 쌓기 시합 | 전북 완주군 용진면 | 법원 스님 | | '유학'·'불가'의 언급이 있음. |
| 46 | 수왕사의 쌀 나오는 구멍 | 전북 김제시 금산면 | 김용길 | 없음. | 진묵이 대원사에 있을 때의 일. |
| 47 | 진묵 대사와 쌀 나오는 구멍 | 전북 완주군 구이면 | 이장수 | | 진묵이 수왕사에 있을 때의 일. |
| 48 | 바위구멍에서 쌀이 나와 밥해 먹기 | 전북 완주군 상관면 | 김홍진 | 없음. | 지금도 이 바위가 있다는 제보자의 언급 있음. |
| 49 | 여의주 태몽을 꾼 진묵 대사의 어머니 | 전북 김제시 만경읍 | 송헌 스님 | 없음. | |
| 50 | 생로병사를 이해한 어린아이 일옥 | 전북 김제시 만경읍 | 송헌 스님 | 없음. | |
| 51 | 봉서사로 출가한 진묵 대사 | 전북 김제시 만경읍 | 송헌 스님 | 없음. | |
| 52 | 개구리 울음소리를 듣고 출가한 진묵 대사 | 전북 김제시 금산면 | 이희태 | 없음. | 『송고승전』권14 「唐百濟國金山寺眞表傳」에 실린 진표 율사의 출가담과 유사함. |
| 53 | 시장에서 소금장수를 보고 깨우친 진묵 대사 | 전북 김제시 금산면 | 이희태 | 없음. | |
| 54 | 진묵 대사의 갑옷과 자 | 전북 완주군 상관면 | 김홍진 | 없음. | |
| 55 | 삼례 지명의 유래 | 전북 완주군 용진면 | 법원 스님 | 없음. | |
| 56 | 천상 감옥에 있는 진묵 대사 | 전북 완주군 상관면 | 김갑례 | 없음. | 옥황상제가 진묵에게 도통을 주었으나, 진묵은 자신의 이익만을 위하므로, 김봉곡을 보내 진묵을 죽임. |
| 57 | 가래침을 먹고 도통한 진묵 | 전북 전주시 동서학동 | 유동석 | 없음. | |
| 58 | 고시레의 유래 | 전북 부안군 동진면 | 고택영 | 없음. | 진묵의 어머니 이름이 '고시레'라고 함. |
| 59 | 진묵의 후신인 이서구 | 전북 진안군 백운면 | 정영수 | 없음. | |
| 60 | 북두칠성의 빛을 잃게 한 진묵 대사 | 전남 고흥군 점암면 | 마영식 | 없음. | |

| 61 | 천진암 진묵 대사의 도술 | 경남 양산시 상북면 | 류장열 | 없음. | 제보자가 백양사의 노스님에게 들은 이야기. |

위의 도표를 통해, 현재까지 파악된 진묵 설화는 대체로 전북의 김제·완주·전주지역에 집중적으로 분포되어 있고, 전북의 부안·진안과 전남의 고흥·장성에도 몇몇 설화가 유통되고 있음을 알 수 있다. 경남 양산에서 채록된 도표의 12·61번은 '비고' 항목에서 밝혔듯이, 해당 설화의 제보자가 2년 동안 전남 장성의 백양사에 머무르면서 들은 것이므로 예외적인 경우라고 할 수 있다. 진묵 설화가 집중되어 있는 김제·완주·전주는 각각 진묵의 출생지와 진묵이 오래 머물렀다고 하는 대원사, 그리고 진묵이 출가한 절로 알려진 봉서사가 있던 지역에 해당한다.

현재 전하는 61편의 구비설화 중, 『유적고』 소재 일화와 같은 유형으로 볼 수 있는 것은 도표 1~29번의 29편이다. 곧 1~12번, 13~19번, 20~22번, 23~25번, 26·27번, 28번, 29번의 설화는 각각 『유적고』의 [11]·[13]·[3]·[9]·[2]·[4]·[15]와 대응된다. 이들 설화는 세부적인 내용에서 차이가 있지만, 『유적고』 소재 7편의 일화들과 같은 모티프와 서사구조로 되어 있다.

그런데 1~12번과 13~19번의 설화들은 『유적고』뿐만 아니라 다른 고승설화에서도 같은 유형을 찾을 수 있다. 후자는 앞에서 언급했던 원효 설화 외에 사명당 설화에서 볼 수 있고,[27] 전자는 서산 대사가 물고기를 먹고 살려 냈다는, 「사명당과 서산 대사의 도술시합」 설화와 유사한 모티프를 갖고 있는 것이다.[28] 이들 외에도 26·27번과 『유적고』에

---

[27] 김기옥, 앞의 논문, 31쪽; 고석훈, 앞의 논문, 52쪽.
[28] 김승호, 「사명당 설화의 발생 환경과 수용 양상」, 『불교어문논집』 2, 불교어문학회, 1997, 70쪽; 김기옥, 앞의 논문, 31쪽.

없는 44~47번 설화 또한 나옹·사명당·원효설화에서 볼 수 있는 유형에 속한다.

비교 가능한 29편의 구비설화 가운데 도표의 20~22번과 26~29번은 그 구체적인 내용에 있어서도 『유적고』 소재 일화와 큰 차이가 없다. 그러므로 여기에서는 1~12번, 13~19번, 23~25번의 설화들에 한정하여 『유적고』 소재 일화와의 차이점에 대해 살펴볼 것이다.

### 유儒·불佛의 대립의식

(7) 한번은 대사가 길을 가다가 천렵川獵을 하는 여러 소년들이 시냇가에서 생선국을 끓이고 있는 것을 보게 되었다. ㉠ <u>대사는 끓는 솥을 내려다보면서 탄식하였다.</u> "이 좋은 고기들이 죄 없이 확탕지옥鑊湯地獄의 고통을 받고 있구나." 그러자 한 소년이 장난삼아 물었다. "스님은 이 생선국을 드시고 싶습니까?" 대사가 말하였다. "나야 잘 먹지." "그러면 이 한 솥을 몽땅 다 드릴 것이니, 스님 마음대로 실컷 드십시오." 대사는 그 무쇠 솥을 들어 입 속으로 몽땅 쏟아 부어서 남김없이 모조리 먹어 버렸다. 그러자 소년들은 모두 놀라워하면서 말하였다. "부처님은 살생을 하지 말라 하셨는데, 이렇게 생선국을 잘 드시니 어찌 스님이라 하겠습니까?" 대사가 말하였다. "물고기를 죽인 사람은 내가 아니다. 나는 이 물고기들을 다 살려 낼 수 있다." 그리고 바로 바지를 내려 벗고는, 물을 등지고 앉았다. 그러자 셀 수 없이 많은 물고기가 항문으로부터 쏟아져 나와 마치 봄 물결을 탄 듯 기세 좋게 흘러 내려가면서 번쩍번쩍 물 위로 뛰며 어지러이 헤엄쳐 갔다. ㉡ <u>대사는 그 물고기들을 돌아보며 말하였다.</u> "이 잘난 물고기들아, 지금부터는 저 강이나 바다로 멀리 나가서 놀

도록 하여라. 부디 미끼를 탐하여 확탕의 고통을 받는 일이 다시는 없도록 하여라." 그러자 그 소년들은 탄복하고, 그물을 걷어 모두 돌아갔다.[29]

(8) 여름에 어디를 대사가 누님한테를 가게 되었는디, 냇가에서 젊은 청년들이 천렵을 하더래요. 물고기 잡아서 그것을 끓여 놓고 술에 밥에. "저기 저 대사 이리 오라고 중도 괴기 먹을 줄 아는가?" "아, 주면 먹지요." 하 이거 참 그 펄펄 끓는 고기국을 내 주면서 먹어 보라고. 먹으라고 하닝개 먹제. 그 뜨건 냄비를 양쪽 손잡이만 잡고서 그냥 펄펄 끓는 놈. 뜨건 놈을 먹는 것도 먹는 것이지만, "중놈으로서 고기를 먹는 법이 어디가 있을까 보냐?"고 그 책망을 해. 책망을 하지. 중이 고기를 먹는다고. (웃음) "중이 고기를 먹어서야 쓰겠소. 도로 산 대로 내 놓겠소." 그러고는 궁둥이를 따고 똥을 누제. 똥을 누는디 큰 놈 작은 놈이 다 나오더래 고기가. (조사자: 다 살아서 나왔단 말이에요?) 아하. ⓒ <u>그게 중태기라고 있지요. 그 산꼭대기 물 있는디, 그게 중의 똥구녁으로 나오는 중태기라는 것인디, 비늘이 없어요. 비늘이 없어요.</u> (조사자: 비늘이 없어요?) <u>미끈미끈하니. 속가 사람은 안 먹습니다. 중의 똥구녁으로 나왔다고.</u> (웃음) <u>중의 똥구녁으로 나온 것을 먹어서야 쓰는가?</u>[30]

---

29 초의 의순, 『진묵조사유적고』 상권. "師於路次, 値衆少年川獵, 烹鮮于溪邊. 師俯視沸鼎而歎曰. 好個魚子, 無辜而受鑊湯之苦. 一少年戲之曰, 禪師欲沾魚羹麼. 師曰, 我也善喫. 少年曰, 這一沙羅, 任師盡喫. 師擡銅沙羅灌口, 頓呷了無餘. 於是衆皆驚異曰, 佛戒殺生能沾魚羹, 豈僧也. 師曰, 殺則非我, 活之在我. 遂解衣背水而瀉之, 無數銀鱗從後門瀉出, 活潑潑如乘春流而下, 閃閃然亂躍水面. 師顧胃魚子曰, 好個魚子, 從今遠游江海. 慎勿貪餌而再罹鑊湯之苦. 於是衆少年, 歎服解綱而去."(『한불전』 10, 879쪽)

30 최래옥, 앞의 책, 41~43쪽.

인용문 (7)은 『유적고』의 일화 [11]을, (8)은 도표 7번의 설화 「중태기를 먹고 살려 내다」를 옮긴 것이다. 인용문에서 보듯, (8)은 물고기에 대한 진묵의 발화인 (7)의 ㉠·㉡이 없는 대신, 이른바 '중태기'의 유래에 관한 ㉢의 내용이 첨가되어 있다.[31] (7)에만 있는 ㉠·㉡의 발화는 진묵이 물고기를 살려 낸 이유에 해당하는 것으로, 생명을 살리는 고승 또는 부처로서의 진묵의 면모를 강화하고 있다.

이에 반해, 인용문 (8)은 항문으로부터 물고기가 산 채로 쏟아져 나왔다는 신이한 화소話素에만 집중하고 있으며, 현재 전북지역의 계곡에서 흔히 볼 수 있다는 '중태기'에 관한 유래담으로서의 성격을 띠고 있다. 이 설화 외에도 도표의 5·8·9·10번 또한 '중태기' 또는 '중토구'의 유래에 관한 내용이 덧붙어 있다. 이들 중 8·9번의 설화는 6번과 함께 진묵이 물고기를 토한 것으로 되어 있다.

한편, 위의 일화 (7)과 설화 (8)에는 진묵의 상대 인물로 각각 '소년들'과 '청년들'이 등장하는데, 일부 설화에서는 이들과 다른 성격의 인물이 보이고 있다. 곧 4번과 5번 설화는 각각 '유생들'과 '유가 사람들'이, 6·8·9번 설화는 유학자인 '김봉곡'이 등장하여 승려인 진묵에게 생선국을 먹어 보라고 희롱하고 있다. '유생'·'유가'·'김봉곡'의 존재로 인해 이들 설화는, 뒤에서 살펴볼 도표 33~41번과 47·48번 설화만큼은 아니지만, 희미하게나마 유·불 내지 봉곡과 진묵의 대립의식을 드러내고 있다.[32]

---

[31] 참고로, 앞서 언급했던 「사명당과 서산 대사의 도술시합」은 인용문 (7)·(8)과, 항문으로 산 물고기를 쏟아 냈다는 모티프만 같을 뿐, '소년들' 또는 '청년들'이 등장하지 않고, 진묵의 발화 내용이나 물고기 관련 내용 또한 전혀 나타나 있지 않다.

[32] 그 예로, 도표 4번의 설화인 「붕어를 살린 진묵 대사」에는 "유생들이 말하자면 옛날에는 굉장히 탄압을 해 가지고 불교가 말하자면 엉망이 돼 있을 때여. 불교탄압을 해 가지고 그런 시기니까."라는 제보자의 언급이 있다. 고석훈, 앞의 논문, 84쪽.

다음으로 13~19번의 설화들은 『유적고』의 일화 [13]과 같은 유형에 해당한다. 앞에서 언급했듯이 이들 설화는 쌀뜨물로 해인사의 불을 끄는 『유적고』와 달리, 대체로 물에 적신 솔잎으로 불을 끄고 있다. 물론 17번은 『유적고』와 마찬가지로 쌀뜨물이 사용되고 있고, 16번은 바가지에 담긴 쌀뜨물을 솔잎으로 뿌리고 있다. 그리고 19번 설화의 경우는 해인사가 아닌 송광사의 불을 상추에 물을 묻혀서 끄고 있으며, 불을 끈 주체가 진묵의 상좌로 되어 있는 차이를 보인다.

그런데 이들 설화 중, 13·14·15·18번은 같은 모티프로 되어 있는 『유적고』 및 원효·사명당설화와 달리, 진묵이 불을 끈 장소가 해인사의 '경판고'로 되어 있고, 이로 인해 팔만대장경이 보존된 것이라는 제보자의 언급이 있다. 곧 13·14번의 설화는 진묵이 해인사 경판고에 화재가 생길 것을 미리 알고, 상좌와 함께 직접 해인사로 찾아가서, 막 불붙기 시작한 경판고의 화재를 진압했다는 내용이다.

15·18번의 경우는 먼 곳에서 물을 뿌려 해인사 경판고의 불을 끄고 있다. 해인사를 방문하거나 방문하지 않은 차이가 있음에도, 이 설화들의 제보자는 모두 진묵 때문에 팔만대장경이 지금까지 전해지고 있는 것으로 구술하고 있다.[33] 이들 설화는 역사적 사실과는 거리가 먼 허구에 불과하지만, 설화의 향유자들에게 있어서는 하나의 '진실'로 받아들여지고 있는 것이다. 이러한 점은 그들이 진묵을 불교를 대표하는 위대한 인물로 인식하고 있음을 반영하는 것이라 할 수 있다.

---

[33] "이렇게 찌그러 가지고 그 뒷이냐 팔만대장경 그 소실을 안 시켰다고 허는, 그런 얘기도 여그서 시방 듣고 있고 그려."(13번), "그래서 대장경, 팔만대장경을 이 양반이 화마에서 구출해 냈다. 이런 전설이 있습니다."(14번), "해인사의 불을 꺼서 팔만대장경을 구했다고 합니다."(15번), "팔만대장경이 다 타게 생겼어. 큰일 났어. …(중략)… 그래서 불을 끄고 그랬다는 말이여."(18번) 등이 이에 해당한다.

(9) 대사는 만년에 늘 전주 봉서사에 계셨다. 그 절에서 멀지 않은 곳에 봉곡鳳谷 선생이라는 사람이 살고 있었는데, 그 사람은 당시의 유학 儒學에 밝은 현인賢人이었다. 한번은 대사가 그 선생에게서 『강목綱 目』을 빌려서 바랑에 넣고 직접 메고 갔다. 선생은 사람을 시켜 대사의 뒤를 따라가며 지켜보도록 하였다. 대사는 길을 가면서 책 한 권을 빼서는 손에 들고 읽고 나서 땅바닥에 던져 버렸다. 그리고 또 한 권을 빼어서 손에 들고 다 읽고는 땅바닥에 던져 버렸다. 이런 식으로 절 문 앞에 이를 때까지 그 책들을 전부 땅바닥에 던져 버리고는 뒤도 돌아보지 않고 들어가 버렸다. 그 뒷날에 선생이 대사에게 물었다. "왜 빌려 간 책을 다 땅바닥에 던져 버렸습니까?" 그러자 대사가 대답했다. "물고기를 다 잡았으면 통발은 버리는 것입니다." 선생은 책을 들고 어려운 곳을 하나하나 물어보았는데, 대사는 하나도 틀림없이 다 알고 있었다.[34]

(10) 진묵이 하루는 김봉곡에게 와서 선생님 그 선생님 보는 책 좀 한번 빌리 달라고 말혀. 그리드랴. 그니까 그 책을 빌리줬어, 한 권을. 근디 가만히 책을 줘 놓고는 감서 보니까, 무조건 찾는 것이 찢어 내삐리는 거여 책을. (조사자: 보면서요?) 응. 책을 보는 것이 아니라 찢어 버려 그냥. (조사자: 가면서요?) 응 가면서. 자기 공부하는 데로 가면서, 절로 올라가면서 공부하는 데로 가면서 책을 찢어 놨어. 연신 계속 찢어 내삐리는 것을 알아단 말여. 알고는 그 이튿날

---

**34** 초의 의순, 앞의 책. "晚節常住鳳棲寺(全州地). 去寺不遠之地, 有鳳谷先生者, 當時儒賢也. 嘗從先生, 借綱目, 貯鉢囊, 自擔而行. 先生使人隨後覘之, 行且披閱, 手一卷看了抛地, 又拔一卷, 手之抛地如是, 至寺門盡抛, 不顧而入. 他日先生謂師曰, 借書而抛於地何也. 師曰, 得魚者忘筌. 先生逐篇擧難, 無不洞悉."(『한불전』 10, 879쪽)

인가 불렀어. 그 책을 봤으면 가져오니라. 찢어 내뻐리는 걸 알고 가져오니라 했어. 긍게 예 선생님 이틀만 연기를 히돌라고 하드래 이틀만. 그면 그래라. 그래서, 이틀을 딱 연기를 했어. 했더니 아닌 게 아니라 그와 같이 그대로 가지고 왔더래 그 책을. (조사자: 버렸는데?) 아먼. (조사자: 다시 써 왔단 말이죠?) 긍게 <u>어떻게 했든지 간에 그 책을 되려 가져왔다 이거여, 다 찢어 내뻐렸는데.</u> 그만큼 긍게 기술이 좋찬여. (조사자: 머리가 뛰어나단가요?) 응, 그치 나보다 높고 기술이 좋다는 얘기지, 봉곡보다는.[35]

위의 (9)·(10)은 각각 『유적고』의 일화 [9]와 도표 24번의 「진묵 대사의 도술」을 옮긴 것이다. 인용문 (10)에서 진묵은 (9)와 달리, 『자치통감강목』 한 질이 아닌 책 한 권을 봉곡에게 빌리고, 이 책을 길가에 버린 것이 아니라 한 장씩 모두 찢고 있다.[36] 또한 (9)의 일화가 진묵의 '집착 없음'과 '명석함'을 강조하고 있음에 비해, (10)의 설화는 찢은 책을 찢기 전의 상태로 돌려놓는 진묵의 신통력에 초점을 맞추고 있다. 그리고 (10)의 인용하지 않은 부분에는 "봉곡은 유교고, 진묵은 불곤디 불교한테 유교가 지것드라 이거야."[37]라는 제보자의 언급이 있다.

이 설화의 제보자는 진묵과 봉곡을 각각 불교와 유교를 대표하는 인물로 인식하고 있으며, 이 둘의 관계를 대립 내지 경쟁 관계로 파악하고 있는 것이다. 이러한 봉곡과 진묵의 경쟁 관계 내지 유·불의 대립의식은 (10)과 같은 유형에 속하는 도표 25번의 설화에서도 다음과 같이

---

[35] 김명선, 앞의 논문, 89~90쪽.
[36] 참고로, 이 (10)과 같은 유형에 속하는 도표 23번의 설화에는 책을 빌려준 사람이 '어떤 승려'로, 빌려준 책은 '불전'으로 되어 있으며, 25번 설화에서 진묵은 봉곡이 빌려준 '유학 책 80권'을 모두 찢어 버리고 있다.
[37] 김명선, 앞의 논문, 90쪽.

나타난다. 곧 "김봉곡이란 사람은 유학에선 자기가 대가라고 하는데 불가에 대해선 자기가 암껏도 모르잖아. 진묵 스님은 다 알아. 유학에서 자기가 최고라고 생각을 했는데 자기 자리를 뺏긴다는 그런 생각."[38]이라는 제보자의 언급이 그것이다.

그런데 김기종의『유적고』서문에 있는 아래의 인용문 (11)은『유적고』본문의 인용문 (9)와 함께 진묵과 봉곡의 교유에 관한 일화로 제시되어 있다. 김기종은 이 두 편의 일화에 대해, "두 분이 자주 긴밀하게 왕래하여 말로 하지 않아도 서로 이해하는 정의가 바로 이러하였던 것이다."[39]라는 논평을 덧붙이고 있는 것이다.

(11) 어느 날 선생이 계집종을 시켜 음식을 대접하고자 대사를 초대하였다. 계집종은 길에서 대사가 허공을 바라보고 서 있는 것을 발견하고, 선생의 뜻을 전달하였다. 그러자 대사가 그 계집종을 보고 물었다. "너는 아이를 배고 싶지 않느냐?" 여종이 응낙하지 않자, 대사는 그녀의 박복함을 한탄하였다. 그리고 영기靈氣를 함부로 쏟아 버리게 될까 우려하여 그것을 멀리 허공 밖으로 물리쳐 버렸다. 여종이 돌아와 그 사실을 선생에게 이야기하였다고 한다.[40]

인용문 (11)은『유적고』본문의 일화 [10]과 같은 내용으로, 신령한 기운을 다스리는 진묵의 모습을 보여 주고 있다. "아이를 배고 싶지 않느냐?"라는 진묵의 발화는 봉곡의 여종이나 대다수 사람들의 입장에서는

---

38 고석훈, 앞의 논문, 85쪽.
39 김기종,「진묵선사유적고서」,『진묵조사유적고』상권. "其過從之, 頻數情誼之, 默契類多如此."(『한불전』10, 877쪽)
40 김기종, 앞의 글. "一日先生, 使女奴餽饌, 路見師望空而立, 奴致命. 師曰, 汝欲有孕乎. 奴不應, 則師歎其福薄. 而恐靈氣之妄泄, 遠屛空外, 歸語於先生."(『한불전』10, 876~877쪽)

흰소리에 불과한 것이겠지만, 여기서는 신령한 기운을 느끼고 다스릴 수 있는 진묵이기에 가능했던 것으로 해석되고 있다. 이렇듯 위의 (11) 은 진묵의 신통력에 관한 내용이지, 진묵과 봉곡의 교유에 관한 일화는 아니라고 할 수 있다. 그럼에도 김기종은 이 일화를 인용문 (9)와 더불어 진묵과 봉곡의 교유에 관한 예화로 제시하고 있는 것이다.

사실, 인용문 (9)의 내용 역시 봉곡과의 친밀한 관계를 드러내는 일화로 읽히기에는 무리가 있다. 또한 이야기의 구조와 서사맥락에서 볼 때 『자치통감강목』을 빌려준 인물이 꼭 봉곡일 필연성도 없다. 실례로, 앞의 제1절에서 언급했듯이 조수삼의 「영당중수기」에는 봉곡이 아닌 '전주부의 사인士人'으로 되어 있는 것이다.

그렇다고 봉곡과 진묵의 교유 사실이 없었다는 것은 아니다. 김기종의 서문과 김영곤의 발문에는 각각 다음과 같은 봉곡의 일기 내용이 소개되어 있기 때문이다. 곧 "나는 그가 살았을 적에 그와 교유하였는데, 이제 그가 세상을 떠나니 슬프도다."[41]와, "옥玉 대사가 돌아가셨다고 한다. 이 스님은 승려이면서도 문장으로 이름이 났으며, 선비의 행실을 가진 사람이라. 참으로 슬픔을 이길 수 없구나."[42]가 이들에 해당한다.

그러나 『유적고』에서 봉곡이 등장하는 일화는 인용문 (9)·(11)의 두 편뿐이고, 이미 확인한 바와 같이 이들 일화에서도 진묵과 봉곡의 친밀한 관계나 김기종의 논평과 같은 '말로 하지 않아도 서로 이해하는 정의'는 드러나 있지 않다. 오히려 구비설화에서 봉곡의 등장이 빈번한 편이라 할 수 있는데, 앞에서 살펴보았듯이 진묵과 봉곡은 친밀한 관계가 아닌 대립 내지 경쟁 관계로 나타나 있다. 그리고 『유적고』에 없는

---

41 김기종, 앞의 글. "其生也, 與之交遊其歸也, 爲之慟悼."(『한불전』 10, 876~877쪽)
42 김영곤, 「진묵선사유사발震默禪師遺事跋」, 『진묵조사유적고』 하권. "考鳳谷金先生日記有口, 聞玉師化去云, 此僧墨名而儒行, 不勝慟悼."(『한불전』 10, 884쪽)

유형인 도표 30~38번의 설화에서는, 경쟁 관계에서 더 나아가 적대 관계로 설정되어 있어 주목된다.

### '진묵이 죽은 이유'

진묵 설화 전체에서 큰 비중을 차지하고 있는 도표 30~38번의 설화는 여타의 고승설화에서 볼 수 없는 유형으로, 편의상 '진묵이 죽은 이유'라는 이름으로 부를 수 있다. 각 편마다 조금씩 변이가 있지만 대체로 다음의 단락으로 구성되어 있다.

(12) '진묵이 죽은 이유'의 구성
① 진묵 대사가 팔만대장경을 가지러, 영혼만 서천 서역국으로 갈 계획을 세웠다.
② 진묵은 승려들에게 자기가 거처하는 방문을 열지 말라는 부탁과 함께 비밀을 꼭 지키라고 하였다.
③ 절 아래 사는 봉곡이 찾아와 승려들을 다그치어 방문을 열었다.
④ 봉곡은 승려들을 꾸짖으며, 혼 없는 진묵의 육신을 화장해 버렸다.
⑤ 진묵이 돌아와 자신의 육신이 없어진 것을 확인하고, 공중에서 팔만대장경을 외우면서 승려들로 하여금 받아 적게 하였다.
⑥ 진묵이 봉곡의 행위에 대해, 봉곡의 후손이 사는 곳의 물줄기를 돌려 버려 대대로 건답乾畓이 되게 하였다.

'진묵이 죽은 이유'의 유형에 속하는 설화들 중, 도표의 31·37번 설화는 봉곡 대신 각각 최씨 성을 가진 승려와 김제 사는 양반이 등장한다. 그리고 33번 설화는 진묵이 과학문명을 배우러 서천에 간 것으로 되어 있고,

진묵의 저주로 인해 김봉곡이 피를 토하고 죽는 장면이 삽입되어 있다.

그렇지만 이들을 제외한 나머지 설화들은 인용문 (12)에서 보는 것처럼, 팔만대장경을 가지러 진묵의 영혼이 서역으로 간 사이에 그의 육신이 봉곡에 의해 비참하게 불태워졌다는 내용으로 되어 있다. 지금까지 살펴본 설화들에서도 진묵과 봉곡의 대립 내지 경쟁 관계를 엿볼 수 있었지만, '진묵이 죽은 이유'의 설화 유형은 진묵을 살해하는 적대적인 인물로 봉곡을 묘사하고 있는 것이다. 그리고 진묵 역시 자신의 죽음에 대한 보복으로 봉곡 집안의 논밭을 건답으로 만들고 있어, 『유적고』의 진묵 형상화와는 차이를 보인다.

그런데 증산교의 경전인 『대순전경大巡典經』에는 인용문 (12)와 유사한 이야기가 강증산姜甑山(1871~1909)의 발화로 소개되어 있다.[43] 진묵이 동양의 도통신道通神을 거느리고 서양으로 가 버렸다는 대목이 추가된 차이가 있을 뿐이다. 이에 대해 김방룡은, 이 이야기에서 묘사된 진묵과 봉곡의 적대적인 관계는 강증산이 선천시대의 한恨을 강조하기 위해 의도적으로 왜곡한 것이라고 하였다.[44] 이 견해를 따른다면, 전북의 김제·완주·전주 등지에서 채록된 '진묵이 죽은 이유'의 설화 유형은 강증산이 새롭게 만든 것이 된다.

---

[43] 증산교회본부, 『대순전경』, 문우당, 1975, 163~164쪽. "진묵이 상좌에게 여드렛 동안 방문을 잠구어 둘 것을 부탁하고 범서梵書와 불법佛法을 더 연구하려고 시해屍解로 서역에 갔음을 봉곡이 알고 절에 가서 그 방문을 열고 시체를 방에 갈머두고 혹세무민惑世誣民 하느냐고 꾸짖어 화장火葬하게 하였더니 팔 일이 지난 뒤에 진묵이 돌아와서 신체가 없어졌음을 보고 공중에서 소리쳐 가로되 이는 봉곡의 소위라 내가 각 지방 문화의 정수를 거두어 모아 천하를 문명케 하고저 하였더니 이제 봉곡의 질투로 인하야 헛되게 되었으니 어찌 한恨스럽지 않으리오. 이제 나는 이 땅을 떠나려니와 봉곡의 자손은 대대로 호미를 면치 못하리라 하고 동양의 도통신道通神을 거느리고 서양으로 갔느니라 하시니라."

[44] 김방룡, 앞의 논문, 2001, 156~157쪽.

그러나 『대순전경』에 이 이야기 외에도 『유적고』의 일화 [9]와 유사한 내용[45]이 있다는 점을 고려하면, 전북 정읍 출신의 강증산이 당시 널리 알려져 있던 진묵 설화를, 자신의 교리를 선전하기 위해 손질한 것으로 이해하는 것이 합리적일 듯하다. 곧 '진묵이 죽은 이유'의 설화 유형은 강증산이 만들어 전파한 것이 아니라, 그 이전인 19세기 중·후반에 이미 존재하였고 또한 널리 향유되고 있었던 것이다.

여기에서, 전주지역의 유사儒士인 김기종이 『유적고』의 편찬·간행을 기획한 이유를 엿볼 수 있다고 하겠는데, 이에 대해서는 절을 달리하여 논의하도록 하겠다.

## 4. 반反유교적 정서의 교정과 호남의 불교 성지화聖地化

문헌설화집의 성격을 띠고 있는 『유적고』의 본문에는 17편의 일화가 수록되어 있다. 이들 일화는 진묵의 부림을 받거나 진묵을 도와주는 신장·금강역사·나한 등의 등장과, 유학자·계집종·사냥꾼 등의 다양한 인물과 진묵의 관계 맺음을 통해, 진묵이 석가불의 화신임을 보여 준다. 그리고 이러한 형상화는 편찬자인 초의의 '고증'과 「석가여래인지」

---

[45] 증산교회본부, 앞의 책, 162~163쪽. "하루는 진묵이 봉곡에게 『성리대전』을 빌려 갈 때 봉곡이 곧 뉘우쳐 찾아갈 줄 알고 걸어가면서 한 권씩 보아 길가에 버려 길 동구洞口에 이르기까지 다 보아 버린지라. 봉곡이 책을 빌려준 뒤에 곧 뉘우쳐 생각하되 진묵은 불법을 통한 자인데 만일 유도儒道까지 정통하면 대적하지 못하게 될 것이오, 또 불법이 크게 흥왕하여지고 유교는 쇠퇴하여지리라 하고, 급히 사람을 보내어 그 책을 도로 찾아 오라 하니 그 사람이 뒤쫓아 가면서 길가에 이따금 한 권씩 버린 책을 걷우어 온지라. 그 뒤에 진묵이 봉곡에게 가니 봉곡이 버린 책을 돌리라고 청하거늘 진묵이 가로되 그 책은 쓸데없는 것이므로 다 버렸노라 하니 봉곡이 노한지라 진묵이 가로대 내가 외우리니 기록하라고 인하야 외움에 한 자의 오착이 없는지라."

의 '경증經證'으로 뒷받침되고 있다.

반면, 구비설화에서는 석가 화신으로서의 진묵 형상화가 나타나 있지 않다. 또한 '불살생不殺生'·'무착無着' 등의 불교적 가르침과 신장·금강역사·나한 등의 불교적 인물 역시 보이지 않는다. 대신 진묵 관련 구비설화는 흥미성을 보다 강화하고 있고, 진묵을 불교를 대표하는 인물로 인식하고 있으며, 진묵과 봉곡을 대립 내지 경쟁 관계로 설정하고 있다. 특히 '진묵이 죽은 이유'의 설화 유형은 봉곡을 진묵을 살해하는 적대적인 인물로 묘사하고 있다.

'진묵이 죽은 이유'가 강증산의 구술로 『대순전경』에 실려 있다는 점은 이 유형의 설화가 19세기 중·후반에 이미 향유되고 있었음을 보여준다. 그리고 김기종과 초의 또한 이 설화의 존재를 알고 있었을 가능성이 있다. 김기종은 『유적고』의 서문에서 진묵 관련 이야기들을 '보존'하기 위해 이 책의 간행을 기획한 것임을 밝히고 있다. 그리고 보존의 이유로는 진묵과 봉곡의 교유 사실과, 진묵의 효심을 들고 있다.[46] 그중에서도 그는 앞에서 이미 지적했듯이, 진묵과 봉곡, 곧 유·불의 교유를 강조하고 있다.[47]

이렇듯 김기종이 유·불의 교유를 강조하고 있는 것은, '진묵이 죽은

---

[46] 김기종, 앞의 글. "儒與佛道不同, 然吾儒氏, 往往與浮屠遊, 而浮屠之從儒氏遊者, 名益著, 何也. 盖不同之中, 或有所同而然矣. 又或古君子, 有立言而許與, 則藉是而名不朽焉. …(中略)… 師以出家人, 奉母於近寺之地, 孝養備至. 及歿, 爲文而哭之, 甚哀. 歸葬於萬頃北面之維仰山, 而村人掃除醊酹, 則有神助於農, 至今不廢云. 吁, 亦異矣. 苟非篤於孝者, 豈能如是乎. 向所謂有同於不同之中, 而金先生所稱, 儒行者是耶. 余所以眷眷不能已也."(『한불전』 10, 876~877쪽)

[47] 이러한 유·불의 강조는 김영곤과 김영학의 발문에서도 다음과 같이 나타나 있다. 김영곤, 앞의 글. "吾鄕人士, 習熟傳聞, 作爲古譚, 悅如自家之昨日事矣. 是以吾先君子, 早從先生長者, 有所詳聞, 而興曠世之感也."(『한불전』 10, 884쪽) 김영학, 「발跋」, 『진묵조사유적고』 하권. "吾先君敎官公, 嘗欲以是編鋟榟, 而拈出其儒與孝二字, 爲弁文."(『한불전』 10, 884쪽)

이유'처럼 봉곡과 진묵을 대립 내지 적대 관계로 묘사하고 있는 설화들의 존재에 기인한 듯하다. 곧 전주지역의 명망 있는 유사였던[48] 김기종은 '반유교적' 정서를 담고 있는 일련의 설화들에 대한 '교정'의 의도로, 『유적고』의 편찬 및 간행을 기획한 것이라 여겨진다. 그리하여 그는 인근 지역에 살고 있던 저명한 학승이자, 당대의 명유名儒들과 돈독한 관계를 유지하고 있는 초의에게 이 『유적고』의 편찬을 맡긴 것이라 할 수 있다.

한편, 석가 화신으로서의 진묵 형상화에 대해, 대부분의 선행연구는 백제 때부터 내려오는 미륵하생 신앙의 연장선상에서 이해하고 있다.[49] 곧 호남지역의 민중들은 진묵을 미륵불의 화신으로 생각하고 있었으며, 이러한 민중의 인식이 『유적고』 본문의 일화에 반영되었다는 것이다. 그러나 앞에서 지적했듯이, 현재까지 채록된 구비설화에는 석가 또는 미륵으로서의 진묵 형상화가 보이지 않는다. 또한 민중사상으로서의 미륵하생 신앙은 석가와 미륵을 대립적인 존재로 파악하고 있다.

한국의 창세신화인 〈창세가創世歌〉에서 미륵과 석가는 세상을 차지하기 위해 대결하고 있으며,[50] 1688년(숙종 14)에 발생한 소위 '미륵신앙사건'의 주동자인 승려 여환呂還은 석가의 시대가 끝나고 곧 미륵불이 세상에 나올 것임을 주장하고 있다.[51] 불교의 교리에 있어서나, 민간신앙에 있어서나 석가와 미륵은 동일시할 수 없는 존재인 것이다.

---

**48** 김기종은 비록 과거에 급제하지는 못했지만, 사후에 동몽교관童蒙教官으로 추증되었고, 그의 아버지에 이어 나라로부터 '효자정려孝子旌閭'를 받았다. 徐有薰 撰,「贈童蒙教官 隱皐金公墓碣銘并序」(전북역사문화학회, 『전라북도 금석문대계』 3, 2009, 95~96쪽)
**49** 유병덕·김홍철·양은용, 앞의 논문, 19쪽; 김기옥, 앞의 논문, 53쪽; 고석훈, 앞의 논문, 56쪽; 황의동, 앞의 논문, 334쪽.
**50** 조현설,「미륵과 석가의 맞섬과 어울림의 의미」, 심재관 외, 『석가와 미륵의 경쟁담』, 씨아이알, 2013, 17쪽.
**51** 한승훈,「미륵의 시대, 진인의 귀환」, 『종교연구』 75-2, 한국종교학회, 2015, 204~205쪽.

더욱이 『유적고』의 진묵 형상화는 주로 편찬자인 초의의 '고증'과 '경증'에 의한 것으로, 당시 민중들의 인식을 반영했다고 보기에는 어렵다. 초의는 진묵의 어머니 이름을 자신이 명명命名할 정도로, 석가불 화신으로서의 진묵 형상화에 적극적이기 때문이다.

그렇다면 다른 측면에서 진묵 형상화의 이유를 살펴보아야 하겠는데, 비록 시기는 다르지만 진묵과 마찬가지로 후대인들에게 석가의 화신으로 인식되고 있는 나옹 혜근懶翁惠勤(1320~1376)의 예를 참고할 수 있다.

1529년(중종 24)에 간행된 『조원통록촬요祖源通錄撮要』의 「나옹전」에는 인용문 형태로 '나옹은 석가의 후신後身'이라는 언급이 있다. 남동신은 이에 대해 자파의 정통성을 천명하고, 아울러 유자들의 배불론에 대응하기 위한 나옹계의 의도가 작용한 것으로 파악하고 있다.[52] 그리고 염중섭은 '나옹의 붓다화'는 나옹의 무기력한 열반 과정에서 대두되는, 나옹 문도들의 위기의식에 기인한 것이라고 하였다.[53] 곧 두 연구자 모두 나옹계 또는 나옹의 문도에 의해 '나옹의 붓다화'가 추진된 것으로 보고 있는 것이다. 그런데 진묵은 그 문도가 남아 있지 않아 나옹의 경우와도 다르다.

여기에서, 『유적고』의 편찬자인 초의가 활동했던 19세기 전반 호남 불교계의 동향을 살펴볼 필요가 있다. 19세기의 호남 불교계는 대둔사·송광사·백양사를 중심으로 강학과 저술 활동이 활발하게 전개되었다. 특히 초의가 주석한 해남 대둔사는 1789년(정조 13)에 임진왜란 때의 의승장義僧將인 청허 휴정淸虛休靜·사명 유정四溟惟政·뇌묵 처영雷默

---

52 남동신, 「여말선초기 나옹 현창 운동」, 『한국사연구』 139, 한국사연구회, 2007, 196~198쪽.
53 염중섭, 「나옹의 붓다화에 대한 고찰」, 『사학연구』 115, 한국사학회, 2014, 248~249쪽.

處英을 향사하는 표충사로 지정되었다.

이후 대둔사는 1820년대 전반에 편찬된 『대둔사지大芚寺誌』를 통해 '8도 선교禪敎의 종원宗院'을 표방하고 있는데, 종원의 근거가 된 것은 '서산유의西山遺意'와 표충사의 사액賜額 및 12대 종사와 12대 강사로 이어진 강학 전통이었다.[54] '종원'은 계파의 '宗'과 表忠(書院)으로 공인된 '院'의 결합에 의한 청허계의 공식 종찰宗刹의 의미로 해석된다.[55] 다시 말해, 호남지역의 대둔사가 조선불교 전체를 대표하는 사찰이라는 것이다. 초의는 이러한 자부심을 표명하고 있는 『대둔사지』의 편집을 맡고 있으며,[56] 대둔사의 제13대 종사로 칭해지고 있다.[57]

『유적고』의 진묵 형상화 역시 대둔사, 더 나아가 호남 불교에 대한 자부심의 표명과 관련이 있는 듯하다. 『유적고』에 따르면, 진묵은 전북 김제의 만경현에서 태어났고, 평생 동안 호남지역을 벗어나지 않았다. 그러므로 진묵이 석가불의 화신이라면, 그가 태어나고 평생을 보낸 호남지역은 바로 석가가 출현했던 '성지聖地'가 된다고 할 수 있다.[58] 초의가 『유적고』의 서문과 발문에서 자신을 '해양후학海陽後學 초의 의순草衣意恂'[59]으로 명기하고 있는 것도 이와 무관하지 않은 듯하다. '해양'은 호남지역을 가리키고, 초의가 자신을 '해양후학'이라고 일컬은 것은 『유적

---

54 김용태, 「19세기 초의 의순의 사상과 호남의 불교학 전통」, 『한국사연구』 160, 한국사연구회, 2013, 131~132쪽.
55 김용태, 「조선 후기 大芚寺의 表忠祠 건립과 '宗院' 표명」, 『보조사상』 27, 보조사상연구원, 2007, 293쪽.
56 김용태, 앞의 논문, 2007, 296쪽.
57 김용태, 앞의 논문, 2013, 114쪽.
58 참고로 나옹의 문도인 지선志先은 이색에게 다음과 같이 말하고 있다. "우리 스승은 이 오탁악세에 모습을 드러내어 기틀에 응하셨으니, 비유하자면 부처가 이 세상에 출현했던 것과 같습니다. 이렇게 본다면 회암사檜巖寺는 기림祇林과 같고 신륵사神勒寺는 쌍림雙林과 같다고도 할 것입니다." 남동신, 앞의 논문, 189~190쪽 재인용.
59 『한불전』 10, 877쪽; 『한불전』 10, 883쪽.

고』가 유일하기 때문이다.[60]

 결국, 19세기에 이루어진 진묵 설화의 기록화는, 유·불을 대립적·적대적 관계로 묘사하고 있는 설화들의 유행에 대한 경계 내지 교정의 성격을 띤, 유·불 지식인의 문학적 대응이라 하겠다. 그리고 석가 화신으로서의 진묵 형상화는 호남지역이 석가가 출현했던 불교의 '성지'라는, '해양후학'으로서의 초의의 자부심이 표출된 것으로 볼 수 있다.

---

[60] 그의 저서들인 『동다송東茶頌』·『다신전茶神傳』·『선문사변만어禪門四辨漫語』에는 각각 '초의사문草衣沙門'·'휴암병선休菴病禪'·'해동사문海東沙門'으로 되어 있다.

# 참고 문헌

## 저서

강길운, 『향가신해독연구』, 한국문화사, 2004.
김기종, 『월인천강지곡의 저경과 문학적 성격』, 보고사, 2010.
김기종, 『한국 불교시가의 구도와 전개』, 보고사, 2014.
김기종, 『불교와 한글: 글로컬리티의 문화사』, 동국대학교출판부, 2015.
김동국, 『회심곡 연구』, 한국학술정보, 2008.
김무봉, 『훈민정음, 그리고 불경언해』, 역락, 2015.
김승호, 『한국 사찰연기설화의 연구』, 동국대학교출판부, 2005.
김영배, 『국어사자료연구: 불전언해 중심』, 월인, 2000.
김영태, 『신라불교사상연구』, 신흥출판사, 1979.
김영태, 『삼국시대 불교신앙 연구』, 불광출판부, 1990.
김완진, 『향가해독법연구』, 서울대학교출판부, 1993.
김용태, 『조선 후기 불교사 연구』, 신구문화사, 2010.
김정희, 『조선시대 지장시왕도 연구』, 일지사, 1996.
김종진, 『불교가사의 연행과 전승』, 이회문화사, 2002.
김종진, 『불교가사의 계보학, 그 문화사적 탐색』, 소명출판, 2009.

김준영, 『향가문학』, 형설출판사, 1982.
김현룡, 『한국고설화론』, 새문사, 1984.
박재민, 『신라 향가 변증』, 태학사, 2013.
서재극, 『신라 향가의 어휘 연구』, 계명대학교출판부, 1975.
신재홍, 『향가의 해석』, 집문당, 2000.
안병희, 『국어사 자료 연구』, 문학과 지성사, 1992.
양주동, 『(增訂) 고가연구』, 일조각, 1983.
유창균, 『향가비해』, 형설출판사, 1994.
인권환, 『한국불교문학연구』, 고려대학교출판부, 1999.
임기중 외, 『경기체가연구』, 태학사, 1997.
임기중, 『불교가사 원전연구』, 동국대학교출판부, 2000.
임기중, 『불교가사연구』, 동국대학교출판부, 2001.
정렬모, 『향가연구』, 사회과학원출판사, 1965.
정우영·김종진 옮김, 『염불보권문』, 동국대학교출판부, 2012.
조동일, 『삼국시대 설화의 뜻풀이』, 집문당, 1989.
한우근, 『유교정치와 불교』, 일조각, 1993.
홍기문, 『고가요집』, 국립문학예술서적출판사, 1959.
황패강, 『신라불교설화연구』, 일지사, 1975.
小倉進平, 『鄕歌及び吏讀の研究』, 경성제국대학, 1929.

## 논문

강전섭, 「傳懶翁和尙作 가사 4편에 대하여」, 『한국언어문학』 23, 한국언어문학회, 1985.

고익진, 「청택법보은문의 저자와 그 사상」, 『불교학보』 17, 동국대학교 불교문화연구원, 1980.

곽정식, 「고소설에 나타난 冥府의 형상과 작중 역할」, 『어문학』 94, 한국어문학회, 2006.

김기종, 「〈도솔가〉, 불국토의 선언」, 『한국시가연구』 38, 한국시가학회, 2015.

김기종, 「19세기 진묵 설화의 기록화와 그 의미」, 『한국불교학』 75, 한국불교학회, 2015.

김기종, 「『삼국유사』 소재 불교설화의 '불·보살 現身' 양상과 그 의미」, 『불교학보』 75, 동국대학교 불교문화연구원, 2016.

김기종, 「조선 후기 가사에 나타난 지옥의 양상과 시대적 의미」, 『한국시가문화연구』 38, 한국시가문화학회, 2016.

김기종, 「한국 불교 문헌설화의 양상과 성격」, 『동악어문학』 67, 동악어문학회, 2016.

김기종, 「조선 후기 문학작품의 지옥 형상화와 그 성격」, 『동양고전연구』 66, 동양고전학회, 2017.

김기종, 「함허당 경기체가의 주제의식과 문학적 성격」, 『국어국문학』 178, 국어국문학회, 2017.

김기종, 「향가와 그 한시의 관계」, 『열상고전연구』 56, 열상고전연구회, 2017.

김기종, 「조선시대 언해불전의 편찬과 그 성격」, 『동아시아불교문화』 34, 동아시아불교문화학회, 2018.

김기종, 「〈서왕가〉의 주제의식과 18세기 불교사의 맥락」, 『한국시가연구』 46, 한국시가학회, 2019.

김대행, 「〈서왕가〉와 문학교육론」, 정재호 편, 『한국가사문학연구』, 태학사, 1996.

김동욱, 「〈도솔가〉 연구」, 『한국가요의 연구』, 을유문화사, 1961.

김무봉, 「불전언해의 몇 가지 문제」, 『불교학연구』 9, 불교학연구회, 2004.

김문기, 「불교계 경기체가 연구」, 『성곡논총』 22, 성곡학술문화재단, 1991.

김문태, 「〈도솔가〉와 서사문맥」, 『반교어문연구』 4, 반교어문학회, 1992.

김방룡, 「증산교와 진묵 대사」, 『신종교연구』 4, 신종교학회, 2001.

김상일, 「〈보현십원가〉의 한역시 〈보현십원송〉에 대하여」, 『동악한문학논집』 9, 동악한문학회, 1999.

김상현, 「『삼국유사』에 나타난 일연의 불교사관」, 『한국사연구』 20, 한국사연구회, 1978.

김승찬, 「향가의 불교적 고찰」, 『인문논총』 23, 부산대학교, 1983.

김승호, 「사명당 설화의 발생 환경과 수용 양상」, 『불교어문논집』 2, 불교어문학회, 1997.

김열규, 「향가의 문학적 연구」, 김승찬 편, 『향가문학론』, 새문사, 1986.

김영미, 「신라 중대의 아미타신앙」, 『신라불교사상사연구』, 민족사, 1994.

김영미, 「성덕왕대 전제왕권에 대한 일고찰」, 『이대사원』 22, 이대사학회, 1988.

김영태, 「彌勒仙花攷」, 『불교학보』 3, 동국대학교 불교문화연구소, 1966.

김영태, 「신라불교의 현신성불관」, 『신라문화』 1, 동국대학교 신라문화연구소, 1984.

김영태, 「삼국시대의 미륵신앙」, 동국대학교 불교문화연구소 편, 『한국미륵사상연구』, 동국대학교출판부, 1987.

김영태, 「조선초 己和의 염불 정토관」, 『한국불교학』 15, 한국불교학회, 1990.

김용덕·윤석산, 「한국 불교설화의 형성과 전승원리」, 『한국언어문화』 4, 한국언어문화학회, 1986.

김용덕, 「불교설화의 상징체계 연구」, 『비교민속학』 15, 비교민속학회, 1998.

김용덕, 「관음보살신앙의 설화화 양상과 의미 연구」, 『한국언어문화』 30, 한국언어문화학회, 2006.

김용태, 「조선 후기 大芚寺의 表忠祠 건립과 '宗院' 표명」, 『보조사상』 27, 보조사상연구원, 2007.

김용태, 「19세기 초의 의순의 사상과 호남의 불교학 전통」, 『한국사연구』 160, 한국사연구회, 2013.

김정숙, 「조선시대 저승체험담 속 죽음과 환생의 이념성」, 『Journal of Korean Culture』 29, 한국어문학국제학술포럼, 2015.

김종우, 「도솔가와 산화가」, 『향가문학연구』, 삼우사, 1975.

김종진, 「〈회심곡〉 감상의 한 측면―탱화와 관련하여」, 『한국시가연구』 12, 한국시가학회, 2002.

김종진, 「경기체가 〈기우목동가〉의 구조와 문학사적 위상」, 『한국시가연구』 25, 한국시가학회, 2008.

김지오, 「균여전 향가의 해독과 문법」, 동국대학교 박사학위논문, 2012.

김창원, 「『삼국유사』「감통」의 향가 읽기」, 『국제어문』 31, 국제어문학회, 2004.

김천학, 「동아시아 화엄사상에서 의상과 법장의 위상」, 『불교학보』 61,

동국대학교 불교문화연구원, 2012.
김천학, 「의상 후기사상의 실천론―내 몸을 중심으로」, 『한국선학』 35, 한국선학회, 2013.
김혜은, 「향가와 한시의 장르적 상보 관계 고찰」, 『열상고전연구』 32, 열상고전연구회, 2010.
나경수, 「월명사의 신분과 향가 작품의 관계」, 『한국언어문학』 33, 한국언어문학회, 1994.
나희라, 「통일신라와 나말여초기 지옥 관념의 전개」, 『한국문화』 43, 서울대학교 규장각 한국학연구원, 2008.
남동신, 「조선 후기 불교계 동향과 『상법멸의경』의 성립」, 『한국사연구』 113, 한국사연구회, 2001.
남동신, 「『삼국유사』의 史書로서의 특성」, 『불교학연구』 16, 불교학연구회, 2007.
남동신, 「여말선초기 나옹 현창 운동」, 『한국사연구』 139, 한국사연구회, 2007.
남희숙, 「16~18세기 불교의식집의 간행과 불교대중화」, 『한국문화』 34, 서울대학교 규장각 한국학연구원, 2004.
박경주, 「전환기 불교가요의 문학적 대응 양상 고찰―조선 초기 기화의 작품을 대상으로」, 『고전문학연구』 11, 한국고전문학회, 1996.
박광연, 「동아시아의 '왕즉불' 전통과 미륵불 궁예」, 『사학연구』 110, 한국사학회, 2013.
박노준, 「도솔가」, 『신라가요의 연구』, 열화당, 1982.
박상란, 「조선시대 문헌 소재 불교설화의 양상과 의미」, 『불교학보』 43, 동국대학교 불교문화연구원, 2005.
박영철, 「나라카(Naraka)에서 지옥으로」, 『역사교육』 63, 역사교육연구회, 1997.

박정숙, 「세조대 간경도감의 설치와 불전 간행」, 『역사와 세계』 20, 부산대학교 사학회, 1996.

서정문, 「懶翁禪風과 조선불교」, 『한국불교문화사상사』 상권, 가산불교문화진흥원, 1992.

서정문, 「조선 후기의 염불관」, 『교수논문집』 4, 중앙승가대학, 1995.

서철원, 「균여의 작가의식과 〈보현시원가〉」, 『한국고전문학의 방법론적 탐색과 소묘』, 역락, 2009.

손성필, 「15세기 불교서적의 재발견」, 『역사비평』 123, 역사문제연구소, 2018.

송일기, 「『불설대보부모은중경언해』의 초역본에 관한 연구」, 『서지학연구』 22, 한국서지학회, 2001.

송혜진, 「조선 전기 왕실 불사의 전승과 음악문화 연구」, 『한국음악연구』 56, 한국국악회, 2014.

신영명, 「〈도솔가〉, 구원의 문학」, 『우리문학연구』 18, 우리문학회, 2005.

신재홍, 「향가에 나타난 정치의 이념과 현실」, 『고전문학연구』 26, 한국고전문학회, 2004.

양희철, 「월명사의 〈도솔가〉와 그 관련 설화 연구」, 『인문과학논집』 8, 청주대학교 인문과학연구소, 1989.

양희철, 「향가의 기록연대와 작가명」, 『인문과학논집』 11, 청주대학교 인문과학연구소, 1992.

연소영, 「불경의 地獄相 유형 연구」, 『중국어문학논집』 76, 중국어문학연구회, 2012.

염은열, 「〈서왕가〉의 인식적 특성 연구」, 『선청어문』 23, 서울대학교 국어교육학과, 1995.

염중섭, 「나옹의 붓다화에 대한 고찰」, 『사학연구』 115, 한국사학회, 2014.

오경후, 「조선시대 사찰사적에 관한 검토」, 『경주사학』 24・25, 경주사학회, 2006.

오대혁, 「'관음사연기설화'와 형성기 〈심청전〉의 불교사상」, 『한국어문학연구』 44, 한국어문학연구회, 2005.

유병덕・김홍철・양은용, 「호남지역의 진묵 신앙 유포현황과 그 민중적 성격」, 『한국종교』 21, 원광대학교 종교문제연구소, 1996.

유호선, 「함허당 문학에 나타난 정신세계―歌・頌・讚 작품을 중심으로」, 『어문논집』 44, 민족어문학회, 2001.

윤선태, 「신라 中代末~下代初의 지방사회와 불교신앙결사」, 『신라문화』 26, 동국대학교 신라문화연구소, 2005.

윤영옥, 「도솔가」, 『신라시가의 연구』, 형설출판사, 1982.

윤용선, 「언해 자료의 역사와 언어 양상에 대한 검토」, 『우리말글』 56, 우리말글학회, 2012.

이도흠, 「〈도솔가〉와 화엄사상」, 『한국학논집』 14, 한양대학교 한국학연구소, 1988.

이민홍, 「신라 악무에서 향가의 위상과 〈도솔가〉의 악장적 성격」, 박노준 편, 『고전시가 엮어 읽기』, 태학사, 2003.

이봉춘, 「조선 전기 불전언해와 그 사상」, 『한국불교학』 5, 한국불교학회, 1980.

이봉춘, 「조선 전기 숭불주와 흥불사업」, 『불교학보』 38, 동국대학교 불교문화연구원, 2001.

이선이, 「『진묵선사유적고』에 보이는 경전명과 그 의미」, 『정토학연구』

16, 한국정토학회, 2011.

이승남, 「불교가사 〈회심가〉와 〈회심곡〉의 대비 고찰」, 『어문학』 72, 한국어문학회, 2001.

이종수, 「18세기 기성쾌선의 염불문 연구」, 『보조사상』 30, 보조사상연구원, 2008.

이종수, 「조선 후기 정토사상 연구」, 『회당학보』 13, 회당학회, 2008.

이종수, 「조선 후기 불교의 수행체계 연구: 삼문수학을 중심으로」, 동국대학교 박사학위논문, 2010.

이지관, 「저서를 통해 본 조선조의 정토사상」, 동국대학교 불교문화연구원 편, 『한국정토사상연구』, 동국대학교출판부, 1985.

이진오, 「여말선초 척불론과 함허당의 문학적 대응」, 『불교어문논집』 1, 한국불교문학사연구회, 1996.

이호권, 「유교 이념의 불교적 실현, 용주사판 『부모은중경언해』」, 정재영 외, 『정조대의 한글문헌』, 문헌과 해석사, 2000.

이호권, 「조선시대 한글문헌 간행의 시기별 경향과 특징」, 『한국어학』 41, 한국어학회, 2008.

인권환, 「신라 관음설화의 양상과 의미」, 『신라문화』 6, 동국대학교 신라문화연구소, 1989.

인권환, 「나옹왕사 혜근의 사상과 문학」, 『한국불교문학연구』, 고려대학교출판부, 1999.

임동주, 「보살화현 설화에 나타난 보살화현의 원리와 양상」, 『국제어문』 2, 국제어문학회, 1981.

장영우, 「도솔가」, 임기중 외, 『새로 읽는 향가문학』, 아세아문화사, 1998.

전재강, 「〈회심곡〉류 불교가사의 단락 전개·구성과 선악·생사관」,

『어문학』115, 한국어문학회, 2012.

정병삼, 「19세기 불교계의 사상적 추구와 불교예술의 변화」, 『한국사상과문화』16, 한국사상문화학회, 2002.

정소연, 「〈보현십원가〉의 한역 양상 연구」, 『어문학』108, 한국어문학회, 2010.

정우영, 「중기국어 불전언해의 역사성과 언어문화사적 가치」, 『한국어학』55, 한국어학회, 2012.

정우영, 「훈민정음과 불교경전의 상관관계 연구」, 『어문연구』43-4, 한국어문교육연구회, 2015.

정재호, 「나옹작 가사의 작자 시비」, 『한국학연구』19, 고려대학교 한국학연구소, 2003.

정한기, 「〈서왕가〉의 수용문맥과 교훈의 재해석」, 『국문학연구』34, 국문학회, 2016.

정환국, 「불교 영험서사의 전통과 『법화영험전』」, 『고전문학연구』40, 한국고전문학회, 2011.

정환국, 「불교 영험서사와 志怪」, 『민족문학사연구』53, 민족문학사학회, 2013.

조동일, 「가사에서 전개된 종교사상 논쟁」, 『한국시가의 역사의식』, 문예출판사, 1993.

조상우, 「〈저승전〉 연구」, 『동양고전연구』14, 동양고전연구회, 2000.

조성산, 「19세기 전반 노론계 불교 인식의 정치적 성격」, 『한국사상사학』13, 한국사상사학회, 1999.

조연숙, 「함허당의 경기체가 고찰」, 『고시가연구』18, 한국고시가문학회, 2006.

조재현, 「고전소설에 나타나는 저승계 연구」, 『어문연구』35-2, 한국어문교육연구회, 2007.

조태영, 「〈서왕가〉의 문학적 가치」, 『한국고전시가작품론』, 집문당, 1992.

조현설, 「두 개의 태양, 한 송이의 꽃」, 『민족문학사연구』 54, 민족문학사연구소, 2014.

지병규, 「〈회심곡〉의 연구」, 『어문연구』 21, 어문연구학회, 1991.

최강현, 「〈서왕가〉의 작자에 관한 연구」, 『아카데미논총』 2, 세계평화교수협의회, 1974.

최래옥, 「한국 불교설화의 양상」, 『한국의 민속과 문화』 3, 경희대학교 민속문화연구소, 2000.

최선혜, 「조선 후기 천주교의 확산과 가부장 사회의 분열」, 『교회사연구』 38, 한국교회사연구소, 2012.

최연식, 「균여 화엄사상연구—教判論을 중심으로」, 서울대학교 박사학위논문, 1999.

최정선, 「〈도솔가〉에 나타난 미륵신앙」, 『불교학연구』 19, 불교학연구회, 2008.

최형우, 「불교계 경기체가의 후절 구성 방식 연구」, 『열상고전연구』 47, 열상고전연구회, 2015.

최형우, 「〈서왕가〉 사설의 전승과 향유의식 연구」, 『열상고전연구』 54, 열상고전연구회, 2016.

한보광, 「함허 득통 선사의 〈미타찬〉에 나타난 正報莊嚴 연구」, 『불교학보』 48, 동국대학교 불교문화연구원, 2008.

한보광, 「허응당 보우 선사의 『권념요록』 연구」, 『한국불교학』 53, 한국불교학회, 2009.

한예원, 「『삼국유사』의 불교설화를 통해 본 편찬 의도」, 『동양한문학연구』23, 동양한문학회, 2006.

허남춘, 「〈한림별곡〉과 조선조 경기체가의 향방」, 『한국시가연구』 17, 한국시가학회, 2005.

허흥식, 「사지의 간행과 전망」, 『고려불교사연구』, 일조각, 1986.

홍기삼, 「월명사 도솔가」, 『향가설화문학』, 민음사, 1997.

홍윤표, 「한글 자료의 성격과 해제」, 국어사연구회 편, 『국어사연구』, 태학사, 1997.

황병익, 「『삼국유사』 '이일병현'과 〈도솔가〉의 의미 고찰」, 『어문연구』 30-3, 한국어문교육연구회, 2002.

황패강, 「도솔가 연구」, 『신라문화』 6, 동국대학교 신라문화연구소, 1989.

# 찾아보기

## ㄱ

가섭불 113, 141
간경도감 226, 231, 233, 235, 250
〈강월존자서왕가〉 287, 297, 309
강증산 345~347
경기체가 63, 65, 68, 71, 73, 95, 97
경덕왕 13~15, 18, 19, 23, 27, 31, 34~37, 43, 49, 118
『경률이상』 163, 173
〈경세가〉 221
경암 응윤 285
경절문 283, 284
경허 성우 286
경흥 150~152
「계초심학인문」 239
고승 109, 129, 153, 233, 288, 313, 330
고승설화 129, 335
「공각젼이라」 260, 263
관념염불 283, 297, 310, 311, 313
『관무량수경』 66~69, 72, 268
『관불삼매법경』 166, 167
관상염불 245, 274, 283, 312
관음보살 26, 114, 115, 123, 136, 140, 143, 146, 151, 154, 156, 157
관음신앙 123
〈광수공양송〉 53
구비설화 101, 103, 128, 320, 328, 330, 331, 335, 343, 347, 348
『권념요록』 244, 249, 251, 282, 311
권선서 220
〈권왕가〉 176, 188, 192, 203, 218
〈귀산곡〉 170, 187
균여 39, 51, 58, 60, 62
『균여전』 51
극락세계 66, 67, 77, 79, 160, 211, 246, 266, 267, 278, 285, 303, 305
극락왕생 66, 67, 78, 80, 83, 241, 259, 276, 303
『금강경』 211, 234
『금강경언해』 235
금강산 113, 124, 163
「금강산유점사사적기」 104, 113, 114, 124
금강역사 126, 128, 325, 346
〈기사뇌가〉 39, 40
기성 쾌선 257, 282, 311
〈기우목동가〉 63
김기종 125, 318~320, 342, 346

김봉곡 319, 338, 342, 345, 347
김수온 233
김시습 237, 238
김정희 195
꽃 14, 21, 23, 28
꽃자리 26, 28, 45

# ㄴ

나라카 159, 191
나암 보우 244, 282, 311
나옹 혜근 287, 336, 349
〈나옹화상낙도가〉 302
〈나옹화상증도가〉 302
〈나옹화샹셔왕가〉 287, 309
나한 126, 128, 324, 326, 346
남병철 196
낭지 157
노힐부득 27, 119, 155
『능엄경』 172, 234, 321
「능엄주」 234
니라야 159, 191

# ㄷ

달달박박 27, 119, 155
〈당태종전〉 192, 211~214, 218
『대방편불보은경』 228
대비보살 328
대세지보살 85, 114, 144
『대순전경』 345~347
『대승기신론』 31, 32, 82

『대품반야경』 111
〈도솔가〉 13, 14, 16, 19, 23, 26, 29, 33, 35, 37, 39, 42, 43, 51
도솔천 16, 19, 22, 24, 33, 40, 45, 49, 61, 119
도승법 231, 234, 235, 250
『동국정운』 233
동화 축전 176, 203

# ㅁ

마야검 302
막야검 302
명랑 109
명부 111, 131, 159, 192, 212
명연 246, 253, 256, 273~276, 279, 290, 293
『명칭가곡』 96, 97
〈목시룡전〉 192, 214~217, 219
『목우자수심결언해』 233, 235
『몽산화상육도보설언해』 238
〈몽환가〉 180, 184, 188
무간지옥 165, 180, 203
〈무량가〉 184, 186, 209
『무량수경』 66~69, 71, 72, 267, 268, 293
문수보살 115, 140, 141, 144, 152, 153, 157
『문지옥경』 166, 167, 173, 174, 188
미륵보살 16, 19, 21, 22, 25, 43, 45, 58, 61, 147
미륵불 14, 24, 26, 27, 29, 31, 45, 46, 118, 348

미륵삼부경 17, 21, 22, 24, 26~28, 32, 33, 45, 61
미륵신앙 21, 22, 35, 36, 45
미륵좌주 14~16, 19, 23, 24, 28, 32, 40, 45, 61
미륵하생 16, 23, 348
〈미타경찬〉 63, 68, 72, 73, 85, 89~92, 94
〈미타찬〉 63, 67, 72, 73, 75, 77, 79, 80, 85, 88, 92
『미타참법』 245, 246, 259, 274, 281
민사평 39
민지 104, 113
밀본 107
밀적신장 323, 325

『반야심경』 234
『반야심경언해』 235
『반열반경』 327
「발심수행장」 239
발원문 278
백암 성총 282, 311
『범어사창건사적』 121
『범우고』 124
『범음집』 314
범일 147, 148
범패 18, 36, 96
『법원주림』 163, 164, 245, 274
법장 58~60, 62
법장비구 66
『법집별행록절요병입사기』 236

『법집별행록절요언해』 236, 237
『법화경』 108~111, 116, 228, 234, 269, 327
『법화경언해』 235
『법화영험전』 104~106, 108, 112, 116, 146
벽송 지엄 302
〈별회심곡〉 161, 183~185, 192, 208, 209, 218
「보개」 112, 145, 146
「보개산석대기」 104, 115
〈보개회향가〉 42, 54
〈보개회향송〉 53~55
보덕 123, 124, 130
〈보살불방관유옥〉 192, 209, 212, 213, 218
보시행 185, 188, 208, 218
보양 109
보천 114, 143
『보한집』 104~106
보현보살 56, 58, 156, 157
〈보현십원가〉 39, 41, 42, 51~53, 56, 58, 61
〈보현십원송〉 41, 42, 51~53, 56, 58, 61
「보현행원품」 41, 51~53, 55, 57
부례랑 112, 146
「부모효양문」 256, 259
부용 영관 302
불교가사 160, 162, 167, 169, 187, 200, 221, 286
불교설화 101~103, 106, 133, 136, 137, 156, 158
불교의식 28, 36, 45, 64, 95, 161, 201, 238, 240, 294
불국토 31, 33, 35~37, 46, 49, 144

찾아보기 367

『불설관미륵보살상생도솔천경』 22, 24, 28, 32, 45
『불설매의경』 162
『불설미륵대성불경』 22, 24, 26, 31, 32, 45
『불설미륵하생경』 22, 30
『불설십팔니리경』 162
『불설예수시왕생칠경』 183
『불설육도가타경』 171, 173, 188
『불설죄업응보교화지옥경』 162
『불설철성니리경』 162, 166
불연국토 112, 123, 129, 142
〈비단가〉 39, 40
비로자나불 35, 115, 140, 144
『비화경』 318, 327, 328

## ㅅ

사명 유정 335, 339, 349
『사법어언해』 233
『사십이장경』 195
사자좌 25, 28
〈사제가〉 184, 186, 208, 209
사종대죄 164
사지 120
산화가 18, 19, 43, 45, 62
산화공덕 19, 20, 45
삼강오륜 185, 188, 208, 213, 218, 219
『삼국사기』 34
『삼국유사』 13, 15, 26, 36, 39, 43, 50, 101, 104, 105, 111, 112, 114, 120, 124, 133, 136, 153, 158, 192
삼문수업 283, 286

삼승돛대 303
『상법멸의경』 198, 199
상봉 정원 257, 259
생의 147
〈서방가〉 63, 82
〈서왕가〉 170, 187, 253, 287
『서유기』 211
『석가보』 228, 247
석가불 25, 35, 66, 79, 80, 86, 88, 113, 119, 123, 126, 140, 141, 144, 149, 314, 323, 326, 328, 346
『석가여래인지』 318, 327, 328, 330, 346
『석보상절』 227, 229, 230, 250
『선가귀감언해』 239
선계 211
『선문조사예참작법』 314
〈선심가〉 185, 186, 208, 209
선율 111
「선율환생」 110, 111, 192
『선종영가집언해』 233, 235
〈설홍전〉 192, 214~217, 219
『성관자재구수육자선정언해』 238, 240
성덕 122, 130
성덕왕 27, 35, 118, 155
성불 53, 57, 59, 78, 80, 85, 89, 92, 94, 97, 118, 130, 158, 246, 266, 272, 276, 277, 280, 282, 285, 296, 313
성태 112, 146
『세기경』 163
세조 226, 232~234
세종 97, 226, 227, 229, 249, 250, 252
소악부 39
〈속회심곡〉 186, 207, 208, 211, 218
수로왕 113, 114, 142

수심 298, 309, 310, 313
〈수희공덕송〉 42
승려낭도 13, 37
승인호패법 231
시왕 159~162, 168, 180, 183, 188, 196, 200, 218
『시왕경』 184
신미 233
『신편보권문』 282, 283, 287, 290, 296, 297, 309
신효 156, 158
『심청전』 122, 123
십선 32
십악 167, 185, 188, 191, 204, 208, 218
16소지옥 164
『십현담요해언해』 237

## ㅇ

아도 112, 142
『아미타경』 63, 66~71, 73, 86, 88, 234, 305
『아미타경언해』 235
아미타불 27, 35, 66, 67, 77, 80, 88, 118, 140, 144, 266, 278
아육왕 113, 114, 141
〈안양찬〉 63, 67, 70, 71, 73, 80, 82, 83, 85, 88, 92
야담 192, 193, 218
야운 각우 239
「야운자경서」 239
『약사경』 107, 228, 245
언해 225, 234, 237

언해불전 225, 226, 233, 235, 240, 249, 250, 252
업경대 180, 203
업설 160, 226
연광 107~109
연꽃 24, 25
연담 유일 189, 197
연화대 26, 27, 77, 79, 117, 119
연회 155, 158
『열반경』 211
염라대왕 183, 196, 215
염불 80, 91, 97, 171, 201, 245, 246, 259, 301
염불결사 286
염불문 283, 284
염불법문 270, 272, 279, 292
『염불보권문』 245, 246, 249, 251, 253, 255, 265, 269, 281, 286, 287, 290, 295, 315
염불선 283, 286, 297, 311
염불운동 286, 315
염불의식 294, 295
염불의식문 263, 264, 277, 281, 291, 292
「염불작법차서」 259, 261, 277, 294, 295
『염불환향곡』 257, 282, 284, 285, 311, 313
「영당중수기」 318, 319, 343
영취산 157, 324~326
〈예경제불가〉 52, 54
〈예경제불송〉 52
『예념미타도량참법』 244, 253, 294
오대산 114, 115, 129, 143, 144, 156
오도 302

찾아보기 369

오악 167, 177, 188, 191, 204, 218
오역죄 164
오응성 237, 241
『오주연문장전산고』 196
오척신 59, 60
『옥과현성덕산관음사사적』 122
옥황상제 213, 334
〈왕랑반혼전〉 192, 244, 245, 259
왕생 77, 78, 83, 85, 89, 91, 94, 116, 246, 266, 267, 272, 277, 280
왕생담 245, 259, 261, 274, 279, 281, 291, 292
「왕생전록」 245, 274, 294
욱면 117
『원각경』 172
『원각경언해』 235
원광 106, 110
원돈문 283, 284
원불교 317
원효 154, 155, 158, 239, 330, 336, 339
월명사 14, 18, 36, 37, 43, 47, 48
「월명사 도솔가」 13, 17, 36, 37, 43, 48, 51
『월인석보』 227~230, 247, 248, 251
〈월인천강지곡〉 228, 247, 250
『유마경』 260
유심정토 80, 82, 281, 283, 312
〈육도가〉 177, 188, 204, 218
윤회사상 160
『은중경언해』 237, 240, 241, 243, 244, 251
의상 58, 59, 60, 62, 63, 121, 143
이가환 221
〈이계룡전〉 192, 214, 217, 219

이규경 195, 196
이덕무 195
이일병현 14, 15, 17, 29, 35~37, 43, 46
이제현 39
〈인과문〉 180, 184, 188, 192, 201, 203, 218, 253, 263, 290
일승돛 303, 304
일연 17, 43, 49, 50, 51, 104, 111, 120, 142, 152
「임종정념결」 256, 259

**ㅈ**

〈자경별곡〉 220
『자기산보문』 314
자성미타 80, 281
자장 153, 154, 158
『자치통감강목』 319, 341, 343
『장수경언해』 238, 240
『장아함경』 163, 172
장춘 112, 145, 146
저승길 161, 162, 168, 180, 183, 188, 200
〈저승전〉 192, 212~214, 219
전륜성왕 30, 31, 33, 35, 46, 49
《전설인과곡》 171, 174
전우 221
『점찰경』 36, 48
정도전 194, 195
『정법염처경』 163
정조 242, 243
정취보살 115, 148
정토법문 73, 88~92

『정토보서』 282, 311
정토삼부경 65~68, 85, 88
정토신앙 94, 95, 97, 283, 286
『정토찬』 282, 311
〈제망매가〉 17, 43
『제반문』 314
제산 운고 318
조사 299, 303, 305, 306, 311, 315
조수삼 318, 319
『조원통록촬요』 314, 349
조의씨 328
중관 해안 120
『중아함경』 162, 166, 167
증산교 317
『증일아함경』 162
지눌 236, 239
지옥 159, 160, 163, 165, 168, 191, 196, 197, 221
〈지옥도송〉 171, 173, 188, 201
『지장경』 164, 165, 228, 247, 248
『지장경언해』 246~248, 251
지장보살 114, 115, 140, 144, 196, 246
『지장보살본원경』 163, 246
지통 157
지형 171, 174, 175
직심 31, 32
진묵이 죽은 이유 344, 347
진묵 일옥 125, 126, 128, 130, 317
『진묵조사유적고』 125, 314, 318, 321, 346
진신 48, 49, 115, 124, 136, 140~142, 144, 157
진표 15, 35, 36, 48, 110
징관 58, 60, 62

## ㅊ

참선 171, 302
『참선염불문』 282, 311
〈참회업장송〉 53
〈창세가〉 348
천당 196, 197, 210, 211, 221
〈천도송〉 172, 174, 175, 188, 201
『천수경』 275, 278
『천예록』 192, 209
천인 280
천주 28, 45
천주교 220~222
철위산 164
〈청불주세송〉 52, 53
〈청전법륜송〉 52
『청택법보은문』 257, 282, 284, 285, 311, 313
〈청허존자회심가〉 297
청허 휴정 189, 239, 283, 302, 349
『초발심자경문언해』 239
초의 의순 125, 318, 320, 348, 350
〈총결무진가〉 56, 57
〈총결무진송〉 53, 56, 57
최치원 28
최판관 207
최행귀 41, 51, 52, 56~58, 61, 62
추파 홍유 285
충지 39
『치성광명경』 314
침굉 현변 170
칭명염불 245, 246, 266, 273, 274, 282, 285, 294, 296, 297, 306, 313
〈칭찬여래송〉 52, 53

## ㅌ

태산부군 159
『태평통재』 146
퇴압지옥 166
〈특별회심곡〉 185, 186, 208, 209

## ㅍ

8대지옥 164
팔만대장경 339, 344
편양 언기 283
풍도옥 187
풍도지옥 186, 209

## ㅎ

하륜 193
한계희 233
한글소설 192, 193, 216, 218, 221
〈한림별곡〉 96
〈한송정〉 39, 40
한역시 17, 20, 21, 31, 32, 39, 41, 61
함허 기화 63, 65, 68, 71, 92, 94, 95, 97, 197, 304
『함허당득통화상어록』 63, 66, 73, 92, 95
〈항순중생가〉 54
〈항순중생송〉 52
해담 치익 286
『해동고승전』 104~106

해봉 유기 282, 296, 297
해시 39, 42, 43, 46, 48, 49
향가 13, 18, 19, 21, 24, 36, 39, 42, 44, 46, 58, 61
향찰 21, 32, 40, 50, 52, 61, 62
허황옥 113
현광 109
현신 47, 49, 112, 134, 135, 136, 138, 157
현신성불 117, 124, 129
『현정론』 65, 197
혜공 106, 110
혜숙 110
혜심 39
혜통 107
혜현 110, 111
홍장 122, 130
화랑 14, 23, 24, 36
『화엄경』 23, 51, 150, 281
화엄사상 16, 42, 58, 60
화현 48, 49, 112, 115, 135, 136, 140, 145, 146, 149, 156, 157
확탕지옥 177, 180, 336
〈환참곡〉 186, 208
〈회심가〉 170, 187
회심곡 162, 167, 181, 184, 188, 190, 199, 201, 204, 208, 213, 219, 221
회진관 210, 211
효명 114, 143
효소왕 115, 149, 158
흑승지옥 166

글로컬 한국불교 총서 8
# 한국고전문학과 불교

2019년 2월 20일 초판 1쇄 인쇄
2019년 2월 28일 초판 1쇄 발행

**지은이** 김기종
**발행인** 한태식
**발행처** 동국대학교출판부

**주소** 04620 서울시 중구 필동로 1길 30
**전화** 02-2260-3483~4
**팩스** 02-2268-7851
**Homepage** http://dgpress.dongguk.edu
**E-mail** book@dongguk.edu
**출판등록** 제2-163(1973. 6. 28.)
**편집디자인** 동국대학교출판부
**인쇄처** 네오프린텍(주)

ISBN 978-89-7801-945-3  94220

값 20,000원

이 책의 무단 전재나 복제 행위는 저작권법 제98조에 따라 처벌받게 됩니다.